BASTEI
LÜBBE

Über den Autor:

Philipp Vandenberg, geboren 1941, studierte in München Germanistik und Kunstgeschichte. Er arbeitete als Journalist bei großen deutschen Tageszeitungen und Illustrierten. Er wurde zum Bestsellerautor durch seinen Welterfolg *Der Fluch der Pharaonen* (Bastei Lübbe Taschenbuch Bd. 64067) und hat sich ebenso als Verfasser historischer Thriller wie *Sixtinische Verschwörung* (Bastei Lübbe Taschenbuch Bd. 11686) und aufsehenerregender Sachbücher wie *Der Schatz des Priamos* (Bastei Lübbe Taschenbuch Bd. 61423) einen Namen gemacht. Mit Ausgaben in 32 Sprachen ist er einer der meistübersetzten Autoren der Gegenwart.

Philipp Vandenberg

Ramses der Grosse

Eine archäologische Biographie

Bastei Lübbe

Bastei Lübbe Taschenbuch
Band 61494

1. Auflage: August 2002

Vollständige Taschenbuchausgabe

Bastei Lübbe Taschenbücher ist ein Imprint
der Verlagsgruppe Lübbe

Das Buch erschien unter demselben Titel erstmals 1977
bei Scherz Verlag, Bern und München
Titelbild: akg-images, Berlin
Einbandgestaltung: Tanja Østlyngen
Satz: Textverarbeitung Garbe, Köln
Druck und Verarbeitung: Ebner & Spiegel, Ulm
Printed in Germany
ISBN 3-404-619494-1

Sie finden uns im Internet unter
http://www.luebbe.de

Der Preis dieses Bandes versteht sich einschließlich
der gesetzlichen Mehrwertsteuer.

Inhalt

I

Ein Gott wird entdeckt

Menschen sind die Ägypter, nicht Gott,
und ihre Rosse sind Fleisch, nicht Geist.
Jesaja 31,3

Ich war wie der Sonnengott Re,
wenn er am Morgen aufgeht,
und meine Strahlen verbrannten
die Glieder der Feinde.
Ramses II.

Ramses II., der Große, der Starke, mag die Kraft des Sonnengottes in sich gespürt haben, als er sich im dritten Jahrzehnt seiner Regierung an den Wänden der Tempelanlage von Abu Simbel selbst verherrlichte – doch Herr über den Wind und den Sand der Wüste war er nicht. Seine stolzen Worte, seine kunstvollen Bildnisse und seine mächtigen Bauwerke fernab der Hauptstadt, am Oberlauf des Nils, wurden in Jahrhunderten vom Treibsand zugedeckt und waren drei Jahrtausende lang unauffindbar.

Als Johann Ludwig Burckhardt, Sohn eines Baseler Seidenbandfabrikdirektors, am 4. September 1812 in Kairo eintraf, da trug er nur Fetzen am Leib, und seine gesamte Barschaft belief sich auf einen einzigen Taler. Burckhardt kam per Kamel aus Syrien, wo er sich zwei Jahre akklimatisiert und auf seine eigentliche Aufgabe vorbereitet hatte: die Durchquerung der Sahara von Ost nach West, vom Nil zum Niger. Die Londoner »African Association«, eine ehrenwerte Gesellschaft zur Erforschung des Schwarzen Erdteils, honorierte dieses auf sechs Jahre veranschlagte Selbstmordunternehmen mit 21 Shilling pro Tag. Wenn er es überlebte, war Burckhardt ein reicher Mann.

Doch in Kairo drohte die Expedition des jungen gelehrten Wandersmannes aus der Schweiz zu scheitern, noch ehe sie begonnen hatte. Es fand sich keine Karawane, die in nächster Zeit in Richtung Timbuktu ziehen wollte. Laut Arbeitskontrakt war Burckhardt jedoch zum Entdecken verurteilt; also forschte er nach anderen weißen Stellen auf der Landkarte Afrikas. Und er brauchte nicht lange zu suchen: Tausend Kilometer nilaufwärts, südlich der großen Stromschnellen, lag fern jeder Zivilisation, jeder Karawanenpiste Nubien, ein sagenhaftes, vergessenes Land, von Geheimnissen umwittert, wo angeblich Gold im Sand blinkte, die Berge schwarz glitzerten, wo riesige Bauwerke versteckt liegen sollten, wo das Ende der Welt nicht mehr weit sein konnte.

Seit der Römerzeit hatte kein Europäer dieses Land betreten; doch Generationen von Forschern, Weltenbummlern und Märchenerzählern hatten die Kunde weitergegeben, unter den Sanddünen im fernen Nubien seien goldstrotzende Tempel verborgen, größer, prächtiger, merkwürdiger als alle bisher gefundenen Heiligtümer am Nil. Bei einem Ort namens Ebsambal sei gar ein gigantischer Tempel in einen Berg gebaut, doch seit der Zeit der Pharaonen sei der Zugang verschüttet. War das Wirklichkeit oder Legende?

Burckhardt, von Kopf bis Fuß arabisch gekleidet und perfekt Arabisch sprechend, war mit seinem wallenden Bart von einem Einheimischen nicht zu unterscheiden. Zudem nannte er sich jetzt Scheich Ibrahim, und als solcher kaufte er vom ersten Salär der »African Association« einen Sklaven und zwei Esel. Er hatte beschlossen, gen Nubien zu ziehen, um das rätselhafte Ebsambal zu entdecken.

Auf dem Markt von Esna tauschte Ibrahim Esel und Sklave gegen zwei Dromedare ein und versuchte, einen kundigen Führer zu mieten. Das mißlang – nach Nubien wollte keiner, denn das Land südlich der Stromschnellen des Nils galt bei den Eingeborenen als das Gefilde des Todes und der Geister. Also ritt er allein den Nil entlang nach Assuan und fand dort einen alten Mann, der ihn für einen Spanischen Dollar die hundertvierzig Meilen bis nach Ed-Derr geleiten wollte, aber keinen Schritt weiter.

Burckhardt hatte sein Gepäck zugunsten einer schweren Bewaffnung auf ein Minimum reduziert. Außer einem Gewehr, einem Säbel und zwei Pistolen führte er nur einen Sack mit Proviant mit sich. In Ed-Derr zahlte er den Alten aus und heuerte einen neuen Führer an: Er hieß Saad, war ein Nubier und fürchtete weder Tod noch Teufel. Im übrigen konnte er Scheich Ibrahim beruhigen: Der einzige Wegelagerer in der Gegend sei vor wenigen Wochen getötet worden. Ibrahim aus Basel und Saad aus Derr zogen los und marschierten zwei Tage lang, von morgens kurz nach Sonnenaufgang bis zum Abend, wenn die Sonne hinter den kahlen Bergen im Westen verschwand. Am Abend des zweiten Tages erreichten sie ein Dorf. Burckhardt schickte seinen Begleiter aus, um etwas zu essen zu besorgen; währenddessen entzündete er ein Lagerfeuer. Saad kam zurück, brachte Fladenbrot mit und ein undefinierbares Suppengebräu. Todmüde legten sie sich auf ihren Reisesack. Am anderen Morgen galt es, den Nil zu überqueren; der steile, felsige Weg am diesseitigen Flußufer hätte mehr Kraft und Zeit gekostet. Zwei Dorfbewohner waren behilflich. Der eine ruderte ein winziges Boot, darin verstauten die beiden Reisenden die Waffen und ihre Kleidung. Die beiden Dromedare wurden ins Wasser getrieben und mit Stricken an das Boot gebunden.

Burckhardt und sein Begleiter, splitternackt, hielten sich jeder an einem Kamelschwanz fest und strampelten mit den Beinen durch das Nilwasser. Am anderen Ufer trotteten sie weiter, Tag für Tag, wochenlang, immer nach Süden. Noch mehrmals durchquerten sie schwimmend den Fluß, um den Weg abzukürzen. Doch er wurde immer länger, immer beschwerlicher. Da beschlossen sie, entkräftet und von Zweifeln gepackt, ob sie an den verschütteten Felsentempeln nicht schon vorüber seien, nur noch eine Tagesreise weiterzumarschieren. Das war am 21. März 1813.

Am Nachmittag des 22. März standen Scheich Ibrahim und Saad auf einem jäh zum Nil abfallenden Steilhang, über den der Wüstenwind unaufhörlich Treibsand blies. Ibrahim drohte im Sand zu versinken, als er versuchte, zum Fluß hinabzusteigen, wo er – wieder einmal – den sagenhaften Tempel von Ebsambal vermutete. Kein Europäer hatte ihn je gesehen, er war nur von Inschriften an anderen Orten und vom Hörensagen bekannt. Vielleicht gab es ihn gar nicht.

Doch es gab ihn tatsächlich! Unten am Nil angelangt, erkannte Burckhardt hinter einem Felsvorsprung eine zehn Meter hohe, aus dem Fels gehauene Statue und beim Näherkommen noch fünf weitere; sie stellten abwechselnd einen Mann und eine Frau dar.

»In der Annahme, damit alle Altertümer von Ebsambal gesehen zu haben«, schreibt er später in seinem Reisebericht, »wollte ich den Hang wieder hinaufsteigen.« Und auf dieser Klettertour geschah es. »Ich war glücklicherweise etwas mehr nach Süden gekommen und erblickte plötzlich in einer Entfernung von kaum zweihundert Schritten die noch sichtbaren Teile von vier Kolossalstatuen. Sie standen in einer tiefen, künstlichen Einbuchtung des Felsens, doch bedauerlicherweise fast gänzlich unter dem Sand begraben, der in Strömen vom Wind heruntergetrieben wird.«

»Ebsambal!« rief Scheich Ibrahim in die Einsamkeit. »Ebsambal!« Ergriffen kostete er den feierlichen stillen Augenblick des Entdeckens aus. Es war der erfolgreichste Tag in seinem jungen Leben, das schon so bald und so profan enden sollte: in Kairo, durch eine Fischvergiftung. Ebsambal oder – wie wir heute sagen – *Abu Simbel* gefunden zu haben, war seine größte Entdeckerleistung.

Wessen Tempel er da entdeckt hatte, wußte er freilich nicht. Er konnte nicht ahnen, daß er auf das prächtigste, eigenwilligste Bauwerk des größten Pharaos der Geschichte gestoßen war. Massen von Sand hatten das mächtige Portal zehn Meter hoch verschüttet; an ein Hineinkommen war nicht zu denken. Und die Inschriften konnte Burckhardt nicht lesen – das Geheimnis der Hieroglyphen war noch nicht gelüftet. So blieb ihm verborgen, was schon wenige Jahre später entziffert werden konnte: »Ich, Ramses, habe Ägypten neu erschaffen.« Oder der Ausspruch seines Todfeindes: »Die Furcht vor dir verbreitet sich wie ein Feuer im Land der Hethiter.« Oder jener Aufschrei seiner Untertanen: »Berührt ihn nicht, sonst verbrennt ihr an seiner Feuersglut!«

Was muß das für ein Mann gewesen sein, der von sich so überheblich, von dem sein Todfeind so demutsvoll, sein Volk so hingerissen sprach?

Eine unheimliche Audienz

Beinahe auf den Tag genau 163 Jahre nachdem Johann Ludwig Burckhardt den Rückweg von Abu Simbel antreten mußte, ohne den Namen des Erbauers erfahren zu haben, schien es ganz so, als wollte Ramses seine Geheimnisse noch immer nicht preisgeben – diesmal jedoch mit den Archäologen im Bunde. Im April 1976 suchte ich den Mumienraum des Ägyptischen Museums in Kairo auf, in dem seit Jahrzehnten auch die Mumie des großen Ramses aufbewahrt wird. Jetzt fand ich dort, wo sie gelegen hatte, eine Lücke in der Glassarg-Galerie. Der Wärter erklärte mir, die Mumie des Pharaos Ramses II. sei zu einer Ausstellung unterwegs. Genaueres wisse man leider nicht.

Die Mumie auf Reisen? Das kam mir merkwürdig vor.

»Wo ist Ramses wirklich?« fragte ich Dr. Ali Hassan, den Generaldirektor des Kairoer Museums.

Dr. Hassan, in Göttingen promovierter Archäologe und daher ausgezeichnet Deutsch sprechend, kniff unter seiner dunklen Hornbrille vielsagend ein Auge zu und meinte: »Ramses ist krank.«

»Und *wo* ist er?« fragte ich weiter. »Ich bin immerhin dreitausend Kilometer geflogen, nur um ihn zu sehen.«

Ali, nicht gerade entzückt, daß ich mich nicht abwimmeln ließ, griff zum Telefon und redete irgend etwas auf arabisch, wovon ich immer nur »Vandenberg« und »Ramsiiis« verstand, nickte schließlich heftig mit dem Kopf, legte auf und sagte: »Kommen Sie, Herr Vandenberg!« Ich war gespannt.

In Begleitung des Mumienexperten Dr. Ibrahim el-Nawawy gingen wir an der Gipsformerei vorbei zum Chemischen Institut des Museums, wo gleich im ersten Raum der Chefchemiker hinter einer Batterie von Glasschlangen und Reagenzien auftauchte; er war gerade mit einer Altersdatierung nach der C^{14}-Methode beschäftigt. Ein kurzer Wortwechsel, dann zog er einen Schlüssel hervor, rief zwei Assistenten, und wir stiegen in feierlicher Prozession das enge steinerne Treppenhaus empor in den zweiten Stock. Einer der Assistenten schloß auf und ließ mich in einen weißen Obduktionsraum treten, in dessen Mitte auf einem weißen Tisch unter einem weißen Tuch die Umrisse eines Menschen zu erkennen waren. Die Herren sprachen nur noch leise.

El-Nawawy nickte einem Assistenten zu; der trat vor, zog das lange Leinentuch weg – und da lag er, gelblich fahl, geierköpfig, strohblond, stoppelbärtig, beinahe zynisch zugekniffen die Augen, die Arme über der Brust gekreuzt, die langen Finger zur Faust geballt, der Brustkorb eingefallen, hervorstehend die Beckenknochen, marionettenhaft parallel liegend die dürren Beine, von Kopf bis Fuß genau 1,73 Meter messend: »Ramses User-maat-Re-Setepen-Re, Mächtiger Stier, Beschützer Ägyptens, Züchtiger fremder Länder, Reich an Jahren, Groß an Siegen, Geliebt von Amun« ein Mann, der seine Feinde zum Zittern brachte und die Frauen in Ekstase, der mehr Kinder zeugte als jeder Imperator vor oder nach ihm, der mehr Tempel baute als alle übrigen Pharaonen zusammen, der Moses in die Wüste trieb, der sich 67 Jahre lang von seinem Volk als Gott feiern ließ, der nur ein einziges Idol hatte und nur ein einziges Ideal: sich selbst.

Dieser Mann – oder besser das, was drei Jahrtausende von ihm übriggelassen hatten – lag vor mir, zerbrechlich, sterblich, auf das Menschliche reduziert.

Es war eine unheimliche Audienz.

Beim Wegziehen des weißen Tuches mußten sich die über der Brust gekreuzten Arme leicht verschoben haben. El-Nawawy streifte sich Gummihandschuhe über und versuchte vorsichtig, Ramses' Arme wieder in die ursprüngliche Lage zu bringen. Gespannt lauschten wir auf irgendein Geräusch, das diese Bewegung hätte verursachen können, aber es war nichts zu hören.

Doch etwas völlig Unerwartetes geschah, etwas, das uns allen, die wir wie neugierige, frevelhafte Gaffer um die Mumie herumstanden, das Blut in den Adern stocken ließ: Wie ein Pfeil, der von einem Bogen abgeschossen wird, schnellte der linke Unterarm etwa zwanzig Zentimeter nach oben, so, als mache Ramses eine ungnädige Abwehrbewegung. Entsetzt fuhren wir zurück, einer der Assistenten tat ein paar Schritte zur Tür hin und blieb dort abwartend stehen. Was war geschehen?

Haut und Sehnen des linken Unterarms der Mumie, die von mehr als hundert Metern Leinenbinden umwickelt war, hatten seit 3 200 Jahren unter Spannung gestanden. Dabei hatte der rechte den linken Unterarm an den Körper gedrückt. Mumienkonservator Ibrahim el-Nawawy mußte diesen Spannungszustand aufgehoben haben …

Wir alle fühlten uns in jenem Augenblick als Eindringlinge. Ich selbst, der ich dabei war, das Privatleben des großen Ramses bis ins kleinste zu durchforschen, wurde nachdenklich. Wortlos stiegen wir wieder das kahle Treppenhaus hinab.

Meine Frage, was der Mumie denn nun eigentlich fehle, blieb unbeantwortet. Ich hatte, von einem lockeren Zahn abgesehen, der zwischen den leicht geöffneten Lippen hervorragte, keine Beschädigungen feststellen können. Dennoch sprachen die Herren mit einem Augurenlächeln von Ramses' Krankheit, seiner »diplomatischen Krankheit«.

Ramses II. im Atomforschungszentrum

Diese »diplomatische Krankheit« hatte ihren Ursprung in einer Auseinandersetzung zwischen Politikern und Wissenschaftlern. Einflußreiche französische Kreise hatten 1975 versucht, die Mumie Ramses' II. für eine Ausstellung nach Paris zu bekommen; doch die ägyptischen Stellen lehnten ab. Die Ägypter haben ein von tiefer Ehrfurcht geprägtes Verhältnis zu den Mumien ihrer Pharaonen. Bis in die Tage Faruks, des letzten Königs von Ägypten, wurden die Königsmumien nicht einmal öffentlich ausgestellt. Auch heute sind sie in einem gesonderten Raum des Ägyptischen Museums nur bis zum Hals zugedeckt zu besichtigen, und noch nie hatte eine Königsmumie Ägypten verlassen.

Bei einem Treffen der Staatspräsidenten von Frankreich und Ägypten im Dezember 1975 erkundigte sich Giscard d'Estaing bei Anwar as-Sadat, ob es nicht vielleicht doch möglich sei, die Ramses-Mumie zu einer Ausstellung nach Paris zu bringen. Sadat willigte ein, und das entfachte einen Sturm der Entrüstung bei ägyptischen Behörden und Wissenschaftlern. Vor allem die Archäologen des Ägyptischen Museums versuchten, das Versprechen Sadats rückgängig zu machen. Um die Vereinbarung auf höchster Ebene zu torpedieren, brachten sie Ramses in das Chemische Institut des Museums und gaben vor, die Mumie bedürfe dringend einer Restaurierung, im übrigen sei sie auf jeden Fall transportunfähig.

Die Franzosen fühlten sich brüskiert. Der 15. Mai 1976, der Tag der Ausstellungseröffnung im Pariser Grand Palais, rückte näher, Ramses lag immer noch im Chemischen Institut des Kairoer Museums, und die Ausstellung wurde ein Riesenerfolg – auch ohne die Mumie. Aber die Franzosen, denen Ramses von höchster Stelle fest zugesagt worden war, ließen nicht locker. Kuriere wurden in Marsch gesetzt, diplomatische Noten ausgetauscht, Inhalt: Die Mumie Ramses' II. sei nicht nur beschädigt, sie sei vor allem von Bakterien und Pilzen befallen, das hätten französische Spezialisten schon bei früheren Untersuchungen festgestellt. Französische Experten seien jedoch in der Lage, die Mumie zu desinfizieren, zudem könne die erste Auslandsreise einer Königsmumie die erwünschte Vertiefung der diplomatischen Beziehungen zwischen Ägypten und Frankreich demonstrieren. Es gab keine Gegenargumente mehr, Ramses mußte sich auf den Weg nach Paris machen, wo ihm zwar die Schaustellung vor einer hunderttausendköpfigen Besuchermenge erspart blieb, nicht aber eine wissenschaftlich höchst umstrittene Prozedur: Im Atomforschungszentrum Saclay wurde die Mumie einer Kobalt-60-Bestrahlung ausgesetzt, um alle Mikroorganismen abzutöten.

Dr. James Harris von der Universität von Michigan, der die Pharaonenmumien zehn Jahre lang untersucht hatte, erklärte: »Meiner Meinung nach hat die Mumie keinen Schaden genommen, weder durch Bakterien noch durch Pilze oder sonst etwas. Ich weiß sicher, daß die Mumien so geschützt sind, daß es absolut unmöglich ist, sie zu infizieren. Die Franzosen wünschten einfach, daß die Mumie in einem schlechten Zustand sei, und ich meine ganz offen, es ist wissenschaftlich ehrenrührig zu behaupten, die Mumie sei infiziert.«

Die französischen Mumienexperten schlugen zurück: Der Hauptgrund, warum sich die Pharaonenmumien in einem so schlechten Zustand befänden, sei der, daß amerikanische Wissenschaftler die Sarkophage in der Vergangenheit zu häufig für Röntgenaufnahmen geöffnet hätten. Professor Lionel Balout äußerte im *Time Magazine:* »Harris hat eine Serie von Dummheiten veröffentlicht. Er ist nur ein Dentist.« Und Christiane Desroches-Noblecourt, die ägyptologische Expertin des Louvre: »Ich bin empört über die Kommentare der Amerikaner, sie sind ebenso unbegründet wie unhöflich. Die Amerikaner sind ganz einfach eifersüchtig, weil französische Wissenschaftler am meisten qualifiziert sind, die Mumie Ramses' II. zu behandeln. Sie wollen ebenso wie die Engländer nicht wahrhaben, daß die ägyptische Zivilisation im wesentlichen von französischen Wissenschaftlern wiederentdeckt worden ist.«

Damit hatte die Pariser Archäologin nicht unrecht, auch wenn die Gründe dafür mehr in historischen Gegebenheiten als in wissenschaftlicher Qualifikation zu suchen sind.

Der Mann, der die Mumie Ramses' II. fand, war in der Tat Franzose. Er vollbrachte damit jedoch keine große wissenschaftliche Leistung, eher ein kriminalistisches Bravourstück; denn die Mumie Ramses' II. war keineswegs im Grab Ramses' II. bestattet. Dieses Grab war schon vor 3 000 Jahren, nicht einmal ein Jahrhundert nach der Beisetzung des Pharaos, zum ersten Mal beraubt worden. Das hatten Priester der 21. Dynastie zum Anlaß genommen, alle ihnen damals bekannten Königsgräber in einer einzigen Nacht zu öffnen, die Mumien herauszuholen und sie in einem geheimen Felsversteck im Nordwesten des Talkessels von Der el-Bahari einzumauern. Eine dieser 49 evakuierten Königsmumien war die Ramses' II., und es fand sie Gaston Maspero, der als Nachfolger des beinahe schon legendären Auguste Mariette von 1881 bis 1887 und von 1899 bis 1914 das Amt eines Generaldirektors der Staatlichen Ägyptischen Altertümerverwaltung bekleidete.

Bereits um das Jahr 1874 waren dem jungen Professor am College de France Uschebtis[1] und andere Grabbeigaben aufgefallen, die auf dem Antiquitätenmarkt angeboten wurden. Sie trugen die Namenskartuschen von Königen, deren Gräber man zum Teil schon entdeckt, jedoch allesamt ausgeraubt gefunden hatte. Maspero wußte sich zunächst keinen Reim darauf zu machen, ließ aber seinen deutschen Mitarbeiter Emil Brugsch Nachforschungen über die Herkunft der Grabbeigaben anstellen. Diese Recherchen gestalteten sich äußerst mühsam, sie erstreckten sich über mehrere Jahre und endeten immer in einem Dorf, El-Kurna, nahe dem Tal der Könige im westlichen Theben, wo die Inspektoren

1 Dienerfiguren, meist aus Holz oder Terrakotta, die dem Verstorbenen ins Grab mitgegeben wurden, »damit sie die Frondienste tun, die im Totenreich üblich sind« *(Ägyptisches Totenbuch)*.

der Altertümerverwaltung auf verschlossene Türen, gleichgültiges Achselzucken oder lautstarke Unschuldsbeteuerungen stießen. Schließlich konzentrierten sich die Ermittlungen auf drei Männer: die Brüder Muhammed und Ahmed Abderrasul in El-Kurna und den Konsul Mustafa Aga Ayat in Luxor. Der jüngere der Abderrasul-Brüder, Ahmed, wurde festgenommen, verhört, mit Stockschlägen traktiert – vergeblich, er blieb stumm und mußte wieder freigelassen werden. Jahre später jedoch plagte seinen Bruder Muhammed das Gewissen: Am 25. Juni 1881 machte er vor dem Provinzgouverneur eine Aussage, die zur größten archäologischen Sensation des Jahrhunderts werden sollte.

Ahmed hatte im Februar 1871, also vor mehr als zehn Jahren, bei Der el-Bahari einen ca. 12 Meter tiefen Schacht entdeckt, der an der Sohle Spuren von künstlichem Mauerwerk aufwies. Wohl wissend, was das bedeutete, hatten Ahmed und Muhammed in wochenlanger Arbeit das Gemäuer freigelegt und waren auf einen Gang gestoßen, der etwa 65 Meter lang, aber so eng war, daß man nicht aufrecht darin gehen konnte. Stellenweise waren Steinmassen von der Decke gefallen; sie mußten, um weiterzukommen, erst weggeschafft werden. Dann standen die Brüder schließlich vor einer unverschlossenen Kammer, etwa 7 mal 7 Meter groß. In schlichte Holzsärge gebettet, neben- und übereinander, lagen die Mumien von 49 Pharaonen, unter ihnen Ramses II., erkenntlich an seinem Namensschild auf der Brust.

Zehn Jahre bestritten die Abderrasuls ihren Lebensunterhalt aus dem Verkauf der Grabbeigaben der Königsmumien. Sie hatten den Konsul Mustafa Aga Ayat in dieses Geschäft miteingebunden, weil er die entsprechenden Verbindungen besaß, um »die heiße Ware« an den Mann zu bringen. Seine Provision: vier Fünftel des Gewinns.

Zehn Tage nach diesem Geständnis seilten sich Inspektoren der Altertümerverwaltung in den Felsenschacht von Der el-Bahari ab und fanden alles wie von Muhammed beschrieben. In achtundvierzigstündiger Arbeit – die Priester der 21. Dynastie hatten nur ein Viertel der Zeit, nur eine Nacht, zur Verfügung gehabt schafften sie die Mumien ans Tageslicht, ständig in Angst, von Fellachen überfallen zu werden; denn längst hatte sich das Gerücht verbreitet, Schätze von unsagbarer Kostbarkeit seien entdeckt worden. Am 14. Juli 1881 legte in Luxor der Dampfer »Menschija« ab, mit dem Ziel Kairo, an Bord Ramses und die übrigen Pharaonenmumien.

Wer fängt den wilden Stier?

Ramses hatte die Strecke im 13. Jahrhundert v. Chr. oft zu Schiff zurückgelegt, vor allem in jungen Jahren, als sein Vater Sethos noch lebte. Wenn der Sohn von seinen Inspektionsreisen aus Nubien zurückkam, saß er an Deck seiner königlichen Barke auf einem Thron aus Gold, ohne den er nie reiste und den er sich sogar in der Schlacht nachtragen ließ.

Von Nubien kommend, auf dem Weg in die Hauptstadt Memphis, machte der junge Ramses jedesmal in Abydos Station, wo gerade der Totentempel seines Vaters Sethos im Bau war, eigenwillig in der Konstruktion, heute von unschätzbarem Wert als historisches Dokument. In diesem Tempel Sethos' I. in Abydos ist ein Relief zu bewundern, das Ägyptologen aus aller Welt zu heftigen Diskussionen hingerissen hat. Unter den rätselhaft erscheinenden Hieroglyphen »Fangen des wilden Stiers des Südens mit dem Lasso durch den König« sehen wir einen Pharao und seinen Sohn, die in weit ausholenden Schritten hinter einem Stier herrennen. Der König schwingt ein Lasso, der Sohn hat den Stier schon mit beiden Händen am Schwanz gepackt. Der König trägt die

Krone Unterägyptens mit der Uräusschlange sowie den ebenfalls Macht symbolisierenden Zeremonialbart. Über ihm schwebt ein Falke mit dem Shen-Ring (Symbol der Sonne) und dem Anch-Zeichen (Symbol des Lebens) in seinen Krallen. Der Erbprinz, der seinem Vater gerade bis zu den Schultern reicht und dessen jugendliches Alter durch seine seitlich getragene Kinderlocke betont wird, zeigt in seiner Haltung Mut, Kraft und Draufgängertum.

Die Szene symbolisiert die Gefangennahme der Feinde durch den Pharao und seinen Erbprinzen. So viel ist klar. Doch um welchen Pharao und welchen Erbprinz handelt es sich? Darüber konnten sich die Gelehrten bisher nicht einig werden. Naheliegend ist, daß im Sethos-Tempel Sethos dargestellt ist mit seinem Sohn Ramses. Der Tempel wurde allerdings von König Sethos nur *begonnen,* vollendet wurde er unter Ramses. Und da die Ausschmückung mit Reliefs erst nach Abschluß der Bauarbeiten in Angriff genommen werden konnte, meinen manche Archäologen, Ramses, inzwischen Alleinherrscher, habe sich wohl kaum noch als kleinen Jungen darstellen lassen, er sei vielmehr der Pharao, der hier mit seinem Erbprinzen die Feinde in Gestalt des Stieres zu Fall bringt.

Für beide Theorien fehlt der letzte Beweis. Wenn ich mit der Mehrheit der Ägyptologen der ersten Version den Vorzug gebe, also der, die besagt, daß hier Sethos mit seinem Sohn Ramses II. dargestellt ist, dann aus zwei Gründen:

1. Der Erbprinz ist in so stürmischer Pose dargestellt, wie sie Ramses' eigener Idealvorstellung und später seinem tatsächlichen Auftreten entsprach.
2. Ramses hatte keinen Erbprinzen ausersehen, den er bereits in jungen Jahren favorisierte.

Mit 16 hatte er zwei Frauen und vier Söhne

Der um 1314 v. Chr. geborene Ramses trat mit 10 Jahren zum ersten Mal an die Öffentlichkeit. In diesem Alter mußte er bereits mit seinem Vater ins Feld ziehen, ein damals durchaus üblicher Brauch. Auf der sogenannten Kuban-Stele, die 1843 von Franzosen in der gleichnamigen Festung entdeckt wurde, heißt es: »Er war Chef der Armee ... als Junge von zehn Jahren.«

Ramses war, obwohl nicht der älteste Sohn Sethos', zum Kronprinzen ausersehen und wurde systematisch auf die Thronfolge vorbereitet. Schon in jungen Jahren übertrug ihm sein Vater verantwortungsvolle Staatsaufgaben, beispielsweise die Errichtung von Bauwerken wie des Tempels von Abydos oder die Kontrollaufsicht über die südliche Provinz Nubien und ihren Vizekönig. Der amerikanische Ägyptologe Keith C. Seele meint, Ramses habe mit 16 Jahren seinen späteren Lieblingssohn Chaemwese gezeugt, und da Chaemwese an anderer Stelle eindeutig als vierter Sohn des Pharaos ausgewiesen ist, müßte Ramses also mit etwa 16 schon vierfacher Vater gewesen sein.

Zu dieser Zeit hatte der Kronprinz bereits zwei Frauen: die erste, Nofretari, war eine Prinzessin aus dem Provinzadel – also keine »Sat-nisut«, keine Königstochter –, er hatte sie mit 14 Jahren geehelicht. Woher Isis-nefert, die zweite legitime Hauptgemahlin des Königs, stammte, ist unbekannt. Nofretari war Mutter des ersten und des dritten Sohnes, Isisnefert brachte den zweiten und den vierten Sohn zur Welt.

Nofretari, die schon bald zur Lieblingsfrau des jungen Ramses werden sollte, zeichnete sich nicht nur durch ihre Schönheit aus, sondern auch durch ungewöhnliche Klugheit, und sie durfte wie die Kadesch-Reliefs in Abu Simbel zeigen – den jugendlichen Feldherrn in die Schlacht begleiten, die Söhne an der Hand, das Kindermädchen im Gefolge. Ram-

Ramses I.

Königin Nofretari

Sethos I.

Merenptah

Ramses II.

Ramses III.

Die Namenskartuschen mit den Königs- bzw. Königinnennamen der wichtigsten Herrscher der 19. Dynastie.

ses sollte das traute Familienleben nicht entbehren und nicht auf dumme Gedanken kommen.

Seine Lieblingsfrau hatte den Namen Nofretari bei der Thronbesteigung ihres Gatten angenommen. Er bedeutet »die Schönste von allen«, könnte aber – *nefer* heißt auch »gut« – genauso mit »die Allerbeste« übersetzt werden. Daß »die Allerbeste« dennoch nicht die Mutter von Ramses' Thronfolger war, liegt am außergewöhnlich langen Leben des Pharaos. Er überlebte Nofretari und zwölf seiner Söhne, und erst der dreizehnte, Merenptah, wurde sein Nachfolger.

Wenn ihm in jungen Jahren die Frauen und das Militär noch Zeit ließen, dann reiste Ramses durch das Land und inspizierte die Bauarbeiten, die sein Vater und er in Auftrag gegeben oder deren Restauration sie beschlossen hatten. Der Bau des Totentempels für seinen Vater in Abydos war dabei seine Hauptaufgabe.

Ramses muß ein guter Sohn gewesen sein. Das läßt sich aus der Akribie schließen, mit der er die Erinnerung an Sethos in zahlreichen Monumenten und Hieroglyphentexten wachhielt – sogar noch im Greisenalter. Über das Verhältnis zu seiner Mutter Tuja ist zwar kaum etwas bekannt, doch schämte er sich jedenfalls nie ihrer niederen Herkunft. Daß »die große königliche Gemahlin« Sethos' I. nur die Tochter eines Reitergenerals war und ihr Großvater auch »nur« Offizier, scheint den Pharao sogar mit einem gewissen Stolz erfüllt zu haben; denn wo immer er seiner Ahnen gedenkt, verschweigt Ramses nie ihren militärischen Rang.

Von Tuja, die im Tal der Königinnen von Theben-West ihre letzte Ruhe fand, wissen wir eigentlich nur aus Inschriften in ihrem Grab, das die Nummer 80 trägt. Ihr schönstes Porträt fand die bereits erwähnte Pariser Archäologin Christiane Desroches-Noblecourt am 21. März 1972 bei Erdarbeiten im Grab der Königin: ein 17 Zentimeter hohes Köpfchen als Deckel eines Eingeweide- oder Kanopenkruges. Der Fund ist den vier Kairoer Kanopenköpfen aus dem Grab von Echnatons seltsamem Mitregenten Semenchkare sehr ähnlich.[2] Die Königin trägt eine voluminöse Perücke, in der Mitte der Stirn prangt eine Uräusschlange, das königliche Symbol. Wie eine enganliegende Kappe sind die Flügel eines Geiers, das Attribut der Göttin Mut, über das Haar gestülpt. Die charakteristischen Züge ihres großflächigen Gesichts sind breite Augen und langgezogene Augenbrauen, eine leichte Stupsnase, ein kleiner Mund und ein fliehendes Kinn. Dieser Tuja begegnen wir auch auf anderen Darstellungen.

Ramses ließ indessen nicht nur Kunst schaffen, er fälschte sie auch skrupellos, wenn es darauf ankam, fremde Kunstwerke für sich in Anspruch zu nehmen. Typisch dafür war die gewaltsame Veränderung einer anderthalb Meter hohen Granitstatue seiner Mutter. Diese Statue, die auf der Rückseite Tuja als »die Mutter des Gottes, die auf die Welt gebracht hat den mächtigen Stier User-maat-Re-Setepen-Re« und »die große königliche Gemahlin, die Geliebte des Königs, die Gemahlin des Gottes« ausweist, trägt deutliche Spuren einer nachträglichen Bearbeitung. Das Gesicht Tujas, von anderen Darstellungen mit kleiner Nase und kleinem Mund bekannt, ist hier breit und derb, der Mund wülstig, das Kinn hervortretend.

Nein, das ist nicht Tuja – jedenfalls stand die Königin nicht für die ursprüngliche Version dieser Statue Modell. Die gedrungene Haltung mit den symmetrisch am Körper herunterhängenden Armen erinnert vielmehr an Standbilder aus dem Mittleren Reich. Schon der britische Archäologe Flinders Petrie, der diese Tuja gegen Ende des vorigen Jahrhunderts in den Ruinen von Tanis zusammen mit etwa zwanzig anderen Statuen fand, die alle aus dem Mittleren Reich

2 Vgl. Philipp Vandenberg: *Nofretete, Echnaton und ihre Zeit*, Bergisch Gladbach 1998.

stammten, vertrat die Ansicht, daß hier nach ramessidischem Brauch die Skulptur einer Prinzessin, möglicherweise einer Tochter des Pharaos Sesostris II., bedenkenlos zur Ramses-Mutter umgearbeitet worden war. Aber offenbar fanden entweder Ramses oder seine Mutter selbst das umgearbeitete Denkmal nicht besonders gelungen, so daß sie es an Ort und Stelle, in Gesellschaft der anderen Statuen aus dem Mittleren Reich, stehenließen. Für diese Annahme spricht die Tatsache, daß die Überarbeitung unvollendet blieb: Die für die Zeit typische schwere Perücke mit der Geierhaube fällt bis auf die recht unförmig herausgearbeiteten Brüste der Königinmutter; hier endet die sonst feine Ziselierung, und rohbehauener Granit tritt hervor.

Stammbaum einer Soldatenfamilie

Die Großeltern Ramses' II. mütterlicherseits, also die Eltern der Königinmutter Tuja, stammten, wie bereits erwähnt, aus einer Soldatenfamilie. Ein Zufallsfund in Medinet Habu brachte den Großvater Raia, einen Reitergeneral, ans Tageslicht. Bei diesem Objekt handelt es sich um ein Relieffragment, das einen Mann, eingerahmt von zwei Frauen, beim Opfer zeigt. Der Fundort läßt darauf schließen, daß nicht der zweite, sondern der dritte Ramses diese Stele aus rotem Sandstein für seinen Totentempel umarbeiten ließ oder umarbeiten lassen wollte. Sie stammt sicher nicht aus dem Grab der Königin, denn eine Stele im Grab wäre ungewöhnlich; Text und Darstellung weisen die Personen im übrigen als Lebende aus. Christiane Desroches-Noblecourt vertritt vielmehr die Ansicht, daß die Stele der Eltern Tujas aus dem erst jüngst von ihr identifizierten, aber leider völlig zerstörten Tempel der Tuja am benachbarten Totentempel Ramses' II., dem Rameseum, stammt.

Die drei auf dem Stelenfragment dargestellten Personen sind nur bis zu den Schultern erhalten, und sie blicken alle mit betend erhobenen Händen nach rechts. Hinter ihnen ist ein Portal zu erkennen, an dessen Türstock die Namensringe Ramses' II. zu sehen sind. Acht Hieroglyphen-Kolumnen, ungewöhnlicherweise von links nach rechts in Blickrichtung der drei Opfernden geschrieben, geben fragmentarisch Namen und Funktion der Abgebildeten wieder. »Der Vater der Königinmutter, Raia, General der Reiterei« steht über der mittleren Person. Raia trägt eine schlichte Perücke; der kleine Bart, möglicherweise eine Bartperücke, weist ihn als Mann von hohem Stand aus. Zwei Querfalten am Hals sind eine Erinnerung an den Stil der Amarna-Zeit. Die Frau vor Raia ist nicht zu identifizieren, die Dame hinter ihm wird als »Mutter der Königinmutter ...uja« beschrieben, der vordere Teil ihres Namens ist zerstört.

Tujas Mutter muß eine sehr feine Frau gewesen sein. Sie trägt eine Perücke, die bis zur Taille reicht. Ihr Profil verrät edle Züge; Nase, Mund und Kinn zeigen verblüffende Ähnlichkeit mit dem Profil der Tuja. Auf dem Kopf hat sie einen Salbkegel, in den eine Lotosblüte und eine Knospe gesteckt sind. Vermutlich hieß Tujas Mutter Ruja. Das war unter Ramses II. ein in höheren Kreisen beliebter Frauenname.

Aus dem Leben Ramses' I., des Großvaters Ramses' II., der 1306 als erster Herrscher der 10. Dynastie den Thron bestieg und damit das Königsgeschlecht der Ramessiden begründete, wissen wir praktisch nichts, außer daß er von Beruf Offizier war und nach zweijähriger Regierung starb. Schuld an dieser Geschichtslosigkeit ist die Knickrigkeit seines Sohnes Sethos. Sethos begann unmittelbar nach dem Tod seines Vaters in Abydos mit den Bauarbeiten zu einem Totentempel für Ramses I. Gleichzeitig legte er jedoch in Abydos auch das Fundament für einen eigenen Tempel. War der Tempel seines Vaters von bescheidener Größe, so nahm sein eigenes Monument Ausmaße an, die alle bisher in Ägypten errichteten Heiligtümer in den Schatten stellten. Das verschlang immense Mengen Baumaterial, das von weither – meist aus Assuan angeliefert werden mußte. Der weiche Kalkstein war über das ganze Land verstreut und daher als Baumaterial billiger als Granit, am billigsten waren jedoch Ziegel aus Nilschlamm, die jeweils auf der Baustelle produziert werden konnten.

Große Teile des Totentempels für seinen Vater ließ Sethos aus Kalkstein und Nilschlammziegeln errichten, was zur Folge hatte, daß dieser Tempel frühzeitig verfiel. Über den Ruinen bauten Araber, die späteren Bewohner des Landes, ihre Häuser: Fragmente der Kalksteinreliefs, die sie fanden, wanderten auf den schwarzen Markt.

Im Jahre 1911 bot ein gewisser Mr. Morgan dem New Yorker Metropolitan Museum of Art einige Kalksteinplatten an, die er von einem Kairoer Antiquitätenhändler erworben haben wollte. Ein Jahr später, 1912, machte ein Mr. Kelekian demselben Museum ein paar altägyptische Kalksteinplatten zum Geschenk, die er in Paris erstanden hatte. Der Washingtoner Ägyptologe Herbert Eustis Winlock, der seit 1906 an den Ausgrabungen des New Yorker Museums in Ägypten beteiligt war, sah die Kalksteinplatten und stellte fest: »Kein Zweifel, die Reliefs stammen vom Totentempel Ramses' I. in Abydos.« Zu dieser Zeit wußte niemand außer irgendwelchen Antikenräubern, wo genau dieser Tempel gestanden hatte.

Dem Chefinspektor der Altertümerverwaltung, Gustave Lefebvre, gelang es schließlich, den Leuten aus der Gegend ihr Geheimnis zu entlocken. Doch die Überreste vom Totentempel Ramses' I. waren so bescheiden, daß die Archäologen zunächst resignierten.

Erst im Winter 1927 machten sich einige Mitglieder der »Metropolitan Museum's Egyptian Expedition«, die damals gerade in Luxor arbeitete, auf den Weg nilabwärts nach Abydos, unter ihnen der inzwischen durch seine Aufnahmen bei der Entdeckung des Tut-ench-Amun-Grabes weltberühmt gewordene englische Fotograf Harry Burton und der ehemalige englische Pfarrer und zu hohem Ansehen gelangte Reliefkopist Norman de Garis Davies. Mit Hilfe der Fotos und Zeichnungen der beiden gingen amerikanische Archäologen daran, das wenige, was erhalten war, zu analysieren. Die Ergebnisse waren allerdings eher eine Bestätigung schon bekannter Fakten, als daß sie neue Erkenntnisse gebracht hätten. Auf der Stiftungsstele berichtet Sethos, daß er schon »von Geburt an« zusammen mit seinem Vater Ramses regiert und die Armeen seines Vaters gegen die Feinde des Landes geführt habe. Sethos kannte offensichtlich keine Skrupel – für die zwei Jahre, die sein Vater Ramses regiert hatte, erschien ihm der kleine Tempel groß genug.

Der Tempel seines Vaters war wie Sethos' eigener dem Totengott Osiris geweiht. Da nur das Innere des Tempels in hartem Stein ausgeführt wurde, die Außenwände aber aus sprödem, brüchigem Kalkstein und die Mauern aus den wenig dauerhaften Nilschlammziegeln, beschränken sich die erhaltenen Reliefdarstellungen auf die Fassade des inneren Heiligtums. Monumentale Inschriften künden von der Tempelstiftung: »Horus, Starker Stier, Erschienen in Theben ... König von Ober- und Unterägypten, Men-maat-Re, Sohn des Re, Herr der Erscheinungen in Herrlichkeit: Sethos Merenptah, Geliebt von Osiris ... baute dies als Denkmal für seinen Vater, den König von Ober- und Unterägypten, Menpehti-Re, den Sohn von Re, Ramses[3], indem er für ihn einen Tempel errichtete für Millionen von Jahren neben den Herren der Ewigkeit.«

---

3 Gemeint ist Ramses I.

Ramses I., der Großvater Ramses' II. Dies ist eine der wenigen erhaltenen Darstellungen des Gründers der 19. Dynastie. Sie stammt aus dem fast völlig zerstörten Totentempel der Pharaos in Abydos.

Dieser Stiftungstext gleicht wohl eher einem Hymnus auf den Tempelbauer Sethos, den Sohn, als einer Gedenkrede für Ramses I., den Vater. Aber es war – wie wir noch sehen werden allen Ramessiden gemeinsam, daß sie sich selbst wichtiger als ihre Väter nahmen, und Sethos, der hier seinen Vater so kurz abtut, um sich selbst um so mehr hervorzuheben, erlitt das gleiche Schicksal durch seinen Sohn und Nachfolger Ramses, und dessen Ruhm wiederum wurde von Merenptah geschmälert. Merenptah, der dreizehnte Sohn und Nachfolger Ramses' II., der noch 70 bis 80 Jahre nach dem Tode seines Großvaters an der Vollendung des Sethos-Tempels in Abydos arbeitete, manipulierte selbst noch an den Inschriften des Totentempels für seinen Urgroßvater Ramses I. – oder ließ er das baufällige Monument tatsächlich renovieren? Jedenfalls sah er sich veranlaßt, in den Stiftungstexten nachträglich *seine* Namenskartusche einzugravieren.

Die Wandreliefs in vertiefter Technik zeugen vom ausgeprägten Familiensinn Ramses' I. Bei den Opferszenen des Königs finden wir seine Frau Sit-Re, »mit Sistren[4] rasselnd vor dem schönen Antlitz des Osiris«. Drei Männer und fünf Frauen, die neben ihnen dargestellt sind, müssen zu dem Königspaar in einem sehr persönlichen Verhältnis gestanden haben.

Nach dem Stiftungstext sind es Mutter, Brüder und Schwestern des Königs. Eine höchst seltene Ehre, die der erste Pharao der 19. Dynastie da seinen Verwandten angedeihen ließ. Standesdünkel war ihm fremd. Schließlich kam er selbst aus bescheidenen Verhältnissen und war nur durch einen Staatsstreich an die Macht gelangt.

---

[4] Metallene Rasseln, die im Isis-Kult Verwendung fanden.

Nach Nofretete kam die Krise

Seit dem Interregnum von Amarna, der Herrschaft von Nofretete und Echnaton, befand sich das Ägyptische Reich im Zustand der Agonie. Tut-ench-Amun, der Elfjährige auf dem Pharaonenthron, war eine Marionette an den Fäden seiner Ratgeber. Depression und Resignation herrschten im ganzen Land, verlassen und verwüstet lagen die Tempel, zu öffentlichen Tummelplätzen entweiht. »Die Herzen der Menschen«, verkündet ein zeitgenössischer Stelentext, »waren schwach, und sie hörten auf zu schaffen.« Was die Ägypter in dieser Situation brauchten, war die Wiederherstellung der alten Götterherrlichkeit, der Idole und Leitbilder, an denen sie sich in schwerer Zeit aufrichten konnten. Aus dem jugendlichen Tut-ench-Amun wurde in neun Jahren Regierung jedoch nicht viel mehr als einer, »der sein Leben damit verbrachte, Götterbilder anfertigen zu lassen« – so sein Beiname auf den Grabsiegeln.

Ein Loch im Kopf setzte dem frommen Schaffen des Königs Tut ein jähes Ende – ob es ein Unfall war oder Mord, ist bis heute ein Rätsel. Nichts hätte der Horus-Thron jetzt nötiger gehabt als einen starken Herrscher, doch es kam ein alter, verbrauchter Mann, Eje: ein hochdekorierter Reitergeneral zwar, aber zu alt für den Thron, den er vier Jahre verwaltete – ein Herrscher war er nicht.

Anders sein Nachfolger Haremhab, der »Vertraute des besonders Vertrauten des Königs«, der oberste Heerführer und leitende Minister. Mit seinen Führungseigenschaften war es allerdings nicht weit her. Mehr und mehr wurde er zum Gewaltherrscher. Immerhin aber setzte er während seiner siebenundzwanzigjährigen Regierungszeit (1333–1306) umfassende Verwaltungs- und Wirtschaftsreformen durch, die für den Wiederaufstieg Ägyptens so dringend notwendig waren. »Ich durchfuhr das Land bis zum Süden«, heißt es in einem

Dekret von Haremhab, »ich berechnete die Tribute und den Unterhalt ... Ich suchte Menschen, forschte nach Beamten, die vollkommen in der Rede und von gutem Charakter waren, die zu richten verstanden, was im Körper ist, und die auf die Worte des Königshauses und die Gesetze der Wache hörten ... Ich gab ihnen Vorschriften und Gesetze in ihre Bücher. Ich wies sie auf den Weg des Lebens, indem ich sie zur Wahrheit leitete und sie folgendermaßen belehrte: Gesellt euch nicht zu anderen Menschen. Nehmt nicht von anderen Geschenke an, das gerät nicht. Was aber die Bezahlung in Silber, Gold und Kupfer angeht, so befahl Seine Majestät, davon abzulassen, damit man nicht Bezahlung irgendwelcher Art von den Leuten der Gerichtshöfe von Ober- und Unterägypten entgegennehmen läßt, und was jenen Bürgermeister oder Propheten angeht, von dem man hört, er sitze, um Recht zu sprechen, im Gerichtshof, der zum Richten eingerichtet ist, und begeht darin ein Vergehen gegen die Gerechtigkeit, so wird das für ihn ein großes, todeswürdiges Verbrechen. Denn Seine Majestät hat das getan, um die Gesetze des Landes zu reorganisieren und um nicht zuzulassen, daß ein weiterer Fall von Ungerechtigkeit geschieht, und um alle, die Verhörende des Gerichts sind, auf den Weg der Gerechtigkeit zu bringen.«

Hinter diesen schwerfälligen und umständlichen Worten auf der 3 mal 5 Meter großen Haremhab-Stele verbirgt sich das ganze Dilemma, in dem sich das Land vor den Ramessiden befand. Der Staat stand vor dem Bankrott, das Steuerwesen lag im argen, Korruption in Ämtern und Behörden war an der Tagesordnung. Haremhabs Reorganisation des Staatswesens ging nur unter Verhängung unmenschlicher Strafen vonstatten: Verbannung, »Abschneiden der Nase« und »Prügel bis zu blutenden Wunden«.

So gebührt dem grausamen Soldatenpharao zwar das Verdienst, den Staat aus einer tiefen Krise herausgerissen zu haben, doch stand dahinter eher der Mut der Verzweiflung als die Fähigkeit, neue Zukunftsprojektionen zu entwerfen. Die 18. Dynastie, eine der glanzvollsten Epochen der ägyptischen Geschichte, ging düster zu Ende.

Haremhab, der durch seine Heirat mit Mutnedjemet, einer jüngeren Schwester Nofretetes, versucht hatte, seinen Thronanspruch zu legitimieren, hatte keine Nachkommen. Als der General gegen Ende des Jahres 1306 starb, wurde er nicht in dem ursprünglich für ihn erbauten Grab bei Memphis beigesetzt, sondern in einem Königsgrab in Theben-West. In Sorge um den Fortbestand des geschwächten Reiches hatte er den erfahrenen General Paramessu zu seinem Nachfolger bestimmt. Auch dieser entstammte einer alten Soldatenfamilie aus dem Delta. Mit Haremhab war er weder verwandt noch verschwägert: Es gab ja nicht einmal mehr eine Pharaonenschwester oder -Schwägerin aus der 18. Dynastie. So bestieg Paramessu, der Sohn aus dem Volk, als Ramses I. den Thron. Er wurde zum Begründer einer neuen Dynastie, und es waren seine Nachkommen, allen voran sein Enkel Ramses II., die Ägypten noch einmal zur führenden Weltmacht emporbrachten, bevor dann unter den letzten Trägern dieses Namens der endgültige politische und wirtschaftliche Verfall begann.

Zwei Pharaonen, ein Thron

Es gibt Ägyptologen, wie James Henry Breasted, die aus den ziemlich desolaten Sethos-Darstellungen in der großen Säulenhalle von Karnak herauslesen wollen, daß Ramses II. keineswegs durch Geburt zum Thronfolger prädestiniert war, sondern zuerst einen älteren Bruder beseitigen mußte. Dafür gibt es keinen Beweis. Es ist genausogut möglich, daß ein oder auch mehrere ältere Brüder bereits im Kindesalter eines natürlichen Todes gestorben sind, so daß der Weg für seine Königslaufbahn frei wurde. Fest steht, Ramses wurde von seinem Vater Sethos in dessen letzten Regierungsjahren als Mitregent eingesetzt, und er rechtfertigte diesen Vorgang später im Jahre 1 seiner Alleinherrschaft in der Stiftungsinschrift von Abydos mit dem Hinweis, er sei »eingesetzt worden als ältester Sohn, als Erbprinz ..., als Herr der Infanterie und der Wagenlenker«.

Diese Weiheinschrift erwähnt das erste Regierungsjahr von Ramses insgesamt viermal, aber stets in der Vergangenheit, so daß eine nachträgliche Datierung außer Frage steht. In Zeile 22 heißt es: »Damals im Jahre 1, auf seiner ersten Reise nach Theben ...« Vier Zeilen später wird sogar das exakte Datum genannt, jedoch ebenfalls rückblickend: »Eines Tages, es war im Jahre 1, am 23. Tag des 3. Achet-Monats ...« Und schließlich wird zweimal auf die Errichtung eines goldenen Sethos-Standbildes hingewiesen: »Ich schuf meinen Vater von neuem in Gold, im ersten Jahr meiner Erscheinung«, und »Siehe, er begann seine Statue zu errichten im Jahre 1 ...« Die Inschrift stammt also mit Sicherheit nicht aus dem ersten Regierungsjahr von Ramses II., und wir dürfen folglich das mit so viel Nachdruck Verlautbarte nicht als authentische Dokumentation betrachten; es ist vielmehr geschönte Geschichte.

Ramses sagt in diesem Text über seine Thronbesteigung: »Als mein Vater vor dem Volk erschien und ich noch ein Jüngling war in seinen Armen, da sprach er: ›Krönt ihn zum König, damit ich noch zu Lebzeiten seine Schönheit sehen kann.‹ Daraufhin näherten sich die Höflinge, um mir die Doppelkrone aufs Haupt zu setzen. ›Setzt ihm die Krone aufs Haupt‹, sprach er, während er noch auf der Erde weilte.«

Ramses betont zweimal, daß sein Vater noch am Leben war, als er, der Sohn, zum Pharao gekrönt wurde. Warum war ihm das so wichtig? War er einfach nur stolz darauf, gemeinsam mit dem Vater regieren zu dürfen, oder ging es ihm vielmehr darum, seinen etwas zweifelhaften Thronfolgeanspruch hervorzukehren und zu rechtfertigen? Im Jahre 3 seiner Regierung spielt er jedenfalls noch einmal auf seine Mitregentschaft mit Sethos an. Dies geschieht auf der Kuban-Stele, die heute im Ägyptischen Museum von Grenoble zu sehen ist. Die in der unteren Hälfte stark in Mitleidenschaft gezogenen Hieroglyphen berichten von einer Nubien-Expedition Ramses' II., der sich von seinen Höflingen in Memphis beweihräuchern läßt: »Du schmiedetest schon Pläne, als du noch im Ei warst, in deinem Amt als jugendlicher Kronprinz. Du wurdest eingeweiht in die Probleme der beiden Länder, als du noch jung warst und die Seitenlocke der Jugend trugst ... Du warst Befehlshaber der Armee als junger Mann von zehn Jahren.«

Im Sethos-Tempel von El-Kurna gibt es ein erhabenes Relief, das die Krönung Ramses' II. darstellt. Amun setzt dem jungen Pharao in Gegenwart von Vater Sethos die Krone aufs Haupt. Hinter ihm steht der Gott Chons. Ramses wird bei seinem kurzen Vornamen User-maat-Re genannt. Diese verkürzte Namensnennung auf einem erhabenen Relief begegnet uns nur zu Lebzeiten des Sethos, also während der gemeinsamen Regentschaft von Vater und Sohn. Später, als Ramses allein über die beiden Länder herrscht, wird nur noch sein voller Vorname genannt: User-maat-Re-Setepen-Re (»Stark ist die Wahrheit des Re – Auserwählter des Re«).

Der Amerikaner Keith C. Seele, der sich in umfangreichen Studien mit der Doppelregentschaft von Sethos und Ramses beschäftigt hat, sagt: »Wie lange dieser Zeitraum, also die Doppelregentschaft, dauerte, kann unmöglich mit Sicherheit gesagt werden. Aber wenn man die Tatsache in Betracht zieht, daß während dieser Zeit einige hundert Reliefs in die Wände verschiedener Tempel und anderer Monumente geschlagen wurden, so ist es, glaube ich, nicht unvorsichtig, anzunehmen, daß diese Zeitspanne mehrere Jahre gedauert hat, vielleicht sogar ein Jahrzehnt.«[5]

Die Doppelregentschaft von Vater Sethos und Sohn Ramses kann auch als Folge des guten Verhältnisses der beiden gewertet werden. Kaum ein Pharao bereitete seinen Sohn so intensiv auf sein bevorstehendes Amt vor, ließ ihn so viel an offiziellen Anlässen teilnehmen, rückte ihn so sehr ins Rampenlicht wie Sethos seinen Sohn Ramses. Freilich erhebt sich in diesem Zusammenhang aber auch die Frage, wieviel Druck von seiten des jungen Kronprinzen hinter diesem systematischen Aufbau gestanden haben mag.

Am spektakulärsten erscheint die Anwesenheit des Kronprinzen Ramses vor dem »Königskatalog« im Sethos-Tempel von Abydos. Dieses steinerne Verzeichnis, das die Vorgänger Sethos' in chronologischer Reihenfolge aufzählt – mit Ausnahme der Ketzerkönige der Amarna-Zeit –, ist ein höchst offizielles, bedeutendes Dokument der ägyptischen Geschichtsforschung der 19. Dynastie. Sethos, der den Katalog in Auftrag gegeben hatte, erscheint vor den Göttern und der Ahnengalerie und bringt ihnen Opfer dar. Selbst hier ist Sethos von Ramses begleitet, und damit auch jedermann erkennt, daß es Ramses ist, trägt er seine Namenskartusche auf dem Gewand. Man kann sich des Eindrucks nicht erwehren, daß der designierte Pharao schon in jungen Jahren ein gesteigertes Geltungsbedürfnis hatte.

Wenn Archäologen streiten ...

James Henry Breasted blieb bis an sein Lebensende bei seiner These, daß Ramses nie mit seinem Vater zusammen auf dem Pharaonenthron saß und daß er, um zur Thronfolge zu

---

5 Keith C. Seele: *The Coregency of Ramses II. with Seti I.*, Chicago 1940.

gelangen, einen älteren Bruder umgebracht hat. Doch mit dieser Ansicht, für die es nur bescheidene Indizien gibt, stand Breasted ziemlich allein da. Keith C. Seele meint dazu: »Professor Breasted sieht das Verhältnis von Ramses II. zu seinem Vater und seinen Thronanspruch sehr eigenwillig. Seine Behauptung indessen, Ramses habe erst kurz vor seiner Thronbesteigung einen älteren Bruder, den legitimen Kronprinzen, beseitigt, und Ramses habe die Fakten verdreht, indem er seine Figur nachträglich in Sethos' Kriegsrelief einsetzen ließ, um seine Teilnahme an diesen Feldzügen anzuzeigen, obwohl er nie dabei war – diese Behauptung muß, wie mir scheint, einfach abgelehnt werden.«

Inzwischen wurden weitere Beweise erbracht, die eine Doppelregentschaft zweifelsfrei erscheinen lassen. Im Sethos-Tempel von El-Kurna gibt es einen Türstock, auf dem die Namen Sethos und Ramses, beide in Königskartuschen, dem untrüglichen Zeichen der Pharaonenschaft, wiedergegeben sind, links Sethos, rechts Ramses; auf dem Sturz sind beide Königsnamen beiderseits des Anch-Zeichens wiederholt. Die Tür führt in das Heiligtum Ramses' I., das Sethos seinem Vorgänger errichten ließ. Er hat dabei offenbar seinen Sohn Ramses als gleichberechtigten Pharao neben sich akzeptiert. Im Hathor-Tempel von Serabit el-Chadim, auf der Halbinsel Sinai, steht ein riesiger Monolith, der ebenfalls die Namen von »Sethos, Sohn des Re, Geliebt von Ptah, und seinem königlichen Sohn User-maat-Re« in den Königsringen zeigt. Er wurde von zwei Kommandeuren der Bogenschützen-Truppen errichtet und trägt auf der Vorder- und Rückseite je eine Jahresangabe. Die eine bezieht sich auf das Regierungsjahr 8 Sethos' I., die andere auf das Jahr 2 Ramses' II. Leider lassen die Texte jedoch nicht erkennen, ob beide zur selben Zeit in Stein gehauen wurden. War das der Fall, so würde es bedeuten, daß Ramses im Jahr 7 der Regierung seines Vaters zum Pharao gekrönt wurde. Es ist jedoch auch möglich, ja fast wahrscheinlich, daß die Vorderseite des Monolithen einige Jahre vor der Rückseite bearbeitet wurde und sich die leere Fläche der frei stehenden Stele für einen weiteren Gedenktext anbot, der dann erst im 2. Regierungsjahr des Ramses verfaßt wurde.

Wir kommen damit zu einer schwierigen Frage: Wann war das Jahr 1 der Regierung Ramses' II.? Zählt Ramses seine Regierungsjahre von seiner Thronbesteigung, also von Anbeginn der Doppelregentschaft, oder begann sein Jahr 1 mit dem Tod seines Vaters Sethos, also mit seiner Alleinherrschaft?

Obwohl die Beamten am Hof Ramses' II. auf der Kuban-Stele die Betriebsamkeit ihres jungen Königs rühmen: »Es gab kein Bauwerk, das nicht unter seiner Leitung errichtet wurde ...«, so trägt doch kein einziges Monument eine Doppeldatierung, also das Regierungsjahr des Sethos *und* das des Ramses. Dabei war es seit der 12. Dynastie Brauch, im Falle der Doppelregentschaft die Jahre mit zwei Zahlenangaben zu versehen. Doch Ramses wäre wohl nicht Ramses gewesen, hätte er diesen alten Brauch beibehalten. Für Ramses scheint die Zeit der Doppelregentschaft mit seinem Vater im wahrsten Sinne des Wortes *nicht gezählt* zu haben. Er hatte noch zu Sethos' Lebzeiten einen Tempel nach dem anderen zu bauen begonnen und die Texte für Hunderte von Wandreliefs diktiert – aber er hatte es stets peinlich vermieden, ein Datum zu nennen. Hätte er eines genannt, dann hätte er das Regierungsjahr seines Vaters *und* sein eigenes angeben müssen. Er tat es nicht. Der Halbgott lehnte es offenbar ab, nur ein *halber* König zu sein.

II

Der Abschied vom Vater

Du kommst zu den Menschen wie Re.
Der Süden und der Norden liegen zu deinen Füßen
und erflehen Jubiläen, für Ramses
und langes Leben für den Herrn der Welt ...
Sethos I. an seinen Sohn Ramses II.

Sethos scheint alle seine Kräfte den grandiosen Bauten
gewidmet zu haben, unter denen die Aushöhlung
des größten bis dahin im Tal der Könige bei Theben
angelegten Grabes besonders hervorgehoben werden muß
James Henry Breasted, Ägyptologe

An einem der letzten Oktobertage des Jahres 1960 suchte Keith C. Seele vom Orientalischen Institut der Universität Chicago alle möglichen Kairoer Reisebüros und Schiffsagenturen auf, klapperte Ämter und Behörden ab und trug überall sein Begehren vor: »Ich brauche ein Schiff!«

Man kann heute fahrplanmäßig mit recht komfortablen nostalgischen Raddampfern nilauf- und nilabwärts reisen, aber Professor Seele wollte sein eigenes Schiff, er wollte darauf arbeiten und hausen, und zwar mit einer ganzen Expeditionsmannschaft: Amerikaner, Schweizer und ein paar Ägypter. Seeles Idee war nicht neu; siebzig Jahre vor ihm hatten bereits der Oxford-Professor Archibald Henry Sayce und der amerikanische Journalist und Ägyptologe Charles Edwin Wilbour während ihrer jahrelangen Expeditionen ein

Schiff zu ihrem Hauptquartier gemacht. Das schwimmende Institut hatte sich als sehr praktisch erwiesen, weil beinahe alle historischen Stätten Ägyptens entweder unmittelbar am Nilufer oder nur wenige Kilometer davon entfernt liegen.

Seele hatte Glück; nach kurzer Zeit fand er den alten Dampfer »Memnon«, der einst Cook-Touristen nach Luxor gebracht hatte. Zuwendungen eines Gönners ermöglichten außerdem den Erwerb eines 12 Meter langen Motorbootes, das sie »Barbara« tauften. Es sollte dazu dienen, den Kontakt zur Zivilisation aufrechtzuerhalten. Mitte Dezember legte die »Memnon« in Kairo ab, an Bord die Schweizer Expeditionsteilnehmer, gefolgt von der »Barbara« mit Keith C. Seele. Erstes Ziel der Expedition: Bet el-Wali, ein kleiner, ungewöhnlich interessanter Felsentempel Ramses' II., einige Kilometer nilaufwärts von Assuan.

Den Weihnachtsabend verbrachte das Expeditionsteam in Luxor bei Professor George R. Hughes vom dortigen Archäologischen Institut »Chicago House«; am ersten Weihnachtsfeiertag tuckerte die »Memnon« weiter nach Assuan, zwei Tage später kamen die amerikanischen Expeditionsteilnehmer per Bahn nach. Am 27. Dezember 1960 war das Team in Assuan komplett: Keith C. Seele, der Boß des Unternehmens, Dr. Herbert Ricke, der Grabungs- und Bauforschungsleiter, dessen Frau als Haushalts- und Finanzminister, Rickes Assistent Carl Fingerhuth, die amerikanischen Ägyptologen George R. Hughes, Charles F. Nims, Edward F. Wente, die Zeichner Reginald H. Coleman, John F. Foster und Leslie Greener und der ägyptische Archäologe Labib Habachi. Tags darauf wurden die beiden Schiffe durch die Stromschnellen des ersten Nilkatarakts und die Schleuse des alten Assuan-Dammes bugsiert. Bei stürmischem Wetter erreichte die »Memnon« am 29. Dezember 1960 den vorgesehenen Liegeplatz bei Bet el-Wali.

Die Forscher aus der Alten und der Neuen Welt hatten den Auftrag, die historischen Denkmäler Nubiens zu erforschen, zu dokumentieren und – wenn möglich – vor den steigenden Fluten des neuen Nilstaudammes zu evakuieren. Vier Jahre dauerte dieses amerikanisch-schweizerische Unternehmen, in dessen Verlauf ein neues Hausboot »Fostat« und ein Schlepper »Elda« sowie teure technische Ausrüstungen angeschafft wurden. »Wir gruben kilometerlange Friedhöfe aus«, berichtet Seele. »Einige waren schon bei früheren Ausgrabungen entdeckt worden, andere wurden neu entdeckt, sie stammten aus der Zeit zwischen dem Alten Reich und der koptischen Epoche.« In Qasr el-Wizz entdeckten die Ausgräber ein uraltes verlassenes Kloster mit Kapelle, Mönchszellen und Katakomben. Doch die interessanteste Aufgabe war ihnen gleich zu Anfang gestellt: die Erforschung des Felsentempels von Bet el-Wali. Dieser Tempel war das erste Heiligtum, das der Regierungsbaumeister Ramses errichtete, sozusagen sein Gesellenstück.

Tempel im Dutzend billiger

In wenigen Jahren hatte Ramses, wie es scheint, ganz Nubien in einen einzigen Bauplatz verwandelt, und er begann, sich dort regelrecht architektonisch auszutoben. Warum gerade in Nubien?

Als junger König war er während seiner Mitregentschaft mit seinem Vater Sethos I. speziell für alles, was Nubien betraf, zuständig; selbst der nubische Vizekönig war ihm unterstellt. In dieser Zeit nahm Ramses, auch die Bauarbeiten an seinem Tempel in Bet el-Wali auf, also noch zu Lebzeiten seines Vaters. Trotzdem wurde der Tempel erst fertig, als Ramses schon ein alter Mann war. Dafür gibt es deutliche Hinweise. Zwar trägt der Felsentempel ebensowenig wie al

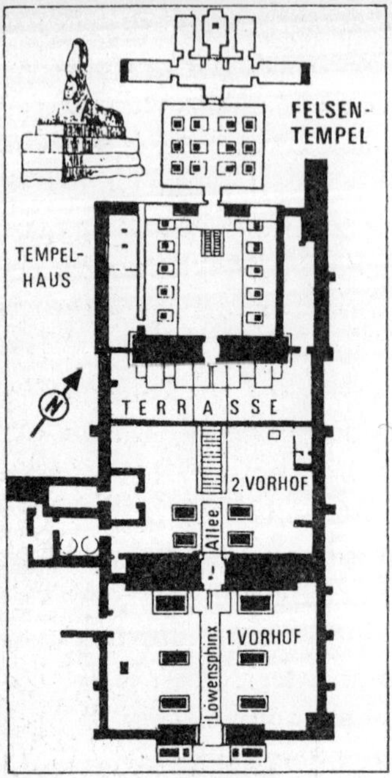

Grundriß des Felsentempels von Wadi es-Sebua.
Die nördlich von Abu Simbel gelegene Tempelanlage war eines der ersten Bauwerke, für das Ramses II. verantwortlich zeichnete.

le anderen nubischen Bauwerke, die von Ramses stammen, eine Jahreszahl, die seine Entstehung nennt, aber gewisse Eigenheiten verraten den eigenwilligen Bauherrn.

Der junge Pharao errichtete in Nubien gleich eine ganze Kette von Tempeln, er baute, wie es scheint, im Dutzend billiger. Bet el-Wali war der nördlichste, ein weiterer lag bei Gerf Hussein. Bei Wadi es-Sebua weihte Ramses dem Amun und Re-Harachte ein Heiligtum, weiter südlich liegt der Tempel von Kuban, einen Re-Harachte-Tempel finden wir auch in Ed-Derr, und schließlich sind da noch die beiden berühmten Felsentempel in Abu Simbel, die Burckhardt wiederentdeckt hat. Ramses baute in Faras einen Hathor-Tempel wieder auf, den die Königin Hatschepsut 200 Jahre zuvor begonnen hatte, er errichtete ein Heiligtum in Akscha, eines in Amara-West und tief im Süden Gebel Barkal. Bestehende Tempel, an denen Ramses Gefallen fand, wurden umgebaut: so das Heiligtum von Amada, der Felsentempel von Ellesija, der südliche Tempel in Buhen und der Tempel in Sesebi.

Auch der Tempel von Bet el-Wali war im März 1813 von dem Schweizer Entdeckungsreisenden Johann Ludwig Burckhardt wiederentdeckt worden. Bis dahin wußte niemand von dem abseits gelegenen Felsenheiligtum. Die erste und einzige detaillierte wissenschaftliche Beschreibung lieferte der Deutsche Günther Roeder nach seinen Forschungen von 1907 bis 1909. Das Heiligtum ist aus drei hintereinanderliegenden Kammern zusammengesetzt, von denen jede knapp 3 Meter hoch ist. Der Eingangsraum mißt 6 Meter in der Breite, 12,75 Meter in der Länge, die daran anschließende Säulenhalle ist 10 Meter breit und 4,20 Meter tief, das Allerheiligste nur 2,8 mal 3,7 Meter groß.

In diesem ersten kleinen Felsentempel Ramses' II. stießen Keith C. Seele und seine Expeditionsmannschaft auf ein Geheimnis, für das es auch heute noch keine befriedigende Erklärung gibt: Die Reliefs, mit denen die Tempelwände verziert sind, wurden zunächst in erhabener Technik ausgeführt, die Figuren also aus der Fläche herausgearbeitet. Aus einem unerfindlichen Grund gingen die Künstler jedoch manchmal mitten in der Arbeit an ihren Darstellungen zur versenkten Relieftechnik über, bei der die Figuren in die Fläche eingelassen wurden.

Obwohl ein erhabenes Relief jederzeit geglättet und in ein versenktes Relief umgearbeitet werden kann – der umgekehrte Weg ist nicht möglich –, ließ Ramses ganz bewußt die beiden unterschiedlichen Arbeitstechniken nebeneinander bzw. simultan anwenden. Warum? Zu Vergleichszwecken für künftige Bauwerke? Dafür hätte er keinen ganzen Tempel bauen müssen.

Das Rätsel der versenkten Reliefs

Es wird wohl ewig ein Rätsel bleiben, was Ramses II. dazu bewogen hat, die Technik der Reliefdarstellungen so radikal zu ändern. Das Basrelief, seit anderthalb Jahrtausenden unverwechselbare Ausdrucksform ägyptischer Kunst, war erstmals von Echnaton, dem Ketzer und Revolutionär unter den Pharaonen, verändert worden. Er und die Künstler von Amarna waren es, die das versenkte Relief in Ägypten einführten, aber das Experiment von Amarna überdauerte nicht einmal zwei Jahrzehnte, und danach war auch Echnatons Kunst vergessen. Schon Tut-ench-Amun und Haremhab ließen wieder in der altherkömmlichen Technik des erhabenen Reliefs arbeiten. Hatte der kunstbeflissene Ramses eine Schwäche für die Amarna-Kunst?

Die beiden Schemazeichnungen zeigen den Unterschied zwischen erhabenem Relief und versenktem Relief

»Kein Monument wurde ausgeführt, das nicht unter seiner Aufsicht stand«, heißt es in einem frühen Text über den jungen Ramses. Mit anderen Worten: Solange sein Vater noch lebte, zog Ramses als oberster Inspizient aller königlichen Bauarbeiten jahrelang nilauf, nilab, und es gibt keinen Zweifel, daß er sein Metier verstand. Vielleicht bekam er bei seinen Inspektionsreisen Kontakt mit einer versprengten Künstlergruppe aus Amarna. Amarna, die kurzlebige Hauptstadt, lag seit knapp einem halben Jahrhundert verlassen. Aber irgendwo mußten die Einwohner, die Bildhauer, die Handwerker ja geblieben sein. Die amarnischen Künstler gelten heute als die bedeutendsten der ägyptischen Geschichte.

Fand der jugendliche, dynamische, revolutionäre Ramses den Stil dieser Künstler moderner, zeitgemäßer?

Fest steht, das versenkte Relief erforderte weniger Arbeitsaufwand. Vielleicht wandte Ramses diese Technik an, um die immense Zahl der Projekte zu bewältigen, die er gleichzeitig in Angriff nahm? Doch diese Spekulation ist müßig, denn Ramses ließ selbst Reliefs, die unter seiner Leitung bereits in erhabener Technik fertiggestellt worden waren, in einem zeitraubenden Verfahren nachträglich in versenkter Relieftechnik umarbeiten. Szenen in der großen Säulenhalle von Karnak und im Sethos-Tempel von Abydos legen ein beredtes Zeugnis davon ab.

Auch die Namenskartuschen des Königs, die ja ebenfalls jeweils in erhabener oder versenkter Technik in den Fels geschlagen wurden, bergen unbeabsichtigt ein Geheimnis. Ramses gab sich im Laufe seines neunzigjährigen Lebens ungewöhnlich viele Namen, und die Ägyptologen sind ihm dankbar für diese Eitelkeit, denn nur mit Hilfe der verschiedenen Namen können viele Monumente Ramses' II. heute datiert werden.

Der schlichte Name des jungen Pharaos, User-maat-Re, taucht einige hundert Male auf, zum letzten Mal um die Jahreswende 1290/89 v. Chr. Auf den 20. Tag des 3. oder 4. Peret-Monats des Jahres 1 der Alleinregierung Ramses' II. ist ein fünfzeiliges Stelenfragment datiert, das von dem Italiener Caviglia nahe dem großen Sphinx von Giseh gefunden wurde und nun im Britischen Museum in London zu besichtigen ist. Ramses muß demnach seine Alleinregierung vor dem 3. oder 4. Peret-Monat des Jahres 1290 angetreten haben.

Der Berliner Archäologe Kurt Sethe konnte anhand datierter Texte nachweisen, daß der Übergang vom letzten Regierungsjahr Sethos' I. zum ersten Regierungsjahr Ramses' II. nicht zwischen dem 18. Tag des 3. Achet-Monats und dem 8. Tag des 2. Peret-Monats stattgefunden haben kann. Die Alleinherrschaft von Ramses begann also zwischen dem

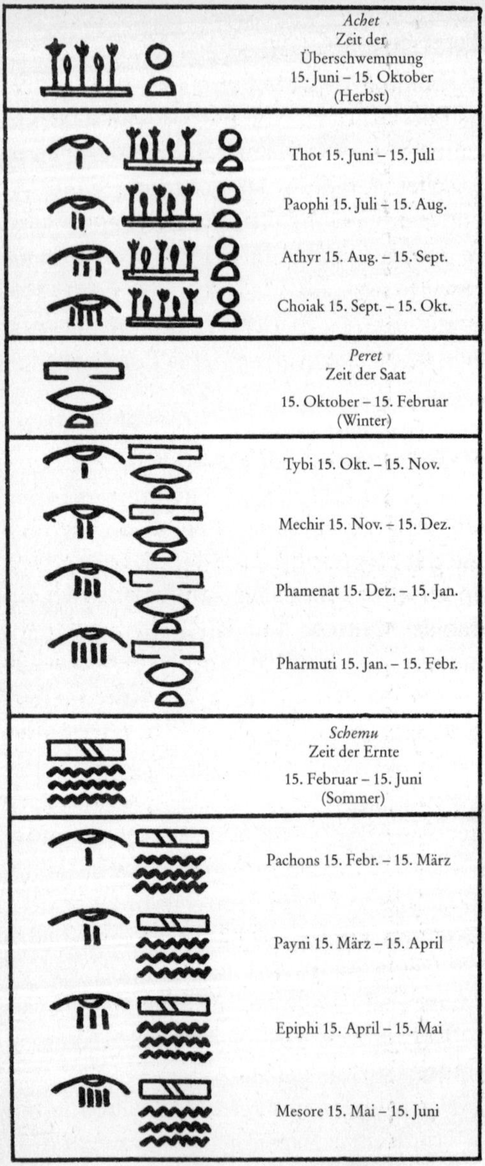

Die alten Ägypter kannten nur drei Jahreszeiten: Achet, die Zeit der Überschwemmung: Peret, die Zeit der Saat: Schemu, die Zeit der Ernte. Sie entsprachen Herbst, Winter und Sommer. Links die Hieroglyphen der verschiedenen Monate.

8. Tag des 2. Peret-Monats und dem 20. Tag des 4. Peret-Monats. Das Datum läßt sich weiter präzisieren: Ramses feierte sein Heb-Sed, sein Jubiläumsfest der Thronbesteigung, jeweils am 1. Tag eines Peret-Monats. Und der Kalender an der Decke des Ramesseums beginnt mit dem 3. Peret-Monat, also mitten im ägyptischen Jahr. Dafür gibt es nur eine Erklärung: Der Kalender in seinem Totentempel zählt vom Monat der Alleinherrschaft an. *Ramses II. dürfte demnach am 1. Tag des 3. Peret Monats, das ist nach unserer Zeitrechnung der 15. Dezember des Jahres 1290 v. Chr., die Alleinherrschaft über Ober- und Unterägypten angetreten haben.*

Der Pharao mit den hundert Namen

John D. Schmidt, ein amerikanischer Archäologe, der sich mit der Chronologie der Regierung Ramses' II. beschäftigt hat[6], hat alle Namen zusammengetragen, mit denen sich der selbstbewußte Pharao schmückte. Und da die Gedenksteine, von denen Ramses nicht gerade wenige hinterließ, sowohl sein Regierungsjahr als auch den ihm gerade genehmen Namen tragen, wissen wir heute auch bei undatierten Monumenten, aus welcher Zeit sie etwa stammen.

Die volle Königstitulatur Ramses' II. taucht zum ersten Mal im Jahre 1 seiner Alleinregierung auf, und zwar auf der Stele von Gebel es-Silsile. Dort nennt sich Ramses:

Siegreicher Stier, Geliebt von Maat;
Beschützer Ägyptens, Bezwinger der Fremdländer;
Reich an Jahren, Groß an Siegen;
Herr der beiden Länder, Stark ist die Wahrheit des Re,
Auserwählter des Re;
Herr der Erscheinung, Ramses, Geliebt von Amun.

---

6 John D. Schmidt: *Ramesses II., a Chronological Structure for His Reign*, Baltimore 1973.

Diese Titulatur, die sich der König selbst wählte, beinhaltet natürlich ein Programm. Ramses sah sich zwar in erster Linie noch als »Beschützer Ägyptens«, das heißt als Innenpolitiker, er hatte jedoch auch schon die Fremdländer im Auge, als deren »Bezwinger« er sich im voraus feiern ließ. Die übrigen göttlichen Attribute entsprechen dem zeitgenössischen Sprachgebrauch. Mit diesem Königsnamen tritt uns noch keineswegs der selbstbewußte, selbstherrliche, machtheischende Pharao entgegen; denn im Vergleich zu den Beinamen seiner Vorgänger der 18. Dynastie ist dieser Titel trotz seiner Länge noch bescheiden.

Drei Jahre behielt User-maat-Re diesen Titel unverändert bei, jedenfalls lassen eine Inschrift auf Sinai aus dem Jahre 2 und die Kuban-Stele aus dem Jahre 3 keine Veränderung erkennen. Erst im Jahre 10 seiner Regierung, als die Kämpfe mit den Hethitern beendet waren, können wir auf der Assuan-Stele eine neue Namensgebung feststellen. Der erfolgreiche Feldherr ist nun zum »Befehlshaber der Bogenschützen, die die Rebellen vernichteten«, avanciert. Mit dem Wort »Rebellen« sind die Bewohner der abtrünnigen asiatischen Provinzen gemeint, die während der Auseinandersetzungen mit den Hethitern zum Feind übergelaufen waren.

Acht Jahre später finden wir auf der datierten Besan-Stele[7] eine Königstitulatur, die weitgehend der des Jahres 1 entspricht, abgesehen von einem interessanten Zusatz, der den kriegstüchtigen König nun als einen, »der sich aller Länder bemächtigt«, ausweist. Das gilt auch für den Vertragstext der am 21. Tag des 1. Peret-Monats im Jahre 21 seiner Regierung geschlossenen Allianz mit den Hethitern sowie für die Mnevis-Stele des Jahres 26 und für das erste Regierungsjubiläum

---

7 Besan, das spätere Skythopolis, nahe dem Jordan in der Esdrelon-Ebene gelegen, ist eine uralte Stadt, von der die Archäologen bisher neun Schichten freigelegt haben. Die älteste stammt aus der Zeit von Thutmosis III., die fünfte wurde unter Ramses II. gebaut.

im 30. Regierungsjahre[8]. Erst im Jahre 33, anläßlich des zweiten Regierungsjubiläums, fügt Ramses II. seinem Horus-Namen den neuen Zusatz hinzu: »... der Jubiläen feiert wie sein Vater Ptah-Ta-tenen.« Diesem Jubiläumsnamen begegnen wir auch auf dem »Dekret des Ptah«[9], das noch weitere neue Beinamen enthält, die eine neue Entwicklung anzeigen: Ramses erhebt nun Anspruch auf Göttlichkeit, er ist »Re, geboren von den Göttern«, und er legt Wert auf die Feststellung, daß er »den beiden Ländern Frieden gebracht« hat.

Die letzte Variation des Königsnamens ist auf dem Papyrus Sallier IV zu lesen, der auf das Jahr 56 seiner Regierung zurückgeht, und der Name deutet an, daß der neunundsiebzigjährige Ramses zu dieser Zeit schon ziemlich »entrückt« ist. Der Pharao ist jetzt der »Herr der Erscheinung wie Atum, der Herr der beiden Länder von Heliopolis, Re-Harachte« und zum schlichten »Gott, Herrscher von Heliopolis« geworden.

Ein Großer wird der Größte

Eine Analyse der Namen und Titel, die Ramses II. im Laufe seines Lebens annahm und teilweise wieder in Vergessenheit geraten ließ, ergibt folgendes Lebens- und Charakterbild: Ramses II. war zur Zeit seiner Thronbesteigung keine außergewöhnliche Erscheinung; der Königsname, den er annahm, war üblich, für damalige Verhältnisse sogar bescheiden.

Nach zehnjähriger Regierung wurde sich der Pharao seiner militärischen Potenz voll bewußt, während er – wie es scheint – die Innenpolitik mehr und mehr vernachlässigte.

---

8 Die Pharaonen feierten in der Regel nach dreißig Regierungsjahren ein Jubiläum, das dann alle drei Jahre wiederholt wurde.

9 Siehe Seite 219.

Hieroglyphenaufschrift am Türstock des Tempels Sethos' I. in El-Kurna: Links die Namensringe Sethos' I., rechts die Kartuschen Ramses' II. Diese Darstellung wird von Archäologen als Beweis dafür gewertet, daß Vater und Sohn eine Zeitlang gemeinsam regiert haben.

Innenpolitischen Belangen wendet er sich in verstärktem Maße erst wieder im dritten Jahrzehnt seiner Regierung zu. Das erste Regierungsjubiläum im Jahre 30 (1261 v. Chr.) ist ein Markstein, nicht nur im Leben Ramses' II., sondern auch in der Geschichte Ägyptens. Von Krieg oder inneren Streitigkeiten ist keine Rede mehr; Ramses geht seiner Unsterblichkeit entgegen: Ein Großer wird der Größte, und er pflastert diesen Weg mit Monumenten wie kein Mensch vor oder nach ihm. Die zweite Hälfte seiner Regierung prägt nicht die Politik, sondern die Religion.

John D. Schmidt sagt: »Obwohl eindeutige Angaben darüber fehlen, daß viele Monumente, die Ramses II. berühmt gemacht haben, erst in der zweiten Hälfte seiner Regierung errichtet wurden, gibt es doch deutliche Hinweise, daß er in dieser Zeit seine ganze Aufmerksamkeit den inneren Angelegenheiten Ägyptens schenkte und er den Göttern zahlreiche Bauten errichtete.« In dieser Zeit entstanden der Hathor-Tempel von Der el-Medine, die verschiedenen Tempelkomplexe von Karnak, seine Bauten in Hermopolis vom Jahre 34 an, der Ptah-Tempel in Mitrahine etwa im selben Jahr, ebenso der Tempel in Herakleopolis. Die 400 Jahr-Stele[10] stammt aus dieser Zeit und etwa aus dem Jahr 51 der Tempel von Armant.

Ramses II. wurde aufgrund der zahllosen Baudenkmäler legendär. Beinahe tausend Jahre nach seinem Tod fälschten Priester des Chons-Tempels von Karnak eine Stele, die der große Pharao angeblich zum Dank für die wundersame Heilung seiner Schwägerin Bentresch gestiftet hatte[11]. Daß Priester Denksteine produzierten, Votivbilder gleichsam, die jeder realen Grundlage entbehrten und damit keinen anderen Zweck verfolgten als den, das Ansehen ihres Gottes zu heben, ein solcher Vorgang war im alten Ägypten nicht selten. Bemerkenswert ist jedoch, daß die Chons-Priester noch Mitte des ersten vorchristlichen Jahrtausends Ramses mit nicht weniger als 25 Titulaturen bedachten und ihm sogar mehrere Beinamen von Thutmosis IV. andichteten. Das ist ein Rekord, und daraus läßt sich schließen, daß Ramses schon zu dieser Zeit als der größte aller ägyptischen Pharaonen anerkannt war.

---

10 Siehe Seite 131.

11 Siehe Seite 298.

Die 1829 von Champollions Schüler Ippolito Rosellini aufgefundene und heute im Louvre ausgestellte Stele zeigt links im Bogenfeld König Ramses, der vor der von zehn Priestern getragenen Chons-Barke Rauchopfer darbringt; auf der rechten Seite opfert ein Priester vor einer von acht Priestern getragenen Chons-Barke, darunter steht die Titulatur des Königs:

»Horus: starker Stier, Vereiniger der Kronen, dessen Königtum dauert wie das des Atum; Horus, Bezwinger des Nubti[12]; mit starkem Arm, der die neun Bogenvölker[13] vertreibt; König von Ober- und Unterägypten, Herr beider Länder: User-maat-Re, Auserwählter des Re, Leiblicher Sohn des Re: Ramses Meriamun, Geliebt von Amun-Re, dem Herrn von Karnak und der Neunheit, den Herrn von Theben. Der Gute Gott, der Sohn des Amun, Geboren von Mut, Erzeugt von Re-Harachte, das herrliche Kind des Allherrn, erzeugt vom ›Stier seiner Mutter‹; König von Ägypten, Herrscher der Wüsten, Fürst, der die neun Bogenvölker gepackt hat; als er aus dem Mutterleib hervorging, wurden ihm Siege verkündet; er hat schon Befehle erteilt als ein Starker im Ei; er ist ein mutiger Stier, wenn er auf den Kampfplatz tritt; ein göttlicher König, der am Tage des Sieges heraustritt wie Month, großmächtig wie der Sohn der Nut.«

Die Mumifizierung des Königs Sethos

Nach fünf bis sieben Jahren gemeinsamer Regentschaft mit seinem Vater wurde Ramses Alleinherrscher. »Das schöne Alter von hundertzehn Jahren«, das ein ägyptisches Sprichwort preist, war König Sethos nicht vergönnt, er war noch

12 Ein anderer Name für Seth.

13 Symbolische Bezeichnung für alle dem ägyptischen Weltherrscher unterstellten Völker.

nicht einmal 40 Jahre, als er starb. Die Todesursache ist unbekannt. Der Kopf der guterhaltenen Mumie – man fand sie 1881 zusammen mit der von Ramses in dem Mumienversteck von Der el-Bahari – trägt die kraftvollen Gesichtszüge eines Mannes in den besten Jahren. Ein gewaltsamer Tod durch Einwirkung von außen, etwa durch eine Kriegsverletzung, scheidet aus, das haben amerikanische Röntgenologen zweifelsfrei festgestellt. Bleiben als mögliche Todesursache eine Infektion oder ein inneres Leiden, vielleicht Herz- oder Kreislaufschwäche. Es scheint dem Pharao bekannt gewesen zu sein, daß er an einer schweren Krankheit litt. Dafür spricht die frühzeitige Einsetzung seines Sohnes als Mitregent.

Obwohl Sethos' Tod sicherlich nicht unerwartet kam, war die Trauer groß. Überall im Land entblößten die Klageweiber den Busen, beschmierten sich das Gesicht mit Nilschlamm, streuten sich Erde aufs Haupt und rannten, so als Trauernde gekennzeichnet, lamentierend durch die Straßen. Es gab Berufsklägerinnen, die das gegen geringe Gaben für jeden Auftraggeber taten, doch wenn ein Pharao gestorben war, schallte ihr vieltausendfaches Geschrei gratis durch das Land.

Für siebzig Tage hielt Ägypten den Atem an, denn siebzig Tage dauerte die Mumifizierungsprozedur, also die Konservierung der sterblichen Hülle des verstorbenen Gottkönigs für ewige Schönheit. Der Schutzgeist Ka, der den Körper des Pharaos nur vorübergehend verlassen hatte, sollte, wann immer er zurückkehrte, einen Leib vorfinden, der nicht gealtert war.

Im Gegensatz zu den gewöhnlichen Sterblichen wurde Sethos nicht im »Haus des Todes« mumifiziert, sondern in seinem eigenen Palast in Memphis. Die chirurgische Präparierung ging nach strengem Ritual vor sich. Sie begann nachts, im gespenstischen Schein rotlodernder Fackeln und blaugrün züngelnder Öllampen. Ein Chirurgenteam, halbnackt, trotz wichtiger großer Aufgaben von niederem sozialem Stand, trat vor zur Sektion. Unter den Gebetsrufen der kahlköpfigen Priester durchtrennten sie mit Stein-Skalpellen die Bauchwand. Mit tausendmal geübten kurzen tiefen Schnitten und sicheren Griffen holten sie die Eingeweide heraus. Herz, Lunge, Leber und Nieren wurden in gesonderte Gefäße gelegt. Schüsseln voll Natron wurden gereicht. Damit füllten sie das Körperinnere auf, schließlich wurde der ganze Körper mit Natron bedeckt. Es diente dazu, dem toten Körper alle Feuchtigkeit zu entziehen.

Kaum war diese Arbeit vollendet, da jagten die Priester die Mumientechniker in einem sorgfältig einstudierten Ritual davon. Das entsprach ägyptischer Moral. Die Mumifizierer hatten den Pharao – auch wenn es dem Wunsch aller entsprach – verletzt, und deswegen mußten sie vertrieben werden. Erst nach zwei Monaten kamen sie wieder, um sich der Einbalsamierung zu widmen.

Sethos I. war weder ein schwacher noch ein unbedeutender Pharao. Wenn sein Name heute nicht den Glanz ausstrahlt, der ihm gebührt, so deshalb, weil sein eigener Sohn ihn an Macht, Tatendrang und Leistung überstrahlte und weil dieser Sohn sich einen großen Teil der Denkmäler und Monumente seines Vaters zu eigen machte.

Sethos genoß zu Lebzeiten göttliche Verehrung, und sie war ihm auch vom Kronprinzen Ramses nicht streitig gemacht worden. Ein Relief an der Südwand der Säulenhalle von Karnak, in vertiefter Technik gefertigt, vermutlich also erst nach dem Tod des Vaters, stellt Ramses opfernd vor seinem vergöttlichten Vater Sethos dar. Karnak war aber kein Totentempel. Daß Sethos schon zu Lebzeiten von seinem Sohn als Gott verehrt wurde und daß Ramses nicht etwa vor einem Sethos-Standbild Opfer dargebracht hat, zeigt die

Darstellung ziemlich klar: Sethos wird von seiner dem lebenden Menschen innewohnenden Kraft Ka begleitet. Dieser Ka trägt auf dem Kopf den Horus-Namen und hält in der Rechten die menschenköpfige Standarte, über der die Worte »Der lebende königliche Ka des Herrn der beiden Länder« eingeschlagen sind. Auch die Tatsache, daß nach der Namenskartusche Sethos' am Ende der vertikalen Inschrift ein großer Zwischenraum – offenbar für die Einfügung »der verstorben ist« – gelassen wurde, spricht für die Annahme, daß Sethos schon zu Lebzeiten Gott war.

Schlug Sethos' Herz rechts?

Nach zwei Monaten hatte die Leiche des Königs ein ledriges Aussehen angenommen und wurde nun mit Essenzen, zerriebenem Kräuterwerk, Palmwein, Zedernöl und gemahlener Myrrhe gewaschen. Die inneren Organe waren in der Zwischenzeit ebenso präpariert worden; für sie standen spezielle Gefäße, die sogenannten Kanopenkrüge, bereit. Sethos' mumifiziertes Herz wurde dem toten König wieder eingesetzt: Warum allerdings auf der rechten Seite, das ist ein Rätsel, über das sich Archäologen den Kopf zerbrechen, seit diese Anomalie von Amerikanern bei röntgenologischen Untersuchungen entdeckt wurde. Schlamperei der Mumifizierer scheidet aus bei einer rituellen Prozedur von solcher Bedeutung. Das Herz im Leib zu belassen, allerdings auf der linken Seite, entsprach dem Brauch dieser Epoche. Vielleicht deutet die veränderte Lage des Herzens auf eine Kreislaufkrankheit hin, die seinen Tod verursachte, und es sollte im Jenseits an anderer Stelle besser arbeiten. Weniger wahrscheinlich ist, daß Sethos zu den wenigen anomal konstruierten Menschen gehörte, denen das Herz ihr Leben lang tatsächlich auf dem rechten Fleck schlägt.

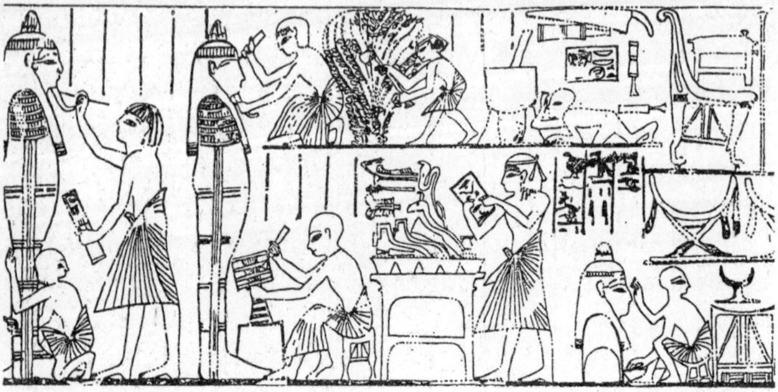

Mumiensargmacher bei der Arbeit. (Aus einem thebanischen Privatgrab.)

Die Einbalsamierer leisteten sich noch eine weitere Eigenheit: Sie präparierten die Leiche des verstorbenen Königs nicht mit über der Brust gekreuzten Armen, sie gaben ihr nicht Krummstab und Geißel in die Hände, sondern sie legten die Arme aus unbekannten Gründen eng am Körper an und die Pharaonensymbole daneben.

Kosmetiker schminkten Augenbrauen, Lider und Mund. Es heißt übrigens, sie hätten ihre Technik so perfekt beherrscht und die Toten so lebensecht, so verführerisch schön geschminkt, daß die Einbalsamierer dem Reiz besonders attraktiv zurechtgemachter Frauenleichen bisweilen nicht widerstehen konnten … Nach den Einbalsamierern kamen die Mumienmacher mit Ballen von feinstem Leinen und Töpfen mit kochendem Harz; erst sie verwandelten den Leichnam in die Mumie. Während dieser Arbeit besprengten die Totenpriester Sethos ständig mit Nilwasser, er sollte ein letztes Mal gereinigt werden. Nach genau siebzig Tagen konnte der goldfunkelnde Sarg mit der mumifizierten Leiche des toten Königs verschlossen werden und die Begräbnisfeierlichkeit beginnen. Sie fand in Theben statt.

Seit Wochen waren Menschen aus dem Norden und dem Süden in die Stadt geströmt, um bei diesem atemberaubenden Schauspiel, einer merkwürdigen Mischung aus Volkstrauertag, Volksfest und Fronleichnamsprozession, dabeizusein.

Ein hoher Beamter aus der Zeit Thutmosis' III. schildert, wie es dabei zuzugehen pflegte. Er stellte sich sein Begräbnis so vor:

»Eine schöne Bestattung kommt in Frieden, wenn siebzig Tage des Einbalsamierens erfüllt sind; man legt dich auf die Bahre ... und von makellosen Stieren wirst du gezogen. Deine Straße ist mit Milch besprengt, bis du angelangt bist in deinem Grab. Es weinen liebenden Herzens deine Kinder. Geöffnet wird dein Mund durch den Priester und vollzogen wird deine Reinigung durch den Sem-Priester. Horus richtet deinen Mund, öffnet deine Augen und Ohren. Dein Körper ist vollkommener in allem, was dir gehört. Sprüche und Lobpreisungen werden gelesen. Ein Totenopfer wird dir dargebracht; dein Herz ist bei dir, wie du es auf Erden hattest. Du kommst in deiner früheren Gestalt wie an dem Tag deiner Geburt. Deine Höflinge verneigen sich vor dir. Du gehst ein in das Land, das der König gegeben hat, in das Grab des Westens. Zeremonien werden abgehalten; es kommen zu dir die Totentänzer in Jubel.«

War die Beerdigung eines königlichen Beamten schon ein mittleres Volksfest, so verwandelte ein Königsbegräbnis Theben in ein einziges Tollhaus, in dem die Menschen aufgeregt hin und her liefen, sich zum Zeichen der Trauer auf den Kopf schlugen, während die Honoratioren riefen: »Wie schön ist das, was ihm zuteil wird!«

Ein Pharao wurde beigesetzt, der Horus-Sohn ging in die Ewigkeit ein, und diese Ewigkeit lag im Westen. Die Menschenmassen, die teilhaben wollten an dem Leichenzug, waren gekommen, weil Sethos ein beliebter Pharao gewesen war, einer, der neue Hoffnung hatte aufkommen lassen, ein

So haben wir uns einen ägyptischen Leichenzug vorzustellen: Ganz rechts der Grabeingang am Fuß eines Berges, dahinter eine Totenstele, flankiert von dem mit einer Anubis-Maske verkleideten Totenpriester. Er hält die Mumie des Toten. Die Frau des Verstorbenen umschlingt ein letztes Mal die Beine der Mumie. Dahinter

würdiger Nachfolger des Dynastiengründers Ramses' I. Und so stimmten sie ein in die Litanei der Totenpriester, die den Leichenzug anführten: »Heil dir, Osiris, Herr der Ewigkeit, König der Götter, der viele Namen hat und prächtige Gestalten und geheimes Wesen in den Tempeln!«

Hinter den Priestern trugen Diener beinahe den gesamten Hausrat des Königs sowie Proviant für mehrere Wochen: ein Bett und Schränke, Stühle und Tische, Kisten und Kästchen, Wagen und Boote. Wein und Bier wurden in riesigen Krügen mitgeschleppt, Weizen in zweihenkeligen Vorratsgefäßen und ein Meer von Blumengebinden. Totentänzer machten zu Trommel- und Rasselklang unheimliche Verrenkungen. Zwei Rinder zogen eine Art Schlitten, auf dem ein mit Vorhängen umhülltes Gerüst montiert war. Darauf ruhte, in einer Barke, der Mumiensarg des Königs. Hinter dem Schlitten trugen Priester die Kanopenkrüge und Düfte verbreitende Räuchergefäße.

Westwärts ins Jenseits

Es folgte ein Mann, auf den sich an diesem Tag fragend alle Augen richteten: User-maat-Re-Setepen-Re, der sich nun,

Totenopfergaben, der Sem-Priester, der Vorlesepriester, mit einem Papyrus in der Hand, und der Leichenzug mit Menschen, die sich zum Zeichen der Trauer auf den Kopf schlagen. Links ist dargestellt, wie die Mumie auf einem Schlitten zur Begräbnisstätte gezogen wird.(Aus dem Grab eines Gütervorstehers der 19. Dynastie.)

als König, wie sein Großvater »Ramses« nannte – »von Re geboren«. Was würde er für ein Pharao sein? Ein wachsweicher Schwächling wie Tut-ench-Amun? Ein grausamer Despot wie Haremhab? Ein unpolitischer Phlegmatiker wie Amenophis III.? Ein Fanatiker wie Echnaton? Ein Eroberer wie Thutmosis III.?

Hätten die Sterndeuter an diesem Tag geweissagt, er würde die Eigenschaften von allen in sich vereinen, die guten wie die schlechten, kein Mensch hätte ihnen geglaubt. Man hätte behauptet, kein Mensch könne so viele verschiedene, so viele widersprüchliche Eigenschaften besitzen. Und doch hätten die Sterndeuter recht behalten.

Hinter dem reckenhaften Ramses ging seine Mutter Tuja. Sie hatte mit dem Tod ihres Mannes alle öffentlichen Funktionen verloren, sie war nicht mehr Königin, nur noch Königinmutter. Als die Priester, am Nil angelangt, den Sarkophag mitsamt der Barke vom Schlitten hoben, um ihn zur Überfahrt auf eines der großen Schiffe zu verladen, da rief die Witwe laut: »O mein Bruder, mein Gatte, mein Freund, bleibe, verweile auf deinem Platz, entferne dich nicht von dem Ort, an dem du weilst! Ach, du gehst, um den Nil zu überschreiten. Eilt euch nicht, Schiffsleute, laßt ihn! Ihr kehrt nach Hause zurück, aber er geht fort in das Land der Ewigkeit.«

Tuja rief es laut, aber es schien, als beeindruckte es niemanden sehr; denn es war nur eine rituelle Formel. Die Schiffer nahmen die Barke mit dem Sarkophag Sethos' in Empfang und stellten sie auf das größte der fünf wartenden Nilschiffe. Gierig reckten die Menschen, die zu Abertausenden das rechte Ufer säumten, die Hälse, um einen letzten Blick auf den goldglänzenden Mumiensarg zu werfen, bevor er zusammen mit den Kanopenkrügen hinter einem mit farbigen Stoffen verhängten Aufbau verschwand. Das Totenschiff des Königs mit dem hoch nach oben gezogenen Bug und Heck hatte nur einen Steuermann an Bord, der ein gewaltiges Ruder stemmte, das Schiff selbst fuhr im Schlepp einer mit Ruderern besetzten Barke. Eines der drei anderen Schiffe bestiegen Ramses, seine Mutter und die Priester; auf die zweite Barke verteilten sich die Großen des Reiches, das dritte Schiff wurde vollgeladen mit den Grabbeigaben des Königs; zurück blieb das Volk. Noch einmal entblößten die Weiber ihre Brüste, noch einmal griffen sie in den Sand und ließen den Straßenstaub über das Gesicht rieseln, die Männer schlugen sich auf den Kopf, und ein letztes Klagelied schallte über den Nil.

Wende dich nach Westen zum Land der Wahrheit.
Die Weiber des Schiffes aus Byblos[14] weinen sehr,
sehr viel.
In Frieden, in Frieden, Gepriesener, fahre in Frieden.
Wenn es dem Gott recht ist, werden wir dich sehen,
Sobald der Tag zur Ewigkeit geworden ist.
Siehe, du gehst in das Land, das die Menschen vermischt.

---

14 Mit dem Schiff aus Byblos brachte Isis, der Sage nach, den Leichnam ihres Gatten Osiris nach Ägypten zurück.

Am anderen Ufer stand ein Schlitten mit vier Rindern bereit, der die Barke mit dem Sarkophag aufnahm. Wieder formierte sich ein Trauerzug, ähnlich dem, der die sterbliche Hülle des toten Königs zum Ostufer geleitet hatte – doch das Spalier, durch das er sich nun hindurchzuwinden hatte, war hier am Westufer bedeutend kleiner. Und als sich der Zug dem Felsengebirge näherte, hinter dem das Tal der Könige lag, gab es keine Zuschauer mehr, nur noch Mitwirkende. Wie wild begannen die Totentänzer zu tanzen, ekstatisch schwangen die Priester ihre Räuchergefäße, aus einem Krug spritzte man fortwährend Milch über den Sarg.

Das Grab mit der lebenden Mumie

Vor dem Grabeingang machte der Sargschlitten halt. Drei Priester gingen den hundert Meter langen, schräg nach unten führenden Gang hinab, durch den farbenprächtigen, mit lebensgroßen Bildnissen des Sethos ausgemalten Vierpfeilersaal in den Sargraum, wo unter einem Gewölbe mit astronomischen Darstellungen, die dem Toten als Uhr dienen sollten, ein im Licht der gesalzenen Öllampen bläulichweiß leuchtender Alabastersarkophag stand. Darin lag eine menschliche Mumie, die – das konnte man erkennen – Lebenszeichen von sich gab. Mit lauten Rufen in den Sarkophag beschworen die drei Priester die Mumie, und langsam, als erwache sie aus tiefem Schlaf, begann sie sich zu bewegen, sich mühsam zu erheben: Es war der Sem, ein als Mumie verkleideter Priester, der die Totenzeremonien vorzunehmen hatte.

Das Grab Sethos' I. war das größte und prächtigste, das man bis dahin im Tal der Könige errichtet hatte. Auf Wunsch des Königs war darin der »Mythos von der Himmelskuh« aufgezeichnet, der auf Vorstellungen und Vorlagen aus älterer Zeit beruht und die Rettung des Menschengeschlechtes vor der Vernichtung zum Inhalt hat. Der gleiche Text ist auch im Grab Ramses' III. entdeckt worden, doch ist er in Einzelheiten unvollständig überliefert. Günther Roeder bezeichnet ihn in seinen *Urkunden zur Religion des Alten Ägypten* als »entstellt und in flüchtiger und fehlerhafter Redaktion« wiedergegeben.

Im Sethos-Grab finden wir eine Rezitationsanweisung, die zeigt, daß solche Hieroglyphen-Inschriften im wahrsten Sinne »heilige« Texte waren. »Wenn ein Mann diesen Spruch rezitiert«, heißt es da, »so soll sein Gesicht mit Öl und Salbe eingerieben sein. Das Räucherwerkzeug halte er in beiden Händen mit Weihrauch. Natron und Weihrauch seien vor seinem Munde. Seine Kleidung bestehe aus zwei neuen Gewändern. Auch soll er sich mit Nilwasser gewaschen haben. Als Schuhwerk trage er weiße Sandalen. Das Zeichen der Wahrheit sei mit grüner Farbe auf seine Zunge gezeichnet.«

Der Himmelskuh-Mythos geht von der Empörung der Menschen gegen den Sonnengott Re aus. Sie führten, als Re alt, seine Knochen zu Silber geworden waren, seine Glieder zu Gold und sein Haar zu Lapislazuli, böse Reden gegen ihn, und der Sonnengott hörte es und sprach zu den Göttern seines Gefolges: »Ruft mir mein Auge herbei und Schu, Tefnut, Geb und Nut …[15] und führt sie vorsichtig herbei, damit die Menschen sie nicht sehen, und damit ihr Herz nicht entflieht. Ich gehe dann in den Nun[16], an den Ort, an dem ich entstanden bin.«

Die Götter kamen, und Re sprach zu Nun: »Du Ältester, Gott, aus dem ich entstanden bin, und ihr Göttervorfahren! Seht die Menschen, die aus meinem Auge entstanden sind,

15 Schu und Tefnut sind die Kinder des Sonnengottes und galten als Augen des Himmelsherrn; Geb und Nut sind Personifizierungen von Erde und Himmel.

16 Das Urgewässer; der gleichnamige Gott galt als Urgott und Göttervater.

sie haben Pläne gegen mich geschmiedet. Sagt, was ihr dagegen tätet. Seht, ich möchte vermeiden, sie zu töten, bis ich gehört habe, was ihr dagegen sagt.« – Die anderen Götter aber meinten: »Laß dein Auge hingehen und die Empörer mit Unheil schlagen. Das Auge bleibe nicht an deiner Stirn, es gehe hin, um sie zu schlagen, es steige als Hathor hinab.«

Res blutgierige Tochter Hathor-Sachmet war ausersehen, das Menschengeschlecht zu vernichten, doch Re in seiner Güte entschied anders. Er wandte eine List an. Boten mußten von der Insel Elephantine große Mengen von Granatäpfeln bringen; die Äpfel wurden zerquetscht und mit Gerstenbier vermengt, das von Sklavinnen eigens gebraut worden war. Dieses alkoholhaltige Getränk sah wie Menschenblut aus und füllte siebentausend Krüge. In der Nacht, bevor Hathor-Sachmet ihres grausamen Amtes walten wollte, ließ Re das schläfrig machende Gebräu über den Ort ausgießen, an dem die Rache ihren Lauf nehmen sollte. Hathor-Sachmet kam, fand alles mit Flüssigkeit bedeckt und trank davon. Da wurde sie trunken und erkannte die Menschen nicht mehr. Das Menschengeschlecht aber war gerettet.

Auf diesen Mythos ging der Brauch zurück, am Fest der Hathor den Sklavinnen einen Schlaftrunk zu reichen.

Ein letztes grausames Opfer

Bevor der Mumiensarg durch den langen Korridor nach unten gezogen wurde, fand ein letztes grausames Opfer statt. Priester zerrten ein junges Kalb herbei. Einer holte mit einer Axt aus, schlug dem Tier mit einem Hieb das rechte Vorderbein ab, das Kalb stürzte brüllend zu Boden. Opferpriester machten sich über das verendende Tier her, zerteilten es, legten die Fleischteile auf das auf einem Steinsockel schwarz qualmende Opferfeuer und riefen dabei Gebete zum Himmel. Als die Flammen den größten Teil des Fleisches verzehrt hatten, ergriffen die Priester den Mumiensarg.

Mit einem Schrei löste sich Tuja, die Witwe des Verstorbenen, aus der Gruppe der Trauernden, stürzte auf den Mumiensarg, der die Umrisse und Gesichtszüge ihres Gatten trug, und umschlang ihn mit den Armen. »Ich bin dein Weib Tuja! O Großer, verlasse mich nicht! Ist es dein Wunsch, daß ich mich von dir entferne? Wenn ich fortgehe, wirst du allein sein. Du, der du mit mir zu scherzen liebtest, du schweigst, du sprichst nicht!«

Frauen aus ihrer Begleitung hielten Tuja zurück, sie sprachen im Chor: »O welch ein Unglück! Hört nicht auf und lasset die Klagen weiter ertönen! Der gute Hirte ist abgereist in das Land der Ewigkeit. Die Menge der Leute hat sich von dir entfernt. Du bist jetzt in dem Land, das die Einsamkeit liebt.« Dann verschwand der Mumiensarg lautlos in der Felsenöffnung, die in die Grabestiefe führte.

Ein Pfeiler aus diesem Grab wurde 1844 von dem jungen deutschen Ägyptologen und Sprachforscher Richard Lepsius abgebaut und nach Berlin gebracht. Lepsius war zwei Jahre zuvor als Leiter einer Expedition nach Ägypten gereist, die das Niltal bis in den Sudan erforschen sollte. Zu Fuß, auf dem Kamel und zu Schiff gelangte er bis in die sudanesische Hauptstadt Chartum, wo sich die beiden Quellflüsse des Nils vereinigen. Lepsius wurde von zwei Architekten, zwei Zeichnern, einem Maler, einem Gipsformer, einem Bildhauer und einem Theologen begleitet. Die Umstände, unter denen Lepsius reiste und Denkmäler erforschte, nannte sein Biograph, der Ägyptologe Georg Ebers, »so beschaffen, daß sie uns spätere Forscher mit Neid erfüllen könnten«[17].

Das Gesetz gegen die Ausfuhr von Altertümern wurde für Lepsius außer Kraft gesetzt, die Grabungsarbeiter beka-

---

17 Georg Ebers: *Richard Lepsius, ein Lebensbild*, Osnabrück 1969.

men 20 Pfennige pro Tag, Kinder als Handlanger die Hälfte. Mohammed Ali, der Vizekönig von Ägypten, erteilte dem Reisenden aus Berlin die formelle Erlaubnis, den Spaten ansetzen zu dürfen, wo immer er es für wünschenswert erachte. Alle Ortsbehörden waren beauftragt, ihn bei seinen Unternehmungen zu unterstützen, und Lepsius gab sich nicht gerade zurückhaltend. Funde, die er im Sudan gemacht hatte, ließ er auf Regierungsbarken nach Alexandria verschiffen, drei komplette Grabkammern aus Giseh wurden von vier eigens aus Berlin herbeigeholten Arbeitern in Einzelteile zerlegt, der Pfeiler aus dem Sethos-Grab aber blieb in einem Stück. Mohammed Ali machte das Ganze dem Preußenkönig Friedrich Wilhelm IV. zum Geschenk.

Ramses und das Orakel

Nachdem Sethos mit allen ihm gebührenden Ehren bestattet war, begann Ramses, sich ein Image aufzubauen – so selbstbewußt, so systematisch und besessen, wie es noch kein Pharao vor ihm getan hatte. Wo immer in den unter Sethos begonnenen Bauwerken der Name seines Vaters erwähnt wurde, ließ Ramses den Zusatz »der verstorben ist« dahintersetzen. Es geschah dies oft in Eile und daher nachlässig. In der Stiftungsurkunde des Sethos-Tempels von Abydos zum Beispiel wird der Vater siebenmal als »verstorben« apostrophiert, sechsmal wird er jedoch ohne diesen Zusatz genannt.

In der Metropole Theben trat der junge Pharao Ramses erstmals beim Opet-Fest des Jahres 1290 öffentlich in Erscheinung, einem religiösen Volksfest, das die Massen mobilisierte und deshalb so recht geeignet war, sich Sympathien zu verschaffen. Es gab zu dieser Zeit gerade keinen Zeremonienmeister, das Amt des obersten Amun-Priesters war vakant. Die Priester wie das gemeine Volk warteten nun gespannt, ob Ramses II. einen neuen Oberpriester einsetzen und wem er dieses einflußreiche Amt übertragen würde. Schon daraus, so glaubte man, würden sich die politischen Absichten des neuen Königs erkennen lassen.

Ramses, dem die Priesterhierarchie von Theben ebenso verhaßt wie suspekt war, traf eine kluge Entscheidung. Er nannte gleich mehrere Namen und ließ ein Orakel den würdigsten Kandidaten herausfinden. Dies ging so vonstatten: Die Amun-Priester trugen ihr Götterbild auf den Schultern in den Vorhof des Tempels. Ramses rief einen Namen nach dem anderen, und als der Name fiel, der den Priestern am genehmsten war, wackelte einer von ihnen mit der Schulter, so daß die Götterstatue scheinbar nickte. Und das bedeutete, der Gott hatte seine Zustimmung erteilt. Der neue Hohepriester des Amun hieß Nebunnef.

Wir sind über diese Vorgänge aus einer dreiundzwanzigzeiligen Inschrift informiert, die dieser Oberpriester in seinem Grab in El-Kurna anbringen ließ. Darin heißt es unter anderem:

»Jahr 1, Tag 1 des dritten Überschwemmungsmonats. Seine Majestät war stromab gefahren von der südlichen Stadt Theben und hatte vollzogen, was sein Vater gutheißt, der Amun Re, Herr von Karnak, der Große Stier, das Oberhaupt der Götterschaft; und Mut, die Große, Herrin von Aschru[18], und Chons in Theben, Neferhotep, an seinem schönen Feste von Oper …

Der König begab sich an Land nach Thinis, und der zukünftige Erste Gottesdiener des Amun, Nebunnef, der Selige, wurde vor Seine Majestät geführt. Seine Majestät sprach: ›Du sollst Erster Gottesdiener des Amun sein, und sein Schatzhaus und sein Speicher sollen dir unterstellt sein. Du sollst der höchste Beamte seines Tempels sein. Seine gesamte

---

18 Bezirk der Mut im südlichen Karnak.

Ernährung soll an deinem Stabe sein. Das Haus der Hathor, Herrin von Dendera, soll an dem Stabe deines Sohnes sein, und ebenso sollen die Ämter deiner Väter richtig eingeschlossen sein, und das Grundstück, auf dem du gewesen bist. Möge Amun dich glücklich sein lassen in seinem Haus! Möge er dir ein hohes Alter in seinem Haus geben! Möge er dich zur Ruhe gehen lassen auf dem Boden seiner Stadt! Möge er das vordere und das hintere Tau deines Lebensschiffes lenken; denn er selbst ist es ja, der dich gewünscht hat, und es gibt keinen anderen, der dich ihm gesagt hätte. Möge er dir ein Grab im Westen verleihen!‹

Da begannen der Hofstaat und die höchsten Beamten die Schönheit Seiner Majestät zu verehren. Sie küßten die Erde viele Male, sie sprachen Lobpreisungen, und priesen seinen Ka bis zur Höhe des Himmels ... Dann gab Seine Majestät dem Nebunnef seine beiden Siegelringe aus Gold und seinen Stab aus Elektron [Bernstein]. Er wurde zum Ersten Gottesdiener des Amun ernannt, und zum Vorsteher der beiden Häuser des Silbers und des Goldes, und zum Vorsteher der beiden Magazine, und zum Vorsteher der Soldaten des Amun-Tempels, und zum Vorsteher aller Werkstätten der Tempel in Theben.

Ein Bote des Königs begab sich nach Theben, um den königlichen Befehl zu überbringen: Nebunnef solle das Haus des Amun übergeben werden, das ganze Inventar und alles Personal, wie er es befohlen hatte, der Herrscher des Amun, der bis in Ewigkeit sein wird.«

Ein Besessener manipuliert die Geschichte

Ramses kannte keine Hemmungen, Reliefszenen, die für seinen verstorbenen Vater in Arbeit waren, für sich selbst in Anspruch zu nehmen, als wollte er demonstrieren, daß *sein* Anteil an der Entstehung des betreffenden Tempels weit größer war als der seines Vaters. Wanddarstellungen, die er als die seinen ausgeben konnte, ließ er fertigstellen, andere nicht, Skizzen wurden entsprechend abgeändert. Noch heute kann der aufmerksame Betrachter in der Halle C des Sethos-Tempels unter den Reliefs Ramses' II. die Umrißlinien der ursprünglichen Darstellungen erkennen, vor allem dort, wo der junge Pharao die erhabenen Reliefs seines Vaters in der Technik des von ihm bevorzugten versenkten Reliefs überarbeiten ließ. Und böse Zungen behaupten, Ramses habe nur deshalb die versenkte Relieftechnik gewählt, weil sie es ermöglichte, eine ältere Darstellung abzuändern und sich selbst zuzuschreiben.

Natürlich hat Ramses nicht bedacht, daß gerade dieser Wechsel in der Relieftechnik den Nachgeborenen seine schändlichen Kunstdiebstähle in aller Deutlichkeit vor Augen führen würde. Sehen wir uns den zweiten Pylon von Karnak an: An der Südseite des Nordturmes sind die unteren vier Szenen von Sethos geschaffen, aber von Ramses usurpiert; nur die oberen zwei Szenen und der Fries waren von Anfang an das Werk User-maat-Res. Offenbar hatte Ramses Bedenken, an dieser Pylonwand die Relieftechnik zu wechseln; denn auch die von ihm selbst begonnenen Darstellungen sind noch in erhabenem Relief ausgeführt, nur die Namen nicht. Wo Ramses seinen Namen über den seines Vaters Sethos setzen ließ, mußte er dies zwangsläufig in versenkter Technik tun.

Anders in der großen Säulenhalle von Karnak. Hier ist die Nordhälfte, die König Sethos zugeschrieben wird, in traditionellen Basreliefs ausgeführt, während die Südseite, die Ramses in Auftrag gegeben hat, generell in versenkter Technik gehalten ist. Mancherorts begegnen wir hier aber auch einer ganz merkwürdigen Mischtechnik. Dabei sind die Umrisse versenkt, während die Figuren zum Teil über die ebene Fläche heraustreten.

Für die Kunsthandwerker jener Zeit war dieser Umbruch nicht leicht. Wir wissen nicht, ob beide Techniken von denselben Künstlern beherrscht wurden, ob die Handwerker ihre früheren Arbeiten selbst zu korrigieren hatten, oder ob Ramses neues Menschenmaterial kommen ließ. Unsicherheit und Verwirrung waren jedenfalls groß. Sethos' Vorname Men-maat-Re mußte in Ramses' Vornamen, User-maat-Re, umgearbeitet werden, schließlich zu User-maat-Re-Setepen-Re. Aus dem Königsnamen Sethos, »Geliebt von Ptah«, wurde Ramses, »Geliebt von Amun«, dazu kam eine Fülle von Beinamen. Kein Wunder, daß sich da Fehler einschlichen, daß ein Steinmetz kam, den Namen Sethos ausschlug, und ein anderer daranging, irrtümlich diesen Namen wieder in die alte Stelle zu schlagen – nur in versenkter Technik.

»Ich möchte meinen«, sagt dazu Keith C. Seele, »daß die Beibehaltung der Namen Sethos' in der zweiten Bearbeitung dieses Reliefs zu Lasten des Bildhauers geht, der den Auftrag hatte, erhabene in versenkte Reliefs umzuarbeiten.« Die seit Jahren im Akkord arbeitenden, ständig überforderten Männer vom Bau glaubten von einem bestimmten Zeitpunkt an womöglich, es mit der Präzisionsarbeit nicht mehr so genau nehmen zu müssen wie bisher. Der junge Pharao inspizierte seine Bauvorhaben nämlich nicht mehr ganz so häufig, weil er sich einem anderen Interessengebiet zugewandt, sich eine neue Aufgabe gestellt hatte.

Ramses hatte mittlerweile damit begonnen, die Grenzen seines Reiches zu festigen, und maßlos, wie er nun einmal war, gab er sich mit den bestehenden Grenzen nicht zufrieden. Der Chronist begegnet auf der Suche nach Zeugnissen aus seinen ersten Regierungsjahren vorwiegend Stelen, die er an der Peripherie des Reiches errichten ließ. Die Assuan-Stele, östlich der alten Straße, die nach Süden führt, trägt die Datierung »Jahr 2« und beschreibt den jungen König als mächtigen Kämpfer und Verteidiger Ägyptens, der die Feinde im Norden wie im Süden besiegte. Da dieser Denkstein nahe der nubischen Grenze nicht ausdrücklich auf einen Nubienfeldzug Bezug nimmt, dürfte er wohl bei der Rückkehr von einer ohne »Feindberührung« ausgegangenen Inspektionsreise in den Süden des Landes errichtet worden sein. Die Stele im Hathor-Tempel von Serabit el-Chadim vermerkt die Anwesenheit zweier Bogenschützen-Einheiten auf dem Sinai in Ramses' ersten Regierungsjahren. Im Jahre 3 seiner Regierung werden auf der Kuban-Stele Aktivitäten in Nubien gemeldet, und ein Jahr später gibt die Mittlere Stele von Naht el-Kelb erstmals von der Anwesenheit ägyptischer Soldaten auf asiatischem Boden Kunde. Die Errichtung des Denkmals im Libanon ist ein zweifelsfreier Hinweis auf Ramses' Anwesenheit in diesem Gebiet. Es scheint, als sei er zunächst ganz zufrieden gewesen, daß sich seinen Truppen bei Grenzinspektionen im Süden und Osten des Reiches kein Gegner in den Weg stellte, und darauf baute er wohl auch, als er nach Norden zog, in hethitisches Hoheitsgebiet eindrang und sich damit in ein Abenteuer einließ, dessen Risiken er nicht einkalkuliert hatte.

III

Kadesch – die Schlacht gegen die Hethiter

Ich metzelte sie nieder, ich tötete sie, wo sie waren,
und einer rief dem anderen zu:
»Das ist kein Mensch, der unter uns ist ...«
Ramses II.

Er war ein dummer und geradezu sündhaft
unfähiger General, der zwar persönlich mutig,
doch auch außerordentlich arrogant war.
John A. Wilson, Archäologe

23. März 1286 vor der Zeitwende: Wolken von gelbem Staub ballen sich über dem östlichen Nildelta, der dürre Boden dröhnt unter tausendfachem Getrampel. Durchdringend, monoton, bedeutungsvoll klingen die dumpfen Schläge der Kesselpauken. Sie zwingen die schweißtriefenden Männer zum Gleichschritt, halbnackt, mit furchterregendem Kampfgerät behangen: Schilden, Speeren, Schwertern, Messern, Pfeilen und Bogen. Sie marschieren in Sechserreihen die alte Militärstraße entlang in östlicher Richtung; vor zweihundert Jahren war hier schon Thutmosis III. mit einer Streitmacht entlanggezogen. Sie passieren die Grenzfestung Zaru: vier Divisionen, 2500 Streitwagen, 20000 Mann, das größte Heer, das die Grenzen Ägyptens je überschritten hat. Jede Division ist mit allen Waffengattungen ausgestattet und bedarf im Kampf keiner Unterstützung durch eine andere Truppe. Aus Per-Ramses kommt die Division des Seth, aus

Memphis die des Ptah, aus Heliopolis die Division des Re, die Division des Amun kommt aus Theben – unheimliches Zusammenspiel einer gigantischen Kriegsmaschinerie. Und dann *er,* von majestätischer Statur, alle überragend. Er steht auf dem von seinem Adjutanten Menna gelenkten Streitwagen, blond, fünfundzwanzigjährig, selbstbewußt nach vorn blickend, als habe er schon den Feind vor Augen, auf dem Kopf die blaue Krone, nur mit einem Lendenschurz bekleidet, von seinen Leibgardisten, den Scherden, umringt, die lange Lanzen tragen, begleitet von einer aufgeregt hin- und zurückrennenden Horde des königlichen Stabes – Seine Majestät, Ramses. Er fährt der größten Bewährungsprobe seines Lebens entgegen.

Was Ramses nicht wissen kann, und das ist das Fatale an dieser Situation: Nur ein paar hundert Kilometer nördlich, an den Grenzen von Syrien, bewegt sich ein zweites, mindestens ebenso großes Heer südwärts. Muwatallis, Enkel des Großreichgründers Schuppiluliuma, seit fünf Jahren König der Hethiter, fühlt sich von dem Ägypter bedroht, herausgefordert, übertölpelt; er hat geschworen, die Abwerbung eines seiner Verbündeten zu rächen. Vor ihm ziehen 8 000 Soldaten, hinter ihm 9 000 Soldaten, 10 000 Rosse, 3 500 Streitwagen, auf jedem drei Mann, mit Äxten und schweren Keulen bewaffnet, kleine gedrungene Gestalten mit halblangem Haar, verwegen.

Noch sind beide Heere so weit auf Distanz, daß weder die Späher des einen noch die Spione des anderen voneinander Kunde haben. Doch Ramses weiß, und auch Muwatallis ist sich bewußt, daß es nur eines geben kann: Kampf. Und so erwartet jeder den anderen, begierig, ihn zu besiegen, gerüstet, ein Weltreich zu vernichten.

Wie war es dazu gekommen?

Der hethitische Großkönig Schuppiluliuma hatte Mitte des 13. vorchristlichen Jahrhunderts das Reich des Mitanni-

Königs Tuschratta vernichtet und es zusammen mit weiten Gebieten Nordsyriens seinem Land angegliedert. Das Hethiterreich Chatti war damit neben Ägypten und Babylonien zur dritten Großmacht der Welt geworden. Die Beseitigung des Pufferstaates Mitanni brachte für die beiden Nachbarmächte Chatti und Ägypten Probleme mit sich: Grenzstreitigkeiten, wechselseitiges Abwerben von Vasallenfürsten. Im syrischen Karkemisch, dessen strategische Lage an einer Furt des Euphrat von großer Bedeutung war, wurde ein Vizekönig eingesetzt, die einheimische Bevölkerung deportiert und durch zuverlässige Hethiter aus dem Hinterland ersetzt. Syrien war nach dem Zusammenbruch von Mitanni zur weichen Stelle geworden. Während die Hethiter ihre Bundesgenossen mit Feuer und Schwert in Schach hielten, schickten die Ägypter an potentielle Abtrünnige Militär- und Wirtschaftshilfe. Schuppiluliuma starb an der Pest, die ihm angeblich ägyptische Kriegsgefangene ins Land getragen hatten, und sein Sohn und Nachfolger Mursilis II. war so in Angst, das gleiche Schicksal zu erleiden, daß er ein ganzes Buch voller Pestgebete verfaßte. Er war nicht weniger mitteilsam als Ramses und schrieb sogar seine Memoiren. Über seine Schwierigkeiten mit den Grenzprovinzen sagt er:

»Bevor ich den Thron meines Vaters bestieg, hatten die umliegenden Feindesländer alle Krieg mit mir angefangen. Sobald nun mein Vater Gott geworden war[19], setzte sich Arnuwanda, mein Bruder, auf den Thron meines Vaters. Schließlich aber erkrankte er ebenfalls. Als nun die Feinde hörten, daß mein Bruder krank war, da fingen sie erst recht Krieg an. Nach Arnuwandas Tod begannen auch die Länder, die bisher keinen Krieg angefangen hatten, offene Feindseligkeiten. Und man sprach dort: ›Sein Vater, der König der Hethiter,

---

19 Soll heißen: gestorben war.

war ein heldenhafter König und hatte die Feindesländer unterworfen; er ist nun tot. Sein Sohn, der den Thron seines Vaters übernahm, auch der war einst ein Kriegsheld. Aber er starb ebenfalls. Doch der sich jetzt auf den Thron seines Vaters gesetzt hat, der ist klein. Er wird das Land der Hethiter und seine Grenzen nicht halten können!‹«[20]

Die Ursachen des Konflikts

Die größten Sorgen hatte Mursilis mit den Kaschkäern, den Leuten von Arzawa und einigen syrischen Fürsten; doch er darf den Ruhm für sich in Anspruch nehmen, daß das Hethiterreich unter seiner dreißigjährigen Regierung nicht kleiner geworden ist. Da hatte es sein Sohn Muwatallis schon schwerer. Etwa zur selben Zeit, als Ramses II. Alleinherrscher über Ägypten geworden war, wurde Muwatallis König der Hethiter. Genau wie Ramses verließ er die alte Hauptstadt und gründete eine neue; doch während Ramses die neue Metropole in erster Linie als Selbstbestätigung brauchte, war für Muwatallis die Verlegung des Regierungssitzes in das im Süden des Landes gelegene Dattaschscha politische Notwendigkeit. Der Hethiter wußte genau, daß die Zukunft seines Reiches an der Grenze nach Ägypten entschieden werden würde.

Mit einem Syrienfeldzug im ersten halben Jahr seiner Regierung hatte Sethos I. die Nordgrenze des Reiches gefestigt. »Die Feinde im Beduinenland«, lautet eine Inschrift an der Nordwand der großen Säulenhalle in Karnak, »denken an Aufruhr, ihre Stammesgroßen haben sich vereinigt und bedrängen die Leute vom Churriterland. Sie beginnen Aufruhr

---

20 A. Götze: »Die Annalen des Mursilis«, in *Mitteilungen der Vorderasiatisch-Ägyptischen Gesellschaft*, 38, Leipzig 1933.

und Streit, und ein jeder von ihnen mordet den anderen, und sie kennen nicht die Weisungen des Palastes.«

Die von Sethos beschriebenen Streitereien wurden von Beduinen ausgelöst, die in den Lebensraum der Kanaanäer, der »Leute vom Churriterland«, eingefallen waren. Sethos drängte die Beduinen zurück, und einmal auf Kriegszug, schlug er gleichzeitig eine Bresche in die Grenze zum Hethiterreich. Am oberen Orontes eroberte er die Grenzfeste Kadesch, die bislang zum hethitischen Einflußbereich gehört hatte.

Auch Ramses II. war im vierten Jahr seiner Regierung schon einmal bis an die hethitische Grenze vorgedrungen. Dieser kaum dokumentierte Kriegszug des Pharaos wird auf der erwähnten Stele am Fluß Nahr el-Kelb genannt[21], sie trägt das Datum »Jahr 4, 3. Achet-Monat, 2. Tag« sowie die Reste einiger Beinamen Ramses' II. Obwohl die Inschrift selbst zerstört ist, beweist allein die Existenz dieser Stele die Anwesenheit ägyptischer Truppen auf asiatischem Gebiet zu der angegebenen Zeit. Zu einer Feindberührung kam es dabei nicht; es scheint, als habe Ramses den Nahr-el-Kelb-Streifen im Handstreich besetzt.

Mag sein Vater Sethos noch bemüht gewesen sein, Ägyptens Grenzen zu festigen, Ramses hatte ein anderes Ziel: die Ausdehnung seines Reiches. So dürfte sicher sein, daß Ramses bei diesem ersten Asienfeldzug über Mittelsmänner Kontakte knüpfte zu syrischen Kleinfürsten, von denen er annehmen konnte, sie würden den Hethitern nicht blind ergeben sein. Hätte der junge Ramses geahnt, daß sich daraus der Vorwand für einen Krieg ergeben würde – wer weiß, ob er den Mut aufgebracht hätte, den Kleinfürsten Benteschina von Amurru aus der Hethiter-Allianz herauszubrechen. Amurru wurde zum äußeren Anlaß für einen Krieg zwi-

---

21 Vgl. Seite 74.

Die Schlacht bei Kadesch: Ramses II., schießt auf die fliehenden Hethiter: Rechts die Grenzfestung Kadesch, die von ägyptischen Soldaten erstürmt wird. Diese Einnahme fand nie statt, sie wurde von Ramses frei erfunden.

schen Chatti und Ägypten. Denn, so weiß eine hethitische Chronik zu vermelden, »als Muwatallis, der Bruder des Vaters der Sonne, König wurde, da versündigten sich die Leute von Amurru gegen ihn, und sie teilten ihm mit: ›Treue Diener sind wir gewesen, jetzt aber sind wir dir nicht mehr Diener‹, und sie schlossen sich dem König von Ägypten an. Da kämpften der Bruder des Vaters der Sonne, Muwatallis, und der König von Ägypten um die Diener des Landes Amurru.«

Aber noch ist es nicht soweit, noch marschieren zwei waffenstrotzende Heere aufeinander zu, der Pharao mit Söldnern aus Libyen, Syrien, Nubien und dem Sudan, der hethitische Großkönig mit teuer bezahlten Hilfstruppen aus Nahring, dem ehemaligen Mitanni-Reich, aus Arzawa an der Südküste Kleinasiens, Pitassa in Inneranatolien, Dardanoi in Westkleinasien, Karkischa an der Westküste Anatoliens, Luka an der kleinasiatischen Küste, Wiluscha nördlich von Karkischa, Arawanna am Schwarzen Meer, Kizzuwatna im Mitteltaurus, Karkemisch am Euphrat, Ugarit an der syrischen Mittelmeerküste und anderen Ländern, deren Namen und geographische Lage uns heute nicht mehr bekannt sind. »Muwatallis hatte«, heißt es im Papyrus Sallier III (Britisches Museum), »kein Land übriggelassen, das er nicht mitgeführt hatte; alle ihre Fürsten waren bei ihm, und jeder hatte seine Soldaten mit sich und Wagenkämpfer in sehr großer, unerhörter Menge. Sie bedeckten Berge und Täler und waren wie Heuschrecken bei ihrer Menge. Er hatte kein Silber in seinem Land übriggelassen und hatte es seines gesamten Besitzes beraubt; er hatte das an alle Länder gegeben, um sie mit sich zum Kampf zu führen.«

Der Aufmarsch der Giganten

Die politische Absicht beider Kontrahenten ist klar: Ramses will den zahllosen Stadt- und Kleinfürsten ein Beispiel geben, er will demonstrieren, daß *seine* Bundesgenossen im Ernstfall auf ihn zählen können, Muwatallis dagegen will den Vasallenfürsten zeigen, daß er imstande ist, Abtrünnige mit Waffengewalt bei der Stange zu halten. Für die Ägypter wie für die Hethiter steht die Vorherrschaft in Syrien auf dem Spiel. Muwatallis sieht sich in der Zange von Ägyptern und Assyrern; weder die einen noch die anderen sind ihm sonderlich wohlgesinnt. Hier geht es nicht mehr nur um die Provinz Amurru, die zurückzuerobern Muwatallis bestrebt ist – hier steht ein Angriffskrieg bevor mit dem Ziel, den Gegner ein für allemal zu vernichten.

Moderne Strategen sind der Ansicht, diese Schlacht zwischen Ägyptern und Hethitern habe in Nordsyrien nur an zwei Schauplätzen stattfinden können: im nordsyrischen Küstengebiet oder im nordsyrischen Hinterland. Der Wiener Ägyptologe und Hethitologe Josef Sturm, der 1939 seine Doktorarbeit über den *Hethiterkrieg Ramses' II.* geschrieben hat, weiß das zu begründen: »Rückte ein hethitisches

Berühmte Feldzüge und Schlachten der alten Ägypter

1486 v. Chr.	Megiddo	Einnahme der Stadt durch Thutmosis III.
1286 v. Chr.	*Kadesch*	*Ramses II. gegen die Hethiter*
1220 v. Chr.	Nildelta	Merenptah besiegt die Libyer
1181 v. Chr.	Nildelta und Ostgrenze	Ramses III. besiegt die Seevölker
926 v. Chr.	Jerusalem	Pharao Schoschenk 1. erobert Jerusalem
609 v. Chr.	Megiddo	Pharao Necho II. besiegt Josia von Juda
605 v. Chr.	Karkemisch	Nebukadnezar II. schlägt Necho II.
525 v. Chr.	Pelusium	Perserkönig Kambyses besiegt den Pharao Psammetich III.

Heer auf der Küstenstraße gegen Amurru vor, so konnte das dem Pharao bei seinem Marsch nach Syrien von Benteschina gemeldet werden; wie sich der ägyptische Plan für diesen Fall gestaltet hätte, wissen wir nicht. Aber von vornhercin war es nicht unwalırscheinlich, daß sich der Kampf so lange wie möglich im Hinterland abspielen würde, schon wegen der kürzeren Verbindungen des hethitischen Heeres mit der Basis und wegen der leichteren Deckung der Vasallenstaaten Chattis.« Andererseits führte die Küstenstraße durch Amurru; Muwatallis hätte sie zuerst freikämpfen müssen, er hätte also bereits eine Schlacht zu schlagen gehabt, bevor er auf Ramses gestoßen wäre.

Ramses II. ist inzwischen mit seinen vier Divisionen die Küstenstraße entlang nach Norden marschiert, er hat eine Stadt erreicht, die er wohl im Jahr zuvor bei seinem ersten Feldzug umbenannt hat, denn sie trägt den Namen »Ramses, die Stadt im Tannental« – nicht zu verwechseln mit seiner Hauptstadt Per-Ramses im östlichen Nildelta. Wir wissen bis heute nicht, wo genau diese Stadt Ramses zu suchen ist. James Henry Breasted verlegte sie an die Mündung des Naht el-Kelb, der Theologe und Palästinaforscher Albrecht Alt suchte sie zwischen Sidon und Beirut, der eben zitierte Josef Sturm ebenfalls in der Nähe von Beirut, aber am Meer, der amerikanische Ägyptologe John A. Wilson meinte, sie müsse an einem Libanonpaß gelegen haben, und sein deutscher Kollege Elmar Edel sah sie wieder am Nahr el-Kelb, irgendwo an der Grenze zu Ägypten. Ramses verließ jedenfalls die Küstenstraße und zog den Orontes-Fluß im westlichen Syrien nordwärts. Der Orontes entspringt im Hochtal der Beka'a im Libanon, fließt nordwärts in die türkische Provinz Hatay und mündet westlich von Antiochia ins Mittelmeer. An diesem Fluß, südwestlich des heutigen Homs, liegt Kadesch.

Generationen von Historikern und Archäologen haben sich die Köpfe heiß geredet darüber, ob die Schlacht, zu der es vor den Toren dieser Stadt kam, das Ergebnis sorgfältiger Planung des einen oder anderen Heerführers war, ob der Zusammenstoß unvermeidlich war, oder ob einer von beiden nur die Gunst der Stunde nutzte. Josef Sturm vermutete, Ramses II. habe die kleinasiatische Küste entlang bis in die Gegend des heutigen Izmir ziehen und von dort nach Osten in das Landesinnere einschwenken wollen, um die Hethiter an der Flanke zu treffen. In diesem Fall wäre er auf dem Vormarsch bereits auf die wichtigsten Vasallen der Hethiter gestoßen, er hätte sie vermutlich niedergeworfen oder mit großen materiellen und Unabhängigkeitsversprechungen auf seine Seite gebracht und so die denkbar günstigste Ausgangsposition gehabt, das Weltreich der Hethiter zu unterjochen. Ägypten wäre die Supermacht der Welt gewesen, hätte seine Fläche um mehr als das Doppelte vergrößert, das Mutterland im Süden des Reiches wäre zum Wurmfortsatz einer gewaltigen Landmasse degradiert, eine zentraler gelegene Hauptstadt im Norden nötig geworden – die Weltgeschichte hätte einen anderen Verlauf genommen.

Daß sie es doch nicht tat, hat seine Ursache einzig und allein in der Naivität des großen Ramses. Er war gewiß nicht dumm, aber in seinem unreflektierten Handeln wurde er stets von gefährlicher Spontaneität gelenkt. Anders gesagt, er schlug zu, ohne zu bedenken, daß er dabei unter Umständen das eigene Kinn treffen konnte. Zweifellos war seine Unbekümmertheit ein wesentlicher Grund für seine Erfolge, aber es gab einige Situationen im Leben Ramses' II., in denen ein Pharao mit weniger Glück gescheitert wäre. Eine solche bahnte sich jetzt, im Frühjahr 1286 v. Chr., an.

Die List, auf die Ramses hereinfiel

Der hethitische Geheimdienst hatte offenbar bessere Agenten als der ägyptische. Muwatallis kannte jedenfalls den Standort des feindlichen Heeres schon längst, als Ramses, noch ahnungslos, einen Tagesmarsch von Kadesch entfernt ein Lager aufschlug. Muwatallis konnte voraussehen, daß der Pharao die Festung Kadesch im Auge hatte. Mit dem Fürsten von Kadesch hatte Ramses noch ein Hühnchen zu rupfen: Sein Vater Sethos hatte die Stadt bei seinem ersten Asienfeldzug zwar erobert, doch fernab ägyptischer Autorität waren die Leute von Kadesch wieder abgefallen und hatten sich den Hethitern angeschlossen.

War Muwatallis nun so gescheit und welterfahren, daß er nach Informationen seines Geheimdienstes die schwachen Stellen im Charakter des großen Ramses zu analysieren vermochte, oder war er der gleiche Draufgänger wie sein Kontrahent, der einfach zu einer uralten Kriegslist griff?

Was sich Muwatallis ausdachte, das verdient Bewunderung, was immer auch seine Motive dafür gewesen sein mögen:

Vor einem Lager der ägyptischen Divisionen tauchten zwei Beduinen auf, die natürlich sofort gefangengenommen und vor den Pharao geschleppt wurden. Sie gaben sich als Deserteure aus und berichteten, Muwatallis habe sich bei Halpa verschanzt und sei in großer Angst vor dem Pharao.

Halpa ist das heutige Aleppo, eine Stadt, die 1532 vom Hethiterkönig Mursilis I. völlig zerstört worden war, nun aber wieder in hoher Blüte stand. Sie lag etwa hundert Kilometer von Kadesch entfernt. Der hinterlistige Muwatallis hatte jedoch die beiden Späher eigens ausgesandt, um – wie es in einem ägyptischen Text heißt – »nach dem Ort zu sehen, wo Seine Majestät zum Kampf mit den Unterlegenen von Chatti rüste«. Ramses sollte sich in Sicherheit wiegen, der Feind sei noch mehrere Tagesmärsche weit weg und Muwatallis fürchte die ägyptische Streitmacht.

Es ist nicht von der Hand zu weisen, daß die Hethiter vor den Ägyptern Angst gehabt haben, sonst wären sie wohl kaum der direkten Konfrontation ausgewichen. Muwatallis war bekannt, daß die vier Divisionen des Ramses hintereinander marschierten. Hätte er die erste geschlagen, wäre er mit der zweiten konfrontiert worden, dann mit der dritten und so weiter, also war es sein Plan, die Ägypter in der Flanke zu treffen, am besten, den Heeresverband in zwei Teile zu zersprengen. Wie aber sollte dies geschehen?

Muwatallis spielte mit dem großen Ramses das größte Katz-und-Maus-Spiel der Weltgeschichte: Während dieser zielstrebig auf Kadesch am rechten Ufer des Orontes zumarschierte, hielt der hethitische Großkönig sich mit seinen Truppen hinter der von den Ägyptern nicht einsehbaren Rückseite des Stadtwalls von Kadesch auf. Diese Darstellung aus ägyptischer Sicht wird von Historikern jedoch angezweifelt. Sie meinen, ein Zwanzigtausend-Mann-Heer könne sich nicht einfach hinter einer Stadtmauer verstecken und auf jede Feindbewegung entsprechend nach links oder rechts ausweichen. Vielleicht lauerte Muwatallis nur mit seiner Haupttruppe hinter der Stadtmauer, und die übrigen Heerscharen lagen hinter den Hügeln der Umgebung in Deckung.

Ramses' Nahziel war es, Kadesch zu belagern und auszuhungern. Am 9. Tag des 3. Schemu, dem 24. April 1286

v. Chr., ergibt sich folgendes Bild: Ramses II. ist an der Spitze seiner »Division Amun« im Nordwesten von Kadesch angelangt. Völlig sorglos bildet er zusammen mit seiner Leibwache und den ranghöchsten Offizieren eine Art Vorhut; sogar sein goldener Thron wird herbeigeschleppt, damit er es bequem habe. Die »Division Re« überquert zu dieser Zeit noch zehn Kilometer südlich bei Riblah an einer Furt den Orontes. Weitere zehn Kilometer zurück folgt am rechten Orontes-Ufer die dritte Division, die dem Ptah geweihte, und schließlich nochmals mehr als zehn Kilometer zurück, im Eilmarsch, die »Division Seth«: insgesamt ein Aufmarsch, der modernen Strategen die Haare zu Berge stehen lassen könnte, und eigentlich war Ramses und mit ihm Ägypten schon verloren. Doch da kam ihm das Glück zu Hilfe – das Glück, das er zeit seines Lebens gepachtet zu haben schien.

Zwei hethitische Spione laufen einer ägyptischen Patrouille direkt in die Arme. Als sie keine Angaben über ihre Herkunft machen wollen, werden sie gefoltert und dann Ramses vorgeführt, dem sie ein überraschendes Geständnis ablegen.

Der folgende Dialog ist nicht erfunden. Die Worte sind ausnahmslos auf Inschriften in Theben, Abydos, Abu Simbel und im Papyrus Sallier III überliefert.

»Wir gehören dem Herrn von Chatti«, sagen die Späher. »Er ließ uns kommen, um den Standort Seiner Majestät zu erkunden.«

Ganz beiläufig will Ramses wissen: »Wo ist er denn, der Elende von Chatti? Ich habe gehört, daß er sich im Lande Halpa nördlich von Tunip aufhält.«[22]

Die Antwort der verängstigten Spione trifft den sonst so selbstsicheren Pharao wie ein Donnerschlag: »Siehe, der elende Herr von Chatti hat sich mit vielen fremden Ländern

---

22 Nach Sir Alan Gardiner: *The Kadesh Inscriptions of Ramesses II,* Oxford 1960.

Ägyptische Soldaten haben hethitische Spione entdeckt und verprügeln sie.

zusammengetan, sie sind seine Bundesgenossen: das Land von Dardanoi, das Land von Nahrina, das von Keschkesch, die Leute von Masa, die von Pitassa, das Land von Karkischa und Luka, das Land von Karkemisch, das Land von Arzawa, das Land von Ugarit, das von Arwen, das Land von Inesa, Muschanet, Kadesch, Chaleb und das ganze Land von Kedi. Sie sind ausgestattet mit Infanterie, Streitwagen und Kriegsausrüstung, und ihre Zahl ist größer als der Sand am Ufer des Flusses. Siehe, sie stehen bewaffnet und kampfbereit hinter dem alten Kadesch[23].«

Geheimagenten: keine Erfindung der Neuzeit

Der Beruf des Spions oder Geheimagenten war im Alten Ägypten weit mehr geachtet als heute, Spione standen im Ruf besonderer Intelligenz. Wurden – wie in diesem Fall – feindliche Agenten gefaßt, so wurden sie zwar eingesperrt, um keinen weiteren Schaden anrichten zu können, aber man bestrafte sie nicht mit dem Tode. Das Wissen um diese Großzügigkeit nutzte der »Held« der alttestamentarischen

23 Das »alte« Kadesch bezieht sich offenbar auf einen älteren Stadtteil.

Josephslegende aus (1. Mose 42, 7 ff.) Joseph, von seinen älteren Brüdern nach Ägypten verkauft, aber aufgrund seiner Fähigkeiten als Traumdeuter dort zum Wesir avanciert, beschuldigte seine Brüder bei einem Wiedersehen nach vielen Jahren der Spionagetätigkeit, und er tat dies wohlbedacht. Die Brüder sollten zwar gefangengenommen werden, es sollte ihnen jedoch keinesfalls die Todesstrafe drohen; denn Joseph hatte sich eine ganz besondere Rache ausgedacht. Im Alten Testament heißt es:

»Joseph erblickte seine Brüder, und er erkannte sie. Er stellte sich aber fremd gegen sie und redete streng mit ihnen. Er sprach: ›Woher seid ihr gekommen?‹ – Sie antworteten: ›Vom Lande Kanaan, um Nahrung zu kaufen.‹ – Da erinnerte sich Joseph an die Träume, die er von ihnen gehabt hatte, und sprach: ›Spione seid ihr! Die Blöße des Landes auszuspähen, seid ihr gekommen!‹ – Sie antworteten: ›Wir, deine Knechte, waren unser zwölf Brüder und Söhne eines einzigen Mannes in Kanaan. Der Jüngste ist jetzt bei unserem Vater, und der eine ist nicht mehr da.‹ Joseph erwiderte: ›So ist es, wie ich euch gesagt habe, Spione seid ihr. Deswegen sollt ihr geprüft werden: Beim Leben des Pharaos, ihr dürft nicht von hier fort, wenn nicht euer jüngster Bruder hierherkommt.‹ Und er ließ sie drei Tage in Gewahrsam bringen ...«

Verdächtige Kundschafter tauchen im Alten Testament nicht selten auf. Moses ließ beim Kampf gegen den Amoriterkönig Sichon den Flecken Jaser auskundschaften (4. Mose 21, 32), worauf er mehrere Ortschaften einnahm und die Amoriter vertrieb.[24] Auch die Vorliebe von Spionen für Prostituierte ist mindestens so alt wie das Alte Testament: Josua, der Sohn Nuns, schickte von Schittim zwei Spione aus, die

---

24 Spione setzte auch David gegen Saul ein (1. Samuel 26, 4), Absalom bei seinem Komplott gegen König David (2. Samuel 15, 10), König David gegen die Ammoniter (2. Samuel 10, 3) und die Daniter bei der Einnahme von Lais (Richter 18, 2-17).

die Lage in Jericho auskundschaften sollten. Sie logierten im Hause einer Dame namens Rahab, deren Reize ebenso berühmt wie käuflich waren. Berühmt war aber auch ihre Diskretion. Die Ankunft der beiden Fremden hatte man nämlich dem König von Jericho sogleich hinterbracht: »Es sind in dieser Nacht Männer von den Israeliten gekommen, die im Lande etwas ausfindig machen wollen.« Der König sandte hierauf zu Rahab mit dem Auftrag: »Gib die Männer, die zu dir in dein Haus gekommen sind, heraus. Sie kamen nur, um das Land auszukundschaften.« Die Dame aber versteckte die beiden Männer und ließ sagen: »Ja, es kamen Männer zu mir, ich weiß nicht, woher. Als das Tor in der Abenddämmerung geschlossen werden sollte, waren die Männer verschwunden …« Sie aber hatte die Männer heimlich auf das Dach geschafft und unter Flachsgarben versteckt (Josua, 2, 1-6).

Ramses tobt

Die Nachricht, daß er einer primitiven Kriegslist der Hethiter aufgesessen ist, daß die Hethiter nicht, wie angenommen, hundert Kilometer nördlich des Lagers zittern, sondern in Sichtweite hinter den Mauern von Kadesch darauf brennen loszuschlagen, diese Nachricht versetzt Ramses in Wut.

Der Pharao, der in seinem von Palisaden geschützten Lagerkarree vor seinem Zelt auf dem Thron sitzt, neben sich seinen an einen tragbaren Torbogen geketteten Löwen, springt auf, schreit, gestikuliert, rennt hin und her, winkt: Alle Offiziere der »Division Amun« antreten!

Wie konnte Ramses auf ein so billiges Täuschungsmanöver hereinfallen? Der preußische General Carl von Clausewitz, der unter dem Titel *Vom Kriege* eine nach Form und Inhalt unübertroffene »Kriegslehre« herausgegeben hat, sieht

Ramses in seinem Heerlager vor Kadesch. Die Darstellung vom 1. Pylon im Totentempel Ramses' II. zeigt rechts oben Ramses' Wagenlenker Menna; darunter ägyptische Offiziere, die die Befehle des Pharao entgegennehmen. (Aus dem Totentempel Ramses' II. in Theben-West.)

den Grund für das Gelingen derart primitiver Überrumpelungsmanöver in der unterschiedlichen Situation von Angreifer und Verteidiger. Ramses war Angreifer, Muwatallis Verteidiger. Ein unübersehbarer Vorteil des Verteidigers besteht nach Clausewitz darin, »daß der Angreifende auf Straßen und Wegen einherziehen muß, wo es nicht schwer wird, ihn zu beobachten, während der Verteidiger sich verdeckt aufstellt und bis zum entscheidenden Augenblick dem Angreifenden fast unsichtbar bleibt«.

Seit der Schlacht von Kadesch ist es beinahe zur Regel geworden, daß der Angreifer, der am Tag vor der Schlacht noch nicht weiß, wo der Feind überhaupt steht, die Schlacht gewinnt. Dafür gibt es genügend Beispiele: Napoleon und sein General Davout erfuhren erst am Tag vor der Schlacht bei Jena und Auerstedt (1806), wo Herzog Karl von Braunschweig und die Preußen lagen, der österreichische Feldmarschall Radetzky hatte am Tag vor der Schlacht von Novara (1849) keine Ahnung, wo die Italiener waren, König Wilhelm I. und Graf Moltke erfuhren erst in der Nacht vor der Schlacht bei Königgrätz (1866) vom Aufmarsch der Österreicher und Sachsen. Dennoch endeten alle drei Schlachten mit einem Sieg des Angreifers.

Ramses konnte nicht auf derlei Erfahrungen bauen. Er mußte mit Schrecken feststellen, daß seine Strategie falsch war. Sein Riesenheer, über fünfzig Kilometer auseinandergezogen, hatte nur einen Bruchteil seiner potentiellen Schlagkraft, falls die Hethiter sofort zum Angriff übergingen.

Kriegslisten und ausgeklügelte Finten waren schon im 14. Jahrhundert v. Chr. an der Tagesordnung. So berichtet Amenemheb, ein angesehener Offizier unter Thutmosis II. und seinen Nachfolgern, in einer Grabinschrift auch von einer kuriosen List der Feinde bei der ersten Eroberung von Kadesch unter Thutmosis III. »Damals«, sagt Amenemheb, »ließ der Fürst von Kadesch eine Stute hinausschaffen; sie lief frei herum und drang in das ägyptische Heer ein [wo sie erwartungsgemäß die Hengste vor den ägyptischen Streitwagen in Verwirrung brachte]. Da rannte ich mit meinem Dolch hinter ihr her und schlitzte ihren Bauch auf. Ich schnitt ihren Schwanz ab und brachte ihn vor den König. Man betete deshalb den Gott für mich an. Der König gab mir Freude, sie erfüllte mein Inneres, und Jubel erfaßte mich.«

Er muß schon ein rechter Draufgänger gewesen sein, dieser Amenemheb; denn als es wenig später darum ging, eine Mauer einzureißen, die der Stadtfürst um Kadesch hochgezogen hatte, da tat er folgendes: »Ich war es, der sie umwarf, als ich an der Spitze aller Tapferen stand, und kein anderer tat es vor mir.« Der tapfere Offizier nahm schließlich noch zwei Anführer der Kadesch-Truppen gefangen, wofür ihn der Pharao »mit allem Guten, mit dem er zu erfreuen pflegt«, belohnte.

Amenemheb war solche Belohnungen bereits gewöhnt; er hatte schon einmal Gold und fünf Gewänder von seinem Herrn bekommen. Das war auf einem Feldzug nach Mesopotamien. Der Pharao ging dort auf Elefantenjagd und wurde von einem verwundeten Tier bedroht. Amenemheb fakkelte nicht lange und hieb dem tobenden Elefanten den Rüssel ab, »obwohl ich« – fügt er stolz hinzu – »im Wasser zwischen zwei Felsblöcken stand«.

Der Überfall

Ramses II. hatte unter seinen Offizieren offenbar keinen Amenemheb. Als die Herren endlich zur Stelle sind, fühlt sich der Pharao bereits wieder als Herr der Lage. Er weiß, daß Vorwürfe, Strafandrohungen und Disziplinarstrafen in dieser Situation falsch wären. »Siehe, ich habe in dieser Stunde gehört«, konstatiert er scheinbar gelassen, »daß der elende Gefallene von Chatti mit vielen fremden Ländern, die mit ihm sind, gekommen ist, mit Männern und Rossen so zahlreich wie der Sand, und siehe, sie stehen versteckt hinter dem alten Kadesch, und meine Beamten und meine Fürsten waren nicht in der Lage, uns zu sagen, daß sie gekommen sind.«

Einer der Generale fühlt sich bemüßigt, ihm sogleich beizupflichten: »Es ist ein großes Verbrechen, daß die Herrscher der Fremdländer und die Führer des Pharaos nicht in der Lage waren, den Gefallenen von Chatti aufzuspüren und dem Pharao darüber täglich Nachricht zu geben.«

Doch jetzt ist nicht Zeit zum Lamentieren. Ramses schickt seinen Wesir los, eilends die Truppen, die noch südlich von Schabtuna sind, heranzuholen; es ist die Division des Seth.

Die des Re und des Ptah befinden sich ohnehin im Anmarsch auf das Lager.

Noch während Ramses mit seinen Generalen die Lage erörtert, steigen hinter den Hügeln von Kadesch Staubwolken zum Himmel. Und ehe der Pharao begreift, was das zu bedeuten hat, brechen die Hethiter aus ihren Verstecken hervor. 2500 Streitwagen preschen auf das Ufer des Orontes zu, an verschiedenen Stellen zugleich – König Muwatallis mußte die Untiefen vorher erkundet haben – überqueren sie den Orontes, formieren sich sofort wieder neu und rasen auf die Flanke der zweiten Division, der des Re, zu, die gerade dabei ist, im Eilmarsch das Hauptlager und die »Division des Amun« zu erreichen.

Das Re-Korps ist überhaupt nicht auf Kampf vorbereitet, vor allem aber ist das hethitische Sonderkommando mit seinen Streitwagen zu schnell für die feldmarsch-mäßig ausgerüstete Division der Ägypter. Der Hethiterkrieg-Forscher Josef Sturm meint: »Daß der Überfall gerade zur Zeit des Vorbeimarsches des Re-Korps erfolgte und nicht früher oder später, wird wohl damit zusammenhängen, daß zwar ein möglichst großer Teil des ägyptischen Heeres von der Überraschung betroffen und aufgerieben werden sollte, mehr als zwei Korps jedoch ein zu starker Gegner für die naturgemäß wohl nicht allzugroße Angriffstruppe waren.«

Nun war aber bei den alten Ägyptern ein Heer ohne den Pharao an der Spitze wie eine Natter ohne Giftzähne, und Muwatallis' Rechnung ging auf: Die Division des Re wurde in zwei Teile zersprengt. »Das Heer und die Wagenkämpfer Seiner Majestät«, heißt es in dem berühmten Gedicht auf die Schlacht von Kadesch, »wurden matt vor ihnen. Seine Majestät hatte aber nördlich von Kadesch haltgemacht, auf der Westseite des Orontes.«

Der Wagentrupp der Hethiter treibt die eine Hälfte des Re-Korps nach Süden, die andere Hälfte wird nach Norden

Die Hethiter brechen mit ihren Streitwagen (links) in das Feldlager Ramses' II. ein, wo die ahnungslosen Ägypter seelenruhig ihrer Alltagsarbeit nachgehen. In der Mitte rechts der gezähmte Löwe, den Ramses auch auf diesem Kriegszug bei sich hatte.

verfolgt. Die Ägypter sind in Panik. Wo ist der Pharao? Wo sind *seine* gefürchteten Streitwagen?

Es scheint, als habe Ramses die Situation noch immer nicht erkannt. Vielleicht hat er nur eine Abteilung der hethitischen Streitwagen beim Überqueren des Orontes beobachtet; jedenfalls scheint er keine Ahnung zu haben, daß 2 500 mit je drei Kämpfern besetzte Streitwagen auf ihn und seine Division des Amun losrennen.

Ramses hat sein Lager etwa einen Kilometer vor Kadesch aufgeschlagen, die Hethiter brauchen mit ihren Kampfwagen bei voller Fahrt kaum mehr als fünf Minuten von der Stelle des Überfalls auf die Re-Division bis zum Hauptquartier der Ägypter. Dem Pharao bleibt keine Zeit mehr, sein Heer zu formieren, er kann gerade noch seinen Panzer anlegen, die Pferde anschirren lassen und seinen Streitwagen besteigen, als die Hethiterhorden, von Süden kommend, zersprengte Soldaten des Re-Korps, darunter zwei von Ramses' kleinen Söhnen, die mit dem Papa in die Schlacht gezogen waren, vor sich hertreibend, in das Lager einfallen.

Und da tut Ramses etwas, was man, unter strategischen Gesichtspunkten, nur als Riesendummheit, als Wahnsinn, als selbstmörderisch bezeichnen kann. Es ist wieder einmal eine der Situationen, in denen Ramses ohne zu überlegen handelt. »Wie sein Vater Month« springt Ramses auf seinen Streitwagen; Menna, sein Wagenlenker, ergreift die Zügel, und unter lautem Geschrei prescht der Pharao mitten hinein in das Heer der hethitischen Streitwagen.

Die Kriegsberichterstattung auf den Tempelwänden von Abu Simbel beschreibt, was jetzt geschieht, so: »Seine Majestät drang ein in das Heer der hethitischen Feinde und der vielen Länder, die mit ihnen waren. Ramses war wie Seth groß an Kraft und wie Sachmet im Augenblick der Raserei, und Seine Majestät tötete das ganze Heer der elenden Gefallenen von Chatti, zusammen mit allen großen Führern und all seinen Brüdern, ebenso wie alle Führer aller Länder, die mit ihm gekommen waren, ihre Infanterie und ihre Streitwagenlenker, auf ihre Gesichter fielen, einer über den anderen, und Seine Majestät schlachtete und erschlug sie, jeden, wo er gerade war, sie lagen ausgestreckt vor ihren Rossen, und Seine Majestät war allein, niemand war an seiner Seite.«[25]

Die todbringenden Pfeile des Pharaos

Ramses, diese unbedachte Kämpfernatur, zieht die Pfeile aus seinem Wagenköcher und schießt mit traumhafter Sicherheit und unglaublicher Ruhe einen Hethiter nach dem anderen

25 Nach Gardiner, a.a.O.

von den Wagen herunter. Er selbst, von einem goldbehangenen Lederpanzer geschützt, steht da, als sei er Amun in Person und unverwundbar. Blitzartig greift er zum Schwert, wenn ihm ein feindliches Gefährt in die Quere kommt, um die feindliche Besatzung im Nahkampf zu erledigen, und mancher Hethiter mag, als er diesen Koloß auf seinem Wagen sah, gestammelt haben, was Ramses später zu seiner Verherrlichung aufzeichnen läßt: »Das ist kein Mensch, der unter uns ist ...«

Ramses steigert sich in einen Blutrausch, in dem er wohl auch eigene Soldaten niedergemetzelt hätte, wären die Feinde nicht so zahlreich gewesen. Er brüllt martialisch, wie immer im Kampf, und schickt mit seinem Pfeil nach jedem Ausruf einen feindlichen Wagenlenker in den Sand. Es ist der Zorn, die Wut, die ihm diese übermenschlichen Fähigkeiten verleihen – und nicht zuletzt die Erbitterung über die Unfähigkeit und Feigheit seiner eigenen Mannen: »Kein Fürst ist bei mir und kein Wagenlenker, kein Offizier des Fußvolkes und keiner der Wagenkämpfer. Sie haben mich verlassen, und keiner von ihnen hielt stand, um mit mir zu kämpfen.«[26]

Der Titan Ramses bringt die Gespanne reihenweise zu Fall, doch an die Stelle eines jeden gefallenen Hethiters tritt, von irgendwoher kommend, ein anderer: »Was ist das nun, mein Vater Amun«, schreit Ramses in voller Fahrt mit einem Blick zum Himmel, »hat mein Vater seinen Sohn vergessen? Habe ich denn etwas ohne dich getan? Wenn ich ging oder stand, war es nicht auf deinen Ausspruch hin? Und nie wich ich ab von dem Gedanken, den du befohlen hattest. Wie groß ist der Große Herr von Theben! Größer als daß die Fremdvölker ihm nahen könnten. Was sind diese Asiaten für dich, Amun, die Elenden, die nichts von Gott wissen! Habe ich dir

---

[26] Nach Adolf Erman: *Die Literatur der Ägypter*, Leipzig 1923.

nicht viele Denkmäler gebaut und deinen Tempel mit Gefangenen gefüllt? Ich habe dir meinen Tempel für Millionen von Jahren gebaut und dir meine Habe zum Eigentum gegeben. Alle Länder zusammen bringe ich dir dar, um dein Opfer mit Speisen zu versehen. Ich lasse dir Zehntausende von Rindern opfern mit allen wohlriechenden Pflanzen. Nichts Gutes lasse ich ungetan in deinem Heiligtum. Ich baue dir große Tortürme und stelle eigenhändig die Flaggenmasten auf. Obelisken bringe ich dir nach Elephantine, und ich bin es, der Steine herbeiholt. Ich lasse dir Galeeren auf dem Meere fahren, um dir die Abgaben der Länder zu holen. Unheil soll den treffen, der einen deiner Gedanken abweist; aber gut geht es dem, der dich versteht. Mit liebendem Herzen soll man für dich handeln.«

Die Vorwürfe, die Ramses »seinem Vater« Amun zunächst gemacht hat, werden allmählich, da der Pharao die Ausweglosigkeit seiner Lage erkannt hat, zu inständigen Bitten. Es scheint, als reiße ein Moment der Schwäche den in Ekstase Kämpfenden in die Wirklichkeit zurück und als sei aus dem Gott plötzlich wieder ein Mensch geworden, ein Mensch, der Angst hat und betet:

»Ich rufe zu dir, mein Vater Amun. Ich bin von Fremden umgeben, die ich nicht kenne. Alle Länder haben sich gegen mich verbunden, und ich bin ganz allein … Meine Soldaten haben mich verlassen, und keiner meiner Wagenkämpfer hat sich nach mir umgesehen. Wenn ich nach ihnen schreie, hört mich keiner. Aber ich rufe und merke, daß Amun besser für mich ist als Millionen von Fußtruppen und Hunderttausende von Wagenkämpfern, als zehntausend Mann, die einmütig zusammenstehen …

Ich bete an den Grenzen Ägyptens, doch meine Stimme reicht bis nach Hermonthis; Amun hört auf mich und kommt, wenn ich ihn rufe. Er reicht mir seine Hand hin, ich jauchze; hinter mir ruft er: ›Vorwärts, vorwärts! Ich bin mit dir, ich, dein Vater. Meine Hand ist mit dir, und ich bin besser als hunderttausend Mann, ich, der Herr des Sieges, der die Kraft liebt.‹«

Mit Autosuggestion gegen 2500 Streitwagen

Ramses gelingt es, mit frommem Wunschdenken seinen Mut zurückzugewinnen. Psychologisch ausgedrückt, betreibt er eine Art Autosuggestion oder autogenes Training. Er redet sich ein:

»Ich habe meinen Mut wiedergefunden, mein Herz schwillt vor Freude. Was ich tun will, geschieht. Ich bin wie Month, ich schieße nach rechts und kämpfe nach links. Ich bin vor ihnen wie Baal zu seiner Zeit. Ich merke, daß die zweitausendfünfhundert Gespanne, in deren Mitte ich war, zu Stükken gehauen vor meinen Rossen liegen. Keiner der Feinde hat noch Mut zu kämpfen. Ihre Herzen sind matt vor Furcht, und ihre Arme sind schwach geworden. Sie können nicht schießen und haben nicht das Herz, ihre Speere zu nehmen. Ich lasse sie ins Wasser fallen[27] wie Krokodile; sie stürzen einer über den andern, und ich töte unter ihnen, wen ich will. Keiner von ihnen blickt rückwärts, und keiner wendet sich um. Wer von ihnen fällt, der erhebt sich nicht wieder.«

James Henry Breasted hat die Kampfbewegungen Ramses' II. nach allen verfügbaren Quellen rekonstruiert. Demnach wollte der Ägypterkönig sich zunächst zu seinen von Süden her anmarschierenden Truppen durchschlagen. Ramses unternahm diesen Versuch nicht ganz allein; in seinem Gefolge befanden sich die Offiziere, mit denen er noch kurz zuvor Kriegsrat gehalten hatte, und vor allem die außerge-

27 Die Kampfszenen-Reliefs in Abu Simbel zeigen tatsächlich, daß Ramses die Hethiter in den Orontes trieb.

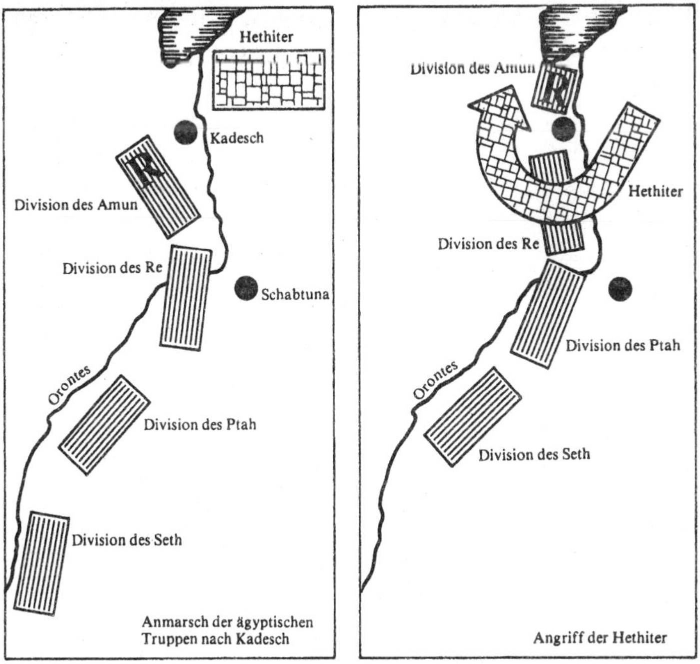

wöhnlich tapfere Leibwache der Seherden, allerdings kaum mehr als hundert Mann.

Mit diesem Häuflein Elitesoldaten versuchte der Pharao zu entkommen, aber dann erkannte er die hoffnungslose Übermacht der hethitischen Einheiten; deshalb drehte er um und kehrte in sein bereits geplündertes Lager zurück. Dabei bemerkte er, daß der dem Orontes-Ufer zugewandte Ostteil der gegnerischen Schlachtordnung nur schwach besetzt war. Also ging er mit dem Mut der Verzweiflung gegen diesen Flügel vor und trieb zahlreiche Wagengespanne der Hethiter in den Orontes. Hätte der Hauptkeil des Gegners in dieser Situation nachgestoßen, so hätte Ramses gegen zwei Fronten kämpfen müssen.

Es gibt eigentlich nur eine Erklärung, warum dies nicht geschah. Als die Hethiter das Lager der Ägypter gestürmt hatten, vergaßen sie ihren Auftrag, stiegen von ihren Kampfwagen und plünderten erst einmal die ägyptische Heeresausrüstung. Hätten sie statt dessen die Verfolgung von Ramses aufgenommen, wären die Ägypter verloren gewesen.

Doch es war ja nicht irgendein Feldherr, der hier kämpfte, es war Ramses der Große, der vom Glück Begünstigte, der Sohn des Amun, für den die Götter Wunder taten.

Anders als ein Wunder kann man es nicht bezeichnen, daß gerade in dem Augenblick, da Ramses, abgeschnitten vom Hauptkontingent seiner Armee, auf verlorenem Posten kämpft, unverhofft eine ägyptische Elitetruppe eintrifft, die auf ganz anderem Weg als die vier Divisionen des Hauptheeres nach Kadesch gelangt ist, nämlich die phönizische Küste nordwärts und dann durch das Nahr-el-Kebir-Tal nach Osten. Die Kommandanten seiner vier Divisionen sind aus dieser Truppe hervorgegangen. »Es hatte Seine Majestät die erstklassigen Kämpfer der Naruna-Truppe zu Anführern seines Heeres gemacht, als sie an der Küste im Lande Amurru waren«, lautet die Erklärung in Abu Simbel. Eine ausgesucht schlagkräftige Einheit also, hervorragend trainiert und ausgerüstet, wohl auch hochbezahlt, greift nun, für Ramses völlig unerwartet, in den Kampf ein.

Der weitere Fortgang der Schlacht läßt sich schwer rekonstruieren; denn von der Kampftaktik der Hethiter wissen wir wenig. Hier schweigt die Überlieferung. Der Ägyptologe Wolfgang Helck schreibt: »Im Augenblick, wo die Naruna-Truppe in den Kampf um das Lager der ›Division Amun‹ eingreift, beginnen die Texte eine glühende Schilderung der königlichen Tapferkeit, die vermuten läßt, daß hier irgendwelche Vorgänge, die nicht in das Bild passen, überdeckt werden sollen.«[28]

---

[28] Wolfgang Helck: *Die Beziehungen Ägyptens zu Vorderasien im 3. und 2. Jahrtausend v. Chr.*, Wiesbaden 1962.

In dem Gedicht auf die Schlacht von Kadesch liest sich das so:

»Ich gehe auf sie los. Ich war wie Month, in einem Augenblick ließ ich sie meine Hand kosten. Ich metzelte sie, ich tötete sie, wo sie waren, und einer rief dem andern zu: ›Das ist Seth der Kraftreiche; Baal ist in seinen Gliedern. Menschentaten sind es nicht, die er tut. Noch nie hat einer allein ohne Fußvolk und Wagenkämpfer Hunderttausende besiegt. Kommt schnell, daß wir vor ihm fliehen, daß wir unser Leben retten und noch Luft atmen!‹

Seine Majestät rief: ›Fasset Mut, fasset Mut, meine Soldaten! Ihr seht mich siegen, obwohl ich allein bin. Aber Amun ist mein Beschützer, und seine Hand ist mit mir. Wie feige seid ihr, meine Wagenkämpfer, man kann euch nicht vertrauen. Dabei gibt es keinen unter euch, dem ich nicht Gutes in meinem Lande getan hätte ... Ich erließ euch eure Abgaben, und ich gab euch zurück, was euch fortgenommen war. Wer immer mit einer Bitte kam, zu dem sagte ich täglich: Ja, das tue ich. Niemals hat ein Herr das seinen Soldaten getan, was ich nach eurem Wunsche getan habe; ich ließ euch in euren Häusern und euren Städten wohnen, auch wenn ihr keine Offiziersdienste tatet. Und ebenso meine Wagenkämpfer: Ich schickte sie in viele Städte[29] und meinte, sie würden sich heute revanchieren in dieser Stunde des Kampfes. Aber seht, ihr tut alle Jämmerliches; keiner von euch hält stand, um mir die Hand zu reichen, wenn ich kämpfe.‹«

Es ist unwahrscheinlich, daß Ramses noch mitten im Schlachtengetümmel, während er um sein Leben kämpft, seinen feigen Soldaten solche Vorwürfe macht. Wir müssen darin vielmehr eine nachträgliche dichterische Ausschmückung und Ausdehnung seiner wutschnaubenden Tiraden während des Kampfes sehen.

---

[29] Ramses siedelte seine Wagenkämpfer in verschiedenen Städten an.

Haben Juden das ägyptische Weltreich gerettet?

Ist diese Kriegsberichterstattung, was den historisch-dokumentarischen Gehalt angeht, höchst zweifelhaft und daher für die Geschichtsschreibung wenig ergiebig, so können wir doch glücklicherweise auf fünf verschiedene Versionen des Schlachtenablaufs zurückgreifen, von denen die in Abu Simbel die am besten erhaltene und die umfassendste darstellt. Senkrechte Hieroglyphenkolumnen zwischen ägyptischen Soldaten auf Streitwagen und dem Heerlager der »Division Amun« berichten vom »Kommen der Naruna-Truppe des Pharaos vom Land Amurru«:

»Sie fanden, daß das feindliche hethitische Heer das Lager des Pharaos von Westen her eingenommen hatte, während Seine Majestät allein kämpfte, ohne seine Armee ... Die Divisionen des Re und des Ptah befanden sich noch immer auf dem Marsch, sie waren noch nicht angekommen vom Wald von Robawi[30] her. Und die Naruna fielen über das Heer des elenden Gefallenen von Chatti her, und die Diener Seiner Majestät töteten die Feinde und duldeten nicht, daß einer von ihnen entkam[31], und sie vertrauten auf die große Kraft des Pharaos. Er stand hinter ihnen wie ein Berg aus Kupfer und wie eine Wand aus Erz für immer und ewig.«

Der Oxforder Ägyptologe Sir Alan Gardiner, der sich lange Jahre mit der Überlieferung des Hethiterkrieges Ramses' II. auseinandergesetzt hat, meint zur Herkunft der Naruna-Leute, es könne kein Zweifel bestehen, daß diese mit Hebräern gleichzusetzen seien. Das Wort sei semitischen

---

30 In der Umgebung von Kadesch, wo schon Amenophis II. Gazellen jagte.

31 Daß angeblich »keiner entkam«, ist nur einmal in den genannten fünf Textversionen angeführt, und zwar in Abu Simbel.

Ursprungs, und im Alten Testament werde es bisweilen gebraucht in der Bedeutung »gemeine Soldaten«. Diese Erkenntnis ist sensationell, denn sie bedeutet nichts anderes, als daß Ramses und die Ägypter ihr Leben und den Fortbestand ihres Staates über den 24. April 1286 v. Chr. hinaus einer schlagkräftigen Horde Soldaten jenes Volkes verdanken, mit dem sie seit über 3 000 Jahren im Streit liegen.

Mit dem Eingreifen der ägyptischen Eliteeinheit, das weder Ramses noch Muwatallis erwartet hatte, ändert sich die strategische Lage. Ramses, dessen Niederlage nur noch eine Frage von Stunden gewesen war, sieht sich plötzlich aus der Defensive in die Offensive gedrängt. Das Ptah-Korps ist in diesem Augenblick noch etwa vier Kilometer vom Kampfplatz entfernt, kaum mehr als vierzig Minuten. Die Schlacht ist seit etwa fünfzehn Minuten im Gang, und der Hethiterkönig selbst hat noch gar nicht in das Kampfgeschehen eingegriffen. Er steht am anderen Orontes-Ufer vor den Mauern von Kadesch und verfolgt aus einem Kilometer Entfernung das Getümmel. Bei ihm sind einsatzbereit der Fürst der Fremdländer und zwei jüngere Brüder Muwatallis' mit insgesamt tausend Streitwagen.

Muwatallis streckt den rechten Arm in die Luft, blickt nach allen Seiten, dann senkt er die Hand mit einer hastigen Bewegung und zeigt in Richtung auf den Orontes: Tausend Streitwagen mit je drei Mann setzen sich in Bewegung, Muwatallis bleibt mit seinen Fußsoldaten und einigen Streitwagen zurück; er hat seine Elitetruppen in die Schlacht geworfen, jetzt muß die Entscheidung fallen.

Menna, der Wagenlenker Ramses' II., bemerkt als erster, daß ein neues Tausend-Wagen-Heer den Fluß überquert. »Mein guter Herr, du starker Herrscher, du großer Beschützer Ägyptens am Tage des Kampfes«, ruft er angstvoll, »wir stehen allein in der Mitte der Feinde. Siehe, das Heer und die Wagenkämpfer haben uns verlassen. Warum willst du stehenbleiben, bis sie uns den Atem rauben? Laß uns unversehrt, rette uns, Ramses!«

Ramses greift seinem Wagenlenker in die Zügel, kehrt um, nimmt von neuem Anlauf, rast auf die feindlichen Reihen los. Dabei brüllt er in das Kampfgetümmel: »Fasse Mut, fasse Mut, mein Wagenlenker! Ich gehe auf sie los wie ein Falke, der niederstößt. Ich töte, ich metzle sie und werfe sie zu Boden. Was sind diese Feiglinge für dich? Ich werde nicht vor einer Million von ihnen blaß!«

Sechsmal läßt Ramses seinen Kampfwagen wenden, sechsmal prescht er von neuem nach vorn, um so tief wie nur möglich in die hethitische Phalanx hineinzustoßen. »Ich bin«, schreit er, »hinter ihnen her wie Baal in der Stunde seiner Macht. Ich töte sie und bin nicht träge!«

In ägyptischen Quellen wird der Hethiterkönig Muwatallis der Feigheit bezichtigt, weil er in das Kampfgeschehen nicht persönlich eingriff. Zwei einander sehr ähnliche Wandreliefs im Ramesseum, dem Totentempel Ramses' II., und im Felsentempel von Abu Simbel zeigen »den großen elenden Gefallenen von Chatti«, umgeben von Wagenlenkern und Infanterie. »Aus Furcht vor Seiner Majestät«, weiß eine Inschrift zu vermelden, »kam er nie heraus, um zu kämpfen, nachdem er gesehen, wie Seine Majestät die Oberhand gewonnen hatte gegen die Hethiter, zusammen mit den Herrschern aller Fremdländer, die mit ihm gekommen waren. Seine Majestät vernichtete sie in einem Augenblick, in dem Seine Majestät wie ein göttlicher Falke war. Er lobpreiste den guten Gott, er sagte: »Er ist wie Seth, groß an Kraft in seiner Stunde, Baal in Person.«

Wie kämpfte Ramses in dieser Situation, wie war er ausgerüstet und bewaffnet, und mit welchen Wunderwaffen kämpften die Hethiter?

Wie die Ägypter bewaffnet waren

Die Bewaffnung der ägyptischen Soldaten war primitiv und relativ human – wir dürfen nicht vergessen, daß wir uns im 13. Jahrhundert v. Chr. befinden: Kadesch war eine der ersten großen Schlachten der Weltgeschichte. Griechen und Römer hantierten ein Jahrtausend später mit weit grausamerem Kriegswerkzeug.

Drei ganz unterschiedliche Quellen geben über die Bewaffnung der Ägypter Auskunft: Waffenfunde, Inschriften und bildliche Darstellungen. Bei den Funden unterscheiden wir tatsächlich gebrauchte Waffen – ihr Erhaltungszustand ist meist schlecht und Scheinwaffen, also Grabbeigaben, die zwar gut erhalten sind, in Material und Format jedoch vom Original erheblich abweichen. Inschriften geben detaillierte Beschreibungen der Waffen; die Benennung mit Lehn- oder Fremdwörtern läßt auf ihre Herkunft schließen. Bildliche Darstellungen zeigen die Handhabung der Waffe, sie lassen erkennen, ob sie zur Jagd oder im Krieg benutzt wurde und wie sie bei den einzelnen Waffengattungen zum Einsatz kam.

Das Heer, mit dem Ramses gen Kadesch zog, war in der Hauptsache mit Knüppeln, Beilen, Lanzen und Schilden bewaffnet. Die Knüppel waren gekrümmt und von unterschiedlicher Länge, die Beile schmal und kurz, der Holzgriff und das vorn abgerundete Eisenteil waren mit einer Nut verbunden. Die Verbindungsstelle wurde mit einem angefeuchteten Lederband umwickelt, das nach dem Trocknen steinhart wurde und sicheren Halt garantierte. Das Beil, die Hauptwaffe des gemeinen Soldaten, verlieh der Pharao siegreichen Offizieren zum Zeichen der Anerkennung in Gold- oder Silberlegierung, die Klingen zierten bisweilen Kampfszenen mit Tieren.

Seit den ersten Zusammenstößen mit den Asiaten hatten die Ägypter am Krumm- oder Sichelschwert Gefallen gefun-

Links einer der Scherden, die Ramses' Leibwache bildeten; rechts ein Bogenschütze.

den, das schon die alten Sumerer kannten. Sie ließen sich diese Waffe mit Vorliebe als Tribut bringen, und sie erweckte allenthalben so viel Bewunderung, daß das Sichelschwert zu Beginn der 18. Dynastie zur symbolischen Waffe der Götter und Pharaonen wurde. Mangels einer gängigen Bezeichnung und weil die äußere Form ähnlich war, benannten sie das Sichelschwert mit dem ägyptischen Wort für »Rinderschenkel«.

Eine beliebte Waffe war der Dolch, er wurde mit Beginn der 19. Dynastie vom Kurzschwert abgelöst. Ramses II. trug einen selten schönen Dolch mit einem elfenbeinernen Falkenkopf als Knauf, doch er benutzte ihn weniger als Waffe, er war vielmehr männlicher Schmuck. Als Waffe diente ihm das Schwert; auch die Leibwache Ramses' II. trat stets mit Schwertern auf.

Soldaten, die in den Krieg zogen, trugen Schild und Lanze. Auf den mühsamen Fußmärschen wurde der Schild an einer Schlaufe hängend über der linken Schulter getragen. Er bestand aus einem Holzrahmen, der mit Rindsleder überzogen war. Die Schilde hatten zunächst die Form eines aufrechtstehenden Hufeisens, sie waren nicht besonders hoch. Unter Thutmosis III. begann diese Schildform jedoch länger und länger zu werden, und die Leibwache Haremhabs war dann mit Schilden von einem Meter Höhe ausgerüstet. Außer Schild und Lanze trugen die Fußsoldaten meist noch zwei weitere Waffen: das Kurzschwert und eine Keule. Diese Keulen waren einen halben bis einen Meter lang, am Griffende mit Lederriemen umwickelt und mit einem Dorn oder Querast versehen, damit sie nicht so leicht aus der Hand rutschen konnten. Im Grab des Tut-ench-Amun fand man eine der schönsten Keulen dieser Art – am Griffende mit einem künstlichen Querast versehen und mit Baumrinde verziert, am unteren Ende mit unzähligen Käferflügeln beklebt.

Den Gebrauch von Pfeil und Bogen als Kriegswaffe scheint das Nilvolk ebenfalls den Fremdvölkern abgeschaut zu haben. Der einfache, sichelförmige Bogen bekam während der 18. Dynastie Konkurrenz durch den in der Mitte geschwungenen Doppelbogen. Ein weiterer, dreieckiger Bogen scheint von ungeheuerer Schußkraft gewesen zu sein und wurde zunächst nur von den Pharaonen gebraucht.

Ramses II. bevorzugte den gewöhnlichen, sichelförmigen Bogen, der beinahe anderthalb Meter Spannweite maß. Das Profil dieses Bogens war oval. Er bestand aus mehreren Lagen von unterschiedlichem Material. Den Kern bildete eine Leiste aus Hartholz, die an der Ober- und Unterseite eine Lage Horn bedeckte. Darüber waren der Länge nach mehrere Lagen Sehnen geschichtet, und das Ganze wurde schließlich mit Birkenbast umwickelt.

Pfeile wurden aus Schilfrohr gefertigt, in das an der Vorderseite eine Bronzespitze und an der Rückseite ein Kerbstück aus Holz eingesetzt werden konnte. Drei Federn an diesem Teil sollten dem Pfeil Flugstabilität verleihen. Ramses bewahrte seine Pfeile in Lederköchern auf, die oben, an der Öffnung, mit Tierköpfen versehen waren. Seine gewaltige Schußkraft und seine reichhaltige Ausrüstung sind wohl eine Erklärung dafür, warum Ramses in der Lage war, gegen so viele Feinde gleichzeitig zu kämpfen.

Streitwagen – die Panzer der Antike

Wären die Hyksos nicht gewesen, jenes asiatische Hirtenvolk, das Ägypten um 1650 v. Chr. heimsuchte – die alten Ägypter wären noch einige Jahrhunderte mit Knüppeln und Keulen in den Krieg gezogen. Es muß ein Schock für sie gewesen sein, als sie zum ersten Mal ein Pferdegespann mit Streitwagen sahen; und als sie es übernahmen, blieb dieses Gefährt zunächst den Pharaonen vorbehalten. Die erste ägyptische Abbildung eines mit Pferden bespannten Wagens finden wir auf einem Skarabäus Thutmosis' I. (1506–1494), und im Grab des Ahmose (1552–1527) wird ein Wagen zum ersten Mal inschriftlich erwähnt. Pferde, Geschirr, Peitsche und Räder wurden von den Ägyptern mit kanaanäischen Lehnwörtern bezeichnet, und so wie heute jede Luftwaffe ihre Flugzeuge mit mehr oder weniger geistvollen Namen versieht, tauften die Ägypter ihre Pferdegespanne. Sie gaben ihnen seltsame Namen, die oft in Verbindung standen mit Kampfparolen oder Götternamen. Das Gespann Ramses' II. in der Kadesch-Schlacht hieß »Sieg in Theben« und »Mut ist zufrieden«, ein anderes Pferd trug den Namen »Anat ist zufrieden«; Anat war eine asiatische Liebes- oder Kriegsgöttin.

Seit Ägypten eine »Wagenmacht« war, hatte sich die strategische Situation im Nahen und Mittleren Osten wesentlich verändert: Das Nilvolk war vom schlafenden Riesen zum aggressiven Giganten geworden. Die Pharaonen der ersten Hälfte der 18. Dynastie legten es nun darauf an, ihren Einflußbereich auszudehnen, und dabei spielte der Kriegswagen die tragende Rolle, vergleichbar mit dem Panzer in der modernen Kriegführung. Als »Erster Wagenlenker des Königs« wurde meist ein Sohn des Pharaos ausersehen, der »Vorsteher der Pferde« war ein begehrter Titel und mit höchsten Privilegien und Ehren verbunden.

Nachdem sie den Wagen einmal übernommen hatten, gingen die Ägypter daran, das Gefährt nach ihren Wünschen umzugestalten. Am augenfälligsten geschah das bei der Bespeichung der etwa einen Meter hohen Räder. Thutmosis IV. und seine Krieger fuhren anfangs wie die Fremdvölker auf Streitwagen mit vierspeichigen Rädern, in späteren Jahren seiner Regierung ließ derselbe Pharao jedoch achtspeichige Räder bauen, vermutlich zur Verbesserung der Stabilität. Dies muß auf Kosten der Schnelligkeit gegangen sein, Amenophis III., Echnaton, Tut-ench-Amun und Ramses II. fuhren dann mit sechsspeichigen Rädern – ein Faktum, das heute als sicheres Datierungshilfsmittel gewertet werden kann.

Zaumzeug und Geschirr der Pferde erfuhren im Gegensatz zum Wagen kaum eine Veränderung. Das asiatische Pferd scheint den Ägyptern genauso fremdartig vorgekommen zu sein wie den Babyloniern, die es im 19. Jahrhundert v. Chr. noch »Esel des Berges« nannten – und zwischen der Ausstattung ägyptischer Pferde und denen der Feinde ist kein Unterschied festzustellen. Bei seinen Ausgrabungen in Amarna stieß Ludwig Borchardt auf zwei gerade Bißstangen mit spitzenbewehrten Scheiben an beiden Seiten, wobei eine Befestigung für den Zügel nur an einer Seite vorhanden war: ein Zeichen, daß man Pferde nie einzeln einspannte.

Als Reittier wurde das Pferd in Ägypten kaum verwendet. Bei ägyptischen Reiterdarstellungen handelt es sich fast ausnahmslos um fliehende Hethiter oder Syrer. Die Ausnahmen sind an einer Hand abzuzählen: Dazu gehören Reiter auf einem Relief aus dem Grab des Haremhab in Memphis und die berittenen Ordonnanzen aus der Schlacht von Kadesch.

Wir kennen Aussehen und Bauweise der ägyptischen Streitwagen ziemlich genau. Ein Wagen des jugendlichen Tutench-Amun aus der Vorkammer seines Grabes im Tal der Könige ist komplett erhalten, detaillierte Wagendarstellungen finden wir im Grab von Userhet, Menena und Thutmosis IV. sowie in allen Ramses-Tempeln. Ramses liebte den Wagen – es scheint, als habe er sich zeit seines Lebens nur auf Rädern fortbewegt. Er zeigt sich stets als Wagenlenker und Kämpfer zugleich. Wir müssen dies als idealisierte Darstellung betrachten; denn zur Besatzung eines ägyptischen Wagens gehörten eigentlich immer zwei: der Fahrer und der Kämpfer. Die Hethiter fuhren sogar mit einer Drei-Mann-Besatzung; der dritte Mann hatte den Fahrer zu schützen.

Der britische Archäologe Howard Carter fand in der Vorkammer des Tut-ench-Amun-Grabes die Einzelteile von insgesamt vier Wagen. Diese goldverzierten Fahrzeuge hatten ein oder zwei Jahrzehnte nach der Bestattung des Königs das besondere Interesse der Grabräuber geweckt. Sie stammten sicherlich aus dem wirklichen Fuhrpark des jungen Tutench-Amun und waren nicht etwa Schein-Wagen, also Spezialanfertigungen für das Grab; sie waren nämlich zu breit für den schmalen Grabzugang, so daß sich die Bestatter nicht anders zu helfen wußten, als die Achsen in der Mitte auseinanderzusägen.

Indes muß der Wagen, der Juja, dem Vater der Königin Teje, mit ins Grab gegeben wurde, seiner technischen Konstruktion nach ein Schein-Wagen gewesen sein. Er ist so leicht gebaut und derart mit vergoldetem Gips verziert, daß er nicht einmal seine Jungfernfahrt heil überstanden hätte. Das erstaunlichste an diesem Potemkinschen Gefährt sind jedoch die 74 Zentimeter hohen sechsspeichigen Räder: sie sind nur zu fünf Sechsteln aus einem Stück Holz gefertigt, das restliche Sechstel des Radbogens besteht aus vergoldetem Gips – kurz, dieser Wagen war gewiß fahruntauglich.

Ein heute in Florenz ausgestellter ägyptischer Wagen dürfte ein Beute- oder Tributstück sein. Er hat vierspeichige Räder, deren Lauffläche nach außen abgeschrägt und dadurch geschmälert ist. Der Zweck liegt auf der Hand: Je schmaler die Lauffläche, desto leichter und schneller läuft das Rad. Radrennfahrer machen sich heute diesen Effekt zunutze. Der Florentiner Streitwagen ist aus verschiedenen in Ägypten nicht vorkommenden Hölzern gefertigt, er hat eine Deichsel aus Ulmenholz, Räder aus Esche; Deichsel, Speichen und Radkranz sind mit Birkenbast umwickelt.

Wo immer Ramses auf dem Streitwagen erscheint, fallen an der Außenseite des Wagenkastens zwei gekreuzte, röhrenartige Behälter auf. Der größere, nach vorn geneigte ist eine aus Leder gefertigte Bogentasche, der kleinere, nach hinten geneigte der Köcher für die Pfeile. Ramses ist auf dem Streitwagen meist nur mit Halskragen und Lendenschurz dargestellt – auch wenn er den Bogen spannt und auf die Feinde zielt. Hier handelt es sich mit Sicherheit ebenfalls um eine idealisierte Kampfkleidung; denn es ist kaum anzunehmen, daß Ramses mit nacktem Oberkörper in die Schlacht zog. Er trug genau wie seine Offiziere ein Panzerhemd und eine Lederkappe.

Der Panzer war ein mit Bronzeschuppen besetztes Lederhemd. Es hatte aus Gewichtsgründen und wegen der Bewegungsfreiheit kurze Ärmel. Diese Panzerhemden waren zumindest gegen Pfeile ein wirksamer Schutz. Sie waren teuer in der Fertigung und als Kriegsbeute begehrt. Zweihundert bronzene Panzerhemden, vermerkte Thutmosis III. voll Stolz, habe er in der Schlacht von Megiddo erbeutet. Erst während der 20. Dynastie gehörte das Panzerhemd zur Standardausrüstung des Heeres. Unter Ramses II. war es noch dem Pharao, den Wagenlenkern und den Offizieren vorbehalten.

Die Hethiter ziehen sich zurück

Auf dem Schlachtfeld vor Kadesch ist inzwischen auch die »Division Ptah« eingetroffen und hat zusammen mit den Naruna den Kampf aufgenommen. Jetzt befindet sich Muwatallis' Heer in der gleichen Situation wie zu Beginn der Auseinandersetzung das der Ägypter: es ist von zwei Seiten vom Feind umgeben. Von Süden rückt das Ptah-Korps vor, im Norden kämpfen Ramses, seine Führungsstaffel und die Naruna-Truppe.

Es ist Abend geworden. Als über dem Tal des Orontes die Dämmerung hereinbricht, bleibt den Hethitern keine andere Wahl; sie müssen sich zurückziehen, müssen zusehen, daß sie mit ihren Streitwagen das jenseitige Flußufer erreichen, wo sie das Heer der Fußsoldaten, das noch immer nicht zum Einsatz gekommen ist, schützend aufnehmen kann.

War es ein befohlener Rückzug, oder befanden sich die Hethiter bereits auf der Flucht? Diese Frage wird von Ägyptologen unterschiedlich beantwortet. Josef Sturm ist der Ansicht, die Hethiter seien von den ramessidischen Truppen in den Orontes geworfen worden. Das sagen nicht nur die ägyptischen Texte aus, sondern auch entsprechende Reliefszenen. »Daß es eine Flucht war, ist deshalb klar, weil es bei einer Streitwagentruppe ein schrittweises Zurückziehen wie bei der Infanterie nicht gibt.« *Gegen* eine Flucht spricht die Tatsache, daß auf der anderen Seite des Orontes noch zwei Divisionen Fußsoldaten von acht- bis neuntausend Mann einsatzbereit waren. Wolfgang Helck spricht sich denn auch gegen die Fluchttheorie aus, er sieht »die Flucht« als taktischen Rückzug an.

Genaugenommen fehlt für beide Hypothesen der letzte Beweis, und wahrscheinlich liegt auch hier wie so oft die Wahrheit in der Mitte: Wahrscheinlich endete die Schlacht

Ein hethitischer Fürst, der von Ramses in der Schlacht bei Kadesch in den Orontes getrieben wurde, wird von seinen Soldaten auf den Kopf gestellt, damit er das geschluckte Wasser erbreche.

unentschieden. Denn weder Ramses noch Muwatallis hatte einen Meter Boden gewonnen, Kadesch war in der Hand der Hethiter geblieben, die Toten waren auf beiden Seiten zahlreich.

Aber war Ramses fünf Wochen lang nach Norden marschiert, um ein ergebnisloses Gefecht zu schlagen? Für ihn konnte es in dieser Situation nur eine Lösung geben, und die hieß Sieg. Also setzte Ramses alle seine Hoffnungen auf den nächsten Tag.

Abermals spricht Ramses von seinen Soldaten voller Verachtung:

»Als meine Soldaten und meine Wagenkämpfer sahen, daß ich dem Month glich an Kraft und Stärke und daß Amun nun, mein Vater, mir beistand, da kamen sie einzeln heran, um sich zur Abendzeit in das Lager zu schleichen; und sie fanden, daß alle Völker, in die ich eingedrungen war, als Gemetzel in ihrem Blute dalagen, mit allen Elitekämpfern der Hethiter und mit den Kindern und Brüdern ihres Fürsten. Ich hatte das Feld von Kadesch weiß werden lassen[32], und man konnte nicht treten vor ihrer Menge.

Meine Soldaten kamen, um meinen Namen zu verehren: ›Wohlan, du schöner Kämpfer, der das Herz ermutigt, du rettest deine Soldaten und deine Wagenkämpfer. Du Sohn des Amun, du Rühriger, du zerstörst das Land der Hethiter mit deinem starken Arm. Du bist ein schöner Kämpfer ohne deinesgleichen, ein König, der für seine Soldaten kämpft. Du hast ein mutiges Herz und bist der Erste im Schlachtgewühl. Alle Länder, an einer Stelle vereinigt, haben dir nicht widerstanden; du warst siegreich vor dem Heer und angesichts der ganzen Welt – das ist keine Prahlerei. Du bist der Beschützer Ägyptens und Bändiger der Fremdländer, du hast den Rükken der Chatti für immer gebrochen.‹«

Ramses hält seinen Soldaten eine kräftige Standpauke. Er zeigt sich enttäuscht darüber, daß sie überhaupt auf die Idee kommen konnten, die Schlacht könne verlorengehen, wo doch er, Ramses, bei ihnen war. Psychologisch geschickt stellt er

32 Vor lauter Leichen.

das tapfere Pferdegespann »Mut ist zufrieden« und »Sieg in Theben« als ein leuchtendes Beispiel hin; ihm werde es auch in Zukunft gutgehen. Damit gibt er seinen Soldaten zu verstehen, daß er gewillt ist, Feiglinge aus der Armee zu entlassen und sie und ihre Familien brotlos zu machen.

»Was für einen Frevel habt ihr begangen, ihr meine Großen, meine Soldaten und meine Wagenkämpfer, die ihr nicht gekämpft habt! Hat sich einer nicht in seiner Stadt gerühmt, er werde Tapferes tun für seinen guten Herren ... Ich war allein mit ›Sieg in Theben‹ und ›Mut ist zufrieden‹, meinen großen Pferden; bei denen allein fand ich Beistand. Ich werde sie auch weiterhin täglich vor mir ihr Futter fressen lassen, wenn ich wieder in meinem Palast sein werde. Beistand fand ich nur bei Menna, meinem Wagenlenker, und bei den Truchsessen vom Palast, die mich begleiteten.«

In dieser Nacht finden die ägyptischen Soldaten kaum Schlaf. Die »Division Amun« nicht, weil ihr Lager weitgehend zerstört ist und für den nächsten Tag eine neue Schlachtordnung aufgestellt wird. Die zersprengte »Division Re« nicht, weil sie noch kein Lager errichtet hat und ziemlich aufgerieben ist. Das Heer des Ptah nicht, weil es erst am späten Nachmittag eingetroffen ist und sofort in die Kampfhandlungen eingreifen mußte. Die Seth-Truppe erreicht erst in den frühen Morgenstunden des folgenden Tages Kadesch.

Ein unerwartetes Friedensangebot

Die einzelnen Truppenteile sind in der Nacht neu formiert worden. Ramses ist »kampfbereit wie ein tüchtiger Stier«. Sein Zorn gegen den Elenden von Chatti, der ihn, den von Amun Geliebten, mit einer einfältigen List übertölpelt hat, ist verständlicherweise groß. Der Pharao scheint den Sonnenaufgang gar nicht erwarten zu können. Schon in der ersten Dämmerung steht er auf seinem Wagen, wutgeladen; keiner wagt, ihn anzusprechen. »Paßt auf, hütet euch«, sagen die Leute aus seiner Umgebung, »die große Sachmet ist mit ihm! Sie ist bei ihm auf seinen Pferden, und ihre Hand ist mit ihm. Wenn einer an ihn herangeht, so kommt die Feuersglut und verbrennt seine Glieder.«

Als hinter den Hügeln von Kadesch die ersten Sonnenstrahlen hervorstechen, setzt im direkten Blickfeld der Ägypter ein kleiner hethitischer Trupp über den Orontes. Ramses ist verwirrt. Hat der Elende von Chatti eine neue List im Sinn? Im feindlichen Heerlager auf der anderen Seite des Flusses ist nicht die geringste Aktivität zu erkennen. Was hat König Muwatallis vor?

Ramses ist an diesem Morgen auf vieles vorbereitet, nur nicht auf das, was sich in den nächsten Minuten abspielt: Unbewaffnet trifft eine Abordnung der Hethiter im Lager der »Division Amun« ein. Sie hat eine Botschaft des Hethiterkönigs zu überreichen.

Wortlos nimmt der Pharao die Schrifttafel[33] entgegen, ruft seinen Schreiber, läßt sich vorlesen und ist höchst überrascht:

»Der Fürst von Chatti an Seine Majestät, Ramses.

Du bist Seth, Baal in Person. Die Furcht vor Dir verbreitet sich wie ein Feuer im Hethiterland. Dein Diener spricht hier zu Dir und sagt Dir, daß Du der Sohn Res in Person bist. Er hat Dir dieses ganze Land, zu einem einzigen zusammengefaßt, gegeben. Das Land von Kedi, das Land von Chatti, siehe, sie stehen zu Deinen Diensten … Tust Du gut daran, Deine Diener zu töten? Siehe, Du tötetest sie gestern. Du tötetest sie millionenfach … Willst Du Dein Erbe zerstören? Vergeude nicht Dein Eigentum, mächtiger König,

33 Die Hethiter schrieben Briefe auf Holztafeln, die mit Leinwand überzogen und mit Gips grundiert waren.

der Du siegreich in der Schlacht bist. Schenke uns das Leben!«[34]

Sicher hat der Hethiterkönig nicht in dieser Demut zu Ramses gesprochen, gewiß gestand er nicht ein, daß seine Soldaten Angst hatten – all das ist ägyptische Erfindung und soll allein zur Verherrlichung der Großtaten Ramses' II. dienen. Tatsache aber ist, daß Muwatallis dem Pharao ein Friedensangebot geschickt hat.

Ramses ruft daraufhin seine Ratgeber und alle Generale der Fußtruppen und Wagenlenker zu sich, er läßt ihnen den Brief vorlesen und fragt, was zu tun sei.

Ein General antwortet: »Sanftmut ist sehr schön, o König, unser Herr, am Friedlichsein ist nichts zu tadeln. Wer wird dich ehren am Tage, wo du wütest?«

Und der Pharao entschließt sich zum Rückzug.

Die Schlacht von Kadesch endet für beide Seiten unbefriedigend. Muwatallis, der Hethiter, hat schwere Verluste unter seiner Wagentruppe erlitten, seine Fußtruppen hingegen sind überhaupt nicht zum Einsatz gekommen. Ramses und seine vier Divisionen sind noch mehr in Mitleidenschaft gezogen, die Wagentruppe wie die Fußsoldaten; das Re-Korps ist praktisch aufgerieben, das Seth-Heer dagegen überhaupt nicht in Aktion getreten. Kadesch bleibt von Hethitern besetzt, Amurru ist nicht befreit, trotzdem gibt der Pharao auf.

Objektiv gesehen, war Ramses' Hethiterfeldzug also eine Niederlage. Die Ägypter hatten nur Verluste zu verzeichnen und waren auch moralisch stark angeschlagen. Nur so ist Ramses' Bereitwilligkeit zum Rückzug zu verstehen. Muwatallis saß hinter den Mauern von Kadesch in strategisch günstigerer Position, vor sich den Orontes, dessen gefahrvolle

34 Der Originaltext dieser Botschaft ist nicht erhalten, er wird in den genannten ägyptischen Quellen inhaltlich nacherzählt.

Die Feinde der Ägypter: Links kriegsgefangene Philister, rechts ein Semit mit Panzerhemd und Lederkappe.

Überquerung jedem Angriff vorausgehen mußte. Um die Hethiter aus dieser Position hervorzulocken, hätte Ramses, wie möglicherweise geplant, die kleinasiatische Küste entlangziehen, nach Osten einschwenken und den Feind von Norden her attackieren müssen; doch für dieses strapaziöse Unternehmen war das Heer zu geschwächt. Muwatallis andererseits hatte sein strategisches Ziel erreicht, er hatte den Einmarsch der Ägypter gestoppt und keinen Meter Boden verloren. Bemerkenswert ist allerdings, daß beide Seiten die Schlacht bei Kadesch als Sieg feierten.

Der Propagandafeldzug Ramses' II.

Historische Quellen über den ägyptisch-hethitischen Krieg finden wir im Chatti-Reich wie in Ägypten. Muwatallis kam jedoch nicht mehr dazu, seine Ruhmestat von Kadesch dokumentarisch festzuhalten. Er starb bald nach der Schlacht, und es blieb seinen Nachfolgern Chattusil III. und Tudhalija IV. überlassen, an die Leistungen ihres Vorgängers zu erinnern.

Anders in Ägypten: Dort startete Ramses II., heimgekehrt, den größten Propagandafeldzug, den das Land je über sich ergehen lassen mußte. Berichte, Gedichte und Reliefdarstellungen kündeten alsbald in allen großen Tempeln des Reiches vom Sieg, von der Tapferkeit, von der Göttlichkeit Ramses' »des Großen«. In Theben, Abydos, im Ramesseum, in Medinet Habu und in Abu Simbel beschreiben bebilderte Texte aufbauschend und weitschweifig, was damals im Jahre 5 seiner Regierung geschah.

Alan Gardiner behauptete, daß »der Bericht Ramses' II. über den Hethiterkrieg ein einzigartiges Phänomen in der ägyptischen Literatur sei, vielleicht sogar in der Weltliteratur«, und daß im Vergleich dazu selbst die Beschreibung der abenteuerlichen Expedition von Königin Hatschepsut ins Land Punt trocken, ja dürftig wirke.

Historiker unterscheiden bei der Quellenforschung grundsätzlich zwei voneinander abweichende literarische Überlieferungen: ein »Gedicht« auf die Schlacht bei Kadesch und einen »Bericht«. Der kürzere »Bericht« beschränkt sich in der Hauptsache auf die Geschehnisse vor der Schlacht und wird erst mit Beginn des Kampfes auffallend pathetisch. Das »Gedicht« hingegen verherrlicht in gekünstelter Sprache und mit allen Möglichkeiten dichterischer Freiheit den siegreichen König. In der erstgenannten Version finden wir Angaben über die Heeresaufstellung der Ägypter und der Hethiter, die zweite Version hingegen schildert ausschließlich, was um Ramses vor sich ging. Dabei sind diese Texte ungewöhnlich nachlässig verfaßt.

Sir Alan Gardiner sagt: »Die Texte sind schlampig und strotzen von Wiederholungen. Kein geschickter Schreiber aus dem Mittleren Reich hätte den dauernden Wechsel von der ersten in die dritte Person in bezug auf den Pharao geduldet, noch hätte er in dem sogenannten ›Gedicht‹, die gleichen Worte ›Ich metzelte sie und erschlaffte nicht‹ dreimal kurz hintereinander gebraucht. Es war sicherlich ebenso unnötig, uns zweimal zu berichten, daß jeder hethitische Streitwagen mit drei Kämpfern besetzt war. Viele andere Wörter könnten als Beispiele für das mangelhafte Stilgefühl des Autors angeführt werden. Nichtsdestoweniger ist die ganze Geschichte und die Art, in der sie erzählt ist, von höchstem Interesse.«

Der Autor, der hier kritisiert wird, heißt Ramses. Die Nachlässigkeit in der Diktion des Kadesch-»Gedichts« ist nur dadurch zu erklären, daß es Ramses II. höchstpersönlich einem Schreiber diktiert hat. Das muß schon deshalb so sein, weil kein Schreiber in der Lage gewesen wäre, die Gedanken des Pharaos in der Schlacht nachzuvollziehen. Dieses »Gedicht« ist daher ein Zeugnis dafür, wie Ramses geredet und gedacht hat: kein Poet, kein Schöngeist, sondern ein rauhbeiniger, kaltschnäuziger, egozentrischer und unbarmherziger Mann, der über Leichen geht – wenn es sein muß, über die eigene. Zufall und Glück sieht er als persönliche Leistung oder als Verpflichtung der Götter ihm gegenüber.

Und so endet das Kadesch-Abenteuer, das um ein Haar schiefgegangen wäre, nach Ramses' eigenen Worten glorreich und pompös. Ramses schildert es folgendermaßen:

»Als nun Seine Majestät glücklich Ägypten genaht war mit seinen Großen, seinen Soldaten und seinen Wagenkämpfern Leben, Dauer und Glück waren bei ihm und Götter und Göttinnen, und alle Länder priesen sein schönes Antlitz –, da kam er glücklich zum Hause des Ramses, des Siegreichen[35], und ruhte in seinem Palaste voll Leben wie Re auf seinem Thron, und die Götter begrüßten seinen Ka und sagten zu ihm: Willkommen, du, unser geliebter Sohn, Ramses, der von Amun Geliebte! Sie gaben ihm Millionen von Jubiläen und die Ewigkeit auf dem Thron seines Vaters Atum. Und alle Länder und alle Fremdländer lagen unter seinen Sohlen.«

[35] In die Hauptstadt Per-Ramses.

IV

Die verschollene Hauptstadt

Wie schön war der Tag deiner Anwesenheit,
wie schön war deine Stimme, als du den Befehl gabst,
die Hauptstadt Ramses zu bauen …
mit schönen Fenstern und leuchtenden Gemächern
von Lapislazuli und Malachit …
Papyrus Anastasi

Die neue Residenz Ramses' II. ist so oft zerstört,
wiederaufgebaut und abermals zerstört worden,
daß nur noch wenige Steine, Stelen oder Statuen
auf ihrem ursprünglichen Platz blieben.
Pierre Montet, Archäologe

Ein paar Nilpferde waren angeblich der Grund, warum Ägypten, seine Kunst und Kultur, im 16. Jahrhundert v. Chr. nicht sang- und klanglos untergegangen ist. Ein paar Nilpferde haben dafür gesorgt, daß Männer wie Thutmosis III., Amenophis III. und Ramses II. das Nilland zu einem Weltreich ausweiten konnten, das über Jahrhunderte die Geschichte dieser Welt beeinflußte. Jedenfalls erfahren wir dies aus dem Londoner Papyrus Sallier. Seine historische Aussage ist ebenso umstritten wie das Geschnatter der kapitolinischen Gänse, die Rom angeblich vor dem Untergang bewahrten; doch sollte die Legende erfunden sein, so steht sie vor einem sehr realen Hintergrund – und selbst Details lassen sich heute noch nachweisen.

Eine der zahlreichen Mumien von Pharaonen und Königinnen, die im Ägyptischen Museum in Kairo aufbewahrt werden, trägt das schlichte Namensschild Sekenenre. Nach ihrer Entdeckung Ende des vorigen Jahrhunderts in dem Versteck in Der el-Bahari wurde diese Mumie von mehreren Wissenschaftlern untersucht, und sie machten eine grausige Entdeckung: Der Schädel war an der Oberseite von fünf Hieben oder Stichen zertrümmert; man hatte Sekenenre also brutal den Schädel eingeschlagen. Wer war dieser Sekenenre, und warum mußte er so grausam sterben?

Irgendwann um das Jahr 1650 v. Chr. waren asiatische Horden mit pfeilschnellen Pferdegespannen, mit Waffen, die die Ägypter nie zuvor gesehen hatten, unter wildem Geschrei in das Delta geprescht, wo die Menschen unter beständig strahlendem Himmel sorglos ihrem Tagwerk nachgingen. Fremden Göttern gleich, mit nicht enden wollendem Gefolge, wanden sich Schlangen exotisch aussehender Menschen durch ihre Städte und Dörfer, brandschatzend, plündernd. Es war Krieg...

Noch nie hatten die Ägypter diesen Zustand im eigenen Land kennengelernt. Wenn sie von Kämpfen gehört hatten, dann hatten die stets außerhalb der Reichsgrenzen stattgefunden, in fernen Landstrichen, die der Pharao dem eigenen Territorium einverleiben wollte. Jetzt aber ließen sich die fremden Horden am Ostrand des Nildeltas nieder, bauten ihre eigene Hauptstadt, Auaris, krönten ihre eigenen Könige, die von den verängstigten Ägyptern Hyksos, »Fürsten der Fremdländer«, genannt wurden, und drohten, die ägyptische Kultur zu vernichten.

Etwa hundert Jahre stand das Nilland unter fremder Herrschaft. So lange dauerte es, bis die Ägypter sich von dem Schrecken erholt hatten und sich ihrer einstigen Macht und Fähigkeiten besannen. Im oberägyptischen Theben, das zu dieser Zeit noch ein Ort von untergeordneter Bedeutung war, hatte sich eine Zelle des Widerstandes gebildet.

Es gab damals im Osten der Stadt einen See, in dem die Stadtfürsten von Theben Nilpferde hielten. Da, eines Tages, »als das Land Ägypten im Elend war und es keinen König, nicht Leben, Stärke und Gesundheit gab«, sandte der Hyksos-König Apopi einen Boten zu Sekenenre, dem Fürsten von Theben.

»Warum hat man dich nach der Südstadt gesandt?« fragte Sekenenre gereizt. »Wie kamst du dazu, diese Reise zu machen?«[36]

Der Abgesandte des Hyksos-Königs tönte keck: »König Apopi – langes Leben, Wohlstand und Gesundheit sei ihm beschieden – läßt sagen, du sollst gefälligst den Teich mit den Nilpferden im Osten deiner Stadt beseitigen, sie lassen ihn nicht schlafen. Tag und Nacht ist das Gebrüll der Nilpferde in seinen Ohren.«

Erst glaubte Sekenenre seinen Ohren nicht zu trauen. Der Apopi der Hyksos hauste sechshundert Kilometer von Theben entfernt, verließ seinen Bau nur höchst ungern und fühlte sich gestört durch das Gebrüll *seiner* Nilpferde! Sekenenre sah rot. Aber schließlich reifte in ihm ein Plan.

»Nun gut«, sprach er, »euer Herr – langes Leben, Wohlstand und Gesundheit seien ihm beschieden – wird von mir hören wegen dieses Teichs im Osten der Südstadt.«

Der Hyksos-Bote aber blieb hart: »Nein, die Angelegenheit, in der er mich hierher schickte, muß sofort geregelt werden!«

Sekenenre bot seine ganze Überredungskunst auf, ließ »Fleisch und Kuchen« auffahren und konnte nur mit Mühe verhindern, daß nicht gleich Räumkommandos anrückten und den See samt Nilpferden zuschütteten. Der Stadtfürst von Theben verpflichtete sich jedoch schriftlich, die Nilpferdplage abzustellen, und noch im Gehen rief er dem Gesandten zu: »Alles, was du mir gesagt hast, werde ich tun. Sa-

---

36 Alle Zitate nach dem Papyrus Sallier 1 (London, Britisches Museum).

ge ihm das!« Er sagte »ihm« und nicht »dem König«, und er vermied es, abermals ein artiges »langes Leben, Wohlstand und Gesundheit seien ihm beschieden« hinzuzufügen. Statt dessen rief Sekenenre die Wahrsager und Weisen seines Hofes zusammen, berichtete von der unverschämten, provozierenden Forderung des Hyksos-Anführers und fragte, was zu tun sei. »Da schwiegen sie alle wie einer eine ganze Zeit ...«

Was nach dem langen Schweigen kam, wissen wir nicht, denn an dieser Stelle ist der Papyrus Sallier beschädigt. Aber der Fortgang der Handlung ist unschwer zu rekonstruieren. Sekenenre scheint sich mit Apopi in ein militärisches Scharmützel eingelassen zu haben, bei dem er den kürzeren zog und grausam massakriert wurde.

Doch der tapfere Sekenenre aus dem südlichen Theben war keine Einzelerscheinung. Sekenenres Söhne Kamose und Ahmose, die nacheinander die Nachfolge ihres Vaters antraten, taten dies in der Absicht, den furchtbaren Tod ihres Vaters zu rächen.

Dem tapferen Kamose war es nicht mehr vergönnt, die alte Reichshauptstadt Memphis zurückzuerobern und Auaris, die Hauptstadt der asiatischen Invasoren, zu zerstören. Ob er im Kampf gegen die Hyksos starb oder an einer schweren Krankheit – wir wissen es nicht. Doch Ahmose, sein Bruder, eroberte Auaris und verfolgte die Hyksos bis Südpalästina. Mit ihm als König (1552–1527 v. Chr.) begann eine neue Epoche der ägyptischen Geschichte, das Neue Reich; und Theben wurde Hauptstadt Ägyptens.

Ein Mann wie Ramses brauchte einfach eine neue Hauptstadt

Theben, eine Stadt, die Reichtum und Wohlstand gepachtet zu haben schien, war das Zentrum der Amun-Verehrung.

Pithom (Per-Atum, »Wohnsitz des Atum«) lag im östlichen Delta und war die Hauptstadt des achten unterägyptischen Gaues. Archäologen fanden ihre Ruinen südwestlich von Ismailia auf dem Hügel Tell el-Maschuta im Wadi Tumilat. Die Lage der Hauptstadt Ramses allerdings gab Wissenschaftlern aus aller Welt eine harte Nuß zu knacken.

Auguste Mariette grub schon 1860 bei San el-Hagar am Rande von Tanis Sphingen, Kolossalfiguren und Stelen aus, die alle aus der Zeit Ramses' II. und seines Sohnes Merenptah stammten. Funde aus noch älterer Zeit trugen außer den Namen der ursprünglichen Auftraggeber auch die Königsringe von Ramses oder Merenptah, waren also – weil sie ihnen offenbar so gut gefallen hatten – von diesen usurpiert worden. Flinders Petrie grub 1883/84 weiter und gelangte zu der Überzeugung, daß diese Ruinenstätte das alte Tanis, das biblische Ramses, sein könnte. Diese Ansicht hatte schon 1872 der Berliner Ägyptologe Heinrich Brugsch vertreten. Er hatte zwei in Tanis entdeckte Statuen als Priester des »Amun des Ramses« identifiziert, und dieser Gott wurde ausschließlich in der Stadt Ramses verehrt.

Allerdings stand Brugsch damit in scharfem Gegensatz zu den Forschungen seines Berliner Kollegen Richard Lepsius, der in den vierziger Jahren des 19. Jahrhunderts das Niltal vom Delta bis in den Sudan erkundet und 1866 im Delta ausgedehnte geographische Untersuchungen angestellt hatte. Er war einer der Begründer der Ägyptologie, und seine Forschungsergebnisse galten lange Zeit als unantastbar. Dieser Lepsius nahm die Bibel zur Hand, verfolgte anhand des 2. Buches Mose den Auszug der Israeliten aus Ägypten und kam zu dem Schluß, die Stadt Ramses, wo der Auszug der Kinder Israels begann, könne wie die Stadt Pithom nur im Wadi Tumilat gelegen haben. Wie gesagt – Lepsius war eine Autorität, und die meisten Archäologen schlossen sich seiner Auffassung an.

Erst 1918 wagte der Oxford-Professor Sir Alan Gardiner einen neuen Vorstoß. Er sprach offen aus, was längst kein Geheimnis mehr war, nämlich daß das Alte Testament, was die Zuverlässigkeit der historischen Überlieferung betrifft, bestenfalls den Wert einer Sagenerzählung hat. Sir Alan hatte gleich drei Städte mit dem Namen Ramses anzubieten: eine im Libanon[39], eine im westlichen Nildelta und schließlich Abu Simbel, das ebenfalls den Namen Ramses trug, genauer: »Haus des Ramses, Geliebt von Amun«. Aber alle drei schieden aufgrund ihrer geographischen Lage als die gesuchte Hauptstadt Ramses aus. Es mußte also ein viertes Ramses City geben. Gardiner siedelte es in der Gegend von Pelusium an.

Als wenig später der Ägypter Mahmud Hamza 18 Kilometer südlich von Tanis Scherben von Weinkrügen ausgrub, auf denen die Stadt Ramses genannt war, und behauptete, er habe die wahre Hauptstadt Ramses gefunden, da war es Zeit für eine umfassende Grabungskampagne. Es mochte ja sein, daß der Erdboden die Stadt verschluckt hatte, aber es mußte doch wenigstens irgendeinen Hinweis geben, wo das passiert war.

Pierre Montet, der gerade mit Ausgrabungen in Byblos von sich reden gemacht hatte, setzte 1928 im Nildelta erneut den Spaten an. Er kam dabei auf die ursprüngliche Theorie von Heinrich Brugsch zurück, der Ramses City unter der alten Stadt Tanis vermutet hatte. Montet begann zu graben, ohne zu ahnen, daß er damit sein Lebenswerk in Angriff genommen hatte. 28 Jahre – bis 1956 – dauerten seine Arbeiten in Tanis: Weit war der Weg nach Ramses City.

Es gibt auch heute noch Archäologen, die die Ansicht vertreten, Ramses City sei nicht auf den Mauern von Auaris gebaut worden, sondern ca. 25 Kilometer südlich in Kantir.

---

[39] Vgl. Seite 82.

In der Tat wurde dort ein zweifelsfrei von Ramses II. stammender Palast ausgegraben. Fayencen aus diesem Palast sind im Kairoer Museum zu sehen. Außerdem hat eine Ortsliste im Ptah-Tempel von Memphis unter den Historikern Verwirrung ausgelöst. Sie führt unter den Orten im nordöstlichen Delta das »Feld von Tanis« und einen Ort mit Namen Auaris an. Waren demnach Auaris und Tanis doch zwei verschiedene Städte?

Nein. Der in Kantir gefundene Palast wäre eine bescheidene Reichshauptstadt gewesen, sie hätte nur aus einem Palast bestanden, aus nichts weiter; denn mehr gab es dort nicht auszugraben. Ramses hatte natürlich mehrere Paläste. Der größte außerhalb der Hauptstadt, das Ramesseum, war eine Stadt für sich, von riesigem Ausmaß, aber dennoch war diese Palastanlage nicht Regierungssitz. Und die beiden Ortsangaben »Feld von Tanis« *und* Auaris?

Des Rätsels Lösung: Auaris war viel kleiner als Tanis, es lag innerhalb des »Feldes von Tanis«; deshalb konnte es auch separat aufgezählt werden.

Wenn Ramses City Reichshauptstadt war, dann muß es mit Tanis identisch sein. Nirgendwo im Nildelta wurden an einem Ort so viele Funde aus der Ramessidenzeit gemacht. Montet und seine Vorgänger brachten gewaltige Monumente ans Tageslicht, die zweifellos zu einem Ort von überregionaler Bedeutung gehört haben, darunter den Sockel eines Obelisken, der die Aufschrift trägt: »... Geliebt vom Seth von Auaris.« Montet fand auch einen furchtbaren Beweis, daß Tanis auf den Fundamenten der Hyksos-Stadt Auaris entstand: das Skelett eines Erwachsenen, das unter der Stadtmauer zum Vorschein kam, und in einem Tonkrug das Skelett eines Kindes. Sie wurden beim Bau als Opfer eingemauert wie es kanaanäischer Sitte entsprach. Darauf hatten die asiatischen Hyksos beim Bau von Auaris offensichtlich nicht verzichten wollen.

Was immer Montet während seiner achtundzwanzigjährigen Ausgräbertätigkeit in Tanis aus dem Schutt der Jahrtausende zog, es stammte aus der 19. Dynastie, der Dynastie Ramses' II., oder aus dem Mittleren Reich, der Zeit vor den Hyksos. Warum aber gab es keine Relikte aus der 18. Dynastie, wo doch diese Pharaonen zu den bau- und kunstfreudigsten gehörten und zwischen Memphis und der Nil-Insel Elephantine Hunderte von Kulturdenkmälern hinterlassen haben?

Wie es scheint, haben die thebanischen Pharaonen des Neuen Reiches im ehemaligen Gebiet der verhaßten Hyksos bewußt keine neuen Tempel errichtet. Ramses hingegen, dessen Familie aus jener jahrhundertelang vernachlässigten Gegend stammte, wandte sich demonstrativ seiner Heimat zu. Er zeigte der thebanischen Mafia, die unter dem Deckmantel des Gottes Amun schaltete und waltete, die kalte Schulter, vermied es dabei jedoch, etwa wie Echnaton, mit der Tradition zu brechen. Es gab weiterhin den Amun, aber es war der »Amun des Ramses«, es gab weiterhin den Gott Re, aber er hieß »Re des Ramses«, und auch Ptah wurde nicht verbannt, doch er trug fortan den Namen »Ptah des Ramses«.

Besondere Zuneigung empfand Ramses für die Asiatengöttinnen Anat und Astarte, aber auch für deren Kriegsgott Sutech, der in Ägypten Seth hieß und den thebanischen Priestern verhaßt war. Dieser Gott Seth spielt eine wesentliche Rolle beim Bau von Auaris und Ramses City, und das hat nicht zuletzt Spekulationen darüber genährt, ob die Ramessiden nicht Nachkommen der Hyksos gewesen seien.

Seth, der Herr der Wüste, war der Mörder des Vegetationsgottes Osiris und damit die Symbolfigur des Bösen; er galt aber auch als oberster Herr aller ausländischen Götter. Sein Kult war ursprünglich im oberägyptischen Ombos beheimatet, nördlich von Theben, wurde aber schon in früh-

Giebelfeld der 400-Jahr-Stele von Tanis: Ramses (Mitte) opfert seinem Lieblingsgott Seth.

geschichtlicher Zeit im Nildelta angesiedelt, wo ihn die Hyksos übernahmen, die »keinen der Götter des Landes außer Seth«[40] verehrten.

Ramses II. opfert diesem Gott Seth auf einer Stele, die Auguste Mariette 1863 in Tanis ausgrub. Obwohl der Fund fast eine Tonne wog, war er eines Tages verschwunden, aber man hatte ihn nicht geraubt, die Ausgräber hatten ihn vielmehr wieder zugeschüttet. Erst 58 Jahre nach dieser »archäologischen Großtat« kam er wieder zum Vorschein, als Pierre Montet in Tanis grub. Und nun stellte sich heraus, daß dieser Gedenkstein ein in Ägypten einzigartiges Dokument ist. Die Archäologen trauten ihren Augen nicht, als sie lasen: »Jahr 400, 4. Sommermonat, Tag 4 des Königs von Ober- und Unterägypten Seth Apahti, des geliebten Sohnes des Re, Nubti, Geliebt von Re-Harachte, dem ewiges Leben gegeben werde.«

---

40 Papyrus Sallier I.

Die Ägypter zählten die Zeit ausschließlich nach Regierungsjahren des jeweils herrschenden Pharaos. Jener Nubti, Sohn des Re, konnte doch nicht 400 Jahre regiert haben! Was war das überhaupt für ein Pharao, dieser Nubti? Die Ägyptologen rechneten und kamen zu dem Ergebnis, daß das Jahr 1 dieses Herrschers in die Anfangszeit der Hyksos fiel. Es hätte sich also um den Gründer der Hauptstadt Auaris handeln können. Unter den sechzig »Herrschern der Fremdländer« war jedoch kein König dieses Namens. Jedenfalls ist nirgends ein Nubti mit dem Thronnamen Seth Apahti erwähnt. Es bedurfte eines langwierigen Quellenstudiums, bis Ägyptologen auf Reliefs des Königs Djoser in Heliopolis den Namen Nubti entdeckten; er stand hier als Bezeichnung für den ursprünglichen oberägyptischen Seth. Die von Ramses geschaffene 400-Jahr-Stele nahm also offenbar Bezug auf den Beginn der Herrschaft des Gottes Seth in der Stadt, die damals noch Auaris hieß. Die Zuneigung des großen Ramses zu diesem Gott ist verständlich: Seine Vorfahren stellten viele Jahre die Oberpriester des Gottes Seth.

Die fruchtbaren Söhne Israels

Nicht weit entfernt von Tanis lebte im 13. Jahrhundert v. Chr. ein Volksstamm, der sich »Söhne Israels« nannte. Ramses II. hatte ihm einen Landstrich zugewiesen, der Gosen hieß. Die Israelsöhne waren Nachkommen eines Mannes namens Jakob, den vor Jahrhunderten der pure Hunger aus Palästina hierher getrieben hatte, und irgendein Pharao, möglicherweise ein Hyksos-König, hatte ihnen Aufenthaltsgenehmigung erteilt. Jakob kam damals mit seiner großen Familie, einer Familie, die in zweifacher Hinsicht bemerkenswert war: Sie lebte andauernd in Streit, vermehrte sich aber dennoch überproportional.

Ausgerechnet im Nildelta, das Ramses II. zum neuen Zentrum des Reiches ausersehen hatte, ausgerechnet hier herrschte nun Überfremdung durch einen Stamm, den die Ägypter irgendwann einmal aus Mitleid aufgenommen hatten. Im Gegensatz zu anderen Ausländern, die zu dieser Zeit das Nilland bevölkerten, lebten die Israeliten streng für sich und mieden den Kontakt zur einheimischen Bevölkerung, was sie irgendwie suspekt erscheinen ließ. Darüber hinaus genossen die Söhne Israels eine Sonderstellung: Sie arbeiteten nicht als Sklaven wie jene Ausländer, die der Pharao von seinen Beutezügen mitgebracht hatte. Andererseits wurden sie aber auch nicht zum Militärdienst herangezogen, obwohl sich das ägyptische Heer zunehmend aus Söldnern, vor allem aus Syrien und Nubien, rekrutierte.

Ramses II. sah in den Israelsöhnen nichts weiter als lästige Schmarotzer, jedenfalls gewiß keine Feinde, die zu vertreiben ihm ein leichtes gewesen wäre. Statt dessen zog er sie zu einer Art Arbeitsdienst heran, der nur mit freiem Essen und Trinken entlohnt wurde. Zum ersten Mal in ihrer Geschichte mußten die israelitischen Nomaden einer geregelten Tätigkeit nachgehen; das paßte ihnen gar nicht.

Die Erwartungen, die Ramses mit dieser Maßnahme verknüpft hatte, erfüllten sich nur zum Teil. Der Pharao hatte zwar billige Arbeitskräfte für die Großbaustelle von Ramses City gefunden, aber die Hoffnung, die Israelsöhne würden sich jetzt weniger rasch vermehren, trog. Im Gegenteil, »je mehr man sie unterdrückte, desto größer wurde ihre Zahl, und um so mehr breiteten sie sich aus; man bekam vor den Kindern Israels ein Grauen. Die Ägypter aber quälten diese mit Arbeitslast und verbitterten ihnen das Leben bei harter Fron mit Lehm-, Ziegel- und allerlei Feldarbeit und mit allen Diensten, die sie unter ihnen im Frondienst verrichten mußten« (2. Mose 1, 12-14).

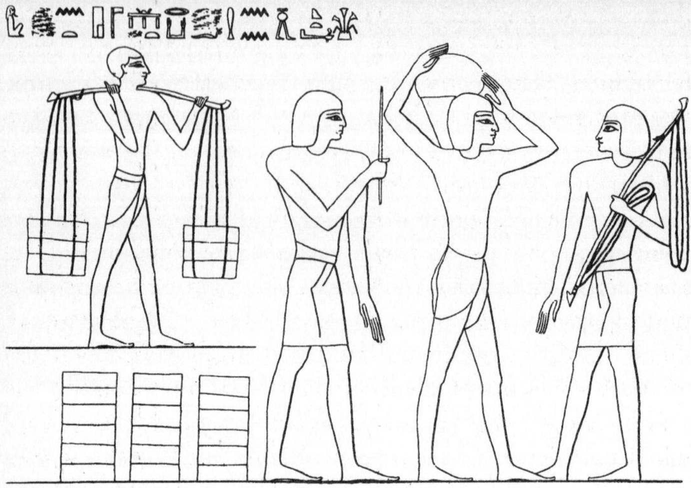

Ziegelherstellung für die Bauten Ramses' II. Rechts mit der Peitsche ein Antreiber, der einen Nilschlamm schleppenden Arbeiter beaufsichtigt, Dahinter ein weiterer Antreiber mit Rohrstock. Im Hintergrund ein Arbeiter, der mit einem Tragebalken die luftgetrockneten Ziegel zur Baustelle schleppt.

Die Arbeiten, die Ramses II. den Israelsöhnen auferlegte, waren keineswegs unmenschlich, ganz sicher keine Schwerstarbeit, wie Sklaven sie in den Steinbrüchen von Assuan oder in den Bergwerken auf dem Sinai verrichten mußten. Die Verpflegung war für die israelitischen Nomaden sogar ungewohnt üppig. Fleisch, Fisch, Früchte und die üblichen Getreiderationen gab es so reichlich und regelmäßig, daß die Israeliten noch nach Jahrzehnten auf ihrem Weg ins Gelobte Land davon träumten. Andererseits standen sie bei der Arbeit aber unter der Knute von Aufsehern, die Ramses II. aus ihren eigenen Reihen auswählen ließ. Jeder hatte ein gewisses Soll zu erfüllen, und wurde es nicht erreicht, gab es Stockschläge.

Die Israeliten stellten die Nilschlammziegel für die Palastbauten Ramses' II. nach einem recht einfachen Prinzip her. In Körben holten sie den Schlamm aus dem Fluß, andere schleppten in Krügen Wasser herbei, wieder andere mengten kurzgehacktes Stroh darunter, und eine letzte Gruppe von Arbeitern brachte diesen Rohstoff in Formen, die dann zum Trocknen in die Sonne gestellt wurden. Alle Profanbauten wurden aus diesen Nilschlammziegeln erstellt; Granit, Kalk- und Sandstein fanden nur für die Heiligtümer Verwendung, nur sie sollten die Ewigkeit überdauern. Dies ist auch der Grund, warum so wenige ägyptische Palastgebäude und überhaupt keine Privathäuser erhalten geblieben sind: Denn nur die Fundamente waren aus Stein; Mauern wurden meist aus Nilschlammziegeln gebaut. Eine Beimengung von Stroh zum Nilschlamm verlieh ihnen eine relativ hohe Festigkeit und Bruchsicherheit; Feuchtigkeit und Regen setzten ihnen allerdings arg zu. Im Nildelta gibt es, im Gegensatz zu Oberägypten, ab und zu Regenschauer; und ungebrannte Ziegel sind natürlich feuchtigkeitsempfindlich. Damit ist weitgehend erklärt, warum die Stadt Ramses wie vom Erdboden verschluckt war.

Nilschlammziegel waren allerdings ein billigeres Baumaterial als Stein. Ziegel konnten von einem einzigen Mann gefertigt werden, zur Sprengung und Bearbeitung von Steinen waren ganze Arbeitskommandos erforderlich. Bausteine mußten unter hohem technischem Aufwand oft über Hunderte von Kilometern zur Baustelle transportiert werden, Nilschlammziegel wurden dagegen unmittelbar an der Baustelle oder zumindest in der Nähe produziert, und ihr Transport erforderte keinen technischen Aufwand.

In den Tretmühlen des Pharaos

Die Feldarbeit, die die Israelsöhne noch zusätzlich zu verrichten hatten, ist im 5. Buch Mose beschrieben. Dort heißt es im 11. Kapitel über das Land der Verheißung: »Denn das Land, in das du hineinziehst zum Besitz, ist nicht wie das Land Ägypten, aus dem ihr ausgezogen seid, das du nach der Aussaat mit Tretmühlen wie einen Gemüsegarten bewässern mußtest. Das Land, zu dessen Eroberung ihr hinüberzieht, ist ein Land mit Bergen und Tälern, das Wasser trinkt vom Regen des Himmels, ein Land, das der Herr, dein Gott, ständig umsorgt: Des Herrn, deines Gottes Augen ruhen auf ihm vom Anfang des Jahres bis zu seinem Ende.«

Im »gottlosen« Ägypten wurden die Israeliten demnach an die Schöpfräder gestellt. Es ist allerdings fraglich, ob es sich dabei tatsächlich um von Menschenkraft betriebene Pumpstationen handelte, ob nicht die Phantasie der Bibelchronisten aus den von Ochsengespannen betriebenen Schöpfrädern Tretmühlen machte. Fest steht, daß die Kinder Israels als Feldarbeiter ähnliche Dienste zu verrichten hatten wie die Kriegsgefangenen in den Tempeldomänen. Eine besonders unbeliebte Arbeit war dabei das Graben von neuen Bewässerungskanälen und das Entschlammen alter Gräben; kein Wunder, daß die Israeliten murrten.

Ramses wußte genau, daß ein sattes Volk leichter zu regieren ist als ein hungriges. Deshalb ließ er die Israelsöhne in Pithom und Sukkoth Vorratshäuser bauen, runde Getreidesilos mit einem Durchmesser von 8 Metern, das Dach kuppelförmig mit einer Schüttöffnung, zu der eine Rampe führte. Reste dieser Getreidesilos wurden gefunden, ebenso das Modell eines Vorratshauses samt kleinen Figürchen – eine Grabbeigabe, die demonstriert, wie die Vorratshaltung praktiziert wurde: Ein Steuerzahler kam mit seiner Zinsschuld auf dem Rücken, einem Sack Getreide. Er betrat den Vorraum eines Vorratshauses, wo an den Wänden mehrere Schreiber saßen, nannte Namen und Adresse, wurde in der Kartei abgehakt oder gemahnt, daß er noch soundso viel Säcke schulde. Dann ging er in einen Raum, von dem aus eine

Treppe nach oben führte, und leerte dort sein Getreide aus in einen Vorratsraum, der vom Erdboden bis zum Dach reichte. Den kostbaren Sack konnte er wieder mitnehmen.

Es scheint, als habe Ramses, der so sehr den Überfluß liebte, in ständiger Angst vor einer Hungersnot gelebt. Kein Pharao vor oder nach ihm legte so viele Vorräte an wie er. Zwar wissen wir nur von seinen riesigen Getreidespeichern, aber es besteht kaum Zweifel, daß er auch Fleisch pökeln und in Tonkrügen einlagern ließ, ein Verfahren, von dem wir schon aus Wandmalereien der 18. Dynastie Kunde haben. In der Ramessiden-Hauptstadt im Nildelta gab es Delikatessengeschäfte und Märkte, auf denen exotische Früchte und Gewürze aus aller Herren Ländern angeboten wurden.

»Wir gedenken der Fische, die wir in Ägypten umsonst aßen, der Gurken, der Melonen, des Lauchs, der Zwiebeln und des Knoblauchs.« So klagen die Israeliten im 4. Buch Mose bei ihrem Marsch durch die Wüste. In der »Geschichte vom Schiffbrüchigen«, einem altägyptischen Märchen, träumt ein Robinson, der »von einer Welle des Meeres auf eine Insel geworfen« wurde, von allerlei Delikatessen, wie sie in der Stadt Ramses zum täglichen Leben gehörten: »Ich schlief unter einem Baumdach und umarmte den Schatten. Dann streckte ich meine Füße aus, um zu wissen, was ich in den Mund stecken könnte. Ich fand dort Feigen und Weintrauben und allerlei herrlichen Lauch, Kaufrüchte samt Nekutfrüchten und Gurken ... Fische gab es dort und Vögel, und es gab nichts, was nicht auf der Insel gewesen wäre. Da sättigte ich mich und ließ noch liegen, weil es zuviel für meine Hände war.«

Und in dem Lied auf die neue Stadt Ramses[41] schwärmt der Schreiber Pai-Bes mehr von den Leckereien, die dort feilgeboten werden, als von der Stadt selbst. In dieser Zeit

---

41 Siehe Seite 167.

des Überflusses war der Gedanke an eine Hungersnot, wie sie das Reich schon einige Male erlebt hatte, absurd und unerträglich, deshalb baute Ramses Lagerhäuser als sichtbare Zeichen seiner Stabilitätspolitik.

Die leuchtenden Gemächer von Ramses City

Der Papyrus Anastasi überliefert zwei Lieder auf Ramses City und ihren Gründer. Die Niederschrift stammt eigentlich aus der Zeit des Ramses-Nachfolgers Merenptah; der ursprünglich im Text genannte User-maat-Re (Ramses) wurde in Ba-en-Re (Merenptah) umgeändert. Die Lieder enthalten zwar keine historischen Überlieferungen, aber wir finden hier zahlreiche Hinweise auf Tempel und Paläste der Stadt, die sicher nicht der Phantasie entsprungen sind.

Seine Majestät habe sich eine Burg gebaut, wird da erzählt, genannt »die Siegreiche«, eine Stadt irgendwo zwischen Palästina und Ägypten, wo es Nahrung und Speisen im Überfluß gebe. Sie gleiche der Stadt Hermonthis nahe bei Theben und sei für die Ewigkeit gebaut wie die alte Reichsstadt Memphis. Wie es scheint, gab es Zwangsumsiedlungen nach Ramses. »Alle Leute verlassen ihre Städte«, heißt es in dem Lied, »und werden angesiedelt im Bezirk der Hauptstadt Ramses.« Ziemlich konkret sind die Angaben über einige Tempel und über den königlichen Palast.

Historische Quellen nennen um die Mitte des 13. Jahrhunderts insgesamt zehn Tempel in der Stadt Ramses.[42] Der Amun-Tempel, für den im 9. Jahr der Regierung Ramses' II. Steine gebrochen wurden und dessen Kultbild unter Ramses III. erneuert wurde, wird am Anfang des Hethitervertrages

---

[42] Nach Wolfgang Helck: *Materialien zur Wirtschaftsgeschichte des Neuen Reiches*, Mainz 1960.

genannt und erscheint ferner in den Papyri Anastasi VI (Leiden 366 und Bologna 1086). Ebenfalls im Hethitervertrag und in den genannten Papyri taucht der Ptah-Tempel auf, von dem noch Reste erhalten sind. Auch er wurde im 9. Regierungsjahr errichtet. Die Bauarbeiten am Tempel des »Seth, Stark an Kraft« schildert der Papyrus Harris, der Name dieses Gottes wird auf den Tanis-Sphingen im Louvre erwähnt und auf den Säulen des Anat-Tempels in Tanis. Auf Bausteinen genannt sind Tempel des Re, des Atum, der Anat und der Wadjit. Etwas abseits scheint ein weiterer »Tempel des Ptah auf dem Flußufer« gestanden zu haben, »auf dem Wasser des Re« lag ein Re-Tempel, und eine Kapelle war der heliopolitanischen Göttin Hathor geweiht.

Der Amun-Tempel nahm den westlichen Teil der Stadt ein, im Süden der Stadt stand der Seth-Tempel, der Anat-Tempel muß im Osten gesucht werden und ein der grünen Schlange Buto, der Beschützerin des Horusknaben, geweihter Tempel im Norden. Der Palast Ramses' II. befand sich »im Innern«, also im Zentrum der Stadt, die von einer 12 Meter dicken Ziegelmauer umgeben war. »Ramses«, so heißt es in dem Lied, »der von Amun Geliebte, herrscht in ihr als Gott und Month in den Ländern als Herold, die Sonne der Herrscher als Wesir.«

Ramses, die neue Hauptstadt, die der große Pharao »an den Anfang jedes Fremdlandes und das Ende von Ägypten« baute hier wird deutlich auf die strategische Lage zwischen dem Nilland und Palästina hingewiesen –, diese Hauptstadt mit ihren Tempel- und Palastanlagen strotzte von Gold und funkelte in kostbaren Steinen, die die Fremdvölker alljährlich als Tribute zu bringen hatten. »Schöne Fenster und leuchtende Gemächer von Lapislazuli und Malachit« gab es dort, und es scheint, daß der große Ramses beim Aufbau seiner neuen Reichshauptstadt eine Legende im Kopf hatte von einer Metropole, die nicht einmal achtzig Jahre zuvor auf halbem Weg zwischen Memphis und Theben aus dem Wüstenboden gestampft worden war.

Diese Stadt hieß Achetaton (»Horizont der Sonnenscheibe«), sie war die erste *geplante* Stadt der Geschichte und in ihrer Ausführung prächtiger als jede andere Stadt am Nil. Aber sie hatte nicht einmal zwei Jahrzehnte Bestand. Echnaton und Nofretete, das Herrscherpaar von Achetaton, hing fernab der einflußreichen thebanischen Priesterschaft einer monotheistischen Glaubensrichtung an, die allen Einsatz forderte und den Sinn für die Realität trübte. Ein Volk, das mehr Tempel als Kasernen baut, ist ein glückliches Volk – es fragt sich nur, wie lange.

Nofretete und Echnaton genossen dieses Glück vierzehn Jahre. Als Achetaton, die Traumstadt in der Wüste, verfiel, war Ramses noch nicht geboren; aber er sah, wenn er nilaufwärts nach Theben oder nach Nubien segelte, die im Sand ertrinkenden Ruinen von Achetaton im Osten liegen und ließ sich berichten, was sich hier zugetragen hatte. Als Realist, der er war, mag er den Kopf geschüttelt haben über die Weltfremdheit und Naivität von Nofretete und Echnaton. Sein Hang zur Gigantomanie mag ihm jedoch auch Bewunderung abgetrotzt haben für dieses Projekt inmitten der Wüste, und gewiß war Achetaton für Ramses Vorbild beim Bau seiner Hauptstadt Ramses.

Diese Stadt war, trotz ihrer zahlreichen Tempel, keine Stadt der Götter, es war die Stadt des Pharaos, deshalb nannte er sie Per-Ramses. In einem Lied auf diese Stadt heißt es, sie sei »die Stätte, wo man deine Wagenkämpfer trainiert, die Stätte, wo man deine Fußtruppen mustert, die Stätte, wo deine Schiffstruppe landet«. Das klingt ein wenig nach Wunschdenken. Denn mochte auch Per-Ramses mit einiger Mühe politischer, religiöser und kultureller Mittelpunkt geworden sein – militärisches Zentrum mit Kasernen, Exerzierplätzen, Soldatensiedlungen und Schiffswerften, das war nach wie vor Memphis, die alte Reichshauptstadt.

Die Hauptstädte des alten Ägypten

Zeit	Dynastie	Hauptstadt	wichtigste Herrschernamen
2850–2140	1.–8.	Memphis	Menes, Djoser, Cheops, Unas
2140–2040	9.–10.	Herakleopolis	Neferkare, Cheti
2040–1991	11.	Theben	Mentuhotep
1991–1785	12.	Memphis	Amenemhet, Sesostris
1785–1650	13.–14.	Memphis, Xois	Neferhotep
1650–1552	15.–17.	Auaris	Apopi, Kamose
1552–1306	18.	Theben	Amenophis, Thutmosis
1358–1347	18.	Achetaton (Amarna)	Echnaton
1290–945	19.–21.	Per–Ramses (Tanis)	die Ramessiden
945–664	22.–25.	Tanis, Memphis, Napata	Schoschenk, Pianchi
664–525	26.	Sais, Napata, Meroe	die Psammetiche
525–404	27.	persische Oberhoheit	Kambyses, Darius
404–332	28.–30.	persische Oberhoheit (29. Dyn.: Mendes)	Nektanebos
331–30		griechische Oberhoheit	Alexander der Große
30–395 n. Chr		römische Oberhoheit	Augustus bis Theodosius

Memphis, die Waffenschmiede der Nation

Die staatlichen Werftanlagen trugen die Firmenbezeichnung »Guter Ausgang«. Unter diesem Namen hatte Thutmosis III. in der Gegend von Memphis, unweit der Deltaspitze, eine Fabrikationsstätte gegründet, in der eine Flotte für seine syrischen Kriegszüge entstand. Thutmosis baute keine Kriegsschiffe, es war eher eine gutausgestattete Transportflotte, mit der seine Soldaten zu den Kriegsschauplätzen befördert werden konnten. Darüber können auch grimmige Schiffsnamen wie »Thutmosis, der Syrien verwüstet« oder »Der Wildstier« nicht hinwegtäuschen. Der Bau von Handelsschiffen in der Gegend von Memphis hatte bereits eine lange Tradition. Schon um die Mitte des 16. Jahrhunderts v. Chr. unter dem Dynastiengründer Ahmose wurden hier Transportfahrzeuge gebaut. Ein »Vorsteher der Transportschiffe« namens Neschi erwarb sich als Werftdirektor so große Verdienste, daß ihm der Pharao einen Landbesitz vermachte, der seinen Erben in den folgenden Jahrhunderten jedoch nichts als Ärger einbringen sollte.[43]

Memphis war die Waffenschmiede der Nation. Hier war die Wagenbauindustrie ansässig, die in der Rüstungsindustrie den ersten Rang einnahm. Ihr waren so viele Zuliefererbetriebe angeschlossen, daß zur Regelung betriebsinterner Belange eine Handwerkskammer mit einem Zunftmeister an der Spitze geschaffen wurde. Zur Zeit Thutmosis' I. leiteten ein gewisser Ptahmai und seine Söhne Nacht und Ria das Wagenwerk von Memphis, und während der Ramessiden-Zeit hören wir von einem »Wagenbaumeister, Arbeitsmeister der Waffenschmiede und Meister der Arbeiterschaft der Waffenschmiede« im Rang eines »Werkmeisters der Herrn der beiden Länder«.

Laut Herodot war Menes, der erste König Ägyptens, der um 2900 v. Chr. Ober- und Unterägypten vereinigte, der Gründer von Memphis. Der Vater der Geschichtsschreibung drückt sich in seinen Historien (11, 99 allerdings etwas komplizierter aus: »Von Menes, dem ersten König der Ägypter, sagten die Priester, daß er Memphis durch einen Damm gesichert habe. Denn der Fluß sei ganz an dem sandigen Gebirge entlang nach Libyen geströmt ... Als nun für diesen

---

43 Siehe Seite 164.

Menes, der der erste König war, das abgedämmte Stück zum Festland geworden war, da habe er zunächst auf ihm diese Stadt gegründet, die jetzt Memphis heißt.« Menes nannte diese Stadt »Die weiße Mauer«.

»Die weiße Mauer« sollte eine Hauptrolle spielen in der dreitausendjährigen Geschichte des Alten Ägypten, und es scheint unglaublich, daß von dieser Stadt nicht viel mehr übriggeblieben ist als spärliche Ruinen bei dem Dorf Mitrahine, Reste des Ptah-Tempels, ein paar Mauern der Paläste der Pharaonen Merenptah und Apries und eine Kolossalstatue Ramses' II.

Memphis – das war in ramessidischer Zeit ein brodelnder Kessel von Menschen aller Nationen, verschiedener Religionen und unterschiedlichster Interessen. Das hatte zum einen seine Ursache in der geographischen Lage, andererseits entsprach das internationale Fluidum der Stadt den bewußten Interessen der Pharaonen: Die Menschen aus den Kolonien sollten mit ägyptischer Kultur, Religion und Politik vertraut gemacht werden; wo konnte dies einfacher geschehen als in Memphis!

Thutmosis III. hatte nach einem seiner Asienfeldzüge die Söhne der unterworfenen Könige nach Memphis gebracht, um sie einer Art Gehirnwäsche zu unterziehen. Später sollten sie als Stadtfürsten von Pharaos Gnaden in ihre Heimat zurückkehren. Eine Urkunde vermeldet: »Siehe, man brachte die Kinder der Fürsten und ihre Brüder, damit sie bei dem Heer Ägyptens verblieben, und wenn einer der Fürsten sterbe, Seine Majestät dessen Sohn auf seinen Thron setze; die Anzahl der Prinzen, die in diesem Jahre gebracht wurden, betrug 36.«

Die 36 asiatischen Prinzen samt ihren Gefolgen lebten sich in Memphis recht gut ein, sie bezogen ein Fremdenviertel und sorgten im Delta für eine exotische Blutauffrischung. Es gab zahlreiche solcher Fremdenviertel. Herodot berichtet von einem, das »Quartier der Tyrier« genannt wurde; dort wohnten vor allem Phönizier aus Tyros. Zur Zeit des Tutench-Amun-Nachfolgers Eje war ein »Feld der Hethiter« vorhanden, das an die Landsitze von Thutmosis I. und Thutmosis IV. angrenzte. Und Ramses II. betont auf seiner Ptah-Stele, daß er den Ptah-Tempel nicht nur mit Priestern und Propheten »versorgt« habe, er habe ihm auch Sklaven zugeführt, vor allem Nubier und Syrer, als kostenlose Arbeitskräfte in den Tempelgütern.

Diese Überfremdung der Stadt hatte indessen auch unbeabsichtigte Folgen. Mit den fremden Menschen kamen fremde Götter nach Ägypten, die das Interesse der Einheimischen erweckten. Astarte oder Anat, die syrische Fruchtbarkeits- und Kriegsgöttin, wurde in Memphis zur Tochter des Ptah und fand auch in der neuen Hauptstadt Ramses Verehrung. Astarte wurde in Ägypten mit Isis und Hathor gleichgesetzt sowie mit Sachmet, der Kriegsgöttin. Thutmosis IV. erwähnte sie in seinem Grab. Amenophis III. ließ sich kurz vor seinem Tod vom König von Mitanni außer einer fünfzehnjährigen Prinzessin eine wundertätige Astarte-Statue schicken, die dort Ischtar genannt wurde. Verehrt wurde Astarte im Tempelbezirk des Ptah, und sie soll eine besondere Vorliebe für kultische Prostitution gehabt haben. Herodot sah noch ihr Heiligtum, das – nach seinen Worten – »das der fremden Aphrodite« genannt wurde. Auch der Sturm- und Fruchtbarkeitsgott der Westsemiten, Baal, hatte in Memphis einen Tempel. Er lag inmitten des Fremdenviertels und hieß »Haus des Baal von Memphis«.

Wo Ramses seine Feste feierte

Mit dem Ende der 18. Dynastie war der Glanz Thebens als Reichshauptstadt verblaßt und Memphis zu neuen Ehren gekommen. Schon Haremhab hatte erkannt, daß Ägyptens Zukunft in Asien lag. Schlägt man von Ägypten aus einen Kreis, der Libyen, Palästina und Syrien berührt, so liegt Memphis im Zentrum dieses Kreises, Theben dagegen an der südlichen Peripherie. Und noch ein zweiter Ort erhielt neue Bedeutung: die »Sonnenstadt« Heliopolis, das ägyptische Lunu, die Hauptstadt des 13. unterägyptischen Gaues, wo schon im Alten Reich Atum und Re verehrt worden waren. Ptah von Memphis und der neue Hausgott der Ramessiden, Seth, wurden in der Rangfolge manchmal sogar vor Amun-Re gestellt, Sethos nahm den Beinamen »Meren-Ptah, Geliebter des Ptah« an; Ramses' II. dreizehnter Sohn und Nachfolger erwählte ihn als Hauptnamen, und Pharao Siptah nannte sich »Sohn des Ptah«. Die großen Jubiläumsfeste, die unter Ramses von Jahr zu Jahr häufiger wurden, fanden mit wenigen Ausnahmen in Memphis statt.

1829 fand Jean-François Champollion im Wadi Halfa eine Stele, die zeigt, daß schon Ramses I. wieder in Memphis hof hielt. Dieser Denkstein ist ein Dankeschön des alten Ramses I. an den Gott von Wadi Halfa für den einzigen Sieg bei dem einzigen Feldzug während seiner Regentschaft. Damals waren die Nubier geschlagen worden; allerdings hatte Ramses I. nicht selbst das Heer befehligt, sondern sein Sohn und Mitregent Sethos. Denn, »siehe, Seine Majestät war in der Stadt Memphis«, heißt es in dem Text, »um Zeremonien zu vollziehen für seinen Vater Amun-Re, Ptah, südlich seiner Mauer, den Herrn von Memphis und alle Götter Ägyptens, da sie ihm Macht und Sieg gegeben haben über alle Länder«.

Sethos selbst zog von Memphis aus nach Asien, nach Südpalästina und Amurru, und er feierte hier, wie eine Stele verkündet, einen Sieg über die Asiaten. Er baute einen Tempel als »sein Denkmal für seinen Vater«. Der Papyrus Rollin nennt konkrete Daten über den Aufenthalt Sethos' in Memphis, so im 1. Monat der Überschwemmungszeit des Jahres 2, wo er sich auf dem Landgut Thutmosis' I. aufhielt; fünf Tage später erging er sich im Ostbezirk von Memphis, und drei Monate später, im selben Jahr, finden wir ihn im Nordbezirk.

Es war schon seit der 18. Dynastie Mode, daß die Pharaonen in Memphis ein Landgut hatten. Das mag mit dem etwas kühleren Klima gegenüber dem sonnendurchglühten Theben zusammenhängen; auch die Ramessiden behielten diese Tradition bei. Ramses I. begann noch in seinem Todesjahr mit der Errichtung einer feudalen Villa, und sein Sohn Sethos hatte in Memphis ein Landgut, zu dem ein ganzes Dorf mit Personal und Vorratshäusern gehörte. Die Wirtschaftlichkeit des Unternehmens überwachten Kaufleute, denen ein großer Verwaltungsapparat zur Verfügung stand. Für die Verwaltung des »Magazins des Hofes« waren die Schreiber Nacht, Thutmose und Paheripet zuständig. Der königliche Kornspeicher mit dem sinnreichen Namen »Speisen in Memphis« hatte einen Ramose als Unterverwalter, die Aufsicht über den Geflügelhof oblag dem Vogelsteller Amenophis, die Bäckerei hatte einen eigenen Schreiber Neb-Nefer und unterstand dem Neferhotep, der auch Bürgermeister von Memphis war.

Der größte Bauherr von Memphis war Ramses II. Er baute den prachtvollen Ptah-Tempel um. »Ich habe«, spricht Ramses auf einer Inschrift in Abu Simbel zu Ptah, »dein Haus in Memphis vergrößert und es in emsiger Arbeit mit herrlichen Bauten versehen aus Stein, beschlagen mit Gold und echten Edelsteinen.« Er fügte an den Tempelvorhof einen Pylon an und vermerkte nicht ohne Stolz: »Seine Türflügel sind wie der Horizont des Himmels.«

Auguste Mariette, der Entdecker des Labyrinths der Apis-Stiere von Memphis, fand 1868 nördlich des großen Ramses-Kolosses Gebäudereste, die er als Relikte dieses Pylons deutete. Es ist jedoch heute beinahe unmöglich, irgendein

Monument dieser alten Reichshauptstadt zu lokalisieren, denn die Ruinen dienten jahrhundertelang als Steinbrüche. Ganze Vororte von Kairo wurden aus dem Gestein einstiger Tempel und Gebäudekomplexe errichtet. Und anders als in Theben basiert unser Wissen über historische Vorgänge in Memphis nicht auf baugeschichtlicher, sondern auf urkundlicher Überlieferung aus allen Teilen des Landes.

Das süße Leben in der Himmelsfeste

Im Gegensatz zu der in anderthalb Jahrtausenden gewachsenen Stadt Memphis war Ramses City auf dem Reißbrett geplant, eine Parkstadt, in der Tempel- und Palastanlagen mit außerhalb gelegenen Wohnvierteln abwechselten, Symbol des Wohlstandes, Aushängeschild des Reiches, die Verherrlichung des Namens Ramses, in Stein gefaßt.

Eine Vorstellung vom Leben in der neuen Stadt Ramses City vermittelt ein Musterbrief, den ägyptische Pennäler als Diktat schreiben mußten und der auf einem Papyrus und einem Ostrakon überliefert ist. Die vielen vorkommenden Eigennamen und Fremdwörter waren Fußangeln für die ägyptischen Schreiberlehrlinge:

»Ich kam nach Per-Ramses und fand die Stadt einzigartig. Sie ist eine wunderschöne Hauptstadt, die nicht ihresgleichen hat, gebaut nach dem Grundriß von Theben. Re selbst hat sie gegründet, die Residenz, wo man angenehm lebt.

Per-Ramses ist voll von allem Guten, tagtäglich gibt es Speisen und Nahrung. Seine Teiche sind voll von Fischen und seine Seen voll Vögel; seine Beete grünen von Kräutern, und seine Ufer haben Dattelpalmen. Seine Scheunen sind voll von Gerste und Weizen, und sie sind hoch wie der Himmel. Knoblauch und Lauch für die Speisen sind da und Lattich aus den Gemüsegärten; Granatäpfel, Äpfel und Oliven,

Feigen aus dem Baumgarten; süßer Wein von Kaenkeme[44], süßer als Honig. Rote Uzfische vom Kanal von Bet-in, Fische vom Nehergewässer.

Der Schi-hor[45] hat Salz, und sein Wasser hat Natron. Schiffe fahren ab und landen. Man freut sich, wenn man dort wohnt, und niemand sagt: ›Wäre ich doch …‹

Die Kleinen leben hier wie Große. Kommt, laßt uns seine Himmelsfeste feiern und seine Zeitanfänge.

Der Zouf-Sumpf grenzt an die Stadt mit Papyrus und der Schihor mit Rohr; Ranken gibt es aus den Baumgärten und Kränze aus den Weinbergen. Man bringt den Vogel aus dem kühlen Wasser. Das Meer und die Lagunen bringen ihm ihre Gaben dar.

Die jungen Leute in Per-Ramses, der Siegreichen, tragen täglich Festkleider, und süßes Salböl duftet auf ihrem Haupt in dem neuen Haargeflecht. Sie stehen an ihren Türen, und ihre Hände sinken von Zweigen und grünen Pflanzen vom Hathor-Haus, von Flachs, an dem Tag, an dem einzieht Ramses, der Kriegsgott Month in beiden Ländern, am Morgen des Choiak-Festes. Einer wie der andere bringen ihre Bitten vor.

Die Getränke in Per-Ramses, der Siegreichen, sind süß, süßer als Honig sogar. Im Hafen gibt es Bier aus dem Land Kedi, Wein kommt aus den heimischen Weinbergen. Es gibt süße Salben und Kränze und Sängerinnen, die in Memphis ausgebildet wurden.

Wohne dort froh und bewege dich frei, ohne jemals wegzugehen, o User-maat-Re-Setepen-Re, Month in beiden Ländern, Ramses, Geliebt von Amun, du Gott!«

Und was ist übriggeblieben von dieser Hauptstadt des großen Ramses, »die nicht ihresgleichen hatte«?

---

44 Weinberge bei der Stadt Ramses.

45 Mündungsarm des Nils.

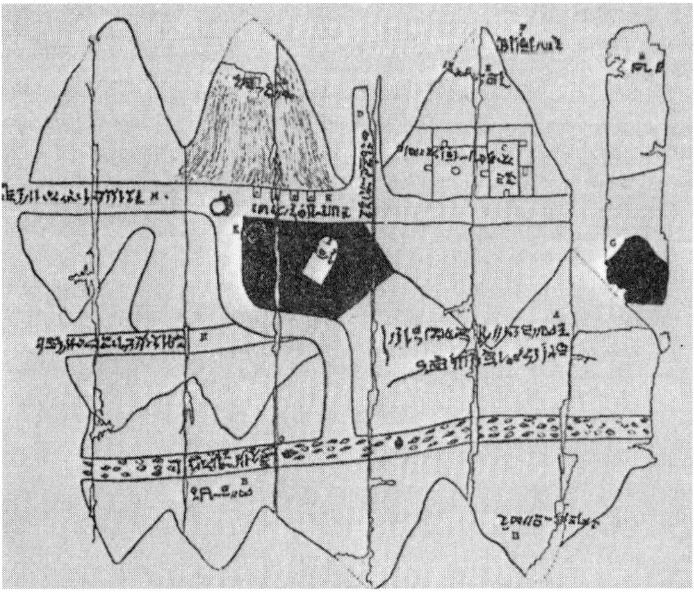

Diese Landkarte aus ramessidischer Zeit ist die älteste erhaltene geographische Karte. Sie kennzeichnet die Goldminen im heutigen Wadi Hammamat. Sie lagen jeweils auf halber Höhe der Berge. Auf der oberen Straße sind Bergarbeiterhütten eingezeichnet, in der Mitte der Karte ein Brunnen und ein Gedenkstein.

Ein riesiges Trümmerfeld, das heute San el-Hagar heißt, ein Schuttplatz mit verwitterten Mauerresten, zerschlagenen Statuen, geborstenen Obelisken, eingestürzten Säulen und gespaltenen Steinquadern. Die Stadt, die Ramses über dem alten Auaris gebaut hat, wurde nochmals überbaut. Die in Gold und echten Steinen prangenden Tempel des großen Ramses gaben Baumaterial ab für neue Bauprojekte. Märchenhafte Prachtbauten barsten während der religiösen Auseinandersetzungen zwischen Tanis und Theben; die Amun-Anhänger legten sie in Schutt und Asche. Neue Könige kamen, und alte Götter kehrten wieder.

Als Pierre Montet am 15. Februar 1940 neben der Stadtmauer das Grab eines dieser Könige entdeckte, da fand er unter den Grabbeigaben einen zierlichen Bronzeofen. Er stammte aus dem Palast Ramses' II. und ist das einzige Einrichtungsstück, das die Zeiten überdauert hat.

V

An den goldenen Fleischtöpfen Ägyptens

Feiere einen schönen Tag.
Tue Balsam und Wohlgeruch an deine Nase,
auf deine Brust Kränze von Lotos und Liebesäpfeln,
während die Frau deines Herzens bei dir sitzt.
Hole Gesang und Vortrag dir vor Augen.
Übersehe alles Üble und gedenke der Freuden,
bis jener Tag kommt,
an dem du landest in jenem Land,
das das Schweigen liebt.
Lied des Harfners im Grab des Neferhotep

Ramses war außerordentlich eitel und prahlerisch,
der Bequemlichkeit, dem Vergnügen und
den ausschweifenden Freuden sehr zugetan.
James Henry Breasted, Archäologe

Feiern und gefeiert zu werden war ein erklärter Lebenszweck Ramses' II. Nie gab es im Alten Ägypten mehr Fest- und Gedenktage als unter seiner Regierung. Das berühmte Opet-Fest, das unter Thutmosis III. schon auf 11 Tage Dauer ausgedehnt worden war, wurde von Ramses nochmals verlängert: auf 23 Tage; das Luxorfest dauerte – laut dem Papyrus Harris – 27 Tage, und bei zahlreichen lokalen Festen »jauchzte die Arbeiterschaft vier Tage«[46]

[46] Ostrakon Kairo 15 234.

Der offizielle Festkalender unterschied zwischen Festen, die allmonatlich, und solchen, die alljährlich wiederkehrten. Und da gab es unglaubliche Anlässe zum Feiern, etwa das Fest des Stehens, das Fest des Auszuges des Min[47], das Neumondfest, das Fest des Monats, das Herauskommen des Sem, das Sechstagefest, das Zehntagefest, das Fünfzehntagefest.

Die reguläre Woche dauerte zu Beginn von Ramses' Regierungszeit 10 Tage, mit einem arbeitsfreien Tag am Wochenende. Ramses führte jedoch schon bald das verlängerte Wochenende ein, also einen arbeitsfreien neunten und zehnten Tag. Beamte und staatliche Angestellte wie auch die Bauarbeiter und Künstler des Grabbauerdorfes Der el-Medine am Eingang des Tales der Könige bekamen bei familiären Anlässen zusätzliche freie Tage – bei vollem Lohnausgleich, versteht sich: 3 Tage bei Geburt eines Kindes, 2 Tage bei einem Todesfall in der Familie.

Die jährlich wiederkehrenden Feste waren während der 19. Dynastie so zahlreich, daß Ramses II. einen eigenen Zeremonienmeister brauchte, der darauf zu achten hatte, daß kein Fest ausgelassen und jedes auch wirklich gebührend gefeiert wurde. Der schon mehrfach genannte Hamburger Ägyptologe Wolfgang Helck hat sich die Mühe gemacht, nach allen verfügbaren Quellen sämtliche Feiertage der Ramessidenzeit zusammenzustellen.[48]

Dieser Festkalender ist von einer atemberaubenden Vielfalt, und man muß sich unwillkürlich fragen: Hat denn unter Ramses II. irgend jemand irgendwann einmal irgend etwas gearbeitet?

Das Festefeiern begann zu Neujahr, am ersten Tag des 1. Achet-Monats, also am 15. Juni. Danach kamen gleich das Sothis-Fest, der Vorabend zum Wagfest, am nächsten Tag

---

47 Fruchtbarkeitsgott.

48 In *Journal of the Economic and Social History of the Orient*, Bd. 7, Leiden 1964.

das Wagfest, darauf das Thot-Fest, der große Osiris-Auszug. Im 2. Achet-Monat wurde 23 Tage lang das bereits erwähnte Opet-Fest gefeiert; zuzüglich drei arbeitsfreier Wochenenden blieb da nicht mehr viel Zeit zum Arbeiten. Dafür war der 3. Achet-Monat hart, denn von Mitte August bis Mitte September gab es nur einen einzigen Feiertag, das kleine Amun-Fest. Im 4. Achet-Monat wurde alles wieder nachgeholt: beim Hathor-Fest, beim großen Amun-Fest, der Reinigung der Neunheit, beim Fensteröffnen im Sokaris-Schrein, beim Erdhacken, beim Wegbereiten, beim »Sokar-unter-sie-Geben«, beim Sokar-Fest, beim Salben der Neunheit, beim Obeliskenziehen, beim Aufrichten des Djed. Nicht einmal die Ägyptologen kennen heute die Bedeutung all dieser Festivitäten.

Während der Peret-Monate gab es ein Königsschlangenfest, das Aufrichten der Weide, die Ausfahrt des Anubis, das Erheben des Himmels, das Eintreten in den Himmel, das Bastet-Fest, das Neumondfest. Zur Zeit der Ernte, während der Schemu-Monate Februar bis Juni, wurde das Renenutet-Fest, das Schmücken des Anubis, das Neumond-Min-Fest, das fünftägige Neumond-Amun-Fest und das zweitägige Talfest feierlich begangen.

Wolfgang Helck errechnete daraus für die ramessidische Zeit »mindestens 63 religiöse und 4 politische Jahresfeste, zu denen noch etwa 96 Monatsfeste hinzukämen, also etwa 163 Festtage im Jahr«. Zählt man zu diesen Feiertagen die 72 arbeitsfreien Tage der verlängerten Wochenenden hinzu, so kommt man zu dem Ergebnis, daß unter Ramses II. praktisch nur an jedem dritten Tag gearbeitet wurde.

Das ist jedoch ein Trugschluß, denn nicht selten fiel ein ohnehin arbeitsfreies Wochenende mit einem mehrtägigen Fest zusammen. Darüber hinaus muß man zweifeln, ob tatsächlich alle aufgeführten Feste als *Feiertage* begangen wurden, ob einige nicht nur schlichte *Gedenktage* waren. Der Hamburger Forscher, der Opferkalender in den Tempeln mit den Listen der Arbeitstage der Werktätigen von Der el-Medine verglichen hat, ist der Ansicht, daß sich zumindest die Monatsfeste, die reine Opferfeste waren, nur hinter den Tempelmauern abspielten. »So gelten auch bei den großen thebanischen Festen, die sich über mehrere Tage und sogar Dekaden hinziehen, nur *die* Tage als arbeitsfreie Tage, an denen der Gott erscheint. Alle anderen Festtage waren reine Tempelfesttage, die sich nur innerhalb der Tempel auswirkten, sei es durch ausgedehnteres Ritual oder größere Opfer.

Jedes Jahr, wenn im 4. Monat der Überschwemmungszeit, vom 16. bis 30. Choiak, Ramses in Memphis das Totenfest des Sokaris mit einem seltsamen Umzug beging, zogen Priester das Kultbild des falkenköpfigen Gottes – der ursprünglich ein Erd- und Fruchtbarkeitsgott gewesen sein dürfte und später wie der Totengott Osiris verehrt wurde – in einer Barke, die auf einem Schlitten stand, um die Stadt herum. Dabei trugen die Prozessionsteilnehmer Zwiebelkränze um den Hals, ein Brauch unbekannten Ursprungs, der sich in Ägypten bis heute erhalten hat. Der Kairoer Archäologe Ahmad Badawi berichtet von einer ländlichen Tradition, nach der vor dem ägyptischen Totenfest »Scham en-Nasim« an jedem Hauseingang eine Zwiebel aufgehängt wurde. Wir wissen, daß Zwiebeln ein Hauptnahrungsmittel der Pyramidenarbeiter waren; darüber hinaus hatten sich Zwiebeln als wirksame Prophylaxe gegen Infektionskrankheiten erwiesen, für die eine zigtausendköpfige Menschenmenge ein günstiger Nährboden ist.

Bei manchen Festen sah man Ramses doppelt

Die Begräbnisstätte der Pharaonen, das Tal der Könige westlich von Theben, hatte ihr eigenes Fest. Der Zug zum Fest des Tales ist an der Südwand der großen Säulenhalle von

Karnak dargestellt. Die heiligen Barken von Amun, Mut und Chons ruhen auf den Schultern von Priestern, die zum Teil Masken tragen. Links und rechts des Portals finden wir sogar zwei Festzüge, doch dürfte es sich um ein und dieselbe Prozession handeln: einmal beim Auszug und einmal bei der Rückkehr. Letztere zeigt Ramses und Sethos als Festzugsteilnehmer. Ramses marschiert gleich zweimal mit: einmal als Barkenträger und König und einmal als Hoherpriester des Amun. Vater Sethos schreitet hinterdrein. Er wird umsäumt von der Szenenbeschreibung: »Der König, Herr der beiden Länder, der Herr des Opferdarbringens, Men-maat-Re, soll folgen seinem Vater Amun-Re bei seinem schönen Fest des Tales, und er [Amun] wird seinen Leib erfüllen mit süßem Atem.«

Auch diese Szene war ursprünglich in erhabener Technik ausgeführt und wurde später in ein versenktes Relief umgearbeitet. Dabei vergaß man nicht, Ramses' erweiterten Vornamen Setepen-Re hinzuzufügen. Vorausgesetzt, daß der Künstler beim Auszug und bei der Rückkehr denselben Standpunkt beibehielt, was bei der Symmetrie der Darstellungsweise kaum anzuzweifeln ist, finden wir hier an der südlichen Mauer die heilige Barke von beiden Seiten dargestellt. Es gab nämlich nur eine einzige heilige Barke im Tempel; sie diente als Schrein für das Götterbild.

Die Amun-Barke von Karnak hatte die Ausmaße eines normalgroßen Nilbootes. Sie war aus Holz, aber über und über mit Gold und wertvollen Steinen besetzt. Dieser tragbare Götterschrein in Schiffsform stand für gewöhnlich im Allerheiligsten des Tempels und wurde nur zu festlichen Anlässen herausgeholt. Das Boot symbolisierte das Sonnenschiff, in dem – nach dem Mythos – der Verstorbene über den Totenfluß in das Reich des Osiris fuhr. Eine heilige Barke überdauerte meist die Regentschaft mehrerer Könige, die an ihr jeweils nur den Vorhang veränderten, mit dem der Göt-

Ramses und seine Frau Nofretari vor der heiligen Barke des Amun-Re opfernd. Wandrelief im großen Tempel von Abu Simbel

terschrein verhüllt war. Es ist daher vielfach möglich, den Prozessionszug anhand von Darstellungen einem bestimmten König zuzuschreiben, auch wenn keinerlei Namen erhalten oder die Datenangaben zerstört sind – nämlich anhand des Vorhanges.

Keith C. Seele meint, in der geschilderten Prozession zum jährlichen Fest des Tales sei König Sethos gar nicht selbst mitgegangen; er hält die abgebildete Figur für eine Statue. Möglicherweise war Sethos schon tot, oder aber er befand sich auf einem seiner Feldzüge. Wie kommt Seele zu dieser Ansicht?

Er hat die Beobachtung gemacht, daß Sethos andernorts auf einem Sockel stehend abgebildet wurde: untrügliches und durch Inschriften bestätigtes Kennzeichen dafür, daß es sich dabei um eine Sethos-Statue handelt. Nun schreitet Sethos in den Prozessionsszenen zwar ohne Sockel einher, doch sind gerade die wesentlichen Details, also die Fußpartien, repariert bzw. nachträglich eingefügt worden. Zufall oder Absicht?

Um die Frage, wann die von den Bildhauern verewigte Prozession von Karnak stattgefunden habe, lieferten sich der

Amerikaner Keith C. Seele und der Deutsche Kurt Sethe über Jahre hinweg einen munteren Federkrieg. Und das kam so:

Sethe hatte die Szenerie für den Festzug zum großen Opet-Fest gehalten und, wie Seele betont, »nicht bemerkt, daß die vertikale Inschrift ganz rechts das Ereignis ausdrücklich als das Fest des Tales beschreibt«. So kam Sethe zu dem Schluß, das Relief gebe ein Ereignis wieder, das im Jahre 1 der Regierung Ramses' des Großen stattfand, und zwar gegen Ende des 2. Achet-Monats. Der Amerikaner sagte: »In Wirklichkeit zeigt es ein Fest, das zu Vollmond des 2. Schemu-Monats in einem ungenannten Jahr während der gemeinsamen Regierung von Vater und Sohn stattfand.«

Alle Reliefs sind leider in einem Zustand, der eindeutige Aussagen nicht zuläßt. Seele aber hatte alle Daten aus dem Leben Ramses' II. notiert und konnte mit Hilfe von Datumangaben in Abu Simbel, in Abydos und im Grab des Hohenpriesters Nebunnef nachweisen, daß es sich hier um das Fest des Tales handeln mußte.

Im Mittelpunkt aller Festlichkeiten stand immer Ramses, der von Amun Geliebte. Dichter und Schreiber mußten ihren König in Liedern und Hymnen lobpreisen, die einer gewissen Schwülstigkeit nicht entbehrten. Nicht zuletzt deshalb fanden sie beim Pharao stets ein offenes Ohr. Er brauchte die Schmeichelei, er fühlte sich als der Größte, der Tapferste, der Kriegerischste, der Göttlichste unter allen ägyptischen Königen, aber er war lange unsicher, ob das die Welt wußte, und deshalb wollte er sich besungen wissen.

Das Lied auf Ramses II., das Stelentexte in Abu Simbel wiedergeben, scheint dem Pharao besonders gefallen zu haben, sonst hätte er es nicht hier neben seinen Lieblingstempeln in den Fels schlagen lassen. Die ersten fünf Sätze des Liedes bestehen aus nichts weiter als einer devoten Anrede von König Ramses.

Lied auf Ramses II.

O Horus, du starker Stier, der von der Wahrheit geliebt wird – du Month der Könige, du Stier unter den Herrschern, groß und stark wie dein Vater Seth von Ombos.
Du bist es, der Aufrührer als Gefangene nach Ägypten bringt und der die Fürsten mit Geschenken zu seinem Palast kommen läßt. Sie sind in Furcht, und ihre Glieder zittern vor dir, König Ramses. Du bist es, der das Land der Chatti zertritt und es zu einem Leichenhaufen macht wie Sachmet, wenn sie grimmig ist nach der Pest. Du schießt deine Pfeile auf sie, und die Fürsten eines jeden Fremdlandes kommen und ergeben sich. Ihre Gaben sind Erzeugnisse ihres Landes; Soldaten und Kinder gehen vor ihnen her, um Frieden zu erbitten von Seiner Majestät – von ihm, dem König Ramses.
Die Fürsten zittern, wenn sie sehen, wie seine Kraft und Stärke der des Month gleicht. Er ist wie ein Stier mit spitzen Hörnern; groß an Kraft, und läßt erst wieder ab, wenn er mit seinen Feinden ein Ende gemacht hat – er, der König Ramses.
Du bist es, der Schakal, der schnell läuft, wenn er nach seinem Angreifer sucht, der die ganze Erde in einem einzigen Augenblick durchzieht. Der herrliche göttliche Falke, der die Kleinen und Großen bezwingt, der König, der Herr der beiden Länder, Ramses.Du bist es, der die Asiaten zurückweichen läßt, der auf dem Schlachtfeld kämpft; die Feinde zerbrechen ihre Bogen und werfen sie ins Feuer; seine Macht kommt über sie wie eine Flamme, die das Gestrüpp entzündet hat, und wie der Sturm, der in das Feuer fährt. Wer immer in die Glut gestoßen wird, der wird zu Asche – durch ihn, den König Ramses …
Du bist der König, der in der weißen Krone erstrahlt, der Starke von Ägypten, der Kriegskundige auf dem Schlacht-

feld, stark im Kampfgewühl; der grimmige Kämpfer mit starkem Herzen; der seine Arme wie eine Mauer um seine Soldaten legt – er, der ewig lebt wie Re, der König Ramses.[49]

Traumjob: Beamter

Die Beliebtheit Ramses' II. hatte ihre Ursache zuallererst in der Tatsache, daß es dem Volk gutging. Der Beamtenstaat, den der Pharao zunächst in Memphis und später in Per-Ramses dirigierte, kannte für jede nur erdenkliche Funktion einen Beamtentitel und einen Posten mit entsprechendem Salär. Langjährige Verdienste entlohnte Ramses zusätzlich zum Naturalgehalt mit Land, und die meisten Beamten lebten so fürstlich, daß sie es sich leisten konnten, aus eigener Tasche großzügige Stiftungen zu machen. Gestiftet wurden Kapellen, Statuen oder Totenbarken.

Der Papyrus Harris nennt sogar Zahlen: »Barken, Statuen und Statuengruppen, die die Beamten, Standartenträger, Inspektoren und Privatpersonen stifteten und die Meine Majestät wirtschaftlich an den Amun-Tempel angeschlossen hat, um sie für ewig zu schützen und zu sichern: 2756 Götter von 5164 Leuten.«

Mit der Stiftung einer Kapelle oder einer Statue war es freilich nicht getan; der Stifter hatte auch für deren Unterhalt zu sorgen. Dies wurde ähnlich den Tempelstiftungen des Pharaos gehandhabt: Ein Treuhänder erhielt ein Stück Land, und dessen Erträge fielen, vertraglich festgelegt, zum einen Teil der Stiftung zu als Opfergaben, zum anderen Teil dem Treuhänder als lukrative Entlohnung.

---

49 Nach Adolf Erman: *Die Literatur der Ägypter;* Leipzig 1923.

Der Papyrus Pleyte-Rossi[50] berichtet von der Erneuerung einer Stiftung, die einem Soldaten anvertraut wurde. Dabei handelt es sich um eine Statue Ramses' II. in Theben-West, der jahrelang keine Opfer mehr dargebracht worden waren. Der Papyrustext enthält nicht nur genaue Angaben über das Aussehen der kostbaren Statue, sondern auch konkrete Wünsche, den Kult betreffend, der mit ihr getrieben werden sollte:

»Die Statue aus Perseabaumholz, bemalt, alle Glieder in Farbe wie echter Jaspis, der Schurz aus Gold, ziseliert, der Helm aus Lapislazuli, versehen mit einem Uräus in verschiedensten Farben, die Perücke aus Sechserlei, eingelegt mit Edelsteinen, die Sandalen aus Sechserlei ... Diese Statue soll man weihen in der Kapelle Ramses' II., des großen Gottes ...

Man soll täglich dreimal Gottesdienst halten bei jedem Sonnenaufgang, wenn das Licht den Berg trifft durch Re-Harachte, so daß der Pharao als König von Ägypten Millionen von Jubiläen feiert, wobei der Statue Weihrauch und andere Opfer dargebracht werden wie den Herrn dieses wahrhaft heiligen und großen Ortes ...

Diese Anordnungen des Pharaos, meines guten Herrn, wurden zunächst befolgt, dann aber zur Zeit der Tausret[51] vergessen. Jetzt überlasse man die Versorgung einem von den Soldaten des Südens, der Not leidet. Er soll die vorgeschriebenen Opfer für diese Statue, die im Namen Seiner Majestät errichtet wurde, verrichten, und man schreibe es auf in den Akten des Heeres und befehle ihn dem Kommandanten seiner Truppe an, damit keine Übertretung vorkommt.«

Daß wir über das Leben in ramessidischer Zeit recht gut unterrichtet sind, hat einen einleuchtenden Grund. Beamte haben es nun mal an sich, aus allem einen »Vorgang« zu ma-

---

50 Papyrus Turin 32.

51 Pharaonin bzw. Regentin von 1194 bis 1186 v. Chr.

chen. Das war im 13. Jahrhundert v. Chr. nicht anders als heute. Ein Vorgang wird aber erst dann zu einem solchen, wenn er schriftlich aufgezeichnet, mit Absender, Adresse und Unterschrift versehen ist.

Haremsvorsteher mit Pensionsberechtigung

Die zahllosen Täfelchen, die Archäologen an den historischen Stätten Ägyptens aus dem Sand bargen, stammen fast immer von Beamten. Daher kennen wir die Namen von mindestens vier beamteten Haremsvorstehern in Memphis, die Ramses entweder verschlissen oder einfach überlebt hat: Haremsvorsteher mit Pensionsberechtigung. Wir kennen den Namen des »königlichen Schreibers und Rindervorstehers des Amun«, Inwi, wir wissen, daß der »Diener des Ptah, königlicher Schreiber und Amtmann von Memphis« Merium hieß, daß ein gewisser Mai »Schatzhausvorsteher des Herrn der beiden Länder« und »Vorsteher aller Arbeiten in allen Bauten Seiner Majestät« war, mit dem Rang eines »Grafen, Siegelträgers und königlichen Schreibers«.

Es fällt auf, daß ein Beamter oft zwei, drei und mehrere Posten bekleidete, und wir können uns vorstellen, daß das Karrierestreben großgeschrieben wurde – schließlich war beinahe jeder Zweite ein Beamter. Allein die Fähigkeit, lesen und schreiben zu können, bot Aufstiegschancen bis in höchste Kreise. Die Bilderbuchkarriere des Ptahmose mag ein Beispiel dafür sein.

Ptahmose begann wie alle Beamten in Memphis als Schreiberlehrling in irgendeiner Dienststelle, seine erste feste Anstellung entsprach der eines »königlichen Schreibers des Schatzhauses und Rindervorstehers des Amun«. Von nun an bekleidete er ständig zwei Ämter gleichzeitig. Er wurde »Oberamtmann des Tempels Ramses' II. im Haus des Ptah«

und dazu noch »Oberbefehlshaber in der Ptah-Domäne«, das heißt, Chef der Tempelstiftung. Letzte Station dieser Beamtenlaufbahn waren der Posten des »Oberbürgermeisters von Theben« in Personalunion mit dem Ministerposten des »Vorstehers aller Arbeiten für die Bauten Seiner Majestät«.

Militärbeamte genossen unter Ramses II. einen Sonderstatus; die höchsten Posten besetzte er mit seinen Söhnen. Als Merenptah nach dem Tod des zunächst favorisierten Chaemwese im Jahre 55 zum Thronfolger designiert wurde, erhielt er den seit Amenophis III. nicht mehr gebrauchten Titel »Oberster Heerführer«. Ihm standen zur Seite ein »Abteilungsvorsteher des Heeres« namens Amenmose, der »Oberste der Bogenschützen« Nebneheh und Nehemi, der »Stallmeister und Oberste der Bogenschützen«.

Zu Beginn der Regierung Ramses' II. hatte der Wesir, also der Premierminister, seinen Amtssitz noch in Memphis. Der erste hieß Neferenpet und war auch Hoherpriester von Memphis mit dem geistlichen Rang eines »Vorstehers aller Propheten von Ober- und Unterägypten«. Ihm folgte der Wesir Chai, der kaum Zeugnisse seines Wirkens hinterlassen hat, aber wohl schon in der neuen Hauptstadt Per-Ramses residierte. Wir kennen seinen Namen vor allem aus der Ankündigung der Regierungsjubiläen Ramses' II. in den Jahren 43 und 46.

Der Wesir Parahotep, der aus der Priesterfamilie des Amenemonet stammte, übte sein Amt mit Sicherheit bereits in der Stadt Ramses aus. Er war der Vater oder ältere Bruder eines Mannes namens Rahotep, jedenfalls stand er zu diesem in irgendeinem verwandtschaftlichen Verhältnis.

Sir William Flinders Petrie entdeckte Ende des vergangenen Jahrhunderts bei Herakleopolis in Mittelägypten eine unterirdische Sargkammer, in der nebeneinander zwei Sarkophage standen. Inschriften bezeichneten den einen als dem

Wesir Parahotep gehörend, den anderen als den des Wesirs Rahotep. Ergänzende Hinweise fand Petrie auf einer Statue in Abydos, auf der Parahotep, mit dem Wesirtitel versehen, als gestorben vermeldet, während Rahotep ohne Wesirtitel genannt wird. Dies läßt die Schlußfolgerung zu, daß Rahotep der Nachfolger von Parahotep wurde. Außer dem Wesirat bekleidete Rahotep auch die beiden höchsten geistlichen Ämter von Unterägypten: Er war Hoherpriester von Memphis und Heliopolis.

Ramses City, die neue Reichshauptstadt Ramses' II., hatte Memphis in seiner Rolle als politisches Zentrum geschwächt, doch den Ruf als kultisches Zentrum vermochte ihr die Stadt Ramses kaum streitig zu machen. Die alten Götter, die alten Tempel, die alten Priester waren stark in der memphitischen Tradition verhaftet. In dieser heiligen Stadt wurden die großen Kultfeste gefeiert, die Regierungsjubiläen, Tempelfeste und Umzüge.

Einmal im Jahr zog die ganze Bevölkerung um die Mauern der Stadt und gedachte mit Pomp und Gepränge der Vereinigung der beiden Länder und der Einsetzung von Memphis als Reichshauptstadt. Das sogenannte Sed-Fest, das nach dreißigjähriger Regierungszeit eines Königs begangen wurde, hatte mit dem Ende des Alten Reiches zwar seinen Stammplatz Memphis verloren – im Mittleren Reich fand es in Heliopolis und mit Beginn des Neuen Reiches in Theben statt –, aber Ramses II. wollte sein erstes Regierungsjubiläum wieder in Memphis gefeiert wissen. Daß dieses Sed-Fest sich unter Ramses II. noch viele Male turnusmäßig wiederholen sollte, konnte niemand ahnen. Wer hätte schon damit gerechnet, daß nach so vielen kurzlebigen Pharaonen diesem ein derart langes Leben geschenkt sein würde.

Vor allem profitierte davon die Stadt Memphis und insbesondere natürlich die Tempeldomäne; denn Ramses wäre nicht Ramses gewesen, hätte er nicht für jedes seiner Jubiläen im Tempelbezirk eine eigene Festhalle gebaut, er wäre nicht Ramses gewesen, hätte er nicht *ein* Fest pompöser als das andere gestaltet – kaum war das eine zu Ende, begannen schon die Vorbereitungen für das nächste Jubiläum.

Die Kleinen wurden gehängt, die Großen ließ man laufen

Natürlich war in einem Staat, in dem das Wohlergehen der Menschen und der Kult der Herrscherpersönlichkeit im Vordergrund allen politischen Denkens standen, der Korruption Tür und Tor geöffnet. Es gab zwar Prozesse über Prozesse, um Bestechungen und andere Machenschaften zu ahnden – das Fatale war nur, daß Richter und Staatsbeamte ebenso die Hand aufhielten, wie die Angeklagten es getan hatten.

Im Jahre 18 der Regierung Ramses' II. kam es vor dem »Großen Gerichtshof« zu einem aufsehenerregenden Prozeß, in dem die Witwe des Schreibers Hui einen Landbesitz in der Gegend von Memphis einklagte. Dieser Prozeß ist in vieler Hinsicht bemerkenswert; schon allein die Dauer des Verfahrens kann als außergewöhnlich bezeichnet werden: Es zog sich über mehr als drei Jahrzehnte hin! Wie kam es dazu?

Neschi, Vorsteher der Transportschiffe, hatte von König Ahmose (1552–1527) in Anerkennung seiner Verdienste ein Stück Land erhalten, das er »Die Niederlassung des Neschi« nannte. Neschi hinterließ es seinen Nachkommen, und Ende der 18. Dynastie teilten sich sechs Familienmitglieder das Land. Aber eine Erbengemeinschaft ohne Erbstreit ist keine richtige Erbengemeinschaft. Das war schon im Alten Ägypten so.

Man stritt sich um den günstigeren Anteil, schließlich liefen alle sechs zum Kadi. Das Land sollte aufgeteilt werden. Der Richter aber setzte die älteste Erbin, eine Frau Urneret, als Grundstücksverwalterin ein. Das wiederum brachte eine Schwester Urnerets in Rage; sie klagte erneut. Das Urteil fiel für sie zufriedenstellend aus: »Neschis Niederlassung« wurde geteilt.

Urneret bat daraufhin ihren Sohn, den Schreiber Hui, um Rat; er sei doch Beamter und solle endlich was tun. Nach geraumer Zeit gelang es Hui, eine Revision des Verfahrens zu erreichen, doch seiner Mutter Urneret war der Triumph nicht mehr vergönnt, sie hatte inzwischen das Zeitliche gesegnet. Hui erhielt schließlich das Grundstück ganz zugesprochen, aber er konnte sich seines Besitzes nicht lange freuen, denn auch er starb bald darauf, und seine Witwe verwaltete das Land nun für ihren minderjährigen Sohn Mes. Das war im Jahre 1273 v. Chr. unter Ramses II., und jetzt beginnt erst die eigentliche Geschichte.

Angeregt von soviel Erbstreitereien ergriff ein Verwalter namens Chai die Initiative und meldete, obwohl mit Hui nicht im entferntesten verwandt, Erbansprüche auf »Die Niederlassung des Neschi« an. Zum Beweis legte er einen – gefälschten – Grundbuchauszug vom Katasteramt in Memphis vor. Huis Witwe präsentierte den ihren, es kam zum Prozeß, und obwohl die Witwe und ihr Fall amtsbekannt waren, erhielt der betrügerische Verwalter recht: Er hatte ein Mitglied des Gerichtshofes bestochen.

Doch da kam ihr ein Schreiberkollege ihres verstorbenen Mannes zu Hilfe. Er wies mit Hilfe der Steuerabgaben, die im Kornspeicher verzeichnet waren, die alten Besitzansprüche der Witwe nach. Ein neues Urteil wurde gesprochen; diesmal teilten die Richter das Land auf: die Hälfte erhielt Huis Witwe, die andere Hälfte der betrügerische Verwalter, denn wieder war Bestechung im Spiel gewesen. Erst als Huis Sohn erwachsen war, wurde das Urteil revidiert. Mes konnte mit Hilfe von Zeugenaussagen seine Alleinbesitzansprüche glaubhaft machen.

In diesem korrupten Wohlstandsstaat war es wirklich so: Die Kleinen wurden gehängt, die Großen ließ man laufen. Ramses II. schickte zum Beispiel einen seiner kleinen Beamten nach Nubien in die Verbannung. Zu Unrecht, wenn man dessen bitteren Klagen glauben will. Jedenfalls wurde der brave, aus dem Staatsdienst und seiner Heimat vertriebene Beamte fern der Heimat zum Dichter. Er verfaßte zehn Lieder in Form von Götterhymnen, die mit den beschwörenden Worten an eine Gottheit enden: »Ich sage dir alle diese Verleumdungen, ich bin verfolgt mit Lüge. Mein Amt ist geraubt, ich bin von meinem Platz verdrängt. Möchtest du dieses Unheil von mir vertreiben!«

Offensichtlich war die Verbannung des ramessidischen Beamten nicht mit Zwangsarbeit verbunden, denn der geächtete Staatsdiener a. D. ergeht sich in feinsinnigen Naturbeobachtungen: »Du erwachst schön«, meint er im Hinblick auf den Sonnengott Re, »der du Finsternis und Dunkelheit vertreibst, der du alle Menschen auf ihren Matten aufweckst und die Schlangen in ihren Löchern ... Die Schlafenden allesamt verehren deine Schönheit, denn dein Licht leuchtet auf ihr Angesicht. Sie sagen dir, was in ihren Herzen ist, daß du sie dich wieder sehen lassen mögest. Gehst du an ihnen vorüber, so umgibt sie Dunkelheit, und jedermann liegt in seinem Sarge.« Und wieder beklagt er sein Schicksal: »Du bist der Richter des Rechts, der keine Bestechung annimmt, der den Armen erhebt, der die Waise beschützt. Gib, daß der Arm des Feindes abgewehrt werde. Laß den Schwachen heil sein, du Wesir!‹

Ob die poetischen Klagen des verbannten Beamten Erfolg hatten? Wir wissen es nicht.

Die Angst der Satten vor dem Hunger

Ägypten war unter Ramses II. ein Land des Reichtums und des Überflusses, ein Land, dem das Ausland neidvoll in die vollen Fleischtöpfe blickte, ein Land, das Ramses mit einer Kette von Vorratshäusern überzogen hatte, ein Land, das aufgrund agrartechnischer Voraussetzungen völlig unabhängig war, aber Kolonialwaren aus aller Herren Länder importierte. Doch aller Überfluß war abhängig von den jährlichen Überschwemmungen, bei denen der Nil Wasser und fruchtbares Schwemmland über die Äcker am Rande der Wüste spülte. Blieb der Wasserspiegel niedriger als erwartet, so war auch die Ernte geringer, blieb das Hochwasser ganz aus, so kam der große Hunger über das Land, und Zehntausende starben.

Eine solche Hungersnot trat selten öfter als einmal pro Jahrhundert auf, aber jeder Ägypter lebte in ständiger Furcht davor, und das Gespenst der Not und Entbehrung wurde von Generation zu Generation weitergereicht. Man erzählte Schauerliches, Makabres. »Ich bin«, schreibt ein Priester namens Hecha-nekti in solch schlechter Zeit an seine Familie, »in den Süden gekommen und habe für Euch so viele Lebensmittel zusammengetragen, als ich nur finden konnte ... Hier hat man angefangen, Männer und Frauen zu verzehren. Nirgendwo sonst gibt es Leute, denen solche Nahrung vorgesetzt wird.«

Wir können kaum daran zweifeln, daß der Priester die Wahrheit berichtet hat, denn Kannibalismus ist auch an anderer Stelle überliefert: Anchtifi, ein Provinzstatthalter aus Hefat, nach eigenen Worten »ein Berg für Hefat und ein kühler Schatten für [die Nachbarstadt] Hormerti, eine Kostbarkeit, ein Herr von Kostbarkeiten« – dieser Anchtifi berichtet in seinem Grab aus der ersten Zwischenzeit (2189–2040) ebenfalls von einer großen Hungersnot: »Während der ganze

Süden vor Hunger starb und jedermann seine Kinder aß, ließ ich nicht zu, daß ein Hungriger in diesem Gau starb.« Anchtifi bekennt freimütig, daß er bei der Nahrungsbeschaffung auch etwas illegal vorging und mit einer Söldnergruppe plündernd in die umliegenden Gaue einfiel.

Wenn es im Alten Ägypten zu einer Hungersnot kam, dann machte sich das Nord-Süd-Gefälle besonders drastisch bemerkbar. Die Bewohner der nördlichen Gaue verbrauchten das Wenige, das zu Schiff aus dem Ausland hereinkam, und in den Süden des Landes, nach Oberägypten, gelangte praktisch nichts. Schiffe, für Oberägypten bestimmt, wurden unterwegs geplündert. So rühmt sich Anchtifi mit besonderem Stolz: »Ich habe in Eiltransporten Getreide nach Süden bringen lassen. Im Süden kam es bis zum Land Wawat und im Norden bis nach Abydos. Ich habe Oberägypten Saatgutdarlehen gewährt und auch dem Norden davon gegeben. Ich habe das Haus von Elephantine am Leben erhalten; ich habe den Hügel der Ochsen in diesen Jahren durchgehalten, nachdem Hefat und Hormerti genug erhalten hatten.«

Der Hunger machte arm wie reich zu Hyänen. Für ein paar Scheffel Weizen wurden in Notzeiten Töchter verschachert und Felder verpfändet, für ein dürres Geflügel nahm man auch einen Mord auf sich. In solch schweren Zeiten war es Sache der Beamten des Pharaos, die Übersicht zu behalten und sich ihres Amtes würdig zu erweisen. »Ich habe«, betont ein solcher auf der Stele 20.001 im Kairoer Museum, »die Tochter nicht *eines* Menschen weggenommen, ich habe nicht *ein* Feld an mich gebracht.« Die Betonung dieser seiner Lauterkeit läßt ohne Zweifel darauf schließen, daß wohl das gegenteilige Verhalten häufiger anzutreffen war.

Der Berliner Ägyptologe Heinrich Brugsch – er war Gründer der ersten Fachzeitschrift für Ägyptologie und wurde 1881 zum Pascha ernannt – entschlüsselte eine von dem

Amerikaner Charles Edwin Wilbour auf der Insel Sehel bei Assuan entdeckte Stele, die auf das 28. Jahrhundert v. Chr. zurückgeht. Sie berichtet von einer Hungersnot zur Zeit der 3. Dynastie unter König Djoser, der hier Kharser genannt wird. Sieben Jahre waren die Überschwemmungen des Nils ausgeblieben, die kargen Vorräte waren aufgebraucht, und der Chronist beteuert 32 Zeilen lang, daß sogar die Leute bei Hof bittere Not zu leiden hatten. Da rief der Pharao seinen weisen Priester, Arzt und Baumeister Imhotep zu sich und fragte ihn um Rat. Imhotep, der als Kahlköpfiger und in einer Papyrusrolle lesend dargestellt wird, war ein Universalgenie. Er erbaute die Stufenpyramide von Sakkara, ihm wird aber auch die älteste ägyptische Weisheitslehre zugeschrieben. Seine Fähigkeiten waren noch nach 2000 Jahren legendär, so daß die Griechen ihn in Memphis und Theben unter dem Namen Imuthes als Sohn des Ptah und Gott der Heilkunst verehrten.

Dieser Imhotep las in den heiligen Büchern und gab dem Pharao den Rat, den Göttern auf der Insel Elephantine Opfer zu bringen. Das tat Djoser, und es erschien ihm im Traum der widderköpfige Gott Chnum, der die Überschwemmungen hervorrufende Wächter der Nilquelle. Chnum sagte, er werde den Nil wieder anschwellen lassen, und von nun an würden die fruchtbringenden Überschwemmungen nicht mehr ausbleiben. Und tatsächlich geschah es so. Die Hungersnot hatte ein Ende.

Solche Hungersnöte warfen in einem mühsam zusammengehaltenen Staatsgebilde wie dem Ägyptens gewaltige soziale Probleme auf. Es ging nicht nur darum, daß die Menschen sieben Jahre kaum etwas zu essen hatten, auch nicht nur darum, daß die Sterblichkeit um ein Vielfaches über den Normalstand anstieg. Eine Hungersnot wie die hier erwähnte rief soziologisch-demographische Wellenbewegungen hervor, die erst nach mehrfachem Generationswechsel nivelliert wurden. Die Sterblichkeit war in den ohnehin anfälligen Stadien, also im Säuglings- und Greisenalter, besonders hoch. Eheschließungen und Geburten gingen zurück. War die Hungersnot überwunden, so setzte eine Gegenbewegung ein, die Eheschließungen nahmen rapide zu, Geburtenüberschuß war die Folge. Dieser Zyklus ging von einer Generation auf die andere über. Eine Hungersnot hinterließ also über Jahrhunderte ihre Spuren.

Hat der Chronist der Bibel abgeschrieben?

Der Ratschlag des weisen Imhotep an den hilfesuchenden Pharao auf der Hungerstele von Sehel brachte Heinrich Brugsch nach der Entdeckung im Jahre 1889 auf den Gedanken, daß der Chronist des Alten Testaments die historische Überlieferung der Hungersnot unter dem Pharao Djoser gekannt haben mußte, denn die Parallelen zur Josephssage sind geradezu verblüffend. Oder sollte es tatsächlich reiner Zufall sein, daß König Djoser und der in der Bibel nicht namentlich genannte Pharao ein und denselben Traum haben, der beiden das Ende des Hungers verheißt?

Der geschichtliche, selbst der stammesgeschichtliche Hintergrund der Josephserzählung im 1. Buch Mose wird von Bibelwissenschaftlern angezweifelt. Tatsache ist, daß diese Bibelerzählung das typische Lokalkolorit der ramessidischen Zeit trägt.

Das 41. Kapitel des 1. Buches Mose schildert dies so:

»Es war zwei Jahre später. Da hatte der Pharao einen Traum. Er stand am Nil. Aus dem Fluß stiegen sieben schönaussehende, fettfleischige Kühe und weideten im Riedgras. Nach ihnen stiegen sieben schlechtaussehende und magere Kühe aus dem Nil. Sie traten neben die Kühe, die schon am Nilufer standen. Dann fraßen die schlechtaussehenden, mageren Kühe die sieben schönaussehenden, fetten Tiere. Hierauf erwachte der Pharao. Er schlief wieder ein, und er träumte ein zweites Mal: Sieben Ähren wuchsen empor auf einem Halm, schön und voll. Da sprossen nach ihnen sieben magere, vom Ostwind ausgetrocknete Ähren empor. Die mageren verschlangen die sieben fetten und vollen Ähren. Der Pharao erwachte, und siehe, es war nur ein Traum.

Am Morgen aber wurde er ruhelos hin und her getrieben. Er schickte hin und ließ alle Wahrsagepriester und Weisen Ägyptens zusammenrufen. Dann erzählte er ihnen seine Träume; keiner aber war da, der sie dem Pharao deuten konnte.«

Der Obermundschenk nannte dem Pharao jedoch einen jungen Mann, der sich schon mehrfach als Traumdeuter hervorgetan hatte: Joseph. Er wurde vor den König zitiert, der Pharao erzählte seine Träume, und Joseph sprach:

»Gott hat dem Pharao gezeigt, was er tun will. Siehe, es kommen sieben Jahre, da wird im ganzen Ägypterlande großer Überfluß sein. Danach werden sieben Hungerjahre kommen; da wird all die Fülle im Ägypterland vergessen sein, und der Hunger wird das Land aufreiben. Man wird nichts mehr wissen von der Fülle im Lande angesichts des Hungers, der dann kommt; denn er wird überaus drückend sein. Daß sich aber der Traum des Pharaos zweimal wiederholt hat, bedeutet: Fest beschlossen ist die Sache bei Gott. Gott wird sie verwirklichen.«

Joseph schlug vor, in den kommenden sieben Jahren jeweils zwanzig Prozent der Ernte, vor allem Getreide, als Vorrat zu lagern. Dazu seien neue Lagerhäuser und ein entsprechender Beamtenapparat notwendig. Für beides gibt es unter der Regierung Ramses' II. authentische Zeugnisse. Wenn wir dem Alten Testament Glauben schenken wollen, so setzte der Pharao den damals dreißigjährigen Joseph, den er Zaphenat Paneach (»Der Gott spricht, und er lebt«) nannte, als Wesir ein und beauftragte ihn mit der Vorratshaltung. Und tatsächlich – nach sieben Jahren blieben die Nilüberschwemmungen aus, es gab eine katastrophale Hungersnot. Joseph ließ die Vorratshäuser öffnen, und das Volk überstand die sieben mageren Jahre ohne Hunger.

Wenn Joseph eine historische Figur ist, und wenn er unter Ramses II. gelebt hätte, dann müßte doch sein für Ägypten so segensreiches Wirken nicht nur in der Bibel, sondern auch in Hieroglyphentexten seinen Niederschlag gefunden haben. Doch sein Name ist auf keiner Stele erwähnt. Hätte nicht Ramses, der Propagandist, eine schadlos überstandene Hungersnot, die Hunderttausende das Leben hätte kosten können, als eigene Großtat publizistisch ausgeschlachtet? Oder stand für den alttestamentarischen Bericht von den sieben fetten und den sieben mageren Jahren doch die zitierte Hungerstele Pate?

Die Archäologen und der biblische Joseph

Die Frage, ob das 41. Kapitel des 1. Buches Mose auf den Text der von Heinrich Brugsch entdeckten Hungerstele zurückgeht, ist seit der Entdeckung dieses Fundes mindestens ebenso oft gestellt worden wie die, ob nicht etwa der Stelentext bei dem Bericht des Alten Testamentes Anleihen genommen hat. Dies mag anachronistisch erscheinen, doch die Diskussion hat einen realen Hintergrund.

Die Ägyptologen sind sich nämlich darin einig, daß der Text der Hungerstele nicht unter König Djoser aufgezeichnet wurde; man ist vielmehr der Ansicht, daß fromme Priester in viel späterer Zeit mit dieser Stele ein Beispiel geben wollten, welche Wirkung Opfer für den Gott Chnum taten. Diese Art von Geschichtsklitterung ist im Alten Ägypten gar nicht selten. Schließlich glaubte der Archäologe Paul Barguet, Indizien erkannt zu haben, die den Hungergedenkstein in die Zeit Ptolemäus' V. (210–180) datieren. Kurt Sethe vermutete sogar eine Entstehung unter Ptolemäus X., der von 107 bis 101 v. Chr. Mitregent seiner Mutter Kleopatra III. war.

In diesem Fall hätten die Chnum-Priester die Josephslegende von den Israeliten übernommen. Sethe gibt aber eine Erklärung, die einleuchtend erscheint: Gedenkstelen, die auf seit Jahrhunderten vergangene Ereignisse Bezug nehmen, basieren häufig auf alten Urkunden, zumindest aber auf mündlicher Überlieferung. Wir dürfen also mit hoher Wahrscheinlichkeit davon ausgehen, daß der Bibelchronist von der Hungersnot unter Djoser und ihrem durch Opfer herbeigeführten Ende inspiriert wurde.

Es kommt sicher nicht von ungefähr, daß sich beinahe alle großen Ägyptologen mit der Josephssage auseinandergesetzt haben. Dieser Bibeltext enthält zahlreiche Hinweise auf Sitten und Gebräuche im Alten Ägypten; wenn auch die Geschichte plagiiert sein dürfte, so basieren die einzelnen Elemente der Erzählung doch auf Fakten. Das beginnt schon mit der Figur des Joseph. Hat er gelebt? Wenn ja, wann?

Im 2. Buch Mose (12, 37-40) heißt es, die Kinder Israels, 600 000 an der Zahl, seien von der Stadt Ramses in Richtung Sukkoth aufgebrochen, nachdem sie 430 Jahre in Ägypten gelebt hätten, also 430 Jahre, nachdem Jakob mit seiner Familie das Land betreten hatte. An anderer Stelle der Bibel erfahren wir, daß das 4. Jahr der Regierung des Königs Salomo mit dem 480. Jahr nach dem Auszug aus Ägypten zusammenfällt. Wenn wir diese Angaben als richtig ansehen, dann wirft das einige komplizierte Fragen auf.

Die Regierung Salomos wird heute auf die Jahre 965 bis 926 v. Chr. datiert. Nach den Angaben im 1. Buch Mose und im 1. Buch der Könige wären die Israeliten schon zur Zeit der 12. Dynastie in Ägypten eingewandert (1871 v. Chr.);

ganz und gar unmöglich erscheint jedoch dann der Auszug aus Ägypten nach vierhundertachtzigjährigem Aufenthalt. Dieser hätte folglich um das Jahr 1441, also unter Thutmosis II. (1490–1436), stattgefunden. Wie aber konnten dann die Israeliten in ägyptischer Knechtschaft beim Bau der Städte Pithom und Ramses Frondienste leisten, die doch erst zwei Jahrhunderte später, unter Ramses II., errichtet wurden? Entbehren die Datierungen der Bibel jeder Grundlage?

Keineswegs. Wir müssen uns nur vor Augen halten, daß wir es bei den Hebräern nicht mit einem einzigen Stamm zu tun haben. In den Amarna-Briefen tauchen mehrfach plündernde Nomaden auf, die »Apiru« und »Chabiri« genannt werden, was etymologisch zweifellos mit »Hebräern« identisch ist. Es ist daher anzunehmen, daß sich dieses Volk aus mehreren Stämmen zusammensetzte, von denen der eine nach Kanaan zog, während ein anderer in Ägypten zurückblieb.

Der kanadische Ägyptologe Donald B. Redford, ein Amarna- und Bibelspezialist, sagt: »Bei der Datierung historischer Erzählungen aus dem Nahen Osten muß man ganz unterschiedlich verfahren. So muß der Forscher die Sprache in Betracht ziehen, in der die Geschichte geschrieben wurde, ebenso offensichtliche philosophische oder theologische Vorurteile des Schreibers, kulturelle Details, mit denen er den Hintergrund der Geschichte ausschmückt – kurz alles, was möglicherweise einen Hinweis auf seine eigene Zeit gibt … Ein wesentlicher Aspekt der Josephslegende ist die Vertrautheit des Autors mit dem Land, in dem seine Geschichte spielt. Es hat manchmal den Anschein, als wollte er seine Kenntnis ägyptischer Sitten, und Gebräuche demonstrieren.«[52]

---

[52] Donald B. *Redford: A Study of the Biblical Story of Joseph,* Leiden 1970.

Ägyptologen erkennen in diesen Details die Zeit Ramses' II. wieder. Und nachdem als sicher angenommen werden kann, daß Moses unter Ramses II. und Merenptah gelebt hat, gilt seine Autorschaft an der Josephslegende als ebenso gesichert. Moses, der »in allen Weisheiten der Ägypter unterrichtet« war, konnte nicht umhin, seinen Text, dem ein früherer Bericht zugrunde lag, mit seinem Wissen einzufärben. Daß ihm dabei nicht gerade kleine Fehler unterliefen, kann Moses heute ohne Schwierigkeiten nachgewiesen werden.

Wo die Bibel doch nicht recht hat

Stellen wir doch einmal die Frage: Ist Moses als Chronist der Bibel glaubhaft, sind seine Schilderungen authentisch?

Um ins Detail zu gehen, müssen wir das 1. Buch Mose zerpflücken. Beginnen wir im 37. Kapitel mit der Begegnung der Joseph-Brüder und einer ägyptischen Karawane: »Sie setzten sich nieder«, heißt es da, »um eine Mahlzeit zu halten. Als sie dann ihre Augen erhoben, siehe, da kam eine Ismaeliterkarawane aus Gilead. Ihre Kamele trugen Tragakant, Mastix und Labdanum, sie war unterwegs nach Ägypten« (37, 25).

Gewürzkarawanen waren zwischen Ägypten, Punt, Palästina und Transjordanien schon Jahrhunderte vor Moses unterwegs; die Fracht, die Moses hier erkannt haben will, ist jedoch seine Erfindung. In Ägypten finden alle diese Baumharze erst in koptischen oder ptolemäischen Texten Erwähnung. Der Chronist geht bei der Ausschmückung seiner Geschichte auch mit den Lasttieren zu weit. Im Vorderen Orient ist das Kamel zu dieser Zeit zwar bereits bekannt, aber es ist noch nicht domestiziert. Das geschah erst im 9. Jahrhundert v. Chr.

»Kommt«, sagten die Brüder Josephs, »verkaufen wir ihn den Ismaelitern ..., und man verkaufte ihn denen um zwanzig Silberstücke.«

Auch diese Episode erscheint höchst zweifelhaft, denn Sklavenhandel, wie ihn später Griechen und Römer betrieben, kannten die Ägypter nicht – zumindest nicht vor dem 1. Jahrtausend. Das Sklaventum, das in Ägypten Eingang fand, hatte seine eigenen Gesetze. Ausländer, die während des Alten Reiches nach Ägypten kamen, genossen einen Gastarbeiterstatus mit einem Lebensstandard, der ihrem heimischen überlegen war. Wie anders wären Wandreliefs aus der 5. Dynastie zu verstehen, auf denen Asiaten, die zu Schiff ankommen mit Hab und Gut und Götterbildern, den Pharao mit erhobenen Händen preisen. Nach dem Zusammenbruch des Alten Reiches sickerten Nomadenstämme in das Delta ein, die hier als Freie lebten, also kein Sklavendasein führten. Erst mit Beginn des Neuen Reiches setzte sich in Ägypten das Sklaventum durch, jedoch kein Sklavenhandel; die Zuteilung blieb Monopol des Pharaos.

Thutmosis III. brachte aus siebzehn Feldzügen 2 000 Fremdarbeiter mit nach Hause, die für den Tempelbau eingesetzt wurden, und Amenophis II. sammelte in nur zwei Feldzügen die gewaltige Menge von 100 000 Arbeitskräften. Von nun an, da die Ägypter gemerkt hatten, daß man nicht nur einträgliche Landstriche, sondern auch kostenlose Arbeitskräfte erobern konnte, waren Sklaven fester Bestandteil der jährlichen Tributforderungen an unterjochte Völker. Doch der Sklaventribut ging an den Pharao, der die Verteilung der Arbeitskräfte vornahm. Im Totentempel Amenophis' III. in Theben-West heißt es: »Seine Magazine sind voll von männlichen und weiblichen Sklaven, Kindern aus aller Herren Länder.« Erst in späterer, vor allem in ptolemäischer Zeit, faßte der internationale Sklavenhandel auch in Ägypten Fuß. Von nun an wurden Sklaven, wie in der Josephssage geschildert, von Privatleuten unter der Hand verkauft. Auch hier also ein gewisser Anachronismus.

Das gilt schließlich auch für die Bezeichnung »Hebräer«. Joseph, der dem Mundschenk des Pharaos die Bedeutung seines Traumes erklärt, sagt: »Tu mir doch die Liebe, erinnere den Pharao an mich und befreie mich aus diesem Hause. Denn schmählich bin ich aus dem Lande der Hebräer gestohlen worden« (1. Buch Mose 40, 14-15). Mit dem Land der Hebräer meint Joseph offensichtlich Palästina, und es ist merkwürdig, daß ein gebürtiger Palästinenser seine Heimat als das »Land der Hebräer« bezeichnet. Donald B. Redford meint dazu: »Der Ausdruck ›Land der Hebräer‹ als Bezeichnung für Palästina begegnet uns in Texten des Neuen Reiches nirgendwo. Wir müssen bis in die zweite Hälfte des 1. Jahrtausends v. Chr. warten; erst dann wird das Wort ›Hebräer‹ in der Bedeutung ›Einwohner von Palästina‹ gebraucht.«

Die Hebräer finden auf ägyptischer Seite erstmals Erwähnung in einem demotischen Text[53] aus dem 7. Jahrhundert und schließlich in ptolemäischer Zeit im Tempel von Edfu. Dies hat Historiker zu der Ansicht gebracht, der Begriff »Hebräer« bezeichne hier nicht einen Volksstamm, sondern sei ein Synonym für Fremdling. Die Mehrzahl der Forscher vertritt jedoch die Auffassung, daß diese anachronistische Ausdrucksweise nur ein Beweis dafür ist, daß eine historische Überlieferung erst in viel späterer Zeit schriftlich niedergelegt wurde.

---

[53] Die Bilderschrift der Hieroglyphen wurde bereits in der Frühzeit des Alten Reiches zur hieratischen Schrift vereinfacht. Das Hieratische war dann fast 2 000 Jahre bis zum Ende des Neuen Reiches in Gebrauch, es war hauptsächlich die Schrift der Papyri. Im 7. Jahrhundert entwickelte sich daraus die noch einfachere demotische Schrift und Sprache.

Die Josephssage unter der Lupe

Wie aber steht es um den historischen Wahrheitsgehalt der biblischen Josephssage?

Geschichten von Weisen und Magiern waren bei den alten Ägyptern äußerst beliebt, und Joseph, der das Volk aufgrund seiner traumdeuterischen Vorhersagen vor einer großen Hungersnot bewahrte, war ein Mann – halb Weiser, halb Magier –, der die Phantasie des Volkes ebenso anregte wie tausend Jahre zuvor der weise Wunderheiler und Universalgelehrte Imhotep. Für den Historiker sind solche Überlieferungen von fragwürdigem Nutzen.

Als authentischer Bericht ist die Josephssage denn auch nicht zu werten. Das zeigen die zahlreichen Anachronismen; als Summe mehrerer Episoden bietet sie indessen durchaus brauchbare Ansatzpunkte. Schon der jüdische Geschichtsschreiber Flavius Josephus (37–100 n. Chr.) vermerkte wohlwollend, daß das in der Bibel beschriebene soziale Gefüge dieser Erzählung weitgehend mit dem der späten Epoche der ägyptischen Geschichte übereinstimme. Heute wird die Niederschrift der Story um Joseph zwischen dem 5. und 7. Jahrhundert v. Chr. vermutet.

Die Josephssage des Alten Testaments ist nicht der einzige Text, der über Jahrhunderte hinweg immer wieder ergänzt und aktualisiert worden ist. Bibelforscher meinen daher, die populäre Josephssage sei nachträglich aus dem Zusammenhang herausgerissen und neu verfaßt worden. Donald B. Redford hat einen ganzen Katalog von Indizien zusammengestellt, die diese Theorie untermauern sollen. Im Gegensatz zu den früheren Erzählungen der Patriarchen, die weitschweifig, uneinheitlich und oft wirr sind, ist die Schilderung des Joseph-Schicksals im Erzählerstil und vom Inhalt her einheitlich, persönlich und menschlich, wie man es in der Bibel nicht gerade gewöhnt ist.

Zwei Textvergleiche aus dem 1. Buch Mose mögen die Eigenständigkeit der Josephslegende demonstrieren.

Beispiel 1
(1. Buch Mose 34, 25-29)

Am dritten Tage, da die beschnittenen Bewohner von Sichern in ihrem Wundfieber lagen, kamen die beiden Jakobssöhne Simeon und Levi, die Brüder der Dina, jeder mit seinem Schwerte. Sie überfielen die friedliche Stadt und ermordeten alles Männliche. Den Chamor und seinen Sohn Sichem erschlugen sie mit der Schärfe des Schwertes. Sie holten Dina aus Sichems Haus und machten sich auf und davon. Die Söhne Jakobs fielen über die Kranken her und plünderten die Stadt, weil man ihre Schwester entehrt hatte. Ihr Kleinvieh, ihr Großvieh, ihre Esel und alles, was in der Stadt und auf dem Felde war, nahmen sie mit. All ihre Habe, alle ihre Kinder und ihre Frauen führten sie als Beutestücke fort. Sie plünderten alles, was in den Häusern war.

Beispiel 2
(1. Buch Mose 44, 4, 6, 7, 9, 11-14)

Sie waren noch nicht allzuweit aus der Stadt hinaus, da gebot Joseph seinem Hausverwalter: »Auf, jage den Männern nach, hole sie ein und sprich zu ihnen: ›Warum habt ihr Gutes mit Bösem vergolten? Warum habt ihr mir den Silberbecher gestohlen?‹« Er holte sie ein und redete mit ihnen in diesem Sinne. Sie antworteten ihm: »Warum spricht mein Herr solche Worte. Fern liegt es deinen Knechten, solches zu tun. Bei welchem von deinen Knechten er sich findet, er soll sterben, und auch wir wollen dem Herrn Sklaven sein.« Eilends ließ ein jeder seinen Sack auf die Erde herunter und öffnete ihn. Er durchstöberte alles; beim Ältesten fing er an und beim Jüngsten hörte er auf. Der Becher fand sich im Sack Benjamins. Sie zerrissen nunmehr ihre Gewänder: Ein jeder belud seinen Esel, und sie kehrten in die Stadt zurück. Juda und seine Brüder kamen in das Haus Josephs; er war noch dort, sie warfen sich vor ihm zu Boden nieder.

Beide Texte handeln von den Söhnen Jakobs. Das erste Beispiel (links) beschreibt das Verhalten der Söhne Jakobs, als ihre Schwester Dina in Sichem, dem Lande Kanaan, von Sichern (richtig!), dem Sohn des Landesfürsten Chamor, vergewaltigt wird. Das zweite Beispiel (rechts) schildert die Reaktion der Söhne Jakobs auf eine List des Wesirs Joseph, der seinen Silberbecher in einem der von seinen Brüdern bezahlten Getreidesäcke verstecken läßt. In beiden Fällen werden Jakobs Söhne bis aufs Blut gereizt, aber sie reagieren so unterschiedlich, daß es sich einfach nicht um dieselben Söhne handeln kann oder daß diese Söhne von verschiedenen Autoren unterschiedlich gesehen wurden.

In der zweiten Geschichte sind aus den blutrünstigen Helden hilflos dumme Nomadensöhne geworden – zugunsten einer rührseligen Erzählung. Hier wird völlig der göttliche Auftrag vergessen; es gibt keine Zwiesprache mit Gott wie bei den Patriarchen, dieser Gott greift auch nicht in das Geschehen ein. Und auch von dem sonst propagierten völkischen Sendungsbewußtsein der Hebräer ist in der Josephssage nie die Rede, im Gegenteil: Joseph ehelicht die Tochter Potiphars; der biblische Chronist gibt das kommentarlos wieder.

Dieser Chronist scheint überhaupt die Familienverhältnisse Jakobs nicht recht zu kennen. Jakobs Frau Rachel starb bei der Geburt des jüngsten Sohnes Benjamin und wurde auf dem Wege nach Ephrata (Bethlehem) begraben. In der Josephssage wird von ihr gesprochen, als wäre sie am Leben. Benjamin ist, als die Brüder zum ersten Mal nach Ägypten ziehen, noch so jung, daß Vater Jakob Bedenken hat, ihn mitziehen zu lassen. Nur Monate später spricht Gott zu Jakob: »Hab keine Furcht, nach Ägypten zu ziehen, denn zu einem großen Volk werde ich dich dort machen.« Dann folgt eine Aufzählung der Israelsöhne, die nach Ägypten gekommen waren, darunter zehn Söhne Benjamins.

Biblische Namen und was sich dahinter verbirgt

Die Bibel macht es dem Historiker nicht leicht. Sie berichtet über ein halbes Jahrtausend hinweg von einem Pr-aa, einem Pharao. Sie nennt nie einen Namen und – natürlich – keine Jahreszahl, auf welchen Bezugspunkt auch? Und wenn im Alten Testament Zeitangaben auftauchen, dann sind sie vage gehalten, oft sogar widersprüchlich. Es erfordert daher vielfach kriminalistische Ermittlungen, den Pharao, der Josephs Brüder in das Land Gosen schickte, oder den Pharao des Exodus aufgrund von Indizien herauszufinden. Allerdings haben die Chronisten der Bibel ungewollt so viele Spuren hinterlassen, daß sogar ein begabter Amateurdetektiv erfolgreich wäre.

Bei der Josephsgeschichte begegnen wir drei ägyptischen Eigennamen: dem Namen seines Herrn und späteren Schwiegervaters Potiphar, dessen Tochter, seiner späteren Ehefrau Asenath, und schließlich dem Namen, den Joseph nach seiner Ernennung zum Wesir vom Pharao erhält, Zaphenath Paneach.

Wir kennen die Problematik der Schreibweise ausländischer Namen in der eigenen Sprache. Doch die genannten lassen sich tatsächlich auf ägyptische Eigennamen zurückführen. Da ist Potiphar, eine Lautumschreibung von »Der, den Re gibt«. Der Name ist viermal belegt, allerdings in späterer Zeit. »Asenath« kann als »Der [Göttin] Neith gehörend« gedeutet werden, ein Name, der vom Ende des Neuen Reiches bis in hellenistische Zeit sehr populär war. Etwas schwieriger ist es mit dem Eigennamen, der dem Joseph vom Pharao verliehen wird: Zaphenath Paneach. Er läßt sich am ehesten deuten als »Gott sagt, er wird leben«. In dieser Bedeutung kommt er seit der 21. Dynastie vor. Auch hier stehen wir vor der Frage: Wie kann die Hauptfigur einer Geschichte, die in der Zeit der Patriarchen angesiedelt ist, einen Namen tragen, der erst im 1. Jahrtausend v. Chr. gebräuchlich war?

Nach den Worten der Bibel wurde Joseph auf folgende Weise vom Pharao zum Wesir gemacht: »Dann zog der Pharao seinen Siegelring vom Finger und steckte ihn an Josephs Finger. Er ließ ihm linnene Gewänder anziehen und legte die goldene Kette um seinen Hals.«

Dabei handelte es sich um symbolische Gaben, die der Zeremonie Bedeutung verleihen sollten. Schon vor Beginn des Neuen Reiches war das »Ehrengold« bekannt, das der König als Zeichen besonderer Gunst oder Verdienste an seine Untertanen verlieh. In der Amarna-Zeit fand diese Zeremonie häufig Eingang in künstlerische Darstellungen. Am bekanntesten ist wohl die Szene, bei der Echnaton in Gesellschaft seiner Frau Nofretete und seiner Töchter dem alten »Oberbefehlshaber der Reiterei« Eje vom Fenster der Erscheinung in Amarna das Ehrengold herunterreicht. Ähnliche Darstellungen finden wir in den Gräbern zahlreicher anderer Höflinge des Königs. Donald B. Redford hat insgesamt 32 solcher Verleihungsszenen aufgespürt: Die jüngste Darstellung stammt aus der 21. Dynastie und wird um das Jahr 930 datiert, die früheste entstand unter Thutmosis IV. (1412–1402).

Die Szenerie unterscheidet sich kaum: Der Pharao sitzt meist unter einem Sonnendach, oder er steht an einer Empore seines Palastes und reicht den ihn mit erhobenen Händen preisenden Günstlingen Ketten, auf denen runde Goldplättchen aufgereiht sind. Diese Goldketten hatten ohne Zweifel neben dem ideellen einen bedeutenden materiellen Wert. Wer diese Gunst erfuhr, der durfte mit Sicherheit ebenfalls ein Haus, Äcker und Sklaven sein eigen nennen. Und das galt auch für den biblischen Joseph.

Mit dieser Zeremonie war Joseph in die erlauchte Gesellschaft der »Leute des Goldes« aufgenommen. Daß sich die in

Ägyptisches Wohnhaus mit Garten. Rechts eine Außenansicht, in der Mitte eine Vorratskammer im Aufriß, links die Terrasse und der Garten mit Obstbäumen.

der Bibel geschilderte Szene im Detail deutlich von der Realität unterscheidet, mag vermerkt, aber von weniger großer Bedeutung sein. Eine Ringübergabe ist im ganzen Neuen Reich nicht überliefert, doch dem Chronisten kommt es hier weniger auf Einzelheiten der Zeremonie als auf das Ergebnis an; er glaubt, mit diesem Vorgang die Ernennung Josephs zum Wesir zu beschreiben. Und es gibt in der Tat Ägyptologen, die die Zeremonie der Ehrengold-Verleihung gleichsetzen mit der Installation zum Wesir. Doch diese Theorie ist umstritten.

Die Land- und Agrarreform, die der Wesir Joseph durchführte – das Alte Testament spricht von der »Zinsknechtschaft« des Pharaos –, gibt hochinteressante Aufschlüsse über die Besitzverhältnisse in ramessidischer Zeit, über Steuergesetze und das Sozialwesen. Allerdings stammt der Report aus der Feder eines Ausländers und ist deshalb mit Vorbehalt zur Kenntnis zu nehmen. Auch hier liegt im Detail manche Tücke, manche Falschinformation.

Von der Hungersnot, die Ägypten und das Land Kanaan heimsuchte, berichtet das 1. Buch Mose (47, 13-26) folgendermaßen:

»Da kamen die Ägypter zu Joseph und sagten: ›Gib uns Brot. Denn warum sollen wir vor deinen Augen sterben. Das Geld ist nämlich zu Ende.‹

Joseph antwortete: ›Gebt eure Herden, und ich will euch dafür Brot geben, wenn das Geld zu Ende ist.‹ Sie brachten ihre Herden zu Joseph, er gab ihnen Nahrung für die Pferde und ihre Bestände an Kleinvieh und an Großvieh und an Eseln. Er brachte sie mit Brot um den Preis ihres Viehs durch jenes Hungerjahr gut hindurch« (1. Mose 47, 15-17).

Dieser Text erfordert einige Richtigstellungen. Die Ägypter verfügten in ramessidischer Zeit noch nicht über eine Geldwährung. Der Handel spielte sich in reiner Tauschwährung oder in Form der Entlohnung ab. Von *Geld* ist auch die Rede, als Josephs Brüder nach Ägypten kommen, um Getreide zu kaufen. Gemäß dem Befehl des Wesirs Joseph »sollten die Behälter mit Getreide gefüllt, das Geld eines jeden in seinen Sack zurückgelegt« werden. Geldmünzen wurden jedoch erstmals im 6. Jahrhundert v. Chr. geprägt, und keineswegs zuerst in Ägypten, sondern in Lydien an der Westküste Kleinasiens. Demnach kann Geld auch in Ägypten und Palästina frühestens seit dieser Zeit in Umlauf gewesen sein. Wenn es in Ägypten etwas Geldähnliches gab, so muß das jedoch eher dem Tauschhandel als dem Geldgeschäft zugeschlagen werden: Die Ägypter bezahlten manchmal mit gestempelten Silberstücken. Sie hatten allerdings keinen Nennwert aufgeprägt – was ja den Begriff »Geld« ausmacht –, sondern es galt nur der reale Metallwert.

Hauptnahrungsmittel und Grundlohn der alten Ägypter war Weizen, weniger Gerste. Der Weizen wurde gemahlen und zu Fladen verbacken oder zum Bierbrauen gebraucht. Wir kennen die Entlohnung der Nekropolenarbeiter von Der el-Medine, ausgesuchter Facharbeiter, die die Gräber der Pharaonen in die Felsen des Königsgräbertales schlugen, ziemlich genau. Der Lohn eines Arbeiters in Der el-Medine betrug monatlich – zahlbar am 28. eines jeden Monats im voraus – 300 Liter Weizen und 110 Liter Gerste. Hilfsarbeiter bekamen knapp die Hälfte, Schreiber etwa 75 Prozent, Vorarbeiter 25 Prozent mehr als die gewöhnlichen Arbeiter. Außerdem kamen alle zehn Tage 18 Kilogramm Fisch sowie Fett, Öl und 500 Scheite Kleinholz zur Verteilung, von Zeit zu Zeit auch Kleidung, Gewürze und Kosmetika.

Ebenfalls unrichtig ist die biblische Nachricht, daß die Ägypter Futter für ihre Pferde erhalten hätten. Pferde waren nicht in Privatbesitz, sie wurden ausschließlich zu militärischen Zwecken eingesetzt, und zwar als Zugtiere für die Streitwagen. Für sie stand ein königlicher Marstall zur Verfügung.

Das Steuerparadies am Nil

Verfolgen wir den Bericht der Bibel weiter, dann kam das Volk nach einem Jahr wieder und bat den Wesir um Getreide: »Wir können es unserem Herrn nicht mehr verbergen, daß unser Geld zu Ende ist und daß unsere Viehbestände bei unserem Herrn sind, wir können unserem Herrn nichts mehr anbieten als uns selbst und unsere Grundstücke. Warum sollen wir vor deinen Augen dahinsiechen, wir selbst und unser Grundbesitz? Kaufe uns und unsere Grundstücke um Brot, dann wollen wir und unser Land dem Pharao dienstbar werden« (1. Mose 47, 18, 19).

Der Wesir verkaufte wiederum Getreide und wurde dafür Landbesitzer über ganz Ägypten, und das Volk wurde ihm »leibeigen« .

Auf diese Weise versucht der Chronist der Bibel dem Leser klarzumachen, warum das ganze ägyptische Land dem Pharao gehörte und warum das Volk in sklavischer Abhängigkeit von ihm lebte. Die Pharaonen sahen sich jedoch nicht erst seit Josephs Zeiten als Landeigner des Nillandes an; dieser Besitzstand blieb von der 1. Dynastie bis in ptolemäische Zeit unangetastet. Zugunsten verdienstvoller Bürger wurden indes seit alters her Grund und Boden privatisiert. Landstiftungen an eine Priesterschaft machten den Bau neuer Tempelanlagen und deren Unterhalt erst möglich. Priester waren dabei ebenso wie Privatgrundbesitzer dem Pharao zu Steuern und Tribut verpflichtet.

Der biblische Chronist liegt richtig, wenn er sagt: »Joseph erwarb nun alles Land in Ägypten für den Pharao, denn von den Ägyptern verkaufte jedermann sein Grundstück, weil der Hunger stark auf sie drückte; das Land wurde Eigentum des Pharaos. Und auch das Volk machte er ihm leibeigen von einem Ende Ägyptens bis zum anderen. Nur das Land der Priester kaufte er nicht, denn es gab ein Vorrecht für sie vom Pharao her ...« (1. Mose 47, 20-22).

Worin diese Vorrechte bestanden, wird in der Bibel nicht erklärt. Auch Herodot, der in vielem irrte, und sein noch flüchtigerer Kollege Diodorus verliehen den Priestern nachträglich Steuerfreiheit. Doch der Papyrus Wilbour (um 1160 v. Chr.) führt Tempelbesitzungen neben Privatbesitz eindeutig als der Steuer unterworfen an; im Zeitalter der Ramessiden wurden die Kahlköpfigen also genau wie jeder andere zur Kasse gebeten.

Sir Alan Gardiner kam nach umfangreichen philologischen Textstudien zu der Ansicht, daß die Priester nicht nur Steuern zahlen, sondern auch Landarbeiten verrichten mußten – wie gewöhnliche Bauern. Donald B. Redford meint dazu: »Die Urkunden über Befreiung von Zwangsarbeit, die die Könige Ägyptens großen Tempelbesitzungen gewährten, zeigen, daß die Priesterschaft ohne die Begünstigungen eines speziellen Dekrets gegenüber der übrigen Bevölkerung keine bevorzugte Stellung einnahm.« Unter den ersten drei Königen der 22. Dynastie (950–730) ist die Beibehaltung der

Besteuerung des Amun-Besitzes in Ägypten bezeugt, erst der vierte König der 22. Dynastie, Osorkon II., lockerte das System zugunsten der Priesterschaft.

Mit zunehmender Macht wurden die Priester in spätägyptischer Zeit mit immer mehr Privilegien ausgestattet. Verschwenderische Stiftungen der Könige von Sais (663–525) mit dem Recht auf eigene Steuereintreibungen machten diesen Stand beim Volk nicht gerade beliebter. »Die Leute«, schreibt ein Chronist dieser Zeit, »konnten die ihnen aufgebürdeten Steuern nicht bezahlen, und sie zogen fort. Und siehe, obwohl die großen Tempel Ägyptens Steuerfreiheit hatten, haben die Priester nicht aufgehört, zu uns zu kommen mit der Forderung: ›Zahlt eure Steuern!‹«

Wie hoch diese Steuern im einzelnen waren, ist nirgends exakt überliefert. Es scheint, als sei das Finanzamt in pharaonischer Zeit eine ebenso unbeliebte und von Geheimnissen umwitterte Institution gewesen wie heutzutage. Im Alten Testament spricht der Wesir Joseph zu seinem Volk: »›Seht, ich habe jetzt euch und euer Land für den Pharao erworben; da habt ihr Saatgut, bestellt damit den Acker. Aber den fünften Teil von den Erträgen müßt ihr dem Pharao abliefern; vier Teile sollen euch zum Besäen des Ackers dienen und zu eurer, eurer Familien und eurer Kinder Ernährung ...‹ So machte es Joseph zu einer Gesetzesvorschrift für den ägyptischen Grundbesitz bis zum heutigen Tage, daß dem Pharao der fünfte Teil gehöre« (1. Mose 47, 23-24, 26).

Der in der Bibel genannte Steuersatz von 20 Prozent dürfte einem Mittelmaß entsprechen; denn der Papyrus Wilbour nennt Steuerquoten zwischen einem Elftel und einem Viertel. Ägypten war also ein Steuerparadies, und wenn die Ägypter über die »hohen« Steuern murrten, so deshalb, weil es bis heute zum guten Ton gehört, auf das Finanzamt zu schimpfen.

Dem Volk war es noch nie so wohl ergangen wie unter Ramses II. Großbauprojekte sorgten für gutbezahlte Arbeit; Schwerarbeit wurde meist von Ausländern geleistet. Der vornehme Ägypter in ramessidischer Zeit glaubte an die Überlegenheit seines Volkes. Er sah sich als Angehöriger einer Herrenrasse, der es, kraft göttlichem Auftrag, bestimmt war zu herrschen. Bereits unter den Ramessiden konnte das Nilvolk auf eine anderthalbtausendjährige Geschichte und auf eine Geschichtsschreibung zurückblicken, mit der kein anderes Volk zu konkurrieren vermochte. Das führte zwangsläufig zu einem gewissen Rassismus und zur Diskriminierung ethnischer Gruppen und niederer sozialer Schichten, wobei es den Ägyptern einzig und allein um die politische und wirtschaftliche Vorherrschaft ging.

Herodot berichtet in seinen *Historien* (II, 47) über die menschenunwürdige Behandlung, die sie Schweinehirten angedeihen ließen[54], und der Chronist der Josephssage weiß ähnliches über den Umgang mit Schafhirten und Juden zu berichten. Joseph rät zum Beispiel seinem Vater und seiner Familie, sich dem Pharao keinesfalls als Schafhirten zu erkennen zu geben: »Der Pharao wird euch rufen lassen und euch fragen: ›Was ist euer Beruf?‹ Dann müßt ihr antworten: ›Deine Knechte waren Viehzüchter von Jugend auf bis jetzt, sowohl wir selbst als auch unsere Väter‹, damit ihr im Lande Gosen euch ansiedeln könnt. Denn ein Greuel sind den Ägyptern alle Schafhirten« (1. Mose 46, 31-34).

In keinem besseren Ruf standen die Hebräer. »Man trug auf«, heißt es beim Familientreffen in Josephs ägyptischem Haus, »ihm und ihnen besonders, und den Ägyptern, die mitaßen, wieder besonders. Die Ägypter dürfen nämlich nicht

---

54 Siehe auch Seite 198.

mit den Hebräern speisen, denn das gilt ihnen als ein Greuel« (1. Mose 43, 32).

Wenn wir Herodot Glauben schenken, so bestanden aber auch zwischen Ägyptern und Ägyptern bedeutende Unterschiede. Angeblich gab es sieben Kasten. Der Geschichtsschreiber aus dem kleinasiatischen Halikarnassos nennt sie in folgender Reihenfolge: Priester, Krieger, Rinderhirten, Schweinehirten, Handelsleute, Dolmetscher, Steuerleute. Diese Aufzählung ist wohl ebenso unvollständig und falsch wie seine Feststellung, daß die Namen der Ägypter von ihren Berufen abgeleitet würden.

Aber war es ein Wunder, daß solche Erzählungen entstanden? War es ein Wunder, daß Reisende aus fremden Ländern derartige Mythen aufnahmen und weitererzählten, wo alles, was sie in diesem Land unter Ramses II. erblickten, fremdartig war, grandios, pompös, exotisch?

Für andere Völker waren die Ägypter in jedem Fall ein merkwürdiges, ein bewundernswertes Volk. Herodot sagt, die Ägypter zeigten »in ihren Sitten und Gebräuchen großenteils das Gegenteil von dem, was bei den übrigen Menschen vorkommt«. So säßen bei ihnen zum Beispiel die Frauen auf dem Markt und machten Geschäfte, während die Männer zu Hause seien und webten; die Männer trügen Lasten auf dem Kopf, während sie die Frauen über die Schultern nähmen; dem nicht genug, die Männer kauerten sich zum Wasserlassen hin, während die Frauen das im Stehen täten. Auf völliges Unverständnis stieß bei Herodot, daß die Ägypter ihre Notdurft in den Häusern verrichteten, die Mahlzeiten aber häufig auf der Straße einnahmen. Grund: Das Häßliche müsse man verbergen, das Schöne und Angenehme aber offen zeigen.

Die hygienischen Zustände am Nil versetzten den Griechen in Erstaunen. Herodot vermerkt: »Sie trinken aus ehernen Trinkgefäßen, die sie jeden Tag ausspülen, und nicht bloß an einem Tag und am anderen nicht, sondern an allen. Sie tragen Gewänder aus Linnen, die immer frisch gewaschen sind, worauf sie besonders achten. Die Geschlechtsteile beschneiden sie der Reinlichkeit wegen und wollen lieber reinlich als wohlanständig sein.«

Und auch das Festefeiern, fand Herodot, nehmen sie sehr ernst. Vor einem Gastmahl ging der Hausherr mit einem kleinen Mumiensarkophag herum, hielt ihn jedem Gast vors Gesicht und sagte: »Sieh dir das an, und dann iß und sei fröhlich. Wenn du tot bist, wirst du diesem ähnlich sein.«

Die Aufforderung blieb sicher nicht ohne Wirkung auf den Appetit der Gäste. Nicht selten wurde in dieser Überflußgesellschaft bis zum Erbrechen gegessen. Herodot erzählt sogar von Leuten, die in jedem Monat einmal drei Tage lang Abführmittel nahmen, ekelhafte Klistiere einsetzten oder einfach durch künstlich hervorgerufenes Erbrechen versuchten, Gesundheit und schlanke Linie beizubehalten.

Es war ein ausschweifendes, ein maßloses Leben, ein Leben, wie Ramses II. es liebte. In einem altägyptischen Sprichwort heißt es: »Zehn Jahre braucht der Mensch, bis er begreift, was Leben und Tod ist; abermals zehn Jahre dauert es, bis er einen Beruf erlernt hat; zehn weitere Jahre sind nötig, um ein Vermögen zu erwerben, und nach nochmals zehn Jahren erst hat er das Alter erreicht, in dem er vernünftig wird.«[55]

Für Ramses den Großen galt das sicher nicht. Mit 40 Jahren war Ramses auf dem Höhepunkt seiner Macht, und er kam zu der Erkenntnis, daß die Götter, zu denen die Ägypter seit Jahrtausenden aufblickten, auch nicht mächtiger waren als er. Und damit stellte sich für ihn ernsthaft die Frage, ob er nicht ein Gott sei.

---

55 Papyrus Insinger, Rijksmuseum von Oudheden, Leiden.

VI

Gottkönig unter Göttern

Ich habe dich als König der Ewigkeit
und als immerwährenden Herrscher eingesetzt.
Ich habe deinen Leib aus Gold gebildet
und deine Knochen aus Kupfer und
deine Glieder aus Eisen.
Ich gebe dir mein göttliches Amt,
damit du die beiden Länder
als König von Ober- und Unterägypten
beherrschst.
Gott Ptah zu Gott Ramses II.

Es ist wahr, die ägyptischen Könige wurden
oft mit Namen versehen, die für gewöhnlich
Göttern vorbehalten sind.
Aber auch heute redet man
über Politiker, Diktatoren, Wissenschaftler
und Astronauten, ja sogar über Filmstars,
als wären es Übermenschen.
Labib Habachi, Archäologe

Am 26. Tag des 4. Überschwemmungsmonats Choiak waren in Abydos alljährlich Hunderttausende auf den Beinen. Sie zogen singend und tanzend den Weg auf der Dammkrone entlang, hinter der das Fruchtbarkeit bringende Hochwasser des Nils tief ins Land strömt. In der Ferne glänzten die goldfarbenen Pilaster des Tempels der Stadt; er war der schönste im ganzen Reich, »das Haus von Millionen von Jahren des Königs Re, der zufrieden ist in Abydos[56]«.

Die Pilger brachen bei seinem Anblick in Jubelschreie aus. Schläuche mit Wein machten die Runde, auch wenn es noch früh am Morgen war. Mädchen, nur mit schwarzen Höschen bekleidet, auf denen vorn und hinten ein aufgesetzter roter Fleck leuchtete, bewegten sich in Tanzschritten voran und schüttelten dabei Klappern über ihren Köpfen. Männer marschierten zum Klang ihrer Flöten, die Schaulustigen um sie herum klatschten im Rhythmus in die Hände. Frauen entblößten herausfordernd ihre Brüste für eine Schönheitskonkurrenz im Vorübergehen. Sie schleppten eine Statue mit sich mit einem Riesenphallus, der unter lautem Gekreisch an einem Seil auf und ab bewegt wurde …

So schildert Herodot den Beginn eines religiösen Festes in Ägypten. Dieses, das hier in Abydos begangen wurde, dauerte vier Tage, es war eines der großten religiösen Feste im Land und eines der beliebtesten. Den Weg von der Landestelle am Nilufer bis zum Tempel säumten zahllose Hütten, in denen Erfrischungen, aber auch Gaben für den Tempel angeboten wurden. Melonen, Feigen und Granatäpfel waren zu leuchtenden Pyramiden aufgetürmt, auf tönernen Tafeln lagen Geflügel, Kuchen und Brote feil. Ein Volksfest ohnegleichen nahm seinen beschwingten Lauf.

Dabei hatte es ganz anders begonnen: Weinend und schreiend war das Volk zum Tempel gepilgert, betend hatte es sich in die Menschenschlange eingereiht, die durch die Nekropole zog, vorbei an den Grabmälern der Großen und Mächtigen, an ihren Scheingräbern und Zweitgrüften, an den schlichten Bestattungsgruben der gewöhnlichen Sterblichen und an den Tausenden und Abertausenden von Gedenksteinen mit ihren eingemeißelten Wehklagen und Lobpreisungen für Osiris.

---

56 So lautet der Name des Abydos-Tempels.

Derweil waren die Tore des Tempels geschlossen. Was hinter diesen Turen vor sich ging, wußte niemand genau; nicht einmal, wie es im Tempel aussah, war bekannt. Außer Ramses durften nur Priester und Eingeweihte den heiligen Bezirk betreten, in dem sich, während die Pilger durch die Totenäcker zogen, unglaubliche Dinge abspielten.

Daß der Tempel von Abydos unter den Tempeln des Landes eine Sonderstellung einnahm, wurde schon in seiner Architektur deutlich, die nicht in die Höhe, sondern in die Breite orientiert war. Ein enger Zugang führte zum ersten Hof, von dem die Eingeweihten über eine Rampe durch eine Pfeilerhalle in einen zweiten Hof gelangten. Eine zweite Pfeilerhalle mußte durchschritten werden, um in eine erste, kleinere Säulenhalle zu gelangen, der sich eine zweite, größere anschloß.

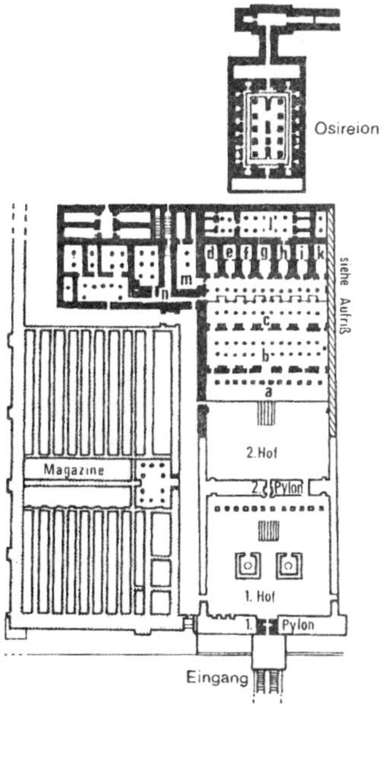

Der Totentempel Sethos' I. in Abydos wurde erst von seinem Sohn Ramses II. vollendet. Hinter einer Rampe (a) und zwei Säulensälen (b und c) finden wir sieben Kapellen, die den Göttern Sethos (d), Ptah (e), Re-Harachte (J), Amun (g), Osiris (h), Isis (i) und Horus (k) geweiht waren. In dem dahinter gelegenen Osireion, einer Osiris-Kultstätte, ließ Sethos sein Scheingrab anlegen.

Die 14 Regierungsjahre von König Sethos I. waren zu kurz für die Vollendung dieses Tempels, so daß es an Ramses lag, seinem Vater ein würdiges Andenken hochzumauern. Sethos vollendete nur das Allerheiligste – die beiden Vorhöfe mit den Pfeilerhallen wurden von Ramses II. erbaut –, doch dieses Tempelinnere war reich an Merkwürdigkeiten. Es barg sieben nebeneinanderliegende Kapellen, in denen jeweils das Bild des Gottes aufbewahrt wurde, dem sie geweiht waren (von links nach rechts): König Sethos, Ptah, Re-Harachte, Amun-Re, Osiris, Isis, Horus. Die Zahl Sieben war dem Ägypter absolut nicht heilig, sie kam zufällig zustande durch Aneinanderreihung zweier Dreiergruppen und der Kapelle des Sethos.

Amun, Ptah und Re repräsentierten die religiösen Zentren des Landes: Theben, Memphis und Heliopolis. Osiris, Isis und Horus waren die drei Hauptgötter des Osiris-Kreises. Sechs dieser Kapellen hatten an der Rückseite eine Scheintür, den »Zugang« zum Jenseits. In der Osiris-Kapelle öffnete sich dagegen ein wirklicher Durchgang, der in eine Raumflucht führte, die den gesamten Quertrakt einnahm. Hier spielten sich alljährlich im 4. Überschwemmungsmonat die Mysterien des Osiris ab, und Ramses II. ließ sich dieses Spektakel nur selten entgehen.

Der Tanz der kahlrasierten Mädchen

Mysterien, auch Orgia genannt, waren geheime religiöse Feiern, die den Eingeweihten nach gewissen kultischen Handlungen den direkten Weg ins Jenseits versprachen. Die Mysterien des Osiris verkörperten auf orgiastische Weise die Ermordung und Zerstückelung des Osiris durch den bösen Gott Seth, sein Sterben also, aber auch die Sammlung der Leichenteile durch Isis und Nephthys und seine Wiederbelebung.

Rituelle Waschungen, Trank- und Brandopfer, inbrünstige Gebete und aufpeitschende Gesänge dienten der Vorbereitung sakraler Zeremonien, die die mit Pantherfell bekleideten Priester in wüsten Wachträumen ersonnen hatten. Ein später Papyrus gibt einen kleinen Einblick in das geheimnisvolle Geschehen bei den Osiris-Mysterien[57]. Danach wurden zwei Mädchen, die »von reinem Leib, jungfräulich« sein mußten, das Schamhaar und alle anderen Körperhaare abrasiert. Nackt, nur mit kostbaren Perücken versehen und mit den Hieroglyphen »Isis« und »Nephthys« auf den Armen, schwangen sie ein Tambourin in den Händen und fingen an, sich singend in Ekstase zu tanzen, angepeitscht von den Anfeuerungsrufen der Osiris-Priester.

Wie in Trance begann eines der Mädchen das Götterbild anzusingen:

Wie sehne ich mich, dich zu sehen!
Ich bin deine Schwester Isis, die dein Herz liebt,
Ich sehne mich nach deiner Liebe, der du entfernt bist.
Ich überschwemme das Land heute mit Tränen!

Dann jammerten »Isis« und »Nephthys« gemeinsam:

Komme, Gelobter, zu uns!
Das Leben entflieht uns, wenn wir dich entbehren.
Komme doch in Frieden, o unser Herr, daß wir dich sehen,
Herr, komme in Frieden! Vertreibe die Trauer von unserem Haus
Und geselle dich zu uns als Mann …

---

57 Eberhard Otto: *Osiris und Amun*, München 1966.

Und schließlich sang »Isis«:

Ich bin eine Frau, die nützlich für ihren Bruder ist,
Deine Frau und Schwester von deiner Mutter,
Komm schnell zu mir!
Seit ich dein Antlitz zu sehen wünsche,
Nachdem ich es nicht mehr sehe,
Ist Dunkelheit hier bei uns vor meinem Antlitz,
Auch wenn Re am Himmel ist!
Der Himmel hat sich mit der Erde vermischt
Und dadurch heute Schatten über das Land gebracht.
Mein Herz ist heiß über deine Trennung.
Mein Herz ist heiß, weil du mir den Rücken gekehrt hast,
Obwohl ich keine Schuld habe,
Die du gegen mich gefunden hättest!

Was dann geschah, ist in keinem Text präzise überliefert. Ein Relief im spätptolemäischen Hathor-Tempel von Dendera zeigt jedoch in mythologischer Darstellung das weitere Geschehen: Wir erkennen den ithyphallischen[58] Osiris auf einem langgestreckten Löwen als Bahre. Isis – hier als Sperber dargestellt – kommt über Osiris und empfängt von ihm den Samen, aus dem Horus hervorgeht.

Es kann kein Zweifel sein, daß dieser symbolische Vorgang bei den Orgien in den Osiris-Gemächern von Abydos mehr oder weniger realistisch nachvollzogen wurde. Priester mimten dabei den Osiris. Diese Priester, mehr Scharlatane als heilige Männer, führten ein nicht gerade enthaltsames Dasein. Wennofer zum Beispiel, ein Osiris-Priester aus ptolemäischer Zeit, rühmt sich auf einer Sarginschrift eines untadeligen, Gott wohlgefälligen Lebens. Und dieses sah etwa so aus:

---

58 Ithyphallos (griechisch): erigiertes männliches Glied.

»Ich liebte die Trunkenheit und war frohgemut an schönen Tagen. Mit Vorliebe suchte ich bei den Vogelteichen meine Abenteuer ... Mein Leben verlief in Fröhlichkeit nach der Weisung der Götter, und ich hatte keine Sorgen, wo immer ich weilte, und auch Kummer gab es nicht in meiner Heimatstadt. Ich hatte stets Sänger und Mädchen um mich, und ihr Jubel war wie der der Sangesgöttin Meter. Frauen, nur mit Schleiern bekleidet, von vollkommener Figur, mit langen Locken und mit straffen Brüsten, waren reich geziert mit Schmuck, mit Parfümkegeln und mit Lotosblüten. Sie hatten Zweige im Haar, und alle waren trunken vom Grünen Horusauge-Wein. Sie tanzten und dufteten nach Spezereien aus Punt. Ich schlief mit jeder von ihnen und steckte ihnen zum Lohn Schmuck an ihre Glieder.«

Totenopfer bei Vollmond

Der Kult des Osiris geht in prähistorische Zeiten zurück, und Ramses IV. nannte den Gott »geheimnisvoller als alle anderen Götter«. Tatsächlich ranken sich um seine Gestalt die verschiedensten Mythen. Althistoriker erkennen in Osiris einen der vorderasiatischen Auferstehungsgötter wieder, andere halten ihn für einen König oder Stammeshäuptling, der ein seltsames Schicksal erlitten hatte und später als Gott Verehrung fand.

Herodot setzte Isis und Osiris den Griechengöttern Dionysos und Demeter gleich. Der Studienreisende aus Halikarnassos berichtete Mitte des 5. Jahrhunderts v. Chr. Merkwürdiges über den Osiris-Kult. Demnach opferten die alten Ägypter dem Gott entgegen sonstigem Brauch Schweine. Schwanzspitze, Milz, Gedärme und Gekröse wurden mit dem Bauchspeck des Tieres und bei Vollmond verbrannt, die übrigen Fleischstücke wurden am Opferfeuer geröstet und verspeist – aber nur in der Vollmondnacht. »Am nächsten Tag«, schrieb Herodot, »darf man nicht mehr davon essen.«

Die Sonderstellung des Schweins als Opfertier verdeutlicht Herodot an einem Beispiel: Wer auf der Straße auch nur zufällig mit einem Schwein in Berührung kam, der mußte eilends zum Nil laufen und mit voller Kleidung untertauchen, und den Schweinehirten war es untersagt, die heiligen Bezirke der Tempel zu betreten. Ihre gesellschaftliche Isolierung ging sogar so weit, daß Schweinehirten nur Töchter von ihresgleichen heiraten durften.

Herodot sieht deutliche Zusammenhänge zwischen Osiris-Kult und Dionysos-Kult: Hier wie da feierte die Ekstase Triumphe, hier wie da gab es Prozessionen mit Phallusfiguren, hier wie da gab es die Vorstellung von der unsterblichen Seele. Ohne Pythagoras und die Orphiker beim Namen zu nennen, sprach Herodot von »einigen Griechen«, die den Gedanken der Wiedergeburt von den Ägyptern übernommen hätten: Wenn die Seele alle Lebewesen des Festlandes, des Meeres und der Luft durchwandert habe, gehe sie wieder in den Leib eines Menschen ein, der gerade geboren werde. Dieser Umlauf vollziehe sich in 3 000 Jahren.[59]

Osiris wohnte chthonische Fruchtbarkeit inne, die aus der Erde wirkende Kraft, welche die Nilüberschwemmung hervorrief. Damit ist ein wesentlicher Bestandteil der Osiris-Verehrung geklärt: Seit dem Neuen Reich wurden den Toten kleine, mit Erde gefüllte Mumiensärge mit ins Grab gegeben, in die Pflanzensamen gesteckt waren, die gleichsam als Wiedergeburt des Ba[60] aufgingen. Das war ein Symbol für die Unsterblichkeit. Was war der Leichnam eines Menschen anderes als ein totes Samenkorn, das, in die Erde gesenkt, zu unerwartetem Leben erwacht, keimt und als Pflanze ein neues Dasein erlebt?

---

59 Herodot: *Historien,* Bd. II. Kap. 123.

60 Ba = geistige Kraft, Seele; im Gegensatz zu Ka = Lebenskraft, Schutzgeist.

Jeder Gott hatte seine Heimatstadt. Osiris stammte angeblich aus Busiris im Nordostdelta des Nils, daher sein ältester Name »Herr von Busiris«. Er trug den Beinamen Wennofer, »der dauernd vollkommen ist«, einen Namen, der in Ägypten bekannt war, noch bevor er dem Osiris zugeeignet wurde. Osiris scheint demnach ein prähistorisches Vorbild gehabt zu haben. Im übrigen nennt das 142. Kapitel des Ägyptischen Totenbuches nicht weniger als hundert Namen für Osiris – ein Zeichen für seine Wesensvielfalt.

Zunächst wurde jeder tote Pharao zu Osiris. Der Glaube, daß auch gewöhnliche Sterbliche Osiris wurden, läßt sich erst später, etwa seit 2000 v. Chr. nachweisen. Zu dieser Zeit war jener Osiris-Mythos bereits in Umlauf, wonach dieser von Seth ermordet und zerstückelt worden sei. Isis, seine Schwester und Gemahlin, sammelte die Leichenteile, die dadurch zu neuem Leben erwachten, so daß sie von ihm den Sohn Horus empfangen konnte. Horus besiegte Seth, den Mörder seines Vaters, und wurde Thronerbe von Osiris, der weiter im Totenreich regierte.

Der griechische Philosoph, Historiker und Orakelpriester Plutarch aus Cheironeia, der im 1. nachchristlichen Jahrhundert Ägypten bereiste, gab die Osiris-Sage als einen Bericht aus grauer Vorzeit wieder, der ägyptische und vorderasiatische Elemente vermengte.

Die Osiris-Sage nach Plutarch

Nur die Sonne war Zeuge, als sich die Himmelsgöttin Nut und der Erdgott Geb zu einem Schäferstündchen trafen. Das lose Tun hatte Folgen: Osiris wurde geboren. Offenbar war es im Himmel und auf Erden gleich langweilig; denn das Spielchen wiederholte sich noch zweimal, und prompt folgte reicher Kindersegen: ein Knabe namens Seth und ein Mädchen namens Nephthys. So viel Liebe unter freiem Himmel blieb dem Mondgott Thot nicht verborgen. Flugs versuchte er es ebenfalls bei Mutter Nut. Und die wollte wiederum nicht kalt und herzlos sein und machte ihm halt das Vergnügen, das auch gleich wieder Folgen hatte: das Mädchen Isis.

Osiris war sehr schlau: Er lehrte die Ägypter ihre Felder zu bestellen, gab ihnen Gesetze und hieß sie die Götter verehren. Sie machten ihn zum König. Doch schon bald gab es Streit unter den Geschwistern. Osiris und Seth mochten sich nicht leiden, dafür liebte Isis den Osiris um so mehr, die beiden heirateten sogar.

Das war dem bösen Eigenbrötler Seth ein Dorn im Auge, und er dachte sich eine teuflische List aus: Seth fertigte einen prachtvollen Mumiensarg mit den Körpermaßen des Osiris. Den bot er bei einem Bankett mit Freunden jenem zum Geschenk, der genau hineinpaßte. Aber der eine war zu groß, der andere zu klein, nur für Osiris schien er wie nach Maß gefertigt. Doch kaum hatte der es sich zum Probeliegen bequem gemacht, da stülpte Seth den Deckel auf den Sarg, nagelte ihn zu, goß flüssiges Blei darüber und warf ihn in den Nil, wo er davonschwamm.

Isis beklagte den Tod ihres Brudergemahls und machte sich auf die Suche nach dem Holzsarg. Ihre Hoffnung, daß er irgendwo angeschwemmt werden würde, erfüllte sich. Nach langem Suchen fand sie ihn in Byblos. Es gelang ihr auch, den Sarkophag heimzuholen, allerdings passierte dabei das Mißgeschick, daß Seth sie überraschte.

Wütend stürzte er sich auf den Leichnam des Osiris, zerstückelte ihn in vierzehn Teile und zerstreute sie in alle Winde. Aber Isis gab nicht auf. Sie sammelte alle Leichenteile ein und setzte ihren Gatten Stück für Stück wieder zusammen; nur der Penis fehlte. Aber Götter brauchen keinen Penis.

Auch ohne das gute Stück gelang es ihr, Osiris so weit wiederherzustellen, daß er in der Lage war, mit ihr den Sohn Horus zu zeugen.

Wie Abydos Wallfahrtsort wurde

Für Abydos begann damit eine große Zeit. Schon die Könige der ersten beiden Dynastien hatten hier Zweit- oder Scheingräber für sich anlegen lassen. Abydos wurde zum Mittelpunkt des Osiris-Kultes und zum Wallfahrtsort und blieb es bis in späte Zeit – mit Unterbrechungen.

Eine solche Unterbrechung fand während der monotheistischen Glaubensreformation des Echnaton statt. Auch im Mittleren Reich scheint dieser Wallfahrtsort am Nil eine längere Kultpause gehabt zu haben. König Sesostris III. (1878–1841), der Eroberer von Nubien, beauftragte seinen »Erbfürsten, Grafen, Schatzmeister und einzigen Freund« Ichernofret mit der Restaurierung des Osiris-Tempels von Abydos[61]. Ichernofret hatte außerdem den Auftrag, Osiris ein neues Kultbild aus jenem Gold zu errichten, das Sesostris in Nubien erbeutet hatte.

Während der König weiter gen Süden zog, besorgte der »einzige Freund« die Instandsetzungsarbeiten und übernahm das Amt des Oberpriesters. Er ließ einen Thron für Osiris bauen, eine Tragbahre und eine Prozessionsbarke aus Gold, Silber, Lapislazuli, Erz und edlen Hölzern. Stundenpriester, die jeden Tag das entsprechende Ritual zu absolvieren hatten, wurden neu installiert, der Kult, der offenbar eingeschlafen war, lebte von neuem auf. Im Tempel von Abydos hatte sich inzwischen jedoch ein anderer Kult breitgemacht, und Ichernofret mußte, bevor er ans Werk gehen konnte,

---

61 Stele Berlin Nr. 1211.

Ramses II. vor Osiris, Isis und seinem vergöttlichten Vater Sethos I. Ramses hält in der Linken das symbolische Zeichen der Maat, der Wahrheit.

erst »die Feinde des Osiris niederwerfen«. Er tat es mit Erfolg und beging die Neueinsetzung des Osiris-Kultes von Abydos mit großem Gepränge.

600 Jahre später stand Ramses II. vor dem gleichen Problem. Auch er »fand die Totentempel vom heiligen Land der Könige, der Vorgänger, und ihre Kenotaphe[62] in Abydos in Verfall begriffen. Ein Teil davon war noch im Bau, aber nicht über die Grundmauern hinausgekommen, die Ziegel waren noch nicht aufeinandergeschichtet. Was am Bauplatz geblieben, war wieder zu Staub geworden. Niemand hatte es fertiggebaut oder sich an die Baupläne gehalten, nachdem ihr Herr zum Himmel geflogen war.[63]

62 Scheingräber.

63 Weiheinschrift in Abydos.

Ramses II. liebte Abydos und den thinitischen Gau, das betonte er in seiner Weiheinschrift ausdrücklich, und das war auch der Grund, warum er das von seinem Vater Sethos begonnene Tempelprojekt zunächst im Stil des Vaters und später in seinem eigenartigen persönlichen Geschmack weiterführte. Möglicherweise verlor er dabei die Lust, seinen eigenen Totentempel, der zur gleichen Zeit nördlich des Tempels seines Vaters gebaut wurde, zu vollenden. Ramses' Totentempel, von dem kaum etwas erhalten ist, war allerdings viel kleiner als der seines Vaters und mußte geradezu zum Vergleich herausfordern.

Ramses war indessen nicht der Mann, der in irgendeinem Vergleich zu unterliegen bereit war. Es gibt also nur zwei Erklärungen dafür, daß in Abydos ein kleinerer Ramses-Tempel neben einem viel größeren Sethos-Tempel stand: Entweder vollendete Ramses den Tempel des Sethos in so prachtvoller Weise, weil er seinen Vater über alle Maßen liebte, oder aber Ramses betrachtete den von seinem Vater begonnenen Tempel fortan als seinen eigenen. Eine Antwort auf diese Frage fällt nicht schwer. Wen liebte Ramses schon mehr als sich selbst?

Ein Tempel wie der Himmelshorizont

Obwohl Ramses noch zu Lebzeiten seines Vaters, wahrscheinlich, als er die Mitregentschaft antrat, die Arbeiten am großen Tempel von Abydos übernommen hatte, konnte auch er den Bau nicht ganz vollenden. Noch Merenptah, sein Sohn und Nachfolger, baute daran herum. Der Sethos-Tempel war ein gigantisches Projekt, das sein Stifter mit entsprechenden wirtschaftlichen Privilegien ausgestattet hatte. Mehrere Dekrete sprachen der Verwaltung des Heiligtums und seiner Priesterschaft Ländereien samt Viehherden und Arbeitskräften zu, vor allem in Nubien. Staatsbeamte, die sich bei der Einziehung der jährlichen Abgaben an den Tempellatifundien vergriffen, wurden schwer bestraft, Verluste mußten auf das Zehnfache ersetzt werden, wer Tempelarbeiten behinderte, kam nicht unter hundert Stockschlägen mit fünf blutenden Wunden davon.

In der Folgezeit vermehrten immer neue Stiftungen den reichen Vermögensstand des Tempels von Abydos, an dem bis in die 30. Dynastie hinein weitere bauliche Veränderungen durchgeführt wurden. Zur Zeit der 22. Dynastie ließ der Pharao Schoschenk I. ein neues Götterbild anfertigen, das Amun in Theben vorgestellt und dann in feierlichem Zuge nach Abydos gebracht und reich mit Land, Vieh und Menschen dotiert wurde. Während der 26. Dynastie hinterließen hier die libyschen Könige ihre Spuren. Erst Ptolemäer und Römer stellten die Investitionen ein, obwohl der Osiris-Kult weiterbetrieben wurde. Wie sah dieser Tempel aus? Ein ramessidischer Text in Abydos schildert ihn so:

»Der Glanz des Tempels strahlt einem ins Gesicht wie der Himmelshorizont. Die Kultbilder der Herren des thinitischen Gaues sind aus Gold, die Götterfiguren ruhen an ihrem Platz, und die Götterbarken tragen Edelsteine ... Hier gibt es auch einen Palast, geschmückt mit echtem Gold aus den Fremdländern. Wer ihn sieht, bricht in Jubel aus, und alle preisen ihn als den schönsten. Eine Treppe ist darin aus schimmernder Silbererde. Seine übergroßen Türen sind aus Holz vom Libanon, die vordere Türfüllung ist vergoldet, die Rückseite ist mit Kupfer beschlagen. Die großen Pylone wurden aus Kalkstein von Turra erstellt, die Durchgänge aus Granit. Ihre Schönheit vereinigt sich mit der Höhe des Himmels, und sie verbrüdern sich mit Re im Horizont. Vor dem Tempel ist ein Teich angelegt, groß wie das Meer, klar wie Lapislazuli.[64] In seiner Mitte wachsen Papyrus und Schilf und Lotosblu-

64 Dieser Teich ist noch heute vorhanden.

men im Überfluß tagtäglich. Eingerahmt wird der Teich von Bäumen, die sich mit dem Himmel vereinen, so hoch sind sie, und ihr Wuchs ist wie der einer Tanne im Bergland.«

Tempelstiftungen, die sich nicht nur auf die Errichtung eines Heiligtums beschränkten, sondern vor allem zu dessen Unterhalt dienen sollten, waren große wirtschaftliche Unternehmen. Als Verwalter dieser Stiftungen, die nach außen hin den Reichtum und die Freigebigkeit des Pharaos demonstrierten, setzte Ramses II. mit Vorliebe ehemalige Militärbeamte ein, seltener Priester. Man nannte sie Amtmänner, und diese Amtmänner waren angesehene Leute. Amenemheb, der Amtmann in einer nubischen Tempeldomäne Ramses' II., kam aus der Familie des dortigen Vizekönigs. Ruru, Oberamtmann vom Sethos-Tempel in Abydos, war »königlicher Schreiber und Vorsteher der Pferdetruppen Seiner Majestät«. Ein pensionierter General namens Inschefnu betreute später als Amtmann die Stiftungen des Min von Achmim und des Upuaut in Assiut.

Seth, der Lieblingsgott Ramses' II.

Die Pharaonen ließen den Göttern Ägyptens unterschiedliche Bedeutung zukommen. Unter Ramses II. nahm ein seit Jahrhunderten stiefmütterlich behandelter Gott eine hervorragende Stellung ein: Seth. Ramses wird sehr oft mit diesem Gott verglichen. Auf der Hochzeitsstele von Abu Simbel bezeichnet er sich sogar als Sohn des Seth, wenn er sagt: »Ich weiß, daß mein Vater Seth meinen Sieg über alle Länder beschlossen hat und daß er mir Kraft verleiht, groß wie der Himmel, und Macht, weit wie die Erde.« Auch im Kadesch-Report von Luxor ist Ramses dem Gott Seth gleichgestellt, in der Textfassung von Abydos dagegen mit Month und auf einem Papyrustext über Kadesch mit Baal.

Die Erklärung ist einfach: Seth, der Mörder des Osiris, konnte in einem dem Osiris geweihten Heiligtum, wie es der Sethos-Tempel von Abydos war, schlecht als Vorbild des Pharaos hingestellt werden; da erschien der Kriegsgott Month besser geeignet. Baal hingegen war der Sturm- und Fruchtbarkeitsgott der Semiten und damit dem Sturmgott Seth gleich, der mit dem Wind Regen und mit dem Regen Fruchtbarkeit brachte.

Ramses' Vater Sethos, dessen Name von Seth abgeleitet ist, stellte eine seiner drei Divisionen unter das Namenspatronat des Seth, er zog im 1. Jahr seiner Regierung mit den Divisionen des Amun, Re und Seth nach Palästina. Zur Zeit der 18. Dynastie hatte sich die ägyptische Armee aus den Divisionen des Amun, Re und Ptah zusammengesetzt. Ramses II. kämpfte vor Kadesch wieder mit der von Sethos vernachlässigten Division des Ptah, aber zusätzlich noch mit der (vierten) Division des Seth. Dies erscheint deshalb von besonderer Bedeutung, weil die Divisionen des ägyptischen Heeres jeweils nach den Hauptgottheiten des Reiches benannt wurden.Der Hauptkultort Seths war Ombos beim heutigen Ballas in Oberägypten. Dort hatte Thutmosis I. der tierköpfigen Gottheit einen Tempel gebaut, den Ramses II. einer gründlichen Restaurierung unterzog – mehr noch: Ramses machte Ombos sogar zur selbständig verwalteten Provinz. Er baute seinem Lieblingsgott in der Hauptstadt Ramses einen Tempel, der im Papyrus Anastasi II als im südlichen Teil der Stadt gelegen beschrieben wird. In Matmar zog Ramses einen Seth-Tempel mit Steinen eines ehemaligen Aton-Tempels hoch, und einen weiteren ließ er im oberägyptischen Sepermeru errichten.

Ramses II., der Herrscher über Ägypten und den »Rest der Welt«, hatte Seth zu seinem Lieblingsgott erwählt, weil er für alle ausländischen Belange zuständig war. Seth, der Baalgleiche, trat immer dann in Aktion, wenn ägyptische Interessen die Grenzen des eigenen Landes überschritten. Man kann sich gut vorstellen, daß König Ramses bei seinen heimischen Göttern auf taube Ohren gestoßen wäre, wenn er sich über starke Schneefälle beklagt hätte; für derlei Exotisches war Seth da.

Auf der Hochzeitsstele in Abu Simbel bittet Ramses den »Herrn der fremden Länder« um Schutz für eine ägyptische Expedition, die nach Norden gezogen ist, um eine Hethiterprinzessin an den Nil zu holen. »Seine Majestät überlegte«, heißt es da, »und beratschlagte sich in Ihrem Herzen: Wie wird es denen, die ich ausgesandt habe, wohl ergehen, die zu einer Mission nach Syrien aufgebrochen sind, in diesen Tagen des Regens und Schnees, der dort im Winter fällt. Dann brachte er seinem Vater Seth große Opfer dar und sprach ein Gebet.«[65]

Die Kriegs- und Liebesgöttin Anat

Unter den Göttinnen favorisierte Ramses die phönikische und kanaanitische Göttin Anat. Kein Wunder – Anat war sowohl die Göttin der Liebe und der Erotik als auch eine männermordende Göttin des Krieges. Sie war vor den Ramessiden in Ägypten praktisch unbekannt, doch User-maat-Re baute ihr in Per-Ramses einen Tempel und ließ sich zusammen mit ihr Hand in Hand darstellen: »Ramses, Geliebt von Anat, der Herrin des Himmels, der Herrin der Götter von Ramses«. Anat war für ihn die Versinnbildlichung seiner Lebensauffassung: Sinnlichkeit und Lasterhaftigkeit, Rücksichtslosigkeit und Grausamkeit; sie war das personifizierte Programm eines eitlen und genußsüchtigen Mannes, der keinen zweiten neben sich duldete.

---

65 Siehe auch Seite 297.

Ramses machte sich seine Götter selbst. Diejenigen, die er duldete, erhielten den Zusatz »Gott des Ramses«, also »Amun des Ramses«, »Ptah des Ramses«. Es waren *seine* ureigenen Götter, auch wenn sie in traditioneller Gestalt auftraten. Anat hingegen war neu und genoß schon allein deshalb Präferenz. »Mein geliebter Sohn«, spricht sie auf einer Doppelstatue aus Granit, »ich bin deine Mutter, wegen deiner Trefflichkeit. Ich reiche dir meinen Arm ...« Ramses, mit Königskopftuch und Atefkrone, die Hände züchtig auf den Knien, wird von Anat, die ebenfalls die Atefkrone trägt, in einem langen durchsichtigen Gewand umarmt.

Daß Ramses die göttliche Anat freiwillig als seine Mutter akzeptierte, hatte natürlich rationale Gründe. Dem jugendlichen Pharao imponierte die kriegerische Muttergöttin. Sie sollte ihm ihre Kraft gleichsam mit der Muttermilch eingeflößt haben. Und weil diese Göttin Vorderasien beherrschte, mußte er, Ramses, ebenfalls dieses Gebiet beherrschen. Das wird besonders deutlich auf einer Stele, die an der Heeresstraße von Ägypten nach Vorderasien stand. Ramses opfert darauf dem Seth (Baal), dessen »jungfräuliche Schwester« Anat war. Der nur fragmentarisch erhaltene Text lautet: »Ich, Anat, habe dich geboren wie Seth ... Du erhebst dich als Jungstier, um Ägypten zu schützen. Niedergemetzelt sind alle Feinde durch die Flamme des Herren des Erbes, Ramses, geliebt von Anat, der Herrin des Himmels.«

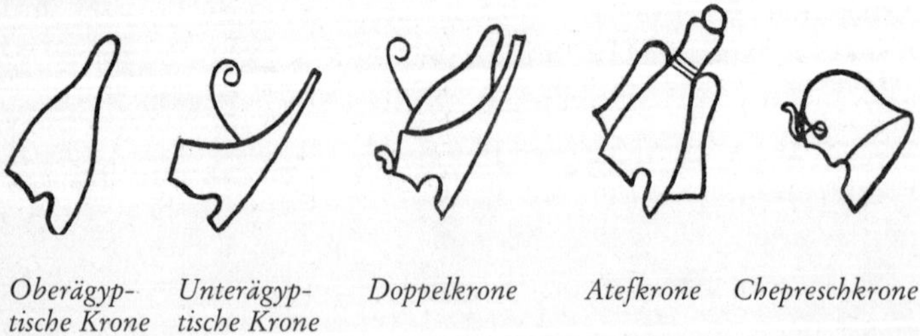

Oberägyptische Krone — *Unterägyptische Krone* — *Doppelkrone* — *Atefkrone* — *Chepreschkrone*

Anat hielt ihre schützende Hand über alles, was dem Pharao nahestand; gewöhnliche Sterbliche kamen hingegen mit ihrem Namen und dem damit verbundenen Kult fast überhaupt nicht in Verbindung. Der Hund Ramses' II. jedoch hieß »Anat beschützt«, der Pharao nahm ihn mit in die Schlacht. Eine von den vermutlich 51 Töchtern des Pharaos – es können aber auch noch mehr gewesen sein – hieß Bent-Anta oder Batti-Anat, »Tochter der Anat«, es war seine Lieblingstochter, und Ramses machte sie zu seiner »großen königlichen Gemahlin«.

Ein ausländischer Götterkult wie der der Anat bedeutete für die heimischen Götter keine Degradierung. Dr. Rainer Stadelmann vom Deutschen Archäologischen Institut in Kairo gibt dazu folgende Erklärung:

»Nach den Vorstellungen der Ägypter besaßen gewisse Gottheiten in den ihnen zugehörigen Gebieten eine besonders hervorragende Machtfülle: Denken wir etwa an Min in der östlichen Wüste und im Wadi Hammamat, oder an Seth, den Herrn der Wüste und der Oasen. Man wandte sich deshalb auch bei Expeditionen dorthin an die betreffenden Gottheiten um ihren Beistand. So mußte es dem Ägypter einsichtig erscheinen, daß in Vorderasien die dort heimischen Gottheiten am mächtigsten waren und daß der Pharao ohne ihre Hilfe und Unterstützung diese Länder nicht beherrschen konnte.«[66]

Und Ramses beschloß Gott zu werden

Doch all diese Götter waren Ramses nicht genug. Den Entschluß, selbst Gott zu werden, faßte er allerdings erst relativ

---

66 Rainer Stadelmann: *Syrisch-Palästinensische Gottheiten in Ägypten*, Leiden 1967.

spät, etwa mit 55 Jahren. Das mag überraschen, denn in diesem Alter war seine Maßlosigkeit in anderen Dingen bereits wieder im Abklingen. Aber so war er eben: Hatte er einen seiner hypertrophen Pläne verwirklicht, dachte er sich sofort einen neuen, gigantischeren aus.

Alle Pharaonen auf dem Horus-Thron glaubten, sie seien Abkömmlinge der Götter; doch dieser fromme Wunsch ging in der Regel nicht so weit, daß ihnen tatsächlich demutvolle Opfer dargebracht werden mußten. Ramses aber, der Große, gab sich mit Lippenbekenntnissen nicht zufrieden. Er wollte zu Lebzeiten das Gefühl erleben, angebetet zu werden, Amun, Re und Ptah gleich. Ramses war nicht der erste und nicht der einzige Pharao, der diese Vergöttlichung eines Sterblichen zelebrierte, aber derjenige, der dies am systematischsten betrieb.

Es war sein Wunsch, daß nicht nur das Volk ihn anbetete er wollte dies auch selbst tun. Also ließ er in den bedeutenden Heiligtümern Ober- und Unterägyptens Statuen aufstellen, deren Gesichtszüge, kaum zu verkennen, die seinen waren, Standbilder, die Unsterblichkeit durch Monumentalität zu demonstrieren versuchten –, die größten, die je im Nilland errichtet wurden. Kolosse kündeten Göttlichkeit, turmhoch; wer lesen konnte, wurde durch weithin sichtbare Textbänder belehrt: »Anbetung dem König und dem Ka des Königs …«

In Abu Simbel, wo um das Jahr 35 seiner Regierung der große Felsentempel seiner Vollendung entgegenging, mußten die Bildhauer die soeben fertiggestellten Wandreliefs ändern; Seine Majestät hatte umdisponiert. Obwohl er ohnehin schon an allen Wänden, Säulen und Türstöcken prangte, bestand Ramses darauf, daß seine Figur noch ein gutes dutzendmal mehr eingefügt wurde, und zwar in alle Götterszenen. Die ramessidischen Bildhauer, seit seiner Namenskonvertierung manchen Kummer gewohnt, vollbrachten dabei wahre Retuschierkunststücke. In eine Opferszene in der zweiten Halle des Felsentempels, die ursprünglich den König Blumen opfernd vor Amun und Mut zeigte, fügten sie zwischen die beiden Götter den vergöttlichten Ramses ein. Um schlanker zu werden, mußte die ursprünglich sitzend dargestellte Göttin Mut aufstehen, dafür durfte der göttliche Ramses sich setzen. In der Hektik vergaß der Künstler jedoch, die unter der Sitzbank hervorschauenden Beine der sitzenden Mut wegzumeißeln; heute haben drei Götter vier Beinpaare – wie menschlich ist das Kunstwerk dadurch geworden!

Die retuschierte Szene zeigt jetzt, wie König Ramses dem Gott Ramses Blumen opfert, flankiert von Amun und Mut. Gott Ramses spricht sogar zu König Ramses (aus Platzmangel sind die nachträglich eingefügten Hieroglyphen etwas zu klein geraten): »Ich gab dir alles Leben, Beständigkeit, Herrschaft und Gesundheit.‹ Für solche göttlichen Sprüche war auf einer korrespondierenden Szene in derselben Halle mit Amun und Isis nicht mehr genügend freier Platz, so daß es bei der Absichtserklärung blieb: »Ich gab dir ...« Schluß.

Der Kult des vergöttlichten Ramses' II. trieb seltsame Blüten. Nicht nur, daß er, der Pharao, sich selbst, dem Gott, Opfer darbrachte; im Tempel Ramses' II. beim Osttor des Karnak-Tempels wurde Gott Ramses als »der einzige, der unsere Bitten erhört«, verehrt. Hier konnten die frommen Ägypter vor seiner Götterstatue Gebete sprechen und Bitten vortragen, die dann, bisweilen, von Ramses – als Mensch – erfüllt wurden.

Der König, seinem Ka opfernd, wurde zum neuen meistgebrauchten Motiv ramessidischer Reliefbildnerei. König und Gott sind einander konfrontierte Figuren. Bisweilen tritt Gott Ramses mit der Sonnenscheibe und Hörnern auf dem Kopf auf, manchmal falkenköpfig mit Mond und Halbmond als Kopfschmuck. Bildhauerbrigaden wurden in alle

Nachdem Ramses beschlossen hatte, ein Gott zu werden, mußten Bildhauer ihn zwischen Amun und Mut hineinzwängen, wie hier in Abu Simbel. Aus der sitzenden wurde eine stehende Göttin Mut, damit Ramses noch Platz hatte. Allerdings vergaß man in der Eile, die Beine der sitzenden Mut wegzumeißeln. Drei Götter präsentieren sich heute mit vier Beinpaaren.

Teile des Landes in Bewegung gesetzt, um die neue Situation ikonographisch zu dokumentieren; wenn möglich, wurde Gott Ramses in bestehende Götterszenen eingefügt, danebengesetzt, darübermodelliert; wenn nicht, schufen die Künstler neue Szenen. Im Tempel von Wadi es-Sebua fügten sie Ramses den Göttern Nechbet, Tefnut und Onuris[67] als Sohn an und gaben ihm seine eigene heilige Barke, den Schrein für sein Götterbild. Als Gott in gleicher Reihe mit Hathor und Ptah stand das Götterbild Ramses' im Allerheiligsten des Tempels von Gerf Hussein. In menschlicher Gestalt, mit Atefkrone oder Sonnenscheibe auf dem Haupt, wurde der vergöttlichte König im Tempel von Ed-Derr dargestellt.

Während die Göttlichkeit von Ramses im großen Tempel von Abu Simbel Dutzende Male abgebildet wurde, geschah

67 Nechbet war die Landesgöttin von Oberägypten; Tefnut, die Schwester des Luftgottes Schu, war das mythische Bild für den Mond; Onuris galt als Träger des Himmels.

dies im kleinen Nofretari-Tempel nur ein einziges Mal. An der Nordwand des Allerheiligsten erscheint Ramses opfernd vor sich selbst und seiner ebenfalls vergöttlichten Lieblingsgemahlin Nofretari, die, als die Szene geschaffen wurde, bereits tot gewesen sein dürfte. Sich selbst Blumen opfernd, fanden die Archäologen Ramses in dem völlig zerstörten Akscha-Tempel, dem letzten, den der Gottkönig in Nubien errichtete und der den Fluten des Nilstausees preisgegeben wurde.

Bruchstücke des Götterwahns

In Luxor, wo Ramses II. einen eigenen Tempelhof samt Pylon, zwei Obelisken, vier sitzenden und zwei stehenden Monumentalskulpturen seiner selbst errichtete, stoßen wir heute an der Ostseite des Tempelzugangs auf Bruchstücke einer der beiden stehenden Ramses-Figuren. Diese trägt Reste einer Beschriftung mit dem gleichen Wortlaut wie die Götterstatuen des Königs in Abu Simbel. Auf einer weiteren Statue in sitzender Haltung – sie ist im Tempelhof zu finden – wird der Pharao ebenfalls als Gott bezeichnet.

Außer in dem bereits erwähnten Ramses-Tempel in Karnak begegnen wir im dortigen großen Tempelkomplex keinem Ramses in Göttergestalt. Selbst auf der großartigen Umfassungsmauer des Tempels tritt Ramses nur als Opfernder auf vor dem »Amun des Ramses«, »Atum des Ramses«, »Re des Ramses« und »Ptah des Ramses«. Ramses opferte sogar vor seinem vergöttlichten Vater Sethos I.

In seinem Totentempel im westlichen Theben kann man hingegen bedeutende Zeugnisse ramessidischen Götterwahns finden. 20 Meter hoch und etwa 1 000 Tonnen schwer war die Ramses-Statue aus rotem Granit, deren Einzelteile noch heute im Ramesseum, dem Totentempel des Pharaos, herumliegen.

Diese Monumentalskulptur war ein Götterbild des verklärten Ramses – von minderer künstlerischer Qualität, aber von magischer Ausstrahlung.

Die Statue trug auf der rechten Schulter unter der von zwei Uräen gesäumten Sonnenscheibe den Götternamen »User-maat-Re-Setepen-Re, Re unter den Herrschern« und auf der linken Schulter die Bezeichnung »Ramses, Geliebt von Amun, Re unter den Herrschern«. Der ägyptische Archäologe Labib Habachi, der die Spuren der Vergöttlichung des großen Ramses untersucht hat, meint dazu: »Es gibt keine Anzeichen in dem Tempel, die bestätigen, daß diese Statue angebetet wurde, aber an anderen Orten wurden Statuen mit demselben Namen angebetet, und eine Figur von dieser Größe muß von den Ägyptern bewundert und wahrscheinlich auch angebetet worden sein.«[68]

Darstellungen, auf denen Ramses II. sich selbst anbetet, sind auch in deutschen Museen zu finden. Die Staatliche Sammlung Ägyptischer Kunst in München zeigt die einen Meter hohe Stele des Wesirs Rahotep, eine vermutlich aus der Stadt Ramses stammende Kalksteintafel, die durch ein waagrechtes Band in der Mitte in zwei Teile geteilt wird. Im unteren Teil kniet Rahotep mit betend erhobener Rechter und preist »Ramses, den großen Gott, der die Bitten der Leute erhört«. Zweimal wird Ramses in dem Preislied »der große Gott« genannt.

Ein leichtes Schaudern ruft die Darstellung in der oberen Hälfte dieser Stele hervor. Hier stehen sich zwei Ramses gegenüber: rechts der Pharao Ramses II. mit blauer Krone unter der von einem Uräus gesäumten Sonnenscheibe, links der Gott Ramses als Kolossalstatue auf einem Sockel stehend. König Ramses opferte sich, dem Gott Ramses, ein Gefäß mit

---

68 Labib Habachi: *Features of the Deification of Ramesses II.*, Abhandlungen des Deutschen Archäologischen Instituts Kairo, Glückstadt 1969.

Wein und eines mit Weihrauch. Weitere Opfergefäße, Salb- oder Weihrauchkegel und Palmenzweige sind auf einem Tisch vor dem Pharao ausgebreitet. Die Erklärung, was Ramses sich hier Gutes tut, ist bis auf das Wort »Machend ...« zerstört.

Als Gott trägt Ramses die Doppelkrone und einen Lendenschurz, er hält einen Siegelstab in der Hand. Seine göttliche Darstellung ist, im Gegensatz zu seiner menschlichen, altmodisch, ohne Perspektive, in der traditionellen Darstellung beider Schultern gehalten. Gott Ramses steht vor einem Rückenpfeiler, wie man ihn bei früheren Statuen häufig antrifft, auf dem überdimensionierte Ohren eingraviert sind – Zeichen der Bereitschaft des Gottes Ramses, die Bitten des Pharaos Ramses zu erhören. In der Tat, es mag Ramses nicht schwergefallen sein, sich seine eigenen Bitten zu erfüllen.

Eine ganze Kollektion ähnlicher Stelen, auf denen Ramses sich selbst anbetet, gelangte über den Kunsthandel in das Hildesheimer Roemer-Pelizäus-Museum. Der Gründer des Ägyptischen Museums, Wilhelm Pelizäus, kaufte zu Beginn des vorigen Jahrhunderts von dem Antikenhändler Maurice Nahman 69 Stelen und Kleinfunde, angeblich aus Horbet. Heute steht fest, daß die Kalksteinstelen im Nildelta gefunden wurden und aus Ramses City stammen. Sie zeigen alle Ramses, sich selbst anbetend.

Silber für den Armeeschreiber Mosi

Das interessanteste Stück dieser Sammlung ist ein der Münchner Rahotep-Stele ähnlicher, doch etwas kleinerer Steinblock des Armeeschreibers Mosi. Diese Tafel ist ebenfalls zweigeteilt. Im oberen Teil sehen wir auf der linken Seite den »Herrn der beiden Länder User-maat-Re-Setepen-Re, Ramses, Geliebt von Amun«, der dem »Ptah, Herr der Gerechtigkeit, König der beiden Länder, der die Bitten erhört« das Maat-Symbol opfert. Rechts steht Pharao Ramses, mit der Linken auf ein dickes Polster gelehnt, am Fenster der Erscheinung, und »der König selbst gibt dem Armeeoffizier Mosi, der zufrieden ist mit dem, was von Seinem Mund kommt, Silber und alle schönen Dinge des Palastes«.

Im unteren Teil der Mosi-Stele wird uns ein turbulentes Spektakel vor Augen geführt: Hier drängt sich hinter dem Armeeschreiber Mosi eine Schar Soldaten. Sie recken die Arme empor, um eines der Geschenke aufzufangen, die Ramses, etwas höher stehend, unter das Volk wirft. Einer kehrt dem Pharao sein Hinterteil zu, um – besser ein Spatz in der Hand als eine Taube auf dem Dach – zu Boden gefallene Kleinigkeiten aufzuheben. Ramses tritt in Gönnerpose hinter einer monumentalen Götterfigur seiner selbst hervor, die den Namen trägt: »Ramses, Geliebt von Amun, Re unter den Herrschern«.

Dieses ramessidische Götterbild scheint einst im Säulenhof oder vor dem Eingang des Tempels in Ramses City gestanden zu haben. Es zeigt, daß Ramses II. es liebte, in Person vor seinem eigenen Götterbild gefeiert zu werden. Labib Habachi kommentiert: »Es scheint, nach der Abfolge der Szenen auf der Stele zu schließen, daß der König die Feier für Mosi und die Armee mit einem Opfer des Maat-Zeichens für Ptah begann, daß er anschließend an das Fenster der Erscheinung trat, um Mosi – vielleicht in Anwesenheit einiger hoher Beamter – auszuzeichnen, und daß er zum Schluß neben der Statue, die ihn als »Re unter den Herrschern« darstellt, erschien, um nochmals an Mosi und die Armee Geschenke zu verteilen.«

Ramses II. sonnte sich im Ruhm seiner selbstverliehenen Göttlichkeit. Er, der Soldatenpharao, der bei seinem Regierungsantritt noch stolz war auf die niedere Herkunft seiner Vorfahren, der vom Glück nahezu verfolgt wurde, der nie et-

Auf der Stele des Mosi steht der Pharao Ramses hinter seiner eigenen Götterstatue (links unten) und nimmt die Huldigungen seines Volkes entgegen (Roemer-Pelizäus-Museum, Hildesheim).

was verkehrt zu machen schien, dessen Selbstbewußtsein ins Unerträgliche wuchs – er konnte nicht anders, er mußte sich zum Gott deklarieren. In der Überzeugung, daß er noch größer, noch bedeutender, noch anbetungswürdiger als je ein Mensch vor ihm war, ließ Ramses diesen Kult pompöser gestalten als je ein Pharao zuvor.

Zehn Könige und Königinnen der ägyptischen Geschichte wurden schon zu Lebzeiten als Götter verehrt. Der erste war wohl der Begründer der 4. Dynastie, König Snofru, dessen Kult noch bis in die 18. Dynastie betrieben wurde. Im Mittleren Reich wurden drei lebende Pharaonen gottgleich verehrt: der erste Mentuhotep, der Theben zur Hauptstadt erkor, Sesostris III., der Nubieneroberer, und Amenemhet III., dessen Vorliebe dem Fajjum-Gebiet galt. Während der 18., 19. und 20. Dynastie verehrten die Ägypter Amenophis I. und seine Mutter Ahmes-Nofretari, Ramses I., Sethos I., Ramses II. und seine Lieblingsgemahlin Nofretari als Götter.

Neben diesen Herrschergestalten fanden bisweilen auch Menschen aus dem Volk göttliche Verehrung. Sie hatten sich durch besondere Leistungen hervorgetan, wie der weise Imhotep, Architekt und Wesir des Pharaos Djoser, der aufgrund seiner Wunderheilungen in Memphis als Gott der Heilkunst angebetet wurde, oder der hochgeachtete Wesir Kagemni unter König Teti (6. Dynastie), der große Krieger und bedeutende Verwalter von Elephantine, Pepinacht (11. Dynastie), oder der Statthalter von Edfu, Isi. Von da an bis in ramessidische Zeit wurden nur noch einem einzigen gewöhnlichen Sterblichen göttliche Ehren zuteil: Das war der Schreiber Amenophis, der Sohn des Hapu, unter seinem Herrn Amenophis III.

Hatten es vor Ramses II. also sogar schon gewöhnliche Sterbliche zu göttlichem Status gebracht, so war dies für User-maat-Re geradezu eine Herausforderung. Wie konnte er, der Allmächtige, seine Allmacht mehr unter Beweis stellen als durch monumentale Bauten und Standbilder! Seine zum Teil unförmigen Kolosse in Memphis, Ramses City, in Theben-Ost und Theben-West, in Abu Simbel sind Ausdruck dieses Geltungsbedürfnisses, plumpe Demonstration des Größer-, Bedeutender-, Göttlicher-sein-Wollens. Wenn Ramses II. zu seinem verstorbenen Vater Sethos I. und dem Großvater Ramses I. in aller Öffentlichkeit Gebete sprach, so nicht aus Demut vor den Ahnen, sondern zur Rechtfertigung seiner eigenen Göttlichkeit, Großvater war eben auch schon Gott.

Ramses und sein göttlicher Erzeuger

Wenn Ramses, der Vergöttlichte, mit einem Gott sprach, dann klang das wie ein Dialog mit seinesgleichen, keinesfalls unterwürfig, wie wir es von Echnaton gewohnt sind. Im Gegenteil, Ramses ließ keine Gelegenheit aus, seine Größe und seine Taten in Erinnerung zu bringen. »Ich bin es, der deinem Herzen wieder und wieder alles Gute tut, wenn ich der einzige Herr bin, wie du es warst, um die Angelegenheiten des Landes zu führen.« So spricht Ramses zu Ptah auf einer Stele in Abu Simbel, deren Text – von einigen ausschmückenden Varianten abgesehen – später von Ramses III. als Pyloninschrift in Medinet Habu übernommen wurde. Selbst für eine Herrscherpersönlichkeit wie Ramses III., dem die Ägyptologen heute ebenfalls den Beinamen »der Große« zu überlassen bereit sind, war User-maat-Re ein Vorbild.

Auf der Abu-Simbel-Stele mit dem »Dekret des Gottes Ptah für den König« wird das Verhältnis von Ramses zu seinem Vater Ptah deutlich. Ptah, der Stadtgott von Memphis in Menschengestalt, mit einem mumienähnlichen Gewand und glattem Schädel dargestellt, war der Schöpfergott, der mit der Macht des Wortes die Welt erschaffen hatte. Ramses sah in Ptah seinen Erzeuger und Erzieher und den Urheber aller seiner Erfolge, die als eine Wechselbeziehung zwischen Gott Ptah und Gott Ramses dargestellt wurden. Bei näherer Betrachtung des Denksteintextes fällt jedoch auf, daß in dem Dialog der beiden Götter Ptah mit Ehrenbezeichnungen und Titulaturen für Ramses nicht geizt, während Ramses eigentlich nur auf seine Leistungen für seinen Erzeuger hinweist.

Die szenische Darstellung auf der Stele von Abu Simbel zeigt Ramses II., wie er vor dem Gott Ptah Syrer und Schwarzafrikaner niedermetzelt. Ptah spricht zu Ramses: »Ich bin dein Vater, der dich als Gott erzeugt hat, um auf meinem Thron König von Ober- und Unterägypten zu sein. Ich befehle dir die Länder an, die ich geschaffen habe. Ihre Großen tragen dir ihren Tribut zu, und sie kommen zu dir mit ihren Gaben – weil deine Macht so groß ist. Die Fremdländer liegen vereinigt unter deinen Sohlen, sie gehören deinem Ka ewiglich, und du bleibst auf ihnen für immer stehen.«

Die Inschrift mit dem Datum des 13. Tages im 1. Wintermonat des Jahres 35 beginnt mit einer Rede Ptahs »an seinen von ihm geliebten Sohn, seinen Erstgeborenen, den göttlichen Gott, den Fürsten der Götter, König Ramses«. Ptah gesteht darin seine Vaterschaft: *Er* habe Ramses gezeugt und von Tempelpriesterinnen aufziehen lassen. Und selbst die Götter Ägyptens seien von der Schönheit dieses Ramses-Knaben begeistert gewesen. Ptah spricht:

»Wenn ich dich sehe, so jauchzt mein Herz, und ich empfange dich in goldener Umarmung. Ich umschlinge dich mit Leben, Dauer und Glück, ich versehe dich mit Gesundheit und Freude, ich bedenke dich mit Jubel, Entzücken, Frohsinn, Lust und Frohlocken. Ich lasse dein Herz göttlich wie das meinige sein … Dein Herz soll klug sein und deine Aussprüche trefflich, und es soll nichts geben, das du nicht wüßtest. Ich habe dich als König der Ewigkeit und als immerwährenden Herrscher eingesetzt und gebe dir mein göttliches

Amt, damit du die beiden Länder als König von Ober- und Unterägypten beherrschst.«

Dann geht Ptah auf den Alltag ein, auf die Vorratshäuser, die Ramses überall im Land errichtet hat, auf die Künstler, die »Herrliches leisten«, und auf die ausländischen Fürsten, die ihre Prinzen an den Hof Ramses' II. schicken, um ihnen die bestmögliche Erziehung angedeihen zu lassen. Wörtlich sagt Ptah:

»Die Großen jeden Landes schenken dir ihre Kinder. Ich befehle sie deinem starken Schwert an, damit du mit ihnen tust, was du willst, König Ramses. Ich setze dein Ansehen in jedes Herz und Liebe zu dir in jeden Leib. Ich setze Schrekken vor dir in jedes Fremdland, und Furcht vor dir durcheilt die Berge; die Großen zittern, wenn sie nur an dich denken. Sie kommen zu dir mit einem einzigen Ruf, um Gnade von dir zu erbitten. Du gibst Leben, wem du willst, und tötest, wen du willst – siehe, der Thron jedes Landes liegt unter deinem Stock. Ich lasse dir alles Herrliche zuteil werden und alle schönen Lobgesänge dir darbringen.«

Abschließend verheißt Ptah dem Ramses »herrliche Wunder«: Der Himmel soll zittern, Berge sollen erbeben, wenn nur der Name Ramses genannt wird: »Dein Name soll gewaltig und herrlich sein für die Ewigkeit!«

Schließlich ergreift Ramses, der göttliche König, das Wort. Er spart sich lange Ehrenbezeigungen für Ptah und meint, er habe der Erziehung des Schöpfergottes alle Ehre gemacht. In der Tat ist die Rede Ramses' II. nichts weiter als ein Selbstlob. Ramses spricht:

»Ich bin dein Sohn, den du auf deinen Thron gesetzt hast, um mir deine Königsherrschaft anzutragen. Du hast mich in deiner Erscheinung und deiner Gestalt geformt und überträgst mir, was du geschaffen hast. Ich bin es, der deinem Herzen wieder und wieder alles Gute tut. Du hast Ägypten von neuem geschaffen; ich will es abermals tun, und die Götter, die aus deinem Leibe entstanden sind, gemäß ihrer Farbe und ihrer Gestalt bilden. Ich habe Ägypten nach ihrem Wunsche ausgestattet und mit Tempeln bebaut. Ich habe dein Haus in Memphis vergrößert, so daß es in ewiger Arbeit mit herrlichen Bauten gegründet ist aus Steinen, beschlagen mit Gold und echten Edelsteinen. Ich schloß deinen nördlichen Vorhof angesichts deiner mit einem prächtigen Pylon ab; ihre Türflügel sind wie der Horizont des Himmels und lassen die Fremden dich anbeten. Ich machte dein ehrwürdiges Gotteshaus innerhalb der göttlichen Mauern. Du wurdest als Statue in der geheimen Kapelle gebildet, auf einem großen Thron sitzend. Ich versorgte dein Götterbild mit Priestern, Propheten, Sklaven, Äckern und Herden und erfreute es durch Gottesopfer und Hunderttausende an allen guten Dingen. Ich feierte ein großes Jubiläumsfest, und du warst es, der es mir anbefahl.

Ich ließ jedes Land die Schönheit meiner Bauten sehen. Ich prägte den Menschen, den neun Bogenvölkern und der ganzen Erde deinen Namen auf. Sie gehören dir ewiglich, denn ich, dein Sohn, habe es befohlen, ich, der Herr der Götter und Menschen, der Herrscher, der Jubiläen feiert wie du, ich, der Träger der beiden Sistren, Sohn der weißen Krone, Erbe der roten Krone, Besitzer der beiden Länder in Frieden, ich, König Ramses.«

Kalte Duschen für die Priester

Der Pharao war die höchste Autorität im Götterkult. Inschriften, Stelen und Götterbilder wurden allein von ihm errichtet oder von einem hohen Beamten oder Hohenpriester, den er selbst dazu autorisiert hatte. Deshalb blieben die Tempeldiener trotz der von ihnen ausgeübten Macht zum größten Teil anonym; sie traten aus ihrer Anonymität nur dann heraus, wenn ein Dekret des Königs sie mit Aufgaben betraute, die eigentlich dem Pharao vorbehalten waren.

Kein Mensch wird je erfahren, wie der Priester hieß, der in den Archiven des Ptah-Tempels von Memphis einen halbzerfallenen Papyrus mit wichtigem mythologischem Inhalt entdeckte. Als dieser Text dann ob seiner Bedeutung in Stein geschlagen wurde, trug er den Namen des Pharaos. Und selbst Dekrete, die den Priestern irgendwelche Rechte verliehen – zum Beispiel das umstrittene Dekret des Königs Djoser für die Priester des Chnum-Tempels auf der Insel Elephantine –, selbst solche Dekrete nannten keine Namen.

Die Religion war Staatsreligion, der Kult lag in Händen einer Landeskirche; Oberhaupt von Staat und Kirche war in Personalunion der Pharao. Die Männer, die das Priesteramt ausübten, waren nicht nur Männer des Glaubens, es waren auch Männer der Wissenschaft und Kunst. Sie genossen einen Professorenstatus, der sie zu Ausbildern der Schreiber machte, aus denen sich der Beamtenapparat des Staates rekrutierte, aber auch zu Lehrern der wohlhabenden, bildungshungrigen Oberschicht, aus deren Reihen hohe Militärs und Staatsdiener kamen.

Schon ihr Äußeres war furchterregend. Im mesopotamischen und im ägäischen Kulturkreis traten die Priester zu dieser Zeit mit friedvoll wallendem Haupthaar und langen Bärten auf. Ägyptens Tempeldiener dagegen agierten verwegen kahlköpfig. »Die Priester rasieren jeden dritten Tag ihren ganzen Körper«, weiß Herodot zu vermelden, und er nennt auch den Grund: »Damit sich weder eine Laus noch anderes Ungeziefer an ihnen zeige, während sie den Göttern dienen.« Ihr Reinlichkeitstick ging so weit, daß sie tagsüber dreimal und nachts zweimal badeten – kalt natürlich. Als Kleidung trugen sie eine ganz bestimmte Tracht aus Leinen, geflochtene Sandalen und zu hochoffiziellen Anlässen ein Pantherfell auf dem nackten Körper.

Wer dank eines reichen Vaters oder überdurchschnittlicher Intelligenz in Priesteramt und -würden stand, der hatte ausgesorgt. Die Tempelpfründe sicherte ihm ein gepflegtes Leben, Fastengebote gab es wenige, Speisevorschriften kaum – wenn man von dem Verbot, Fisch und Hülsenfrüchte zu essen, einmal absieht, »deren Anblick sie nicht einmal ertragen, weil sie glauben, Hülsenfrüchte seien etwas Unreines«[69]. Ansonsten mangelte es den Kahlschädeln an nichts. Jedem stand täglich ein opulentes Mahl mit Rind- und Gänsefleisch zu, dazu frischgebackenes heiliges Brot und Wein, soviel sie eben vertrugen – ein Traum für den gewöhnlichen Sterblichen. Nach Art unserer Klöster beherbergte jeder Tempel eine mehr oder weniger zahlreiche Schar von Priestern, die einem Oberpriester unterstanden. Der Zölibat war der ägyptischen Geistlichkeit fremd. In den Tempeln aber, versicherte Herodot, trieben die Ägypter keinen Geschlechtsverkehr. Wo es denn die Priester dann taten, verschweigt er.

Das Amt der Priester umfaßte neben der Lehrtätigkeit und Verkündigung auch den Opferdienst, bei dem es sich die Ägypter nicht leicht machten. Opferstiere mußten mit dem Prüfstempel eines Experten versehen sein, sonst durften sie nicht dargebracht werden. Herodot behauptet, daß derjenige mit dem Tode bestraft wurde, der einen ungeprüften Stier opferte.

Bevor der Kahlschädel das Opferzertifikat erteilte, untersuchte er peinlich genau das Fell des Tieres. Ein einziges schwarzes Haar kennzeichnete den Stier als unrein. Nach diesem Tauglichkeitstest zog ihm der Gutachter die Zunge heraus, um nach besonderen Kennzeichen an ihr zu forschen. Und schließlich kam es auch noch darauf an, daß die Schwanzhaare »in natürlicher Richtung« gewachsen waren.

---

[69] Herodot: *Historien*, Bd. II. Kap. 37.

Großer Felsentempel von Abu Simbel, unter Ramses II. erbaut. Teilansicht: Kopf einer Kolossalstatue Ramses' II. Im Hintergrund Sonnengott Re. (Photo: akg-images/Erich Lessing)

Eine Namensliste der ägyptischen Könige: In der unteren Reihe Kartuschen mit dem Königsnamen Ramses' II.: User-maat-Re-Setepen-Re. London, British Museum. (Photo: akg-images/Werner Forman)

Ramses II. als junger Mann. Bas-Relief auf einer Kalkstein-Stele. Paris, Louvre. (Photo: akg-images)

Ramses II. ergreift seine Feinde, einen Nubier, einen Lybier und einen Syrer. Relief. Fundort: Memphis. Kairo, Ägyptisches Museum. (Photo: akg-images/Werner Forman)

Großer Felsentempel von Abu Simbel. Gesamtansicht: Kolossalstatuen von Ramses II. (Photo: akg-images/Erich Lessing)

Ramses II. und seine Mutter Tuja. Relief. Kalkstein, Ägyptisch-orientalische Sammlung, Wien, Kunsthistorisches Museum. (Photo: akg-images)

Mumie des Ramses, gefunden 1881 in Deir-el-Bahari, Theben. Kairo, Nationalmuseum. (Photo: akg-images)

Abydos (Oberägypten), Tempel Sethos' I. Innenansicht, Wandrelief »Galerie der Könige« (Liste der Königsnamen von Menes bis Sethos I.; im Vordergrund Sethos I. und sein Sohn Ramses mit Papyrusrolle beim Singen einer Hymne). (Photo: akg-images)

Die Kolossalstatue des Pharaos bei Memphis (Sakkara). Autochrome, um 1912. (Photo: Bildarchiv Preußischer Kulturbesitz)

Kleiner Tempel von Abu Simbel, der Göttin Hathor und Nefertari, der Gemahlin Ramses' II., geweiht, erbaut im 13. Jhd. v. Chr. Außenansicht der Fassade mit sechs über 10 m hohen Standfiguren Ramses' II. und der Nefertari. (Photo: akg-images/Henning Bock)

Goldener Ring von Ramses II. mit Enten als Ziermotiv. Ein Beispiel ägyptischer Kunst aus dem 13. Jhd. vor Christus. Paris, Louvre. (Photo: akg-images/ Erich Lessing)

Linke Seite: Großer Felsentempel von Abu Simbel. Relief im Innern: Ramses II. schlägt seine Feinde. (Photo: akg-images/ Erich Lessing)

Kopf einer Monumental-Statue Ramses' II. im ersten Hof des Amun-Tempels von Luxor, um 1250 v. Chr. (Photo: Bildarchiv Preußischer Kulturbesitz/Dietlinde Karig)

Theben-West (Oberägypten), Ramesseum: Totentempel von Ramses II.; zugleich dem Gott Amun geweiht. Teilansicht: Pfeilerfiguren des Osiris im zweiten Hof. (Photo: akg-images/Erich Lessing)

Wenn ein Tier alle diese Proben bestanden hatte, nahm ein makaberes Zeremoniell seinen Anfang. Der gezeichnete Stier wurde vor den Altar des Tempels geführt, wo bereits das Opferfeuer loderte. Ein Priester goß Wein über das Tier, rief mit erhobenen Handflächen laute Gebete zum Himmel, ein zweiter trat hinzu und rammte dem Stier eine Lanze ins Herz, daß er zuckend zusammenbrach, dann schlug man ihm den Kopf ab, und andere begannen, das Tier zu häuten.

Über dem abgeschlagenen Stierkopf wurden tausend Verwünschungen ausgesprochen. Jedes Unglück, das über die Opfernden oder über das Land hereinbreche, solle über dieses Haupt kommen. Dann warfen sie den verfluchten Stierkopf in den Nil. War gerade ein Markt in der Nähe, auf dem auch Fremde einkauften, so versuchte man, das minderwertige Stück unwissenden Ausländern oder »Gastarbeitern« anzudrehen.

Die Opferzeremonie war mit Fasten verbunden. Nachdem die Bauchhöhle des Tieres ausgenommen war, stopfte der Priester die Eingeweide und das Fett wieder hinein. Schenkel, Steißbein, Schulterblätter und Hals trennte er ab und legte sie auf das Feuer.

Der Rumpf des Tieres erhielt eine Füllung aus reinen Broten, Honig, Rosinen, Feigen, Weihrauch, Myrrhe und anderem Räucherwerk. Das Ganze schmorte unter ständigem Begießen mit Öl auf dem Feuer. Was die Flammen übrigließen, wurde von Priestern und Opfernden gegessen.

Die Ämter des Herrn Bekenchons

Die wichtigsten Männer in der ramessidischen Theokratie waren neben dem Pharao die Ober- und Hohenpriester der verschiedenen religiösen Zentren des Landes. Der Hohepriester Bekenchons, der im Tempelkomplex von Karnak mehrere Gebäude errichtet hat, lebte unter den Königen

Sethos I. und Ramses II.; er war etwa gleichaltrig mit Ramses. Sein Lebenslauf ist auf einem Würfelhocker wiedergegeben, der im Ägyptischen Museum in München zu sehen ist und wohl das bedeutendste Objekt dieser Sammlung darstellt: einen jugendlich wirkenden Mann, der die Beine unter einem langen Gewand angezogen und die Arme über der Brust und den Knien verschränkt hat – eine eigentümliche Statuenform, die seit dem Mittleren Reich üblich war. Dieser Würfelhocker ist an der Vorderseite, auf der Rückenplatte und an den Außenseiten des gestuften Sockels mit Hieroglyphen bedeckt, die alle Ämter aufzählen, welche Bekenchons seit seiner Kindheit bekleidete.

»Ich war«, heißt es da, »vier Jahre lang ein vortreffliches Kind und elf Jahre lang ein Knabe. Ich wurde Vorsteher des Zuchtstalles des Königs Sethos I. Ich war Priester des Amun vier Jahre lang, Gottesvater des Amun zwölf Jahre lang, 3. Prophet des Amun fünfzehn Jahre lang und 2. Prophet des Amun zwölf Jahre lang. Er[70] lobte mich und erkannte mich in meiner Vortrefflichkeit; deshalb ließ er mich siebenundzwanzig Jahre lang 1. Prophet des Amun sein. Ich war ein großer Baumeister in Theben für des Amun Sohn, der aus seinem Leibe hervorgegangen ist, für König Ramses II.

Ich tat Gutes im Amun-Hause und war Baumeister für meinen Herrn. Ich baute den Tempel des Ramses am oberen Tor des Amun-Hauses[71] und errichtete in ihm Obelisken aus Granitgestein, die in ihrer Schönheit bis zum Himmel reichten; und davor eine steinerne Hofmauer mit Weingärten und Bäumen. Ich ließ riesige Türflügel aus Gold anfertigen und große gewaltige Flaggenmasten zimmern, die ich im Vorhof vor dem Tempel aufstellte. Ich zimmerte große Barken für die Nil-Prozession von Amun, Mut und Chons.«

---

70 Gemeint ist Ramses II.

71 In Karnak.

Bekenchons schließt seinen Rechenschaftsbericht mit einer Bitte an die Propheten, Gottesväter und Priester des Amun-Tempels: »Legt Blumensträuße an meiner Statue nieder und besprengt sie mit Wasser. Denn ich bin ein Diener, der seinem Herrn nützlich ist, der schweigen kann, ein aufrichtiger Zeuge im Recht, der die Wahrheit liebt und die Lüge haßt, der seinen Gott groß und bekannt macht – der 1. Prophet des Amun, Bekenchons.«

Die Sitzstatue des Bekenchons trägt eine Signatur des französischen Bildhauers J. Rifaud. Der hatte das Kunstwerk im Jahre 1818 im Auftrag des französischen Konsuls Drovetti ausgegraben. Drovetti, eine der schillerndsten Erscheinungen der Archäologenszene, brachte unschätzbare Werte nach Frankreich, und seine Methoden waren nicht immer die feinsten. Ein hemdsärmeliger Typ, überspielte er seinen archäologischen Amateurstatus durch eigensinnigen Übereifer. Dieser Eigensinn aber kostete Drovetti jenen Entdeckerruhm, den zu ernten er ein Leben lang bemüht war.

Im Jahre 1817 ging Drovetti daran, eine Expedition zusammenzustellen mit dem Ziel, die bis dahin verschollene Königskammer in der Chefren-Pyramide zu entdecken. Die Königskammer der Cheops-Pyramide war bereits gefunden, leer und ausgeraubt freilich. Um so größer war die Neugier, ob man das Chefren-Grab unversehrt finden würde. Französische Gelehrte reisten an, Hilfstruppen von Arbeitern wurden angeworben, Zelte errichtet – doch dann mußte das Unternehmen abgeblasen werden. Drovetti hatte sich mit den Gelehrten über die Leitung des Unternehmens nicht einigen können.

Ein Mann, den Drovetti zeit seines Lebens in Ägypten als Todfeind betrachtet hatte, weil er ihm bei seinen dunklen Ausgräbergeschäften ständig in die Quere kam, zog schließlich Nutzen aus diesem Streit: Giovanni Belzoni. Der aus Italien stammende Wahlengländer investierte seine letzte Barschaft, das waren 200 Pfund, und klopfte mit 80 Arabern, zum Tageslohn von 1 Piaster (4 Pfennige), alle Blöcke sowie die Fundamente der Chefren-Pyramide ab, bis er am 18. Februar 1818 im Fundament der Ostseite den Zugang zu der Kammer fand. Daß die Königskammer, in die er dreißig Tage später seinen Fuß setzte, tausend Jahre zuvor von Arabern ausgeraubt worden war, konnte Belzonis Ruhm nicht schmälern: Die Königskammer in der Chefren-Pyramide wird noch heute Belzoni-Kammer genannt. Drovetti aber blieb außerhalb der Grenzen Frankreichs unbekannt; die Ausgrabung der Bekenchons-Statue war wohl eine seiner größten Leistungen.

Die Vetterleswirtschaft der Oberpriester

Bekenchons war, wie er selbst sagt, ein guter Vater für seine Untergebenen, und er kümmerte sich sogar um ihre Kinder. Das war nicht selbstverständlich: In der Regel lagen den Oberpriestern nämlich nur die eigenen Familienangehörigen am Herzen. Oberpriester konnte man nicht werden, man war es durch Geburt. Eine granitene Doppelstatue aus Abydos, die den Oberpriester Meri und seinen Sohn Wennofer darstellt, ist mit Hieroglyphen übersät, und mehr als zwanzig Namen geben einen Einblick in die Familienverhältnisse der beiden. Meri war unter Sethos I. Erster Oberpriester von Abydos, Wennofer bekleidete dieses Amt unter Ramses II. Meri lebte mit einer Frau namens Maiany zusammen, Wennofers Frau hieß Tiy, er hatte fünf Söhne und fünf Töchter. Die Genealogie der Oberpriesterfamilie von Abydos läßt sich bis auf Hat zurückverfolgen. Hat war Meris Vater, Wennofer Meris Sohn. Wennofers Sohn Hori war Kammerherr bei Ramses, der Sohn Juju wurde ebenfalls Oberpriester, und dessen Sohn Wennofer II. avancierte am Ende der 19. Dynastie zum Oberpriester der Isis.

Wennofer bekleidete das Amt des Oberpriesters mindestens bis in das Jahr 42 der Regierung Ramses' II. Dieses Jahr nennt jedenfalls eine von ihm in Abydos errichtete Stele. Sie beweist auch, daß »der erste Prophet des Osiris« es verstanden hat, hohe Staatsämter unter seinen Verwandten und Freunden aufzuteilen. Der Text des Denksteins nennt seinen Bruder Parahotep als Wesir und Bürgermeister von Theben, seinen Bruder Minmose als Oberpriester des Onuris und Schwiegervater Keni als Aufseher der Kornspeicher von Ober- und Unterägypten: Vetterleswirtschaft im 13. Jahrhundert v. Chr.

Welche Macht einem Oberpriester wie Wennofer gegeben war, wird erkennbar, wenn wir die verschiedenen Ämter und Würden dieses Mannes einmal näher betrachten. Wennofer nannte sich schlicht »Prophetenvorsteher aller Götter von Abydos«. Das bedeutet, er hatte die Aufsicht über alle »Propheten« (Priester) aller Tempel von Abydos. Als »Amtmann des Osiris« war Wennofer oberster Verwaltungsbeamter der Tempelstiftung, also Lehensherr, Gutsverwalter, Landvogt, Zinseintreiber, Vermögensverwalter. »Ramses setzte«, so lesen wir in der Weiheinschrift im großen Tempel von Abydos, »den Festbedarf an Äckern, Leuten und Viehherden fest. Er ernannte Priester für ihre Dienste und einen Propheten zum Träger des Götterbildes. Auch das große Vermögen in Ober- und Unterägypten unterstand dem Amtmann.«

Daß der Landbesitz sich nicht nur aus ein paar bescheidenen Feldern zusammensetzte, zeigt ihre Lage in Ober- und Unterägypten. Wennofer muß wohl die Hälfte des Jahres in amtlicher Funktion unterwegs gewesen sein. Es erscheint fast unglaublich, daß er noch ein weiteres Amt innehatte, nämlich das eines Sem-Priesters des Sokar-Hauses. In dieser Funktion oblag ihm der ganz gewöhnliche Tempeldienst in der Sokar-Kapelle des Osiris-Tempels von Abydos.

Es ist daher verständlich, daß er seine Söhne zu seiner Arbeitsentlastung heranzog. Außer Juhu, seinem designierten Nachfolger, setzte Wennofer einen weiteren Sohn, Siese, als 2. Propheten des Osiris ein und einen dritten als Vorlesepriester. Damit war die Familie ausreichend versorgt; sogar die weitere Verwandtschaft saß bereits in höchsten Ämtern.

Bruder Nibamun war schon unter Sethos I. Wesir von Memphis gewesen, ein weiterer Bruder, Parahotep, hatte es ebenfalls zum Wesir gebracht, und ein dritter, Minmose, wurde Hoherpriester des Onuris in der Gauhauptstadt Thinis. Obwohl alle drei als »Brüder« bezeichnet werden, dürfen wir annehmen, daß sie nicht leibliche Brüder waren, sondern wohl Neffen oder Vettern; auf jeden Fall waren sie versorgt.

Der Ägyptologe Hermann Kees hat eine Untersuchung über die Priester im Neuen Reich geschrieben; er meint zu den verwandtschaftlichen Verhältnissen des Wennofer: »Mag es mit der genealogischen Genauigkeit solcher Angaben recht fragwürdig stehen, sicherlich stützte sich die Familie auf Beziehungen zu den höchsten Würdenträgern, und ihrem Einfluß verdankt sie die Behauptung in der leitenden Stelle ihres berühmten Heiligtums.«[72]

Karriere hinter Tempelmauern

Das Grab des Minmose, des Onuris-Oberpriesters aus Thinis, gibt leider keinerlei Aufschluß über seine Familienverhältnisse und seine Herkunft. Kees sagt: »Vor allem gilt dies für den Versuch, den Vater des Minmose, Hori, der bereits Hoherpriester des Onuris war, durch Gleichsetzung mit dem Hohenpriester des Onuris, Hori, dem Sohn des Hohenprie-

---

72 Hermann Kees: *Das Priestertum im Ägyptiscben Staat,* Leiden–Köln 1953.

sters des Amun (nicht des Osiris!), Wennofer, an dessen Stammbaum anzuhangen, so daß Hori zum Vater des Wesirs Parahotep und zugleich zum Stiefvater des Hohenpriesters des Osiris, Wennofer, wird. Will man außerdem noch den Hohenpriester des Min und der Isis von Achmim, Minmose, als wirklichen Bruder des Hohenpriesters des Amun, Wennofer, mit einbeziehen, dann erhält man eine ganze Gruppe verwandtschaftlich verbundener Männer, die die ersten Priesterstellen in Theben, Achmim, Abydos, Thinis, ja sogar in Heliopolis und Memphis innehatten.«

Minmose stand seinem »Bruder« Wennofer in Ämtern und Würden kaum nach. Als Onuris-Oberpriester nannte er sich »Sem, größter der Schauenden [Priester] in Thinis«. Onuris war der Gott der Stadt Thinis, der in der Funktion des Himmelsträgers erscheint und im Neuen Reich oft mit Schu, dem Luftgott, der den Himmel von der Erde trennt, gleichgesetzt wird. Minmose trug deshalb auch noch den alten höfischen Titel »Kammerherr von Schu und Tefnut«. Tefnut, die Schwester des Schu, ist das Mondauge und zählt wie ihr Bruder zu den Urgöttern von Heliopolis. Minmose tat aber nicht nur für Onuris Dienst, als Gelehrter war er auch »königlicher Schreiber und oberster Vorlesepriester Seiner Majestät«. Als Vorlesepriester von Ramses II. hatte Minmose keine liturgische Funktion, seine Aufgabe bestand vielmehr in der Vorbereitung von Festlichkeiten und in der strengen Beobachtung des Kalenders, auf daß kein Fest ausgelassen wurde.

Noch zu Lebzeiten setzte Minmose seinen Sohn als 2. Propheten des Onuris ein, doch scheint diesem keine lange Amtszeit beschieden gewesen zu sein, so daß es ihm nicht möglich war, der Verwandtschaft lukrative Posten zu verschaffen. Nicht einmal für seine Nachfolge hatte er gesorgt. So geschah gegen Ende des 13. Jahrhunderts v. Chr. etwas ganz und gar Ungewöhnliches: Ein Mann ohne Beziehungen, ein Mann ohne reichen, heiligen Vater, Bruder oder Vetter, ein Mann ohne Stammbaum wurde Oberpriester.

Dieser Mann hieß Onhurmose, er war der Sohn eines armen thebanischen »Rekrutenschreibers des Landesherrn«. Er hatte zwei Frauen, aber trotzdem keinen Sohn. Das Amt, das er, der Emporkömmling, sich mit Intelligenz und Fleiß erarbeitet hatte, er konnte es nicht vererben. »Ich war«, sagt Onhurmose, »schon als entwöhntes Kind wacker, als Kind geschickt, als Knabe erfahren, als Armer kundig. Ich war ein Armer, der in die Schule aufgenommen wurde ohne Unregelmäßigkeit, einer, der hinsieht und findet, was er sucht.«

Er wurde Schreiber auf einem Kriegsschiff, später Schreiber bei der Kavallerie und schließlich, wie sein Vater, Rekrutenschreiber und diente sich die Beamtenlaufbahn hoch. Er war Dolmetscher des Pharaos und einer, »der das Herz des Königs erfüllt«, er brachte es sogar zum »Vorsteher der Arbeiten bei jedem seiner Werke«. Als Baukommissar des Königs hatte Onhurmose eine Position inne, in der ihn nicht nur seine untergebenen Arbeiter und Lieferanten hofierten; auch die Priesterschaft war dem königlichen Baukommissar zugetan. Onhurmose brachte es zum Priester in Theben und bald darauf zum Oberpriester in Thinis; dort leitete er die Bauarbeiten am Tempel der löwengestaltigen Göttin Mehit.

Der Pharao schreitet zum Opfer

Die Priester wurden vom Mann auf der Straße bewundert und gefürchtet. Andererseits war es aber diesen bedeutenden Männern nicht gestattet, den Pharao in das Tempelinnere zu begleiten. Der gemeine Mann durfte den Pharao sogar nur an Festtagen schauen, wenn dieser zum Gottesdienst in den Tempel kam. Dann konnte man im Vorhof der geheiligten Stätte den Herrscher opfern sehen, bis er inmitten der Priesterschar in den Tempel entschwand, und je näher der Pharao an das Allerheiligste kam, desto kleiner wurde das Häuflein der Privilegierten. Das Allerheiligste zu betreten war nicht einmal dem Oberpriester gestattet. Ein Siegel verschloß den Zugang zum Heiligtum, nur der Pharao durfte es lösen. Theatralisch unterzog sich Ramses rituellen Waschungen, Räucherungen und Salbungen, die er anschließend auch der Götterstatue angedeihen ließ. Neben Waschungen wurden dem meist aus Gold gefertigten Gott auch Speise und Trank zuteil, dann versiegelte der König das Allerheiligste. Kein Sterblicher sollte es bis zum nächsten Besuch des Pharaos betreten. Die Zahl der Götter und Tempel war im Alten Ägypten jedoch weit größer als die der Tage des Jahres, deshalb mußte der König, wollte er den einen oder anderen Gott nicht verärgern, den Kult zwangsläufig delegieren. Und dafür waren Hohepriester und besondere Abgesandte ausersehen.

Es ist auffallend, wie wenig das gemeine Volk an den religiösen Feiern aktiv beteiligt war. Die hohen Festtage des Jahres mobilisierten zwar die gesamte Bevölkerung, doch beschränkte sich ihre Mitwirkung meist aufs Zusehen. Der Götterkult der alten Ägypter kennt keine Diener der Götter außer den Pharao, selbst die Priester sind nur Gehilfen. Der gemeine Mann ist weder glaubens- noch erlösungsbedürftig.[73] Das tat der Religiosität des Volkes jedoch keinen Abbruch, im Gegenteil. Schon die Namensgebung war ein tief religiöser Akt. Die Kinder wurden in enge Beziehung zur Gottheit ihrer Stadt gesetzt, indem sie Meri-Re, Meri-Ptah (»Geliebt von Re«, »Geliebt von Ptah«) oder Sat-Amun, Sat-Bastet (»Tochter des Amun«, »Tochter der Bastet«) genannt wurden. Dabei erhielten nicht nur die großen Götter des Landes ihren Tribut: Psannebtiche war »der Sohn des Herrn

---

73 Günther Roeder: *Einleitung zu Urkunden zur Religion des Alten Ägypten*, Jena 1915.

der Trunkenheit«, Sammhotep »der Sohn des Imhotep«, Mahusa »der wild blickende Löwe«, nach dem Löwengott der Stadt Leontopolis.

Tierköpfe, die als Zierde aller möglichen Gebrauchsgüter vorkamen, waren nicht nur Schmuck, sondern hatten meist auch religiöse Bedeutung. Der Kopf eines Falken als Deckengemälde, am Halskragen oder an der Pektorale (Brustschmuck) beschwor die Anwesenheit Res herauf; ein Löwen- oder Katzenkopf am Sistrum oder an einer Harfe signalisierte die Gesellschaft der Bastet, der Göttin der ausgelassenen Freude.

Persönliche Vorhaben und allgemeine Projekte wurden nur unter guten Auspizien ins Werk gesetzt. Horoskope, die Priester und Zauberer stellten, waren der verkündete Wille der Götter. Wenn man am 22. Tag des Überschwemmungsmonats Thot keinen Fisch essen, ja nicht einmal eine Lampe mit Fischtran anzünden durfte, so deshalb, weil an diesem Tage Re irgendwelche Feinde vernichtet hatte, die zu Fischen wurden. An Schalttagen ruhte die Arbeit: Schalttage standen unter schlechtem Omen. Nur 190 von den 360 Tagen des ägyptischen Jahres galten als aussichtsreich, 132 waren Tage, an denen man am besten im Bett blieb, und 38 Tage waren »durchwachsen«.

Der gemeine Mann wandte sich in seinen privaten Gebeten höchst selten direkt an die großen Götterpersönlichkeiten, sondern vielmehr an »die Götter von Ober- und Unterägypten« allgemein, an den Gott seines Gaues oder die Götter schlechthin.

Die Mysterien der hohlen Kuh

Ruhm und Ansehen dieser Götter zu vermehren, ihren Kult zu pflegen, prunkvolle Feste zu veranstalten und »Wunder« zu inszenieren, das war Sache von Priestern, die der Wissenschaft ebenso wie dem Obskuren verschrieben waren. Auch unter Ramses II. blühten die Geheimkulte. In jedem Gau gab es einen »Obersten des Geheimnisses«, einen Priester, der die örtlichen Mysterien leitete. In Sais, der Hauptstadt des 5. unterägyptischen Gaues, deren spärliche Ruinen am rechten Ufer des Rosette-Arms im Nildelta nahe dem Dorf Sa el-Hagar liegen, herrschte zwar die kriegerische Göttin Neith. Die dort stattfindenden Mysterien vollzogen aber die friedliche Entstehung der Sonne aus dem Urmeer nach. Der persische Großkönig Kambyses nahm bei der Eroberung Ägyptens 525 v. Chr. noch an diesen Mysterien teil. Herodot, der 75 Jahre später ebenfalls nach Sais kam, erzählt von einem heiligen See, auf dem sich die Mysterien abspielten.

Zu dieser Zeit wurden in Sais aber auch die Leiden des Osiris, seine Zerstückelung und Wiedergeburt nachvollzogen. Die Ägypter, schreibt Herodot, zündeten in einer bestimmten Nacht Öllampen an, nicht nur in Sais, wo das Spektakel der Sonnengeburt stattfand, sondern in ganz Ägypten.

Wenn es eine Hochburg des Mysteriösen und Okkulten gab, dann war das Sais. Hier zeigte man noch um die Mitte des 1. vorchristlichen Jahrtausends eine lebensgroße goldene Kuh, in deren Innern die Tochter des Königs Mykerinos bestattet gewesen sein soll. Dieser Sarkophag, der Tag und Nacht beräuchert wurde, stand nicht in einer Gruft, sondern in einem prachtvoll ausgestatteten Palastraum. In einem Nebenraum waren zwanzig lebensgroße, nackte Frauengestalten aufgestellt, denen sämtlich die Hände fehlten. Selbst Herodot hielt es jedoch »für Geschwätz«, was ihm über die Hintergründe dieser Szene berichtet wurde. Danach hatte König Mykerinos seine eigene Tochter vergewaltigt. Aus Gram darüber hängte sich das Mädchen auf. Den Dienerinnen der Königstochter, die das schändliche Tun des Pharaos nicht verhindert hatten, ließ die Königinmutter zur Strafe die Hände abhacken. Die Königstochter aber, deren letzter Wunsch es gewesen sei, einmal im Jahr die Sonne zu sehen, sei von ihrem reumütigen Vater in einer hohlen Kuh bestattet worden; und einmal im Jahr, an den Mysterien des Osiris, wurde diese Kuh aus dem Palast getragen, damit sich die Sonne in ihrem Gold spiegeln konnte.

Zu reinen Orgien haben sich im Laufe der Jahrhunderte die Mysterien von Bubastis entwickelt, einer Stadt im Nildelta, nahe dem heutigen Zagazig, deren Denkmäler bis in das Jahr 2600 v. Chr. zurückgehen. Bubastis heißt »Haus der Bastet«, und Bastet war die katzengestaltige, freundliche Gegennatur der Löwengöttin Sachmet, eine Göttin, die zahlreiche Wandlungen durchgemacht hat, bis sie zu einer geheimnisvollen Kraft des Zeugens und Empfangens wurde.

An den Feiertagen der Bastet kamen Hunderttausende von Frauen und Männern – die Kinder mußten ob des pikanten Geschehens zu Hause bleiben – in Schiffen nilabwärts gefahren, bis zu siebenhunderttausend, vermerkte Herodot. Schon auf den Schiffen floß Wein in Strömen, und an diesen Tagen soll mehr getrunken worden sein als im ganzen übrigen Jahr. Ekstatische Klänge von Klappern und Rasseln, die von tanzenden Frauen geschlagen, und das aufreizende Gedudel von Flöten, die von Männern gespielt wurden, schallten vielhundertfach über den Nil. »Wenn sie auf der Fahrt in einer anderen Stadt eintreffen«, berichtete Herodot, »nähern sie sich mit ihrem Fahrzeug dem Ufer und machen folgendes: Die einen Frauen tun, was ich angegeben habe, andere aber verspotten laut rufend die Frauen in dieser Stadt, wieder andere tanzen oder stehen auf und heben ihre Kleider in die Höhe. Das tun sie bei jeder am Fluß gelegenen Stadt.«

Die lüsternen Frauen von Bubartis

Die Schiffe der Orgienpilger konnten in Bubastis das Heiligtum über ein 30 Meter breites, von Bäumen beschattetes Kanalsystem erreichen. Das Heiligtum war nicht groß, kaum 200 Meter im Quadrat, aber heimelig und von einem Hain mit sehr hohen Bäumen umstanden, der von der ganzen Stadt aus, die sich ringförmig aufgeschüttet um das Heiligtum erhob, eingesehen werden konnte. Hier fanden Massenorgien statt, die selbst die Römer hätten erbleichen lassen, und es waren vor allem die Frauen, die die Initiative ergriffen und über die Männer herfielen. Der religiöse Ursprung dieses Freudenfestes war vergessen.

Wer außerhalb der Orgienzeit nach Bubastis kam, brachte seine tote Katze in eines der dafür vorgesehenen heiligen Häuser, wo diese einbalsamiert und bestattet wurde. Hunde konnten in der Heimatstadt beigesetzt werden, Spitzmäuse und Habichte fanden in Buto ihre ewige Ruhe.

Buto, heute Tell el-Farain, im nordwestlichen Nildelta, war schon in vor- und frühgeschichtlicher Zeit ein religiöser Mittelpunkt und Sitz eines Geheimkultes: Nach dem Mythos waren die Sümpfe von Chemmis bei Buto der Ort, an dem Horus aufwuchs und vor den Nachstellungen des bösen Seth geschützt wurde. Buto, das seit 1965 von der Londoner »Egypt Exploration Society« ausgegraben wird, war vor allem durch seine Orakelstätte berühmt.

In Papremis, einer nicht genau lokalisierbaren Stadt, vermutlich im mittleren Delta, die Schu geweiht und ein heiliger Ort der Flußpferde war, wurde in religiöser Ekstase ein Mysterienfest begangen, an dem Herodot, obwohl er Grieche war, teilnehmen durfte. Bei diesem Kultfest wurden offensichtlich Menschen umgebracht. Jedenfalls berichtet das Herodot als Augenzeuge. Und wer weiß, mit welchen Vorbehalten er sonst das Geschehen der Geheimkulte kommentierte, kann nicht umhin, an die Zuverlässigkeit seiner Schilderung zu glauben. Herodot berichtet:

»Sobald sich die Sonne dem Untergang neigt, sind einige wenige der Priester um das Götterbild beschäftigt; die meisten von ihnen aber stehen, Holzkeulen haltend, am Eingang des Tempels, und andere, die Gelübde vollbringen, mehr als tausend Männer, stehen, ebenfalls Holzkeulen haltend und auch sie zusammengeschart, auf der anderen Seite. Das Götterbild, das sich in einem kleinen vergoldeten Holztempel befindet, bringen sie schon am Tag zuvor in ein anderes heiliges Gebäude. Die wenigen nun, die bei dem Bild zurückgeblieben sind, ziehen einen vierrädrigen Wagen, der das Tempelchen und das in ihm befindliche Götterbild trägt, aber die in dem Vorhof Stehenden wollen es nicht hineinlassen; die jedoch, die die Gelübde darbrachten, helfen dem Gott und schlagen auf jene los; die aber wehren sich. Da gibt es denn eine mächtige Schlacht mit den Holzkeulen; sie zerschlagen sich die Köpfe, und viele, wie ich glaube, sterben sogar an ihren Wunden; die Aigyptier jedoch leugnen, daß jemand dabei sterbe.«

Diese Mysterien gingen auf folgenden Mythos zurück: In dem Tempel soll die Mutter des Schu gewohnt haben, und Schu, fern von der Mutter aufgewachsen und zum Mann geworden, kam und begehrte seine Mutter. Die Diener, die Schu aber nicht kannten, ließen ihn nicht zu ihr. Da holte sich Schu eine Schar kräftiger Männer aus einer anderen Stadt und überwältigte die Diener. Die alljährlich nachvollzogene Schlägerei mit tödlichem Ausgang fand also zu Ehren des Schu statt.

Wenn man von den Mysterien Ägyptens spricht, darf man Busiris nicht vergessen, die Hauptstadt des 9. unterägyptischen Gaues, das heutige Abusir. Auch dort, in der Heimat des Gottes Osiris, spielten sich Mysterien zu Ehren des Totengottes und seiner Schwestergemahlin Isis ab. Hier zeigte man etwa das gleiche Schauspiel wie in Abydos: die Klagen von Isis und Nephthys an der Leiche des Osiris, das Einsammeln der Leichenteile und die Formung einer Osiris-Figur aus fruchtbarer Erde, eine makabere Show; doch diese Spiele waren beliebt und geschätzt.

»Brot und Spiele« – das war die Maxime des großen Ramses, mehr als tausend Jahre, bevor die römischen Cäsaren ihr Volk damit bei Laune hielten. Ein sattes Volk, das wußte Ramses, ist ein zufriedenes Volk; aber glücklich ist es erst, wenn es Idole hat. Die Götter der Ägypter waren Idole; doch er selbst, mitten unter ihnen, war zweifellos das größte.

Das Hethiterreich zur Zeit Ramses' II.

VII

Zwei Feinde schließen Frieden

Als Seine Majestät in der Stadt Per-Ramses weilte,
kamen des Königs Boten mit einer Tafel aus Silber,
die der große Herr von Chatti, Chattusil,
dem Pharao bringen ließ, um Frieden zu erbitten.
Aus dem Friedensvertrag mit den Hethitern
im Tempel von Karnak

Jeder der Partner will – das Prestige mußte gewahrt werden –
nur dem Drängen des anderen nachgegeben haben;
die ägyptische Version behauptet,
der Hethiterkönig Chattusil
habe Unterhändler nach Ägypten gesandt,
um von Ramses II. Frieden zu erbitten;
nach der hethitischen Version dagegen war die
Initiative zum Vertrag von Ramses ausgegangen.
John A. Wilson, Archäologe

Die Schlacht bei Kadesch muß Ägyptern wie Hethitern das letzte abverlangt haben; denn obwohl Ramses in den folgenden fünf Jahren die Vasallen der Hethiter ständig wie ein Wolf die Schafherde umkreiste, mieden Hethiter wie Ägypter die direkte Konfrontation. Offiziell befanden sie sich noch immer im Kriegszustand. Kadesch, die erste Schlacht, die für die Ägypter nicht siegreich ausgegangen war, hatte das Ansehen des Pharaos bei den Grenzvölkern im Norden geschwächt und den plündernden Nomadenstämmen in Palästina Mut gemacht. Ramses mußte die alte Hafen- und Handelsstadt Askalon, nahe dem Gazastreifen, eine der fünf Philisterstädte aus biblischer Zeit, von Beduinen zurückerobern. Grabungen in Askalon, das 1949 von Israel neu gegründet wurde, haben gezeigt, daß Ramses dabei radikal vorgegangen sein muß und die Stadt zum größten Teil in Schutt und Asche gelegt hat.

Viele der korrupten Palästinenserfürsten hatten sich in der Zwischenzeit wieder auf die Seite der Hethiter geschlagen; das Beispiel des Amurru-Fürsten Benteschina hatte sie abgeschreckt. Benteschina, dessen zweimaliger Wechsel von den Hethitern zu den Ägyptern und wieder zurück die Schlacht bei Kadesch ausgelöst hatte, war als unsicherer Kantonist von den Hethitern abgesetzt, in die Verbannung geschickt und durch einen Mann namens Sabili ersetzt worden. Trotzdem warteten die Palästinenser jetzt vergeblich auf Hilfe aus Chatti, wenn Ramses kam und einen ihrer Stadtstaaten unterjochte.

Im Jahre 8 seiner Regierung, also drei Jahre nach der Kadesch-Schlacht, erschien Ramses wieder einmal an der hethitischen Grenze, in Amurru, und eroberte eine heute nicht mehr lokalisierbare Stadt namens Ipr südlich von Aleppo zurück. Die Stadtfürsten hielten den Atem an: Würde der Hethiterkönig sich diese Provokation gefallen lassen? Eine neue, große Auseinandersetzung zwischen Hethitern und Ägyptern lag in der Luft. Doch der »Elende von Chatti« ließ sich nicht provozieren. In Chatti war nicht mehr Muwatallis König – seine Spuren verlieren sich bereits im Jahre der Kadesch-Schlacht (1286). Sein Nachfolger trug den Namen Urchiteschup; sieben Jahre regierte er die Hethiter, und er war es wohl auch, der Furcht hatte, Ramses die Stirn zu bieten.

Zehn Jahre lang – vom Beginn seiner Regierung im Jahre 1290 bis zum Jahre 1280 – hatte Ramses an der Südgrenze Chattis militärische Aktionen provoziert, Kleinstaaten erobert oder Stadtfürsten zur Gefolgschaft gezwungen; dann schien er mit dem Grenzverlauf zufrieden, und er zog seine Truppen zurück. Eine Inschrift an der Mündung des Nahr el-Kelb, datiert im Jahre 10 seiner Regierung, ist das letzte Zeugnis, das Ramses bei seinen asiatischen Eroberungszügen hinterlassen hat. Der Krieg zwischen Ägyptern und Hethitern, von beiden begonnen, um den Gegner zu vernichten, war im Sand verlaufen.

Josef Sturm sagt über das für beide Seiten unrühmliche Kriegsende: »Den Grund für das Aufhören des Kampfes können wir beim heutigen Stand unseres Wissens nicht feststellen. Kriegsmüdigkeit wäre ja zur Not eine Erklärungsmöglichkeit. Vielleicht dachte Ramses, auf den als den angreifenden Teil der Stillstand des kriegerischen Handelns hauptsächlich zurückgeführt werden muß, daß seine militärischen Erfolge vollauf genügend seien, um beim etwaigen Abschluß eines Friedens vorteilhafte Bedingungen zu sichern; vielleicht hielt er auch den Kulminationspunkt seines Vordringens für bereits überschritten. Beweisbar ist das alles leider nicht.«[74]

Die Initiative zum Friedensschluß mit den Ägyptern kam von hethitischer Seite nach der Ablösung von König Urchiteschup durch Chattusil. Er hätte eigentlich ohne Emotionen und Ressentiments in Verhandlungen eintreten können, denn *er* hatte ja nicht gegen Ramses gekämpft. Ein Friedensvertrag zwischen Chatti und Ägypten hätte dem Hethiterkönig als Akt der Vernunft, keinesfalls als Zukreuzekriechen, erscheinen müssen. Doch ursprünglich war Chattusil dem Ägypterkönig durchaus nicht zugetan – im Gegenteil. Um ein Haar wäre es zwischen den beiden sogar zu einem Krieg gekommen, aus dem Ramses nur als Verlierer hätte hervorgehen können, weil Hethiter *und* Babylonier seine Gegner gewesen wären. Und das kam so …

---

[74] Josef Sturm: *Der Hethiterkrieg Ramses' II.*, Wien 1939.

Der streitbare Onkel aus Chatti

Muwatallis' Nachfolger war der Sohn einer Nebenfrau – zum Ärger von Muwatallis' jüngerem Bruder Chattusil. Dieser Chattusil – kränkelnd, aber machtbesessen – hatte sich Hoffnungen auf die Königswürde gemacht. Er war ein einflußreicher Mann in Chatti, Priester der Göttin Ischtar von Schamucha und Kleinkönig von Hakmisch an der Nordgrenze des Reiches. Dort hatte er die hethitischen Grenzpfähle weit über den bisherigen Machtbereich vorgeschoben, die Stadt Nerik erobert und zahlreiche Kaschkäerstämme unterjocht. Als Muwatallis aufgrund der ständigen Attacken Ramses' II. seine Residenz Chattuscha verlassen und sich weiter südlich im »unteren Land«, in Dattaschscha, angesiedelt hatte, da hatte Chattusil schon Vorbereitungen getroffen, um sich als König in Chattuscha zu etablieren. Muwatallis aber hatte diesen Plan zweimal mit einer gerichtlich erwirkten Einstweiligen Anordnung gestoppt.

Auf Anraten der Großen des Reiches verlegte Urchiteschup die hethitische Hauptstadt wieder zurück nach Chattuscha, und damit zog er sich die offene Feindschaft seines Onkels Chattusil zu, der die Hoffnung auf den Thron von Chatti noch nicht aufgegeben hatte. Zwischen Onkel und Neffe kam es zum offenen Bruch, jeder von beiden versuchte, seinen Macht- und Einflußbereich zu vergrößern. Urchiteschup nahm seinem Onkel einen Kleinstaat nach dem anderen weg; zum Schluß blieben ihm nur noch Hakmisch, seine Residenz, und Nerik, seine Tempelstätte. Daraufhin brachte Chattusil die Kaschkäer gegen seinen Neffen auf, eroberte Chattuscha, nahm Urchiteschup gefangen und schickte ihn nach Schamucha in die Verbannung, wo er »wie ein Schwein« leben mußte, und wies ihn schließlich nach Nuchaschsche in Syrien aus.

Im Exil muß es Urchiteschup gelungen sein, seinen Bewachern zu entfliehen und sich nach Ägypten durchzuschlagen, wo er Ramses um politisches Asyl bat. Chattusil wiederum schrieb Ramses einen Brief, in dem er die Auslieferung des Flüchtlings forderte; der Pharao aber reagierte nicht. Als der Hethiter nun zornentbrannt seinen babylonischen Kollegen, den König Kadaschman-Enlil, um Beistand bat, beantwortete der das Ersuchen mit dem Abbruch der diplomatischen Beziehungen zwischen Babylonien und Ägypten und mit einem Militärhilfeangebot für Chatti.

Wie ernst die Situation damals war, wie nahe Ramses am Rande eines unabwendbaren Krieges gegen Hethiter und Babylonier stand, das zeigt ein Ausschnitt aus dem Brief, den der Hethiter Chattusil dem Babylonier Kadaschman-Enlil schrieb:

»Als Dein Vater und ich Freundschaft schlossen und zu Brüdern wurden, da redeten wir so: ›Brüder sind wir. Mit einem gemeinsamen Feind wollen wir feindlich sein, und mit einem gemeinsamen Freund wollen wir freundlich sein!‹

Als aber der König von Ägypten und ich miteinander zürnten, da schrieb ich an Deinen Vater Kadaschman-Turgu:

›Der König von Ägypten hat sich mit mir verfeindet‹, und Dein Vater schrieb so:

›Wenn Deine Truppen nach Ägypten ziehen, werde auch ich mit Dir ziehen; wenn Du nach Ägypten ziehst, werde ich Dir Heere und Streitwagen, wie sie mit mir hinziehen würden, senden.‹

Frage jetzt, mein Bruder, Deine Großen, daß sie es Dir sagen mögen! Wenn ich ausgezogen wäre, hätte er Heere und Streitwagen, wie viel er gesagt hatte, um mit mir auszuziehen, gesendet. Was hätte ich von meinem Zuge gehabt? Mein Feind, der ins Ausland geflohen war, der war zum König von Ägypten gegangen. Als ich ihm schrieb:

›Meinen Feind laß mir bringen!‹, da ließ er meinen Feind nicht bringen, und wegen dieser Sache zürnten ich und der König von Ägypten miteinander. Ich schrieb an Deinen Vater: ›Der König von Ägypten kommt meinem Feind zur Hilfe!‹. Da hat Dein Vater den Boten des Königs von Ägypten ferngehalten. Als aber Du, mein Bruder, König wurdest, da hast Du Deinen Boten zum König von Ägypten geschickt. Der König von Ägypten hat Deine Geschenke empfangen, und Du hast seine Geschenke empfangen. Und wenn Du Deinen Boten zum König von Ägypten sendest, sollte ich Dich da hindern?«[75]

Ob Urchiteschup in seinem ägyptischen Exil starb oder ob Ramses ihn doch noch seinem Onkel auslieferte, darüber gibt es keine Zeugnisse. Denkbar wäre, daß Ramses sich zu diesem Schritt entschlossen hat; denn auch auf der anderen Seite kam es zu einer Geste guten Willens: Aus unerklärlichen Gründen holte Chattusil den treulosen Parteigänger der Ägypter, den Fürsten Benteschina von Amurru, aus der Verbannung zurück und installierte ihn wieder als Herrn über sein Kleinreich. Nicht genug damit: Chattusil schickte eine hethitische Prinzessin nach Amurru, die den nicht mehr ganz taufrischen Benteschina heiraten mußte, und einer seiner Söhne holte eine Tochter Benteschinas zwecks Eheschließung nach Chattuscha. In Chatti schien die Welt wieder in Ordnung aber das schien nur so.

Hethiter und Assyrer geraten aneinander

Seit der Hethiterkönig Schuppiluliuma und der Assyrerkönig Assurubalit um 1350 v. Chr. das Mitanni-Reich, das sich einst vom Tigris bis ans Mittelmeer ausdehnte, unter sich aufgeteilt hatten, waren die beiden Großreiche Chatti und Assyrien unmittelbare Nachbarn, und das ließ nichts Gutes

75 Nach Elmar Edel: Die Abfassungszeit des Briefes KBo I 10 (Hattusil-Hadsman-Ellil) und seine Bedeutung für die Chronologie Ramses' II., Bonn o. J.

ahnen. Die Beseitigung des Pufferstaates, bisher Hemmschuhfur den Ausbruch eines offenen Konflikts, erwies sich schon deshalb als nicht wiedergutzumachender Fehlgriff, weil die Assyrer Expansionspolitik betrieben. Koexistenz war für dieses Völkergemisch aus Semiten, Akkadern und Churriter ein Fremdwort.

Die Situation war brisant, und sie wurde hochexplosiv, als der assyrische König Adad-nerari dem Hethiterkönig Chattusil einen provozierenden Brief schrieb. Das Original dieses Briefes ist nicht erhalten, aber glücklicherweise fanden Archäologen eine Kopie der Antwort Chattusils an den Assyrerkönig, die an Deutlichkeit nichts zu wünschen übrigläßt. Adad-nerari hatte Chattusil nach der Eroberung Wasaschattas Bruderschaft angeboten, weil er sich jetzt ebenfalls als »Großkönig« fühlte. Chattusil geriet in Rage und schrieb diesem Bauernkönig zurück, es möge ja sein, daß sein letzter Sieg ihn in die erlauchte Reihe der Großkönige[76] gestellt habe, aber deswegen bestünde noch lange keine Bruderschaft zwischen ihnen. Chattusil wörtlich: »Du und ich, vielleicht sind wir von derselben Mutter geboren; aber so wie mein Vater und mein Großvater nicht gewöhnt waren, mit dem Assyrerkönig in Bruderschaft zu korrespondieren, so unterlasse Du es, mir von wegen Bruderschaft zu schreiben und daß Du ein Großkönig seiest. Ich wünsche das nicht!«

In dieser offenen Feindschaft zwischen Chatti und Assur ist der Grund für die überraschende Friedensbereitschaft Chattusils mit Ramses zu sehen – ein Beweis mehr, daß die besten Freundschaften hinter dem Rücken eines gemeinsamen Feindes geschlossen werden. Chattusil konnte es sich einfach nicht leisten, zwischen zwei Todfeinden zu leben. Andererseits mußte sich Ramses bewußt sein, daß er eines

76 Als Großkönige galten die Herrscher Ägyptens, Chattis, Babyloniens und Assyriens.

Tages in seinem Machtbereich Syrien auf den assyrischen Nachbarn stoßen würde.

So kam dem großen Ramses das hethitische Friedensangebot für einen Krieg, den er, Ramses, vor 16 Jahren vom Zaun gebrochen hatte und der formell noch immer nicht beendet war, weil keine Seite einen Sieg oder eine Niederlage errungen hatte, gar nicht ungelegen. Ramses hatte sich in verstärktem Maß der Innenpolitik zugewandt, und den Ägyptern ging es viel zu gut, als daß sie Lust verspürten, große Schlachten zu schlagen.

Archäologen entdecken die Verträge

Die Entdeckung der Texte des Friedensvertrages in Ägypten und in der Türkei im 19. bzw. zu Beginn des 20. Jahrhunderts ist eine abenteuerliche Geschichte, nicht ohne Komik, nicht ohne Tragik. Jean-François Champollion, Buchhändlerssohn aus Figeac in Südfrankreich, der anhand der Namen »Ptolemäus« und »Kleopatra« den Schlüssel zu den Hieroglyphen fand, dieser Champollion reiste sechs Jahre nach seiner epochalen Entdeckung im Jahre 1822 auf Betreiben König Karls X. nach Ägypten. Zum ersten Mal in seinem Leben übrigens – er hatte eine *Geschichte Ägyptens* und die Entschlüsselung der Hieroglyphen zustande gebracht, ohne das Land seiner Träume gesehen zu haben.

Champollion beschäftigte sich während seines zweijährigen Ägypten-Aufenthaltes in erster Linie mit der Entzifferung von langen Hieroglyphentexten. Im Tempel von Karnak und im Ramesseum stieß er dabei auf Kopien des Friedensvertrages zwischen Chattusil und Ramses. Champollion wußte freilich nicht, daß es sich dabei um diesen Vertrag handelte; denn in den ägyptischen Inschriften war immer nur von einem Krieg gegen ein Volk die Rede, dessen Namen er als

»Scheto« entzifferte. Champollion kopierte beide Versionen dieses unbekannten Friedensvertrages – die besser erhaltene in Karnak und die nur bruchstückhaft erhaltene im Ramesseum, dem Totentempel Ramses' II. in Theben-West –, und erst sein Schüler Rosellini lieferte eine genaue Übersetzung der Texte mit dem rätselhaften Volk der »Scheto« .

Diese »Scheto« hielt Champollion noch für die südrussischen Skythen, und erst 1858 veröffentlichte der Deutsche Heinrich Brugsch seine Theorie, es könne sich bei dem Volk der »Scheto« nur um die Hethiter handeln, eine Hypothese, die knapp 20 Jahre später bei der Auffindung des Tontafelarchivs von Amarna ihre endgültige Bestätigung fand.

In einigen dieser in der verlassenen Hauptstadt Nofretetes und Echnatons gefundenen Briefe – es handelte sich um diplomatische Korrespondenz des Außenministeriums – wurde von einem Großreich Chatti berichtet, dessen König einen ägyptischen Vasallen nach dem anderen auf seine Seite zog, ohne daß der träge Pharao Amenophis III. oder sein unglücklicher Sohn Amenophis IV. auch nur einen Finger rührten. Und schließlich war hier von einem Großkönig Schup-

So stellen sich die Archäologen die Burganlage der Hethiterhauptstadt Chattuscha vor.

piluliuma die Rede, dem Nofretete nach dem Tod ihres Gatten einen hochbrisanten Brief geschrieben hatte, in dem sie bat, ihr einen Hethiterprinzen zu schicken, sie würde ihn auf der Stelle heiraten; einer ihrer Untertanen käme als Gatte nicht in Frage.

Schuppiluliuma war über das ungewöhnliche Ansinnen der schönen Nofretete sehr erstaunt und ließ zunächst auskundschaften, ob hinter diesem Ansinnen nicht eine List verborgen sei. Das Ergebnis seiner Recherchen konnte den Verdacht nicht bestätigen, und so schickte Schuppiluliuma seinen Sohn Zannanza nach Ägypten, in der Hoffnung, Schwiegervater der Königin zu werden. Zannanza wurde jedoch auf der langen Reise ermordet, vermutlich von konservativen Militärs unter General Haremhab oder dem Nachfolger Amenophis' IV. auf dem Thron, Eje. Damals weinte Schuppiluliuma sehr – so die Überlieferung –, und er schwor Rache; aber es dauerte doch noch mehr als 60 Jahre, bis Hethiter und Ägypter in der Schlacht bei Kadesch erstmals aneinandergerieten.

Diese Hethiter waren für uns bis um die letzte Jahrhundertwende ein Volk, dessen Geschichte mehr Löcher aufwies als zusammenhängende Stellen. Und als sich der Berliner Hugo Winckler, ein glückloser, verarmter Schreibtischgelehrter, im Jahre 1905 zum ersten Mal nach Ankara begab, um bei Boghazköi Ausgrabungen vorzubereiten, da galt sein Interesse gar nicht so sehr den Hethitern als vielmehr dem verschollenen Land Arzawa. Was Winckler, ohne es zunächst zu wissen, bei Boghazköi, der alten Hethiterhauptstadt Chattuscha, entdeckte, waren mehr als 10 000 Tafeln aus dem Archiv des Großkönigs.

Am 20. August 1907 zog Winckler die größte bis dahin gefundene Tafel aus dem Schutt des Burgberges Büyükkale; er las die ersten Keilschriftzeilen und erkannte, daß er einen der bedeutsamsten Funde in der Geschichte der Archäologie gemacht hatte. Es war der Friedensvertrag zwischen König

Chattusil und dem Pharao Ramses II., das hethitische Gegenstück zu jenem Vertrag, der schon von den Tempelmauern von Karnak und im Rameseum bekannt war.

Allerdings handelte es sich dabei – und das machte den Fund für die Wissenschaft so überaus interessant – keineswegs um eine bloße hethitische Übersetzung. Beide Verträge wiesen ungefähr denselben Inhalt auf, aber ganz verschiedenen Wortlaut. Im Jahre 1916 hatte Hugo Winckler den Vertrag vollständig übersetzt, und jetzt begann ein wissenschaftliches Kombinations-, Vergleichs- und Zusammensetzspiel ohnegleichen. Waren beide Verträge wirklich inhaltlich gleich? Hatte ein König versucht, den anderen zu übervorteilen? Wer hatte den Vertrag aufgesetzt: Ramses oder Chattusil? Fragen, die Hethitologen und Ägyptologen zu buchdicken Kommentaren herausforderten und nicht selten völlig konträre Antworten erbrachten.

Ramses auf hethitisch: Riamasesa-mai-Amana

Allein die in dem Vertrag aufgeführten Namen machten die Übersetzung zum Problem: War in der hethitischen Bezeichnung Wasmuaria-satepnaria und Riamasesa-mai-Amana vielleicht gerade noch als User-maat-Re-Setepen-Re und Ramessu-meri-Amun zu entschlüsseln, so fiel die Identifizierung der Namen Minmuaria, Minpahtaria und Naptera schon bedeutend schwerer. Diese Zungenbrecher standen für König Sethos I. (Men-maat-Re), Ramses I. (Men-pehti-Re) und Königin Nofretari. Chattusil war Großkönig, Ramses war Großkönig, beide führten den Titel »Sarru tabu sarmat Miisrii bzw. Chaatti« – »Großkönig, König von Ägypten bzw. Chatti«. Große Aufregung muß im hethitischen wie im ägyptischen Pantheon die Transposition der Götternamen verursacht haben. Da wurde der ägyptische Sonnengott Re zum semitischen Schamasch, und für den hethitischen Gewittergott Teschup mußte in Theben Seth herhalten.

Am merkwürdigsten aber erscheint wohl in beiden Versionen der Hinweis, man habe nur auf Drängen des anderen dem Vertragswerk zugestimmt. Chattusil behauptete, Ramses habe den Vertrag angeregt, Ramses wollte festgehalten wissen, daß Chattusil Unterhändler an den Nil geschickt hatte, um Frieden zu erbitten. Nur gut, daß im 13. Jahrhundert v. Chr. gemeinsame Kommuniqués noch nicht üblich waren, es wäre sonst nie zu einem Abschluß der Verhandlungen gekommen. So aber publizierten Ägypter wie Hethiter in der Heimat ihre eigene Vertragsversion, eine Version, die das eigene Ansehen steigerte und die dem Exfeind nicht weh tun konnte, weil er sie nicht kannte.

Soweit die historischen Fakten zu rekonstruieren sind, stellt sich hinsichtlich des Vertragsabschlusses der folgende Sachverhalt dar: Chattusil ließ seinen Vertrag in der Hauptstadt Chattuscha von hethitischen Rechtsexperten aufsetzen. Daß das Abkommen tatsächlich nach hethitischem Recht abgefaßt wurde, läßt sich im Vergleich mit anderen Hethiterverträgen eindeutig nachweisen. Es ist jedoch zu vermuten, daß ägyptische Gesandte bei der Abfassung des Textes mitgewirkt haben. Eigenartigerweise ist der eigentliche Grund des Friedensschlusses, die unentschiedene Schlacht bei Kadesch, in dem Vertrag mit keinem Wort erwähnt. Das hat Archäologen wie W. Max Müller vermuten lassen, dieser Vertrag sei ein reiner Beistandspakt gewesen, und der Friedensvertrag nach der Kadesch-Schlacht sei schon viele Jahre vorher geschlossen worden.

Eine unwahrscheinliche Theorie, allein schon deshalb, weil von diesem Vertrag jedes Zeugnis fehlen würde, während der dann doch offensichtlich weniger wichtige »Beistandspakt« in Ägypten gleich mehrmals veröffentlicht wurde. Nein, die Schlacht bei Kadesch lag ganz einfach schon 16 Jahre zurück,

Ramses hatte inzwischen andere spektakuläre Feldzüge an die Grenzen des Hethiterreiches unternommen, und nun ging es in dieser Allianz um einen generellen Frieden zwischen Hethitern und Ägyptern: um »Frieden und Bruderschaft«.

Inhaltlich fußte der Vertrag auf dem Status quo, das heißt, kein Vertragspartner stellte territoriale Ansprüche auf das Gebiet des anderen. Ramses verzichtete auf Amurru, wegen dessen Abfall der Krieg einst ausgebrochen war, und Chattusil erhob in Syrien keine Machtansprüche mehr. Syrien, Pufferstaat zwischen den beiden Großreichen und ständiger Zankapfel der beiderseitigen Expansionspolitik, hatte damit an Gefährlichkeit verloren. Die Lösung der syrischen Frage regelte gleichzeitig die Grenzprobleme. Damit ist auch die sonst unverständliche Tatsache erklärt, warum der Friedensvertrag auf die Grenzen beider Länder überhaupt nicht eingeht. Status quo bedeutete: Nord- und Mittelsyrien zu Chatti, der Süden zu Ägypten, die Nordküste Phöniziens zu Chatti, der Süden und Palästina zu Ägypten.

Nach heutigem internationalem Recht war der Vertrag ein Friedens-, Nichtangriffs-, Auslieferungs- und Beistandspakt in einem, und er enthielt gleichzeitig einige ganz persönliche Abmachungen der beiden Großkönige, wie zum Beispiel die Unterstützung des designierten Nachfolgers bei der Thronbesteigung. Überhaupt sollte dieser Vertrag auch für die Nachkommen und künftige Generationen gelten.

Ramses sah den Vertrag zum ersten Mal am 21. Tag des 1. Peret-Monats im Jahre 21 seiner Regierung, also am 6. November 1270 v. Chr. An diesem Tag hielt er sich in seiner Residenz Per-Ramses auf, als zwei hethitische Boten, begleitet von zwei ägyptischen Grenzoffizieren, bei Hofe eintrafen. Sie überreichten dem Pharao eine Silbertafel, auf der der Text des Friedensvertrages in Hieroglyphen aufgezeichnet war. Ramses ließ Schreiber kommen und vorlesen, wie

Chattusil sich »ewigen Frieden und Bruderschaft« dachte, und natürlich war er mit dieser Version nicht einverstanden. Kaum hatte der Schreiber seinen Vortrag beendet, da diktierte Ramses *seine* Version des Vertrages, viel ausführlicher und für ihn natürlich viel vorteilhafter.

Im folgenden sind der hethitische und der ägyptische Vertragstext, soweit möglich, nebeneinander wiedergegeben. In der ägyptischen Version sind insgesamt 19 Paragraphen aufgeführt; anders als das hethitische Pendant beginnt der ägyptische Vertrag mit einer Zeit und Umstände erklärenden Einführung.

Die zwei Vertragsversionen

Einführung (nur ägyptisch)
Jahr 21, 1. Peret, Tag 21, unter der Majestät des Königs von Ober- und Unterägypten User-maat-Re-Setepen-Re, Sohn des Re, Ramses, Geliebt von Amun, er lebe ewig.

An diesem Tag, als Seine Majestät in der Stadt Ramses weilte ..., kamen des Königs Boten mit einer Tafel aus Silber, die der große Herr von Chatti, Chattusil, dem Pharao bringen ließ, um von Seiner Majestät User-maat-Re-Setepen-Re, dem Sohn des Re, Ramses, Geliebt von Amun, dem ewiges Leben zuteil werde wie seinem Vater Re jeden Tag, Frieden zu erbitten.

Überschrift (nur ägyptisch)
Kopie der Silbertafel, die der große Herr von Chatti, Chattusil, von seinem Boten Tarteschup und seinem Boten Ramose dem Pharao bringen ließ, um von Seiner Majestät, dem Sohn des Re, Geliebt von Amun, Stier unter den Herrschern, der seine Grenze zieht in jedem Land, wo immer er will, Frieden zu erbitten.

Hethitische Version

Der Vertrag des Ramses, Geliebt von Amun, des großen Königs des Landes Ägypten, des Helden, mit Chattusil, dem großen König, dem König des Landes Chatti, seinem Bruder, mit dem er schönen Frieden und schöne Bruderschaft machen will auf ewig, lautet:
Riamasesa-mai-Amana, der große König von Ägypten, der Held aller Länder, der Sohn des Minmuaria, des großen Königs, des Königs des Landes Ägypten, des Helden, der Enkel des Minpahtaria, des großen Königs, des Königs des Landes Ägypten, des Helden, an Chattusil, den großen König, den König des Landes Chatti, den Helden, den Sohn des Mursilis, des großen Königs, des Königs des Landes Chatti, des Helden, den Enkel des Schuppiluliuma, des großen Königs, des Königs des Landes Chat-

Ägyptische Version
(Ramses-Text)

§ 1
Präambel

Der Vertrag, den der große Prinz von Chatti, Chattusil, der Held, der Sohn des Mursilis, des großen Herrn von Chatti, des Helden, der Enkel von Schuppiluliuma, dem großen Herrn von Chatti, dem Helden, auf einer Tafel aus Silber machte für User-maat-Re-Setepen-Re, den großen Herrscher von Ägypten, den Helden, den Sohn des Men-maat-Re, des großen Herrschers von Ägypten, des Helden, des Sohnes von Men-pehti-Re, des großen Herrschers von Ägypten, des Helden: Der gute Friedens- und Bruderschaftsvertrag, er gebe Frieden und Bruderschaft zwischen uns mittels diesem Vertrag zwischen Chatti und Ägypten für immer.

Hethitische Version

ti, des Helden, den Enkel des Schuppiluliuma, des großen Königs, des Königs des Landes Chatti, des Helden. Sieh, nun habe ich gegeben schöne Bruderschaft und schönen Frieden zwischen uns und zwischen den Ländern Ägypten und Chatti auf ewig.

Ägyptische Version
(Ramses-Text)

§ 2
Wiederaufnahme alter Beziehungen

Hethitische Version

Betrachten wir die Lage des großen Königs, des Königs des Landes Ägypten, und des großen Königs, des Königs des Landes Chatti, von Ewigkeit her, so lassen die Götter nicht zu, daß Feindschaft zwischen ihnen entsteht auf Grund des Vertrages auf ewig. Sieh, Ramses, Geliebt von Amun, der große König, König des Landes Ägypten, soll ein Verhältnis schaffen, das Schamasch schuf und Teschup, für das Land Ägypten mit dem Lande Chatti durch ein solches Verhältnis, das von Ewigkeit ist. Nicht

Ägyptische Version (Ramses-Text)

r Was nun das Verhältnis des großen Herrschers von Ägypten und des großen Herrn von Chatti betrifft, seit Ewigkeit, so erlaubte der Gott nicht, daß Feindschaft zwischen ihnen herrschte, vermittels dieses Vertrages.

Zu Zeiten des Muwatallis, des großen Herrn von Chatti, meines Bruders, kämpfte dieser mit Ramses, Geliebt von Amun, dem großen Herrscher von Ägypten.

Aber nun, beginnend vom heutigen Tag, siehe, steht Chattusil, der große Herr von Chatti, im Wort, ein

Hethitische Version

soll entstehen Feindschaft zwischen ihnen für immer und ewig.

Ägyptische Version
(Ramses-Text)

Verhältnis zu schaffen, das Re schuf und Seth für das Land Ägypten mit dem Land Chatti, keine Feindschaft zwischen ihnen zuzulassen für immerdar.

§ 3
Erklärung des neuen Vertrages

Ramses, Geliebt von Amun, der große König, der König des Landes Ägypten, hat den Vertrag geschrieben auf eine Tafel aus Silber zusammen mit Chattusil, dem großen König, dem König des Landes Chatti, seinem Bruder, von diesem Tag an, um schönen Frieden und schöne Bruderschaft zu vereinbaren zwischen uns auf ewig. Und er ist verbrüdert mit mir, und ich bin verbrüdert mit ihm, und ich bin in Frieden mit ihm auf ewig. Sieh, Ramses, Geliebt von Amun, der große König, der König des Landes Ägypten, ist in schönem Frieden und in schöner Bruderschaft mit Chattusil, dem

Siehe, Chattusil, der große Herr von Chatti, hat einen Vertrag gemacht mit Usermaat-Re, dem großen Herrscher von Ägypten, beginnend mit diesem Tag, um schönen Frieden und schöne Bruderschaft zwischen uns zu vereinbaren auf ewig; und er lebt in Bruderschaft und Frieden mit mir, und ich lebe in Bruderschaft und Frieden mit ihm auf ewig.
Und nachdem Muwatallis, den großen Herrn von Chatti, meinen Bruder, sein Schicksal ereilte, nahm Chattusil seinen Platz als großer Herr von Chatti auf dem Thron seines Vaters ein.Und siehe, er wurde sich einig mit Ram-

Hethitische Version

großen König, dem König des Landes Chatti. Sieh, die Söhne des Ramses, des Königs des Landes Ägypten, sind in Frieden und verbrüdert mit den Söhnen des Chattusil, des großen Königs, des Königs des Landes Chatti, auf ewig.

Ägyptische Version
(Ramses-Text)

ses, Geliebt von Amun, dem großen Herrscher von Ägypten. Wir sind eins in unserem Frieden und unserer Bruderschaft; und sie sind schöner als der Friede und die Bruderschaft, die früher im Land waren. Siehe, ich, der große Herr von Chatti, bin mit Ramses, Geliebt von Amun, dem großen Herrscher Ägyptens, in schönem Frieden und schöner Bruderschaft.

Und die Kinder der Kinder des großen Herrn von Chatti sollen in Bruderschaft und Frieden sein mit den Kindern der Kinder des Ramses, Geliebt von Amun, dem großen Herrscher von Ägypten; sie sind eingeschlossen in unser Verhältnis von Bruderschaft und Frieden. Und das Land Ägypten und das Land Chatti sollen in Frieden sein und in Bruderschaft wie wir auf ewig; und zwischen ihnen soll es nicht zu Feindschaft kommen auf ewig.

Hethitische Version

Ägyptische Version
(Ramses Text)

§ 4
Nichtangriffspakt

Und Ramses, Geliebt von Amun, der große König, der König des Landes Ägypten, soll nicht das Land Chatti überfallen, um etwas zu rauben von dort, für alle Ewigkeit. Und Chattusil, der große König, der König des Landes Chatti, soll nicht einen Überfall machen auf das Land Ägypten, um etwas zu rauben, für alle Ewigkeit.

Und der große Herr von Chatti soll auf ewig nicht in das Land Ägypten einfallen, um etwas zu rauben. Und User-maat-Re-Setepen-Re, der große Herrscher von Ägypten, soll nicht im Land Chatti einfallen, um etwas zu rauben, auf ewig.

§ 5
Formelle Erneuerung des alten Vertrages

Sieh das Gebot der Ewigkeit, das Schamasch und Teschup erlassen haben für das Land Ägypten mit dem Land Chatti, Frieden und Bruderschaft zu halten, um nicht zu geben Feindschaft zwischen ihnen.
Und sieh, Ramses, der große König, der König des Landes Ägypten, hat Wohlbefinden gestiftet von diesem

Was den früheren Vertrag aus der Zeit des Schuppiluliuma, des großen Herrn von Chatti, angeht, und ebenso den früheren Vertrag aus der Zeit des Muwatallis, des großen Herrn von Chatti, meines Vaters, so will ich ihn erfüllen. Siehe, Ramses, Geliebt von Amun, der große Herrscher von Ägypten, bewahrt den Frieden, den er mit uns

Hethitische Version	Ägyptische Version (Ramses-Text)
Tage an. Sieh, das Land Ägypten und das Land Chatti sind in Frieden und verbrüdert auf ewig.	geschlossen hat von diesem Tag an; und wir wollen handeln gemäß diesem früheren Verhältnis.

§ 6
Verteidigungsbündnis

Hethitische Version	Ägyptische Version (Ramses-Text)
Wenn ein anderer Feind zieht nach dem Lande Chatti, und Chattusil, der große König des Landes Chatti, zu mir also schickt: »Komm mir zu Hilfe gegen ihn«, so soll Ramses, der große König, der König des Landes Ägypten, mir seine Krieger und seine Wagen zu Hilfe schikken, und sie sollen seinen Feind schlagen, und er soll Rache nehmen für das Land Chatti.	Wenn ein Feind gegen die Länder des User-maat-Re-Setepen-Re, des großen Herrschers von Ägypten, zieht, und er schickt seinen Boten zu dem großen Herrn von Chatti: »Komm mir zu Hilfe gegen ihn«, so soll der große Herr von Chatti ihm zu Hilfe kommen und seine Feinde schlagen. Wenn aber der große Herr von Chatti nicht selbst kommen will, so soll er seine Truppen schicken und seine Streitwagen und soll seine Feinde schlagen.

§ 7
Gemeinsames Vorgehen gegen Rebellen

Hethitische Version	Ägyptische Version (Ramses-Text)
Wenn Chattusil, der große König, der König des Landes	Wenn Ramses, Geliebt von Amun, der große Herrscher

Hethitische Version

Chatti, seinen eigenen Dienern zürnt, und diese sich gegen ihn versündigen, und du zu Ramses, dem großen König, dem König des Landes Ägypten, eine Botschaft schickst, so soll Ramses seine Krieger und Wagen schikken, und sie sollen alle vernichten, die gegen sie sind.

Ägyptische Version
(Ramses-Text)

von Ägypten, seinen eigenen Dienern zürnt, und diese ihn angreifen, so soll der große Herr von Chatti sich mit ihm zusammentun und alle Gegner vernichten.

§ 8

Gegenseitige Vereinbarung entsprechend § 6

Und wenn ein Feind gegen Ägypten zieht und Ramses zu Chattusil um Hilfe schickt, so soll Chattusil, der König des Landes Chatti, seine Krieger und seine Wagen schikken und soll meinen Feind niederwerfen.

Aber wenn ein Feind gegen den großen Herrn von Chatti zieht, so soll User-maat-Re-Setepen-Re, der große Herrscher von Ägypten, zu ihm kommen und ihm helfen, seine Feinde zu schlagen.

Aber wenn es nicht der Wunsch von Ramses, Geliebt von Amun, des großen Herrschers von Ägypten, ist, selbst zu kommen, dann soll er seine Truppen senden und seine Wagen, vor allem soll er Antwort geben dem Land Chatti.

Hethitische Version	Ägyptische Version (Ramses-Text)

§ 9

Gegenseitige Vereinbarung entsprechend § 7

Und wenn Ramses, der König des Landes Ägypten, zürnt gegen seine eigenen Diener, und diese Sünde begehen gegen ihn, und ich zu Chattusil, meinem Bruder, darüber Botschaft schicke, so soll Chattusil, der König des Landes Chatti, all seine Krieger und Wagen schikken, und sie sollen vernichten all diese; und ich will … (Der hethitische Text ist von hier an nur bruchstückhaft erhalten.)	Aber wenn Diener des großen Herrn von Chatti unbefugt bei ihm eindringen … und Ramses, Geliebt von Amun … (Der ägyptische Text ist von hier an nur bruchstückhaft erhalten.)

§ 10

Die hethitische Thronfolge

Dem Sohne des Chattusil soll zufallen das Königtum des Landes Chatti an Stelle von Chattusil, seinem Vater, nach vielen Jahren. Wenn die Großen des Landes Chatti Sünde begehen gegen ihn, so soll Ramses, der König des Landes Ägypten, Krieger und	(Der ägyptische Text dieser Passage ist nur bruchstückhaft erhalten.)

Hethitische Version	Ägyptische Version (Ramses-Text)
Wagen schicken, um Vergeltung zu üben an diesen … (Hier bricht der hethitische Vertragstext ab.)	

§ 11
Auslieferung von bedeutenden Flüchtlingen

(Die Rückseite der hethitischen Steinurkunde ist nur bruchstückhaft erhalten.) … Land Chatti … Riamasesa-mai-Amana … … Riamasesa-mai-Amana … ihre … … wenn ein Mann geht … um diesen Dienste zu leisten … Chattusil, König des Landes Chatti …	Wenn ein bedeutender Mann aus dem Land Ägypten flieht und in das Land des großen Herrn von Chatti kommt oder in eine Stadt oder in ein Gebiet, das zu den Ländern von Ramses, Geliebt von Amun, gehört, so soll ihn der große Herr von Chatti nicht aufnehmen. Er soll veranlassen, daß sie dem User-maat-Re-Setepen-Re ausgeliefert werden, dem großen Herrscher von Ägypten, ihrem Herrn.

§ 12
Auslieferung von unbedeutenden Flüchtlingen

(Hethitische Version nicht erhalten)	Wenn ein oder auch zwei unbedeutende Männer fliehen und in das Land Chatti kommen, um Diener eines

Hethitische Version	Ägyptische Version (Ramses-Text)
	anderen zu werden, so sollen sie nicht im Land Chatti bleiben dürfen; sie sollen zu Ramses, Geliebt von Amun, gebracht werden, dem großen Herrscher von Ägypten.

§ 13

Gegenseitige Vereinbarung entsprechend § 11

(Hethitische Version nicht erhalten)	Wenn ein bedeutender Mann aus dem Land Chatti flieht und in das Land des User-maat-Re-Setepen-Re kommt, so soll User-maat-Re-Setepen-Re, der große Herrscher von Ägypten, sie nicht aufnehmen. Ramses, Geliebt von Amun, der große Herrscher von Ägypten, soll veranlassen, daß sie zum Herrn von Chatti gebracht werden; sie sollen nicht freigelassen werden.

§ 14

Gegenseitige Vereinbarung entsprechend § 12

(Hethitische Version nicht erhalten)	Ebenso ist zu verfahren, wenn ein oder zwei unbekannte Männer nach Ägyp-

Hethitische Version	Ägyptische Version (Ramses-Text)
	ten fliehen, um eines anderen Diener zu werden. Usermaat-Re-Setepen-Re, der große Herrscher von Ägypten, soll veranlassen, daß sie zum großen Herrn von Chatti gebracht werden.

§ 15

Die Götter von Chatti und Ägypten sind Zeugen des Vertrages

(Hethitische Version nicht erhalten)	Diese Worte des Vertrages, den der große Herr von Chatti mit Ramses, Geliebt von Amun, dem großen Herrscher von Ägypten, geschlossen hat, sollen auf diese Tafel aus Silber geschrieben werden. Diese Worte, tausend Götter, männliche und weibliche, aus dem Land Chatti, zusammen mit tausend Göttern, männlichen und weiblichen, aus dem Land Ägypten – sie sind bei mir als Zeugen für diese Worte: Die Sonne, die Herrin des Himmels, die Sonnengöttin der Stadt Arinna; Seth, Herr des Himmels;

Hethitische Version	Ägyptische Version (Ramses-Text)
	Seth von Chatti; Seth der Stadt Arinna; Seth der Stadt Zippalanda; Seth der Stadt Betiarik; Seth der Stadt Hischschaschapa; Seth der Stadt Sarieschscha; Seth der Stadt Chaleb; Seth der Stadt Liichzina; Seth der Stadt Churma; Seth der Stadt Nerik; Seth der Stadt Nuchaschsche; Seth der Stadt Schapina; Astarata des Landes Chatti, der Gott von Zitchariasch; der Gott von Charpantaliasch; der Gott der Stadt Karachana; die Göttin von Tyre; die Göttin von -w-k; die Göttin von D-n; der Gott von P-n-t; der Gott von -r; der Gott von Ch-b-t; die Königin des Himmels; die Götter, Herren des Eides; diese Göttin, die Herrin der Erde; die Herrin des Eides Ischara; die Herrin der Berge und Flüsse des Landes Chatti; die Götter des Landes Kizzuwatna; Amun; Re; Seth; die männlichen und weiblichen Gottheiten; die Berge und die Flüsse des Lan-

Hethitische Version	Ägyptische Version (Ramses-Text)
	des Ägypten; der Himmel; die Erde; der Ozean; die Winde; die Wolken.

§ 16

Fluch oder Segen bei Verletzung oder Einhaltung des Vertrages

(Hethitische Version nicht erhalten)	All diese Worte, die auf dieser Tafel aus Silber des Landes Chatti und des Landes Ägypten stehen, bedeuten, daß dem, der sich nicht an sie hält, die tausend Götter des Landes Chatti und die tausend Götter des Landes Ägypten sein Haus vernichten sollen, sein Land und seine Diener. Aber wer sich an diese Worte hält, die auf dieser Tafel aus Silber aufgeschrieben sind, seien es Hethiter oder Ägypter, und sie nicht vernachlässigt, dem werden die tausend Götter des Landes Chatti und die tausend Götter des Landes Ägypten Gesundheit geben und Leben, mit seinen Häusern, seinem Land und seinen Dienern.

Hethitische Version	Ägyptische Version (Ramses-Text)

§ 17

Amnestie für Flüchtlinge

(Hethitische Version nicht erhalten)

Wenn ein Mann oder zwei oder drei aus dem Land Ägypten fliehen, und sie kommen zu dem großen Herrn von Chatti, so soll sie der große Herr von Chatti festnehmen und veranlassen, daß sie zurückgebracht werden zu Usermaat-Re-Setepen-Re, dem großen Herrscher von Ägypten. Doch der Mann, der zu Ramses, Geliebt von Amun, gebracht wird, dem großen Herrscher von Ägypten, soll wegen seines Verbrechens nicht angeklagt werden. Seinem Haus, seinen Frauen oder seinen Kindern soll nichts geschehen. Er soll nicht getötet werden. Seinen Augen, seinen Ohren, seinem Mund oder seinen Beinen soll keine Verletzung zugefügt werden. Kein Verbrechen soll ihm zur Last gelegt werden.

Hethitische Version | **Ägyptische Version (Ramses-Text)**

§ 18
Gegenseitige Klausel entsprechend § 17

(Hethitische Version nicht erhalten)

Ebenso ist zu verfahren, wenn ein oder zwei oder drei Mann aus dem Land Chatti fliehen, und sie kommen zu User-maat-Re, dem großen Herrscher von Ägypten. Ramses, Geliebt von Amun, der große Herrscher von Ägypten, lasse sie zum großen Herrn von Chatti bringen. Der große Herr von Chatti aber soll ihr Verbrechen nicht verfolgen. Seinem Haus, seinen Frauen oder seinen Kindern soll nichts geschehen. Man soll ihn nicht töten, und man soll seinen Ohren, seinen Augen, seinem Mund oder seinen Beinen keine Verletzung zufügen. Ihm soll kein einziges Verbrechen zur Last gelegt werden.

§ 19
Beschreibung der Silbertafel

(Hethitische Version nicht erhalten)

Was ist in der Mitte der Tafel aus Silber? Auf der Vorderseite das Relief eines Bildes von Seth, umarmend ein Bild des

Hethitische Version	Ägyptische Version (Ramses-Text)
	großen Prinzen von Chatti, umgeben von einer Umschrift, die sagt: das Siegel von Seth, dem Herrscher des Himmels, das Siegel des Vertrages, angefertigt von Chattusil, dem großen Herrn von Chatti, dem Starken, dem Sohn des Mursilis, dem großen Herrn von Chatti, dem Starken. Was ist im Rahmen des Reliefs? Das Siegel von Seth, dem Herrscher des Himmels. Was ist auf der anderen Seite? Ein Relief mit einem weiblichen Bildnis der Göttin von Chatti, umarmend ein weibliches Bildnis der hohen Herrin von Chatti, umgeben von einer Umschrift, die sagt: das Siegel der Sonnengöttin von Arinna, der Herrin des Landes, das Siegel von Puduchepa, der hohen Herrin des Landes Chatti, der Tochter des Landes von Kizzuwatna, der Priesterin der Stadt von Arinna, der Herrin des Landes, der Dienerin der Göttin. Was ist im Rahmen des Reliefs? Das Siegel der Sonnengöttin von Arinna, der Herrin jeden Landes.

Warum steht der Vertrag auf Ton und nicht auf Silber?

Nach umfangreichen Forschungen steht heute außer Zweifel, daß die verschiedenen ägyptischen Textversionen nach einem Keilschrifttext übersetzt wurden. Das beweisen allein schon typisch hethitische Ausdrücke wie »schöner Friede und schöne Bruderschaft« oder Beinamen wie »der Starke«, die der ägyptischen Redeweise völlig fremd sind, dagegen auch in anderen Hethiterverträgen auftauchen.

Der Originalvertrag war auf zwei Silbertafeln aufgezeichnet. Es fragt sich nun, um welche Version es sich bei dem Tontafelfund von Boghazköi handeln mag. Hier gibt es verschiedene Möglichkeiten: Vielleicht ist die Tontafelversion nur eine einfache Kopie des Vertragstextes für das Staatsarchiv; möglicherweise war diese Textversion aber auch Vorlage für den nach Ägypten geschickten Hieroglyphentext. Es könnte ferner sein, daß dieses Fragment jenen Text darstellt, den Ramses II. nach Erhalt des auf Silber geschriebenen Vertrages aus seiner Sicht babylonischen Schreibern diktierte und nach Chattuscha sandte.

Diese Möglichkeit wird von den beiden britischen Professoren S. Landon und Alan Gardiner für am wahrscheinlichsten gehalten. Ihrer Meinung nach haben wir uns die Entstehung der Tontafelversion von Boghazköi folgendermaßen vorzustellen: Der Friedensvertrag zwischen Ramses II. und Chattusil wurde in der Urfassung in Boghazköi aufgesetzt, und zwar in Anwesenheit ägyptischer Gesandter. Die Endfassung, auf Silber graviert, brachten Boten nach Ägypten. Ramses, der mit dem Vertragstext nicht zufrieden war, ließ, wie gesagt, babylonische Schreiber kommen, diktierte seine Version des Vertrages, wobei er möglichst viele Ausdrücke des Originaltextes stehenließ, während er anderes, wie die Anspielungen auf seinen ehemaligen Gegner Muwatallis, aus-

Zwei hethitische Siegelabdrücke: links das Siegel des Königs Mursilis II., rechts ein Siegel aus der Zeit Tudhalijas IV. (1250–1220 v. Chr).

ließ. Dieser Text wurde schließlich wieder in Silber graviert, mit dem Siegel des Pharaos versehen und nach Chatti geschickt. Dort legte Chattusil die Tafel »zu Füßen des Teschup«, also in einem Tempel, nieder, aber nicht ohne zuvor einige Tontafelkopien für das Staatsarchiv herstellen zu lassen. Professor Gardiner: »Eine dieser Kopien hat Winckler entdeckt.«

So betrachtet, wird der Vergleich beider Versionen transparenter und erklärt gleichzeitig manche Ungereimtheit. Gardiner sagt: »Es ist interessant zu beobachten, daß in der Keilschriftversion Ramses als Hauptfigur des Vertrages in den Vordergrund gestellt wird; und deshalb wird manchmal auch die erste Person gebraucht. In der Hieroglyphenversion hingegen ist es Chattusil, der in der ersten Person spricht, und sein Name und sein Land werden vor dem Pharao und vor Ägypten genannt (also genau umgekehrt, wie man es von zwei so eitlen Großkönigen wie Ramses und Chattusil erwarten würde!). Dies stimmt mit der Feststellung überein, daß der Karnak-Text die Übersetzung der Silbertafel wiedergibt, die von Chattusil an Ramses geschickt worden war. In den Paragraphen 6–9 des Vertrages führt dieser Rollentausch dazu, daß, während sonst die Paragraphen in beiden Versionen die reguläre Reihenfolge einhalten, vom wirklichen Inhalt her der hethitische Paragraph 6 dem ägyptischen Paragraph 8 entspricht und der hethitische Paragraph 7 dem ägyptischen Paragraph 9.«

Doch das ist nicht das einzige Bemerkenswerte beim Vergleich beider Vertragstexte. Betrachten wir die nur im Ägyptischen vorhandene Einführung, so entspricht sie dem üblichen Klischee der Datums- und Namensangaben. Das Wort »Kopie« in der Überschrift bedeutet hier soviel wie Übersetzung. Bis zum vierten Punkt des Vertragstextes laufen beide Übersetzungen noch einigermaßen parallel, der Paragraph 5 hingegen unterscheidet sich aus hethitischer und ägyptischer Sicht beträchtlich. Vor allem die ägyptische Version hat den Historikern viel Kopfzerbrechen bereitet. Chattusil spricht hier von einem »früheren Vertrag aus der Zeit des Muwatallis«, der auf einen damals abgeschlossenen Friedensvertrag hindeutet. Es besteht kein Zweifel, daß hier einem der zahlreichen Schreiber, durch deren Hände der Vertrag ging, ein Fehler unterlaufen ist.

Von Paragraph 11 an ist uns im Zusammenhang nur die ägyptische Version überliefert. Die hethitischen Textfragmente lassen sich nicht einmal mit Hilfe des ägyptischen Vertragstextes vollständig ergänzen, deshalb wurde auf ihre Wiedergabe verzichtet.

Ungewöhnlich modern erscheinen die Paragraphen über das Auslieferungsabkommen. Obwohl beinahe 3 250 Jahre alt, unterscheidet sich ihr Inhalt kaum von internationalen Auslieferungsabkommen unserer Zeit. Aus der Formulierung gerade dieser Passagen wird deutlich, daß der Vertragstext nach hethitischem Recht aufgesetzt wurde. Denn in einem erhaltenen Vertrag zwischen dem Hethiterkönig Schuppiluliuma und dem Mitanni-König Mattiuaza begegnen wir ganz ähnlichen Formulierungen, zum Beispiel:

»Wenn ein Flüchtling aus dem Land der Stadt Chatti flieht und in das Land der Stadt Mitanni kommt, so sollen ihn die Söhne von Mitanni zurückschicken. Wenn ein Flüchtling aus dem Land der Stadt Mitanni flieht und in das Land der Stadt Chatti kommt, so soll der König des Landes der Stadt Chatti ihn nicht ergreifen, er soll ihn auch nicht zurückschicken, und auch die Gesetze der Sonnengöttin der Stadt Arinna sollen auf ihn nicht angewandt werden. Vielmehr soll Schuppiluliuma im Land der Stadt Chatti für Mattiuaza, den Sohn des Königs, ein Haus der Zuflucht bauen ...«

Das Rätsel der tausend Götter

Paragraph 15 konfrontiert uns mit den »tausend Göttern des Landes Chatti«, eine schwer überschaubare Zahl, die schon damals die ägyptischen Übersetzer des Vertrages verwirrt hat. Archäologen haben sich nicht nur mit zahlreichen unbekannten Gottheiten herumzuschlagen, sondern auch mit einer Anzahl von Übersetzungsfehlern, falschen Deutungen der ägyptischen Schreiber und mißverständlichen Ausdrükken. Es ist deshalb oft schwer festzustellen, ob ein Satz auf das hethitische Original zurückgeht oder auf die »Freizügigkeit« des ägyptischen Übersetzers.

Für die Anrufung der tausend Götter als Zeugen des Vertrages gibt es vergleichbare Pendants: Im hethitisch-mitannischen Vertrag werden genannt: »Die männlichen Götter, die weiblichen Götter, alle Götter des Landes der Stadt Chatti, die männlichen Götter, die weiblichen Götter, alle Götter des Landes der Stadt Kizzuwatna.« Und in einem Vertrag zwischen Chatti und Nuchaschsche sind Zeugen: »Die männlichen Götter, die weiblichen Götter, alle Götter des Landes der Stadt Chatti, die männlichen Götter, die weiblichen Götter, alle Götter des Landes der Stadt Kizzuwatna, die männlichen Götter, die weiblichen Götter, alle Götter des Landes Nuchaschsche, die Götter der Ewigkeit, alle von ihnen ...« Diese Zeugenanrufung ist also zweifellos hethitischer Originaltext, auch in der ägyptischen Fassung. Ramses mit seiner Vorliebe für asiatische Gottheiten duldete nicht nur diese Fassung, er ließ sie offensichtlich sogar wörtlich übersetzen und in seinen Vertragstext aufnehmen.

Die Liste der Gottheiten in hethitischen Verträgen wird in der Regel – wie auch im vorliegenden Fall – von der Sonnengöttin von Arinna angeführt. Arinna (Arini) lag am Sarus-Fluß in Kappadokien, und die Sonnengöttin dieser Stadt war die Schutzgöttin der Hethiterkönige. Arinna war nur eine Tagesreise von Chattuscha entfernt. Die Sonnengöttin von Arinna hieß Wuruschemu, aber die Ägypter vermochten diesen Namen weder auszusprechen noch zu schreiben; sie bezeichneten Wuruschemu einfach als Re von Arinna. Nicht viel anders handhabten sie dies mit dem hethitischen Sturmgott, der in den verschiedenen aufgeführten Hethiterstädten unterschiedliche Namen trug. Die ägyptischen Übersetzer schrieben dafür einfach immer den Namen des ägyptischen Sturmgottes Seth.

Die Göttin Astarte des Landes Chatti gibt Hethitologen und Ägyptologen noch manches Rätsel auf, vor allem deshalb, weil ihr Name in dem ägyptischen Text nicht auf ägyptische Verhältnisse transponiert, sondern in der Schreibung »Astarata« stehengelassen ist. Für gewöhnlich taucht die auch unter dem Namen Ischtar bekannte Kriegs- und Liebesgöttin in hethitischer Schreibweise als Asch-dar auf. Wie sehr Götternamen voneinander abweichen, zeigt der Name, den der Mitanni-König Tuschratta der Ischtar von Ninive gab: Er nannte sie – beinahe zärtlich – Ninni.

In der weiteren Folge von Paragraph 15 haben die ägyptischen Übersetzer schließlich völlig die Übersicht verloren; da werden Götter- zu Ortsnamen, unbekannte Götter wie

Leliwannis, Ea oder Damkina sind ganz ausgelassen, typisch hethitische Idiome (»die Berge und Flüsse des Landes Ägypten«) dagegen übernommen.

Verwunderlich ist, daß der Übermacht der hethitischen Götter nur drei ägyptische – Amun, Re und Seth – entgegengestellt werden. Dies geschah wohl aus Platzgründen und in der Überzeugung, daß den Hethitern die ägyptischen Götter ebensowenig sagten wie den Ägyptern die hethitischen.

Vertrag ist Vertrag: aber nicht für Ramses

Der Friedensvertrag, den Chattusil, der Hethiter, und Ramses, der Ägypter, abschlossen, erwies sich als segensreich für beide Teile. Fragt man sich, wem er mehr Vorteile brachte, dann lautet die Antwort eindeutig: den Ägyptern. Ramses hatte einen Bundesgenossen gewonnen, der ihm die Asiaten vom Leibe halten mußte, wollte er sein eigenes Land nicht dem Untergang preisgeben; er selbst jedoch kümmerte sich um den Vertrag nicht allzusehr.

Deutlich sichtbar für jeden, der aus dem Norden kam, ließ User-maat-Re an der Straße nach Syrien einen gewaltigen Wachtturm errichten, der Amun, Seth, Astarte und Puadjit geweiht war und ihn, Ramses, als Gott präsentierte. Chattusil war irritiert, eingeschüchtert ob dieser erneuten Machtdemonstration. »Mach dich eilends auf nach Ägypten«, schrieb er dem König von Kode in seiner Hilflosigkeit einen Winselbrief, »wir werden sagen, daß die Seelen des Gottes sich gezeigt haben. Wir werden User-maat-Re für seine Huld danken. Kein Land kann ohne seine Huld existieren. Der Mann von Chatti soll eins sein mit seinen Seelen. Steht er allein, so nimmt der Gott nicht länger seine Opfer an, und er sieht die Wasser des Himmels nicht mehr. Und deshalb will er eins sein mit den Seelen User-maat-Res, dem Stier, der die Tapferen liebt.«

Als Chatti schließlich von einer Hungersnot heimgesucht wurde, da wandte sich Chattusil an seine Höflinge: »Was sehen wir? Unser Land ist verwüstet, unser Herr, Seth, zürnt uns, und die Himmel geben kein Wasser her für uns ... Mit meiner ältesten Tochter an der Spitze laßt uns unserem guten Gott, dem Pharao, Lehensgeschenke bringen, auf daß er uns Frieden geben möge, damit wir leben können.«

Mehr als zehn Jahre dauerten die ständigen Scharmützel an den Grenzen Chattis und Ägyptens. Beschwerdebriefe aus Chattuscha pflegte Ramses mit unverschämter Arroganz zu beantworten. »Du behandelst mich wie einen Untergebenen«, beschwerte sich Chattusil einmal. Doch jetzt, da der Hethiterkönig vorhatte, seine älteste Tochter ins Nildelta zu senden, um den Pharao und die ägyptischen Götter gnädig zu stimmen, entstand eine ganz neue Situation. Wenn Ramses an ihr Gefallen fand, so würde Chattusil Schwiegervater des Pharaos werden.

Ramses' Erwartungen waren hoch gesteckt; denn für Frauen interessierte er sich mehr als für Politik.

VIII

Ramses und die Frauen

Schwarz ist ihr Haar,
dunkler als die Nacht,
als die Beeren vom Schwarzdorn.
Ihre Lippen sind rot,
röter als Perlen von Jaspis,
als reife Datteln.
Wohlgeformt sind ihre Brüste.
Papyrus Harris

Ramses, der sich rückhaltlos
allen irdischen Genüssen hingab,
besaß einen ungeheuren Harem,
und die Nachkommen
seiner nahezu zweihundert Kinder
wurden zu einer Adelsklasse von
»Ramessiden«.
James Henry Breasted, Archäologe

Faruk, der beinahe schon legendäre letzte König von Ägypten, hatte eine Schwäche für leichte Mädchen. Damals, Anfang der fünfziger Jahre, erhöhten die sündhaft teuren Damen in den Nightclubs der Kairoer Pyramidenstraße ihren Tarif nochmals um hundert Prozent, wenn König Faruk ihnen die Ehre und sie ihm das Vergnügen gegeben hatten. »Im Dienste Seiner Majestät« zu stehen – oder, besser gesagt, zu liegen –, galt als Gütesiegel, das gewöhnliche Sterbliche zu honorieren wußten.

Es ist bekannt, daß König Faruk »Mädchenhändler« unterhielt, die ihm willige Gespielinnen zuführten. Weniger bekannt ist, daß der königliche Lebemann in Liebesdingen ein Vorbild hatte, dem er sein ganzes Leben nacheiferte und dem er doch nie das Wasser reichen konnte: Ramses II.

Dieser ließ schon 3 200 Jahre vor Faruk die schönsten Mädchen Ägyptens aufspüren; seine Liebesspione überhäuften sie mit Gold und Edelsteinen und luden sie zu intimen Schönheitskonkurrenzen, bei denen es nur einen einzigen Zuschauer gab: Ramses den Großen. Der Pharao saß dabei im Thronsaal seines Palastes auf seinem Goldthron – halbnackt, nur mit einem Lendenschurz bekleidet, auf dem Kopf das Nemestuch und den goldblinkenden Uräus. Der Thron, dessen Rückenlehne bis über den Kopf reichte, wo sich armlang die Flügel eines Horusfalken ausbreiteten, stand auf einem etwa einen Meter hohen Podest, zu dem eine schräge Rampe führte. Dem Pharao zu Füßen lag träge sein gezähmter Löwe, Symbol der Macht und Männlichkeit. Neben ihm hockte ein blinder Harfenspieler, den Kopf mit geschlossenen Augen lauschend zur Decke gerichtet, die langen Finger klammerten sich an die sechs Saiten seines Instruments. Hinter ihm knieten zwei halbwüchsige Mädchen, nackt bis auf einen Gürtel, an dem schmale Lederstreifen herabbaumelten. Das eine Kind hielt eine Flöte, das andere ein Sistrum, jenes beliebte Rasselinstrument mit glänzenden Metallplättchen.

Trippelnden Schrittes, den Kopf tief geneigt, kam der »Vorsteher der königlichen Haremsgemächer«, fiel vor Ramses auf den Boden, daß seine Stirn den roten Granitboden berührte, und rief mit weinerlicher Fistelstimme: »Folge deinem Wunsch und tue dir Gutes an, mach alles, was du brauchst auf Erden und quäle dein Herz nicht, bis zu dir kommt der Tag des Geschreis!«[77]

---

77 Aufforderung zur Lebensfreude in einem altägyptischen Grab. Mit dem Tag des Geschreis ist das Jammern der Klageweiber gemeint, also der Todestag.

Ramses machte eine Handbewegung, worauf ein orgiastisches Spektakel einsetzte, eine Orgie à la Federico Fellini sozusagen: verrückt, obszön, pervers – unglaublich, wäre uns der Ablauf nicht bis ins Detail präzise im Papyrus Turin aufgezeichnet.

Zu den Klängen aufpeitschender Musik kam ein gertenschlankes Mädchen in den Thronsaal getrippelt, warf sich auf den spiegelnden Boden und begann sich, auf dem Rükken liegend, das lange, hauchdünne, plissierte Gewand vom Körper zu streifen. Der »Vorsteher der königlichen Haremsgemächer« trat vor den Pharao und sagte, daß die Kleine »Schöner Maulbeerfeigenbaum« heiße und vor vierzehn Jahren als Tochter eines ägyptischen Offiziers und einer syrischen Marketenderin geboren sei.

Der Striptease der gutgebauten Kindfrau schien Ramses nicht sonderlich zu beeindrucken. Jede Woche einmal gab es eine solche Vorstellung von Neuerwerbungen für den Harem. Erst als die Kleine die Schenkel spreizte, um dem Pharao einen tiefen Einblick in das, was ihn erwartete, zu gewähren, da zeigte der König anatomisches Interesse, schnalzte mit der Zunge und nickte mit dem Kopf, worauf das Mädchen in einen Schrei des Entzückens ausbrach.

Doch der war kaum verstummt, da tauchte eine zweite auf, eine Ägypterin mit kurzem schwarzem Haar, das zur Pagenfrisur gekämmt und mit einer Lotosblume geschmückt war. Sie hieß »Kleine Katze«, war achtzehn und trug nichts weiter als einen Halskragen aus Pailletten am Körper. Ihr Tanz spielte sich vorwiegend über einer auf dem Boden stehenden hochbeinigen Schale ab, in die das Mädchen sich zu hocken schien. Ramses blickte interessiert; so etwas hatte selbst er noch nicht gesehen. Was wollte das Mädchen mit der Schale?

Des Rätsels Lösung war ebenso einfach wie unerwartet –, der Pharao traute seinen Augen nicht: In breitem Strahl ließ die Kleine ihr Wasser in die Schale unter sich. Ramses schien amüsiert. Kaum hatte sie die wohlgefällige Reaktion auf ihre Darbietung erkannt, tänzelte das Mädchen mit lasziven Bewegungen auf den Pharao zu, umfaßte seine Unterschenkel, tastete sich mit flinken Fingern unter den Lendenschurz vor und bearbeitete den großen Ramses an dero königlicher Männlichkeit, bis Seine Majestät wollüstig aufstöhnte.

Duftende Mädchen, zu allem bereit

Dies schien das Startzeichen zu einer wilden Orgie zu sein: Je zwei kleine Mädchen zogen goldblitzende Streitwagen in den Saal. Doch statt des Kämpfers und des Wagenlenkers standen, lagen, kauerten nackte Mädchen darauf – manche waren auf den Wagen gebunden –, jedes in einer anderen, an Raffinesse kaum zu überbietenden Beischlafpose. Ramses hielt es nicht mehr länger auf seinem Thronsessel, er stürzte sich mit wildem Geschrei auf die heranrollenden Mädchen, die sich ihm unter Kreischen und Jauchzen darboten. Manche trugen Salbkegel auf dem Kopf, die süßliche Gerüche verbreiteten, andere versprengten aus Fläschchen und Schälchen duftende Essenzen. Wie ein Faun sprang Ramses in Ekstase von einem Wagen zum anderen, von einem Mädchen zum anderen, von einem Koitus zum anderen.

Der blinde Harfner, nur Ohrenzeuge des wüsten Geschehens, schlug wild in die Saiten seines Instruments, die kleine Flötenspielerin entlockte ihrem Blasrohr schrille langgezogene Töne, und die Sistrumspielerin wiegte ihren Körper nach dem Rhythmus, den sie schlug. Was war er für ein Mann, dieser User-maat-Re-Setepen-Re, dieser starke Stier! Die Mädchen schrien vor Verzückung, wenn er sich ihnen näherte. Die meisten waren so jung, daß sie noch nicht, wie damals üblich, beschnitten waren; denn im Gegensatz zu König Faruk liebte König Ramses blutjunge, schlanke Mädchen.

Orgie im »Turiner Papyrus«: Der alternde Pharao, mit einer Flasche in der Hand, vollzieht mit einem auf den Wagen gefesselten Haremsmädchen den Koitus (rechts). Links zwei Haremsdamen, die den König in die rechte Stimmung versetzen.

Im Grab des Nacht, der unter Thutmosis IV. Tempelschreiber war, begegnen wir zum ersten Mal einer nackten Tänzerin, und von dieser Zeit an scheinen Schönheitstänzerinnen ungewöhnlich gefragt gewesen zu sein. Der Tanz, entstanden aus dem kultischen Götterdienst, wurde zu einem akrobatisch-ekstatischen Schauspiel, und, wie Herodot erklärt, vielfach obszön dargeboten. Rückwärts radschlagende Schönheitstänzerinnen waren ein beliebtes Motiv in thebanischen Privatgräbern.

Die Tübinger Ägyptologie-Professorin Emma Brunner-Traut sagt über das Wesen des Tanzes im Alten Ägypten: »War der ägyptische Tanz zunächst ein Gruppentanz, streng in seiner Form geregelt, traditionsgebunden, so entwickelt sich dieser improvisatorische Tanz im Neuen Reich immer mehr zu einem Solotanz, bei dem die übrigen Mitwirkenden in eine untergeordnete Begleiterrolle gedrängt wurden. Die gleichfalls improvisierten Melodien wurden nun nicht mehr von einem Cheironomiker[78] gelenkt. Ein grundsätzlicher Unterschied zu den alten Tänzen besteht auch darin, daß mittlerweile die tanzenden Mädchen ihre einmaligen Liedchen selbst auf den verschiedenen neuen, vielfach von Asien eingeführten Musikinstrumenten begleiten. Dadurch wird die Bewegungsfreiheit der Tanzenden behindert. Um ihre Bewegungen jedoch voll entfalten zu können, legen gegen Ende der 18. Dynastie die eigentlichen Solistinnen ihr Instrument wieder beiseite. Sie teilen sich mit in kühnen, freien und auch koketten Bewegungen; ihr geschmeidiger, nackter Körper entzückt die Augen der Zuschauer.[79]

Die Ägypterinnen standen im 2. Jahrtausend v. Chr. im Ruf, männermordende Weibsteufel zu sein. Jedenfalls ist dies das Bild, das uns Mythologie, Märchen und Altes Testament überliefern. Es mag nicht zuletzt dadurch entstanden sein, daß im Nilland schon früh emanzipatorische Tendenzen erkennbar wurden, die bei Fremdvölkern Erstaunen und Unverständnis hervorriefen.

In der jüdischen apokryphen Erzählung »Joseph und Asenath« wird die Ägypterin als mondän, hochmütig und verwöhnt charakterisiert, und in der Josephssage ist die Frau des ramessidischen Hofbeamten Potiphar ein frustriertes, schamloses Biest, das es darauf angelegt hat, den unschuldigen Joseph zu verführen. Der biblische Chronist scheint jedoch bei Abfassung seiner Geschichte ein weitverbreitetes ägyptisches Märchen im Kopf gehabt zu haben. Das sogenannte Brüdermärchen, das schon zur Zeit Ramses' II. kursierte und im Papyrus d'Orbiney (Britisches Museum, London) überliefert ist, enthält nämlich ebenfalls das Potiphar-Motiv: Die Gattin des Großgrundbesitzers Anubis versucht, ihren jun-

78 Eine Art Dirigent, der auch die Tonhöhe andeutete.

79 In *Ägyptologische Forschungen,* Heft 6, Glückstadt 1938.

gen Schwager zu verführen. Als sie abgewiesen wird, gibt sie vor, von ihm vergewaltigt worden zu sein, und setzt ihn der Rache ihres Mannes aus.

Schach mit nackten Damen

Die Frauen in der Umgebung des Pharaos hatten nur die eine Pflicht, schön zu sein und Ramses die Zeit möglichst angenehm zu vertreiben. Es versteht sich von selbst, daß er dem Spiel der Könige, dem Schachspiel, zugetan war, und er hatte dabei in Nofretari eine ebenbürtige Gegnerin. Schach war ihr Lieblingsspiel; wir sehen sie sogar Schach spielend in ihrem Grab dargestellt. Ob Ramses II. auch mit nackten Mädchen Schach spielte, wie das vom dritten Ramses überliefert ist, wissen wir nicht. Aber nachdem Ramses III. dies tat, der seinen Ahn in beinahe allen Lebenslagen imitierte – wenn er es auch nur auf drei königliche Gemahlinnen brachte –, dürfen wir dieses besondere Vergnügen wohl auch ihm zuschreiben. Ebenso entsprach es dem pharaonischen Geschmack der Zeit, sich mit ausgewählten nackten Haremsmädchen durch das Schilfdickicht des Nildeltas staken zu lassen und im schaukelnden Kahn die Liebe zu pflegen.

Diese Mädchen waren ungewöhnlich reizvolle Geschöpfe, schön, klug und diskret zugleich. Und diejenige, der Ramses für ein paar Augenblicke seine Gunst schenkte, die mag im Schilf ein Lied angestimmt haben wie jenes, das der Papyrus Harris wiedergibt:

> Mein geliebter Bruder, mein Herz sehnt sich nach deiner Liebe.
> Ich bin gekommen, um mit der Falle in der Hand alle Vögel von Punt zu fangen.

Sie lassen sich auf das Land nieder, mit Myrrhen gesalbt.
Der erste nimmt meinen Köderwurm,
Düfte bringt er mit aus Punt,
und seine Krallen sind voll Salbe.

O könnten wir nicht zusammen
die Vögel aus der Falle lösen?
Ich allein mit dir, auf daß du das Schreien meines
Myrrhengesalbten hörtest.
Wie schön wäre es, wenn du
dort mit mir wärst, wenn ich die Falle aufstelle.
Es ist unsagbar schön, durch die Felder zu gehen
mit dem, den man liebt.
Es schreit die Gans, die an ihrem Wurm gefangen ist,
aber meine Liebe zu dir hält mich zurück,
ich kann sie nicht vergessen ...

Du Schönster, mein Wunsch ist,
dich zu lieben als deine Frau.
Dein Arm soll auf meinem Arm liegen.
Wenn du, mein Bruder, heute nacht nicht bei mir bist,
so bin ich tot; denn du bist für mich
Gesundheit und Leben.
Hörst du die Stimme der Schwalbe?
Sie sagt: »Die Erde wird hell, mußt du nicht gehen?«
Nicht doch, du Vogel, du kränkst mich.
Ich liege bei meinem Bruder,
und mein Herz freut sich ...

Sag, daß ich nicht gehen soll.
Meine Hand soll bleiben in deiner Hand.
Du machst mich zum ersten der Mädchen,
kränke nicht mein Herz ...

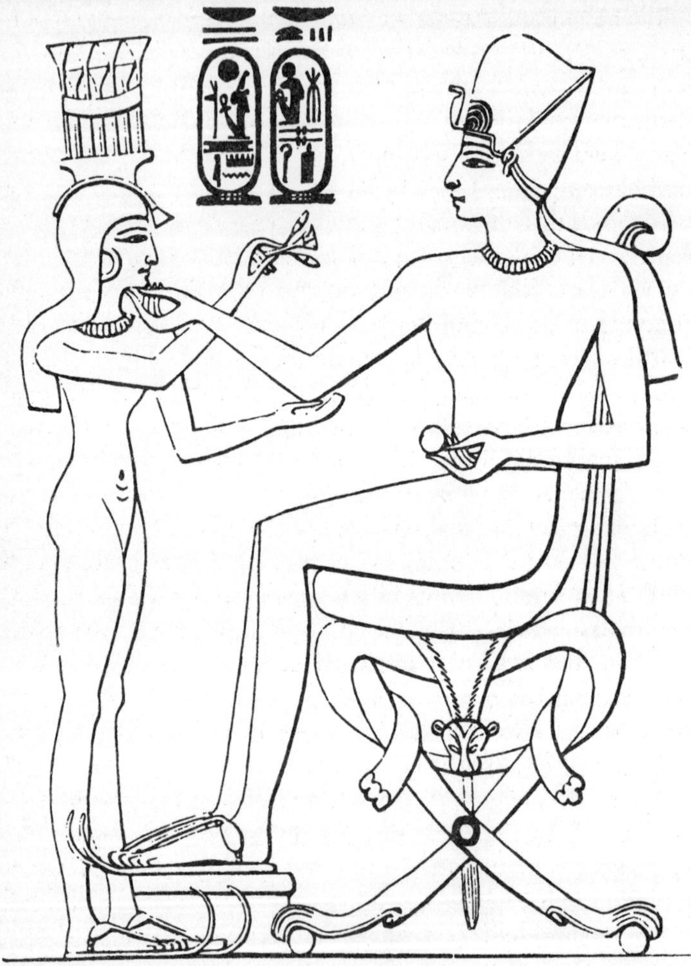

Der Pharao krault ein nacktes Haremsmädchen am Kinn.
Reliefszene aus der Palastanlage Ramses' III. in Medinet Habu.

Die schönen Haremsmädchen, die solche Lieder sangen, kamen, nach Ansicht des Ägyptologen Wolfgang Helck, vor allem aus Syrien. Sie hatten nur selten Kontakt zum König; denn der Harem Ramses' II. lag außerhalb seines Palastes. Vater Sethos hatte ihn dem jungen Kronprinz geschenkt, und ein paar Damen dazu, als Ramses gerade zehn Jahre alt war. Unter diesem »Schmuck des Königs« – so einer der Ehrentitel der königlichen Gespielinnen – befand sich auch die etwas ältere Nofretari, und sie war es wohl auch, die den Jüngling in die Geheimnisse der Liebe einführte. Mit zehn war Ramses schon ein ganzer Mann, sein Vater setzte ihn als Truppenkommandant ein, und er hatte auch nichts dagegen, wenn Ramses Nofretari mit ins Feld nahm. Später, als Sethos tot war, verfügte Ramses über einen eigenen Reiseharem, einen erotischen Notdienst sozusagen.

Im heimischen Frauenhaus waren keineswegs nur Damen zu finden, und die Männer, die man hier antraf, waren auch nicht etwa Eunuchen. Es gibt keinen einzigen Hinweis, daß die im altägyptischen Harem tätigen Männer Kastraten waren. Der Harem bildete ein selbständiges wirtschaftliches Unternehmen, unabhängig vom Königspalast, er hatte eigene Ländereien, eigene Steuereinnahmen, eine eigene Verwaltung und eine eigene Polizei.

Dem »Vorsteher des königlichen Harems« und seinem Stellvertreter (Bürgermeister und Vizebürgermeister) unterstanden zwei »Schreiber des Schatzhauses des Harems« (Kämmerer) und sechs »Inspektoren der Haremsverwaltung« (Beamte), die wiederum der Polizeitruppe und den landwirtschaftlichen Arbeitern vorgesetzt waren. Und wenn sich im Harem Ramses' II. ein halbes Tausend »Hausfrauen«, »Schöne«, »Geliebte«, »Königliche Damen«, »Königliche Gemahlinnen« und »Große Königliche Gemahlinnen« tummelten[80],

80 Die Reihenfolge der Aufzählung entspricht der Rangordnung.

so hielten sich dort mindestens ebenso viele Männer auf. Wie aus den Prozeßakten der Haremsverschwörung unter Ramses III. hervorgeht, waren in den Frauenhäusern interne Liebschaften und Intrigen an der Tagesordnung. Haremsskandale gehörten in ramessidischer Zeit zum ägyptischen Alltag.

Majestät macht Morgentoilette

Dieser Alltag begann für Ramses II. mit dem Aufmarsch der Barbiere und Fußpfleger. Der König trug das blonde, seidige Haar nicht länger als 6 Zentimeter[81]; das war vorteilhaft für den ständigen Wechsel der Kopfbedeckungen, vor allem der Perücken, von denen er im privaten Bereich die einfache runde Kurzhaarperücke mit aufgesetztem Diadem, das von zwei Bändern gehalten und am Hinterkopf verknotet wurde, bevorzugte. Bei offiziellen Anlässen setzten ihm die Zeremonienmeister die hohe Krone des Südens oder die flachere Krone des Nordens, die Doppelkrone, eine Kombination aus den beiden zuvor genannten, oder – bei Militärparaden – den blauen Helm aufs Haupt. Die Kronen trug der König ohne Perücke, an deren Stelle bisweilen auch der Nemes trat, ein gestreiftes Kopftuch. Ramses ließ sich allmorgendlich rasieren; trug er einen Bart, dann war das eine Perücke, die mittels zweier Bänder um die Ohren gebunden wurde.

Das einfache Gewand des Königs war der kurze oder lange Schurz, an der Vorderseite mit einer Falte versehen. Diesen Schurz hielt ein breiter Ledergürtel mit einer Metall- oder Elfenbeinschnalle, die die Namenskartusche »User-maat-Re-Setepen-Re« trug. Ein Halskragen aus Perlen, Edelsteinen oder Keramikpailletten, oft mehrere Kilogramm schwer, komplettierte die Alltagskleidung.

---

81 Messungen an der Ramses-Mumie.

So ging Ramses II. gekleidet. Links: mit einfachem Schurz über dem Unterkleid und Doppelkrone; Mitte: mit einem kurzen Schurz über dem langen Schurz und der blauen Krone; rechts: mit Schurz, Unter- und Oberkleid und der Götterkrone.

Nach der Morgentoilette und einem ziemlich kargen Frühstück aus Säften, Getreidebrei und Fladen rezitierte ein Oberpriester dem Pharao Gebete, worauf Ramses ein erstes Rauchopfer darbrachte. Der Vormittag verging, sofern er im Palast der Hauptstadt verbracht wurde, mit Audienzen, Rechtsprechung und Ordererteilung. »Man kam, um Seiner Majestät mitzuteilen ...« ist eine ständig wiederkehrende Redewendung zu Beginn eines Vortragsprotokolls. Der Pharao wollte über jeden wichtigen Vorgang in seinem Großreich informiert sein. Wenn es Probleme gab, standen ihm für jedes sofort Experten und Berater zur Verfügung.

Ging es zum Beispiel darum, nach Wasser in der Wüste zu suchen, dann winkte Ramses seinen Siegelbewahrer zu sich und sprach: »Rufe die Großen, die vor dem Saal sind, damit Meine Majestät ihren Rat hinsichtlich dieses Landes vernehme. Ich will die Angelegenheit durchsprechen.«[82] Dienernd und buckelnd kamen die Großen herein, sie wagten nicht,

---

82 Nach Pierre Montet: *So lebten die Ägypter*, Stuttgart 1960.

Ramses ins Gesicht zu sehen, warfen sich nieder und küßten den Boden; dann wurden ihnen die Fragen und Pläne des Pharaos erläutert. Die Brunnenbohrer und Landvermesser machten jedoch dem Pharao keine Vorschläge, sie bejubelten vielmehr den großen Ramses, dem es gelingen würde, auch dieses Projekt zu verwirklichen: »Wenn du selbst deinen Vater Hapi[83], den Vater der Götter, aufforderst, Wasser das Gebirge aufwärtsfließen zu lassen, wird er alles tun, was du ihm sagst, gemäß den Plänen, die in unserer Gegenwart ausgearbeitet werden; denn deine Eltern, die Götter, lieben dich mehr als irgendeinen König, der seit der Zeit des Re lebte.«[84]

Soweit ihm der Götterkult und die Regierungsgeschäfte Zeit ließen, widmete sich Ramses ausgiebig dem Sport. User-maat-Re war zum Sportsmann erzogen wie ein Eton-Schüler. Als Kronprinz mußte er noch vor dem Frühstück einen Langlauf absolvieren. Seine Körperkraft dürfte enorm gewesen sein. Selbst wenn sie in den Kadesch-Texten stark übertrieben dargestellt ist, war sie doch übermenschlich. Seine Treffsicherheit als Bogenschütze wurde von Dichtern gerühmt. Zielte er nicht auf Landesfeinde, so auf Löwen, Wildstiere und Antilopen. Die Antilopenjagd galt als typisch königliches Vergnügen. Ramses verfolgte in der Wüste, die überall in Ägypten nahe an das Niltal heranreicht, eine Herde und schoß dann aus voller Fahrt seine Pfeile ab. Es gab kaum etwas, das ihm größeres Vergnügen bereitete – von den Frauen einmal abgesehen.

Ramses lebte in Quadrogamie

Es wurde keineswegs als ungewöhnlich empfunden, daß Ramses vier Hauptfrauen, ein halbes Dutzend Nebenfrauen und

83 Verkörperung des Nils.

84 Kuban-Stele, Museum Grenoble.

ein paar hundert berufsmäßige Beischläferinnen sein eigen nannte. Er hätte ein Jahr lang jede Nacht mit einer anderen Frau schlafen können, so groß war sein Harem. Die Fluktuation war erheblich, und deshalb hatten viele der Haremsmädchen nur einmal im Leben das Vergnügen. Er, der keine Gelegenheit ausließ, die Großtaten seiner Vorgänger zu übertreffen, hätte es am allerwenigsten geduldet, wenn ihn einer im Bett übertroffen hätte.

Es ist nicht überliefert, ob Ramses seine Nächte allein, zu zweien oder gar zu mehreren verbracht hat – die Regel war jedenfalls, daß der König allein schlief. Im Hinblick auf vier Hauptgemahlinnen, ein paar hundert Konkubinen und 162 Kinder hegt der Chronist jedoch Zweifel, daß Ramses es mit dieser Gepflogenheit sehr genau nahm. Fest steht, daß keine seiner vier Hauptfrauen älter als 16 war, als Ramses sie heiratete; die eigene Tochter Bent-Anta war sicherlich von allen die jüngste königliche Gemahlin. Als Nebenfrauen dienten dem liebeshungrigen Pharao sogar noch zwei weitere Töchter.

Hundert Jahre vor Ramses hatte Amenophis III. neue Maßstäbe gesetzt für das Liebesleben der Pharaonen. Er hatte in jungen Jahren Teje, die Tochter eines Priesters und einer Haremsdame, geehelicht und zur »Herrscherin über beide Länder« gemacht. Außerdem heiratete er mindestens ein Dutzend Nebenfrauen und unterhielt einen Harem von drei- bis vierhundert Konkubinen. Wie Ramses schwärmte Amenophis III. für hellhäutige, kleinbrüstige Asiatinnen. König Tuschratta von Mitanni verstand es, aus dieser Begierde Kapital zu schlagen. Er verhökerte Amenophis zuerst seine Schwester Giluchepa und später sein Töchterchen Taduchepa, das in Ägypten den Namen Nofretete erhielt. Damals wurde das Gold der Sünde tonnenweise von Ägypten nach Mitanni geschafft.

Aber während Amenophis III. sich mit *einer* offiziellen Königin zufriedengab, nahm Ramses deren vier: Nofretari,

Isis-nefert, Bent-Anta und Maa-Neferu-Re. Alle vier waren »königliche Gemahlinnen«; Ramses lebte also in Quadrogamie.

Nofretari, die Ramses II. noch vor seiner Thronbesteigung ehelichte, war ohne Zweifel »die Schönste von allen‹. Sie war von auffallend heller Hautfarbe, und sie gebar dem Pharao den ersten, dritten, elften und sechzehnten Sohn sowie die vierte und fünfte Tochter. Nofretari war Hauptgemahlin und die Herrin des Harems; ihr stand eine Schar Dienerinnen und eine persönliche Leibwache zur Verfügung. Die »große königliche Gemahlin« kannte die Eskapaden ihres Mannes genau, sie wußte von seinen orgiastischen Festen, doch war sie klug genug, gegen die Eheschließungen mit Nebenfrauen, ja sogar mit zweien seiner eigenen Töchter, keine Einwände zu haben. Das alles entsprach seit Beginn des Neuen Reiches pharaonischer Sitte und schmälerte ihren Einfluß durchaus nicht.

Ramses hat in seinem neunzigjährigen Leben viele Frauen geliebt; verehrt aber hat er nur eine: Nofretari. Ihr ließ User-maat-Re das schönste Grab im Tal der Königinnen erbauen, mit Wandmalereien, so farbenprächtig wie im Grab seines Vaters Sethos, mit Darstellungen aus dem Privatleben der Königin. Sie zeigen eine Grande Dame, eine hoheitsvolle Erscheinung, wahrhaft schön von Gestalt, nicht einfach nur hübsch wie die zahllosen jungen Dinger, die der Pharao zu seinem Vergnügen aushielt. Ramses muß sie angebetet haben; denn noch ehe er in Abu Simbel mit dem Bau *seines* Tempels begann, errichtete er dort einen – wenn auch kleineren – für Nofretari. Das geschah etwa zu seiner Silberhochzeit, nach 25 Ehejahren.

An der 12 Meter hohen Fassade dieses Tempels tritt uns Nofretari zweimal gegenüber; auf jeder Seite des Portals wird sie von je zwei schreitenden Figuren ihres Mannes begleitet. Ein langes, durchsichtiges Gewand betont ihre

Körperformen. Die erotische Ausstrahlung dieser Darstellungen ist offensichtlich gewollt, und dabei sind auch liebevolle Details wie die Brustwarzen der schönen Königin nicht tabu. Nofretari trägt die Hathorkrone, ein Zeichen, daß sie gleichrangig ist mit der Göttin des Tanzes, der Musik und der Liebe. Duftig, blumig, leicht – feminin ist auch die vorwiegend in Goldgelb gehaltene Innenausstattung ihres Tempels.

Warum Ramses seine vergötterte, vergöttlichte Gemahlin gerade mit der Göttin Hathor in Verbindung brachte, könnte folgenden Grund gehabt haben: Hathor galt schon im Alten Reich als Beschützerin des Pharaos. Offensichtlich ist das ein Hinweis darauf, daß Nofretari älter als Ramses war und daß *sie* es war, die den jungen König lenkte und leitete. Betrachten wir Nofretaris Fußstellung in diesem Tempel, so fällt auf, daß die Königin mit vorgesetztem linkem Fuß dasteht. Diese aktive, Tatkraft und Entschlossenheit symbolisierende Pose, die traditionell dem Pharao vorbehalten war, nimmt Nofretari hier gewiß nicht zufällig ein. Rätselhaft ist freilich bis heute, warum auch die Töchter des Königspaares in dieser gleichsam schreitenden Haltung dargestellt sind und warum die Söhne mit geschlossenen Füßen abgebildet wurden wie Mädchen.

Rivalitäten in der Großfamilie

In Nofretaris Tempel werden nur ihre eigenen Kinder erwähnt; von Ramses' übrigen Söhnen und Töchtern ist keine Rede. Isis-nefert, die zweite Hauptgemahlin Ramses' II., ignorierte die Kinder Nofretaris auf ihren Denkmälern dafür ebenso.

Den Söhnen und Töchtern der Isis-nefert begegnen wir in den Felsenbildern von Assuan und Gebel es-Silsile. Diese

Bilder wurden von Prinz Chaemwese (»Der in Theben erschienen ist«) im Jahre 1261 v. Chr. anläßlich des dreißigjährigen Regierungsjubiläums seines Vaters angebracht und in den folgenden zwölf Jahren viermal aktualisiert. Chaemwese war Hoherpriester von Memphis und hatte die Aufgabe des Organisators der Jubiläumsfeierlichkeiten seines Vaters übernommen. Daß er sich auf dem Wandrelief als offizieller Festverkünder zusammen mit seinem Vater Ramses abbilden ließ, ist ganz natürlich; daß er jedoch in der Darstellung die Lieblingsfrau des Königs, Nofretari, völlig überging und nur *seine* Mutter, die zweite Hauptgemahlin Isis-nefert, neben sich und den König stellte, das läßt auf Rivalitäten, vielleicht sogar auf Feindschaften innerhalb der Großfamilie Ramses' II. schließen. Bestätigung findet diese Annahme in der Felsenkapelle von Silsile-West, wo neben Ramses nur seine zweite und vierte Hauptgemahlin Isis-nefert und Anna zu sehen sind. Anna war eine Tochter der Isis-nefert, ihre einzige übrigens. Isis-nefert gebar Ramses den zweiten und vierten sowie den dreizehnten Sohn, den späteren Thronfolger.

Ramses unterhielt zwar eine Großfamilie, aber eine *große Familie* war es nicht. Es gibt Archäologen, die sogar innerfamiliäre Machtkämpfe im Harem Ramses' II. vermuten, in deren Verlauf Nofretari mit ihren Kindern – darunter dem Erstgeborenen Amunherchopschef – von Isis-nefert und ihren Sprößlingen beseitigt worden seien. Doch dafür existieren keine Beweise. Fest steht vielmehr, daß Nofretari eine ungewöhnlich mächtige Frau war. Die Krönungsszene der Königin in ihrem Tempel in Abu Simbel spricht für sich: Die Göttinnen Isis und Hathor halten schützend ihre Hand über Nofretari. Sie trägt das Uräusdiadem auf der modischen Kurzhaarperücke und die Hathorkrone mit der Sonnenscheibe. In der linken Hand hält sie als Machtsymbol das Flabellum, einen Wedel, den sie elegant über die Schulter legt.

In der Rechten trägt sie, wie der gottgleiche Pharao, das Anch-Zeichen, das Symbol ewigen Lebens.

Nofretari scheint auch auf das politische Geschehen Einfluß gehabt zu haben. Nach dem Friedensschluß zwischen Ramses und dem Hethiterkönig Chattusil korrespondierte sie mit dessen Frau Puduchepa. Der Brief nach Chatti zeigt, wie sehr Nofretari sich über den Friedensvertrag gefreut hat:

»Naptera[85], Königin von Ägypten, sagt zu Puduchepa, Königin des Landes Chatti: Bei mir, meine Schwester, herrscht Frieden, in meinem Land herrscht Frieden. Bei dir, meine Schwester, sei Frieden, in deinem Land sei Frieden. Siehe, ich höre, daß du, meine Schwester, mir geschrieben hast und dich nach meinem Frieden erkundigst und daß du wegen unserer friedlichen Beziehungen schriebst und wegen der brüderlichen Beziehungen, die den großen König, den König von Ägypten, mit dem großen König, dem König des Landes Chatti, seinem Bruder, verbinden. Schamasch und Teschup mögen deinen Kopf heben, und Samasch möge Frieden geben und das Beste schaffen, und er möge gute Bruderschaft gewähren zwischen dem großen König, dem König von Ägypten, und dem großen König, dem König des Landes Chatti, seinem Bruder, auf ewig.«

Die Fertigstellung ihres Tempels in Abu Simbel hat Nofretari nicht mehr erlebt; sie starb zwischen 1264 und 1260, noch nicht einmal fünfzigjährig.

Zum Trost eine Hethiterprinzessin

Wenige Jahre später, im 3. Wintermonat des Jahres 1265 v. Chr., bewegte sich eine nicht enden wollende Karawane den Orontes aufwärts durch Palästina in Richtung auf die

---

85 Hethitische Namensform für Nofretari.

ägyptische Hauptstadt Ramses zu: Tausende Rinder und Pferde, Zehntausende Ziegen und Schafe, Wagen, beladen mit Gold- und Silberschmuck, mit kostbarem Mobiliar und feinem Geschirr, dazwischen Kaschkäersklaven, Fuhrknechte und Wachsoldaten, bis zur Unkenntlichkeit von Lumpen und Fellen umhüllt. Ein eiskalter Wind wehte von Norden, aus der Richtung, aus der sie kamen, er steigerte sich bis zum Sturm und trieb dicke Schneewolken vor sich her, die Mensch und Tier den Atem raubten. Das Ende des Trecks bildeten Kampfwagen und eine Prozession vornehmer Leute, angeführt von den Provinzstatthaltern von Upe und Kanaan, Suta und Atachmaschschi, in ihrer Mitte die älteste Tochter des Hethiterkönigs Chattusil, ein Geschenk an Ramses, den Allmächtigen. Er hatte sie sich gewünscht – als Trost für die verstorbene Nofretari.

Als dem Pharao, der in seinem Palast aus Lapislazuli in Ramses City auf die Ankunft der neuen Braut wartete, von Vorausboten gemeldet wurde, daß sich die Karawane aus Chattuscha den Grenzen Ägyptens nähere, schickte ihr Ramses eine Staatseskorte entgegen. Doch die ägyptischen Soldaten, das frühlingshafte Winterklima des Nildeltas gewöhnt, gerieten in Schneestürme. Als Ramses davon hörte, wandte er sich an den für alle nordischen Belange zuständigen Gott Seth:

»Der Himmel ruht auf deinen Händen, die Erde liegt unter deinen Füßen, was du befiehlst, das geschieht. Der Regen, der kalte Wind und der Schnee sollen nachlassen«, betete Ramses, und er fügte, um nicht zuviel von seinem Gott zu verlangen, einschränkend hinzu, »bis die Kostbarkeiten, die du mir bestimmt hast, mich erreicht haben.«

Ramses II., damals 54 Jahre alt, hatte seinen künftigen Schwiegervater Chattusil eingeladen, zusammen mit seiner ältesten Tochter nach Ramses City zu kommen. Er selbst wollte ihn an der Grenze seines Reiches empfangen und an den Nil geleiten. Aber Chattusil, der die Propagandamaschinerie des Pharaos noch vom Abschluß des Friedensvertrages sehr gut kannte, ließ sich wegen »Brennens der Füße« entschuldigen; er sei nicht mehr so gut auf den Beinen. Tatsächlich aber gönnte er dem Ägypterkönig den Triumph nicht, von ihm gleichsam zum Rapport zitiert zu werden.

Nachdem Ramses Seth ein Opfer gebracht hatte, wurde »der Himmel friedvoll, und sommerliche Tage begannen ...« Irgendwo in Palästina stießen die Ägypter auf die Hethiter, »und alle Menschen des Hethiterlandes vermengten sich mit denen Ägyptens. Sie aßen und tranken zusammen, da sie eines Herzens waren wie Brüder, denn Friede und Bruderschaft waren zwischen ihnen nach dem Vorbild des Gottes selbst.« So wird auf der Hochzeitsstele von Abu Simbel zu Füßen des linken Kolosses das erste friedliche Zusammentreffen von Hethitern und Ägyptern geschildert.

Die Karawane aus Chatti erreichte die ägyptische Hauptstadt ohne nennenswerte Verluste. Ramses begutachtete die Geschenke und fand sie beachtlich. Als ihm die Hethiterprinzessin vorgestellt wurde, »sah er, daß sie schön von An-

Der Hethiterkönig Chattusil III. verabschiedet seine Tochter, die er als diplomatisches Geschenk Ramses II. zur Frau gibt.

gesicht war wie eine Göttin ... Solches war nie gekannt, nie von Mund zu Mund gesprochen, nie in den Schriften der Ahnen erwähnt worden ... So war sie denn schön im Herzen Seiner Majestät, und er liebte sie über alles.« Der hethitische Name der ältesten Tochter Chattusils ist unbekannt; Ramses gab ihr, wie das so Brauch war, einen ägyptischen Namen, Maa-Neferu-Re, und machte sie zu seiner Hauptgemahlin.

Maa-Neferu-Re nahm am Hofe von Ramses City eine hervorragende Stellung ein, und sie sorgte dafür, daß die Kontakte zwischen Ägypten und Chatti nicht abrissen. Eine Stele, von Chons-Priestern um 500 v. Chr. zur Hebung des Ansehens ihres Gottes in Karnak gefälscht, erzählt eine wundersame Geschichte von der Schwester der Hethiterprinzessin, Bentresch. Sie war offenbar besessen oder litt an Epilepsie und konnte, wie die Priester behaupteten, erst durch eine Statue des Chons, die nach Chatti gebracht wurde, geheilt werden.

Die Wunderheilung der schönen Bentresch

Die Geschichte beginnt angeblich am 22. Tag des 2. Sommermonats im 15. Regierungsjahr Ramses' II. (Schon aus dieser Jahresangabe wird die Fälschung ersichtlich; denn Bentreschs Schwester kam erst im 25. Regierungsjahr nach Ägypten.[86] Ramses soll damals anläßlich des Opet-Festes in Luxor geweilt haben.) Da wurde dem Pharao gemeldet: »Ein Bote des Fürsten von Chatti ist da; er kommt mit zahlreichen Gaben für die Königin.«[87]

---

86 Die in archaisierender Form abgefaßte Inschrift enthält historische und grammatikalische Fehler. In der Königstitulatur Ramses' II. finden sich Teile des Titels von Thutmosis IV.

87 Stelentext nach James Henry Breasted: *Ancient Record of Egypt,* Chicago 1906.

Der Bote trat vor Ramses, lieferte seine Geschenke ab und sprach: »Verehrung dir, Sonne der neun Bogenvölker – durch dich leben wir. Ich komme zu dir, o Fürst, mein Herr, wegen Bentresch, der Schwester deiner Königin Maa-Neferu-Re. Eine Krankheit hat ihre Glieder ergriffen. Möchte Deine Majestät einen Weisen schicken, um sie anzusehen.«

Der Pharao befahl: »Man führe die Gelehrten des Lebenshauses und alle Hofbeamten zu mir.« Als sie vor ihm standen, sagte Ramses: »Ich habe euch rufen lassen, um euch folgendes zu sagen: Einer aus eurer Mitte soll hervortreten, der einen klugen Verstand hat und fingerfertig ist.«

Die Beamten sahen sich fragend an, schließlich trat Thotemheb hervor, der weise Schreiber des großen Ramses. Der König befahl ihm, zusammen mit dem Boten nach Chatti zu gehen. Thotemheb tat, wie ihm geheißen, und er fand Prinzessin Bentresch »wie von einem Geist besessen«. Unglücklicherweise fühlte er sich jedoch zu schwach, um mit diesem Geist zu kämpfen.

Enttäuscht sandte der König der Hethiter einen zweiten Boten nach Ägypten mit der Bitte: »Seine Majestät möge befehlen, daß ein Götterbild gebracht werde.«

Ramses reiste nach Theben, ging in den Tempel des Chons und sprach zu dem Gott: »O Herr, ich trete wiederum vor dich wegen der Tochter des Fürsten von Chatti. Lasse dein Götterbild nach Chatti gehen.« Darauf nickte die Götterstatue Ramses angeblich zu, und der Pharao sprach: »Gib ihm deinen Schutzzauber mit; ich lasse dein Standbild nach Chatti gehen, um die Tochter des Fürsten von Chatti zu retten.«

Ramses II. schickte das Götterbild zu Schiff über das Rote Meer; am anderen Ufer ließ er Pferde bereitstellen und einige seiner besten Reiter. Trotzdem dauerte es ein Jahr und fünf Monate, bis die Chons-Statue in Chatti ankam. Dort bereiteten ihr der Hethiterkönig, seine Großen und Soldaten einen triumphalen Empfang. Sie warfen sich auf den Bauch und sagten:

»Du kommst zu uns, damit du uns Gnade erweist auf Befehl des Königs User-maat-Re-Setepen-Re.«

Das Götterbild wurde zu Bentresch gebracht, und aus ihr sprach der böse Geist: »Willkommen in Frieden, großer Gott, der die Schwarmgeister vertreibt. Deine Stadt ist Chatti, deine Diener sind seine Bewohner – auch ich bin dein Diener. Ich werde zu dem Ort zurückkehren, von dem ich gekommen bin, um dein Herz mit dem zu erfreuen, weswegen du gekommen bist. Möge Deine Majestät befehlen, mit mir und dem Fürsten von Chatti einen schönen Tag zu feiern.«

Der Hethiterkönig und seine Soldaten fürchteten sich sehr, und sie opferten dem Chons-Ratgeber-in-Theben. Da verschwand der böse Geist aus der Prinzessin, und der Monarch und alle Leute jubelten. Kaum war jedoch seine Tochter geheilt, da sagte der Hethiter listig: »Dieses Götterbild soll für immer hierbleiben, ich lasse es nicht nach Ägypten zurückkehren.«

Drei Jahre und neun Monate hielt der König die Statue in seinem Palast zurück; dann träumte er eines Nachts, daß Gott Chons als goldener Falke in Richtung Ägypten davonflog, und er sah darin ein Zeichen. »Dieser Gott«, sprach er, »kehre nach Ägypten heim. Ein Wagen soll ihn nach Ägypten zurückfahren.« Er gab dem hilfreichen Götterbild zahlreiche Geschenke mit sowie Soldaten und Pferde. Man schrieb den 19. Tag des 2. Wintermonats im Jahre 23 des Pharaos Ramses II.[88]

Diese Geschichte, die auf der Chons-Stele aus Karnak sehr ausführlich und mit blumigen Worten erzählt wird, ist erfunden. Sie sollte Anreiz sein für das Volk, Chons um Hilfe zu bitten in Krankheitsfällen und allerlei anderen Privatangelegenheiten und dafür Spenden zu leisten, die den Priestern als Lebensunterhalt dienten.

---

88 Nach Günther Roeder: *Urkunden zur Religion des Alten Ägypten,* Jena 1915.

Der Versand von Götterstatuen war im Neuen Reich durchaus üblich. Als der Mitanni-König Tuschratta um das Jahr 1366 v. Chr. seine Tochter Taduchepa, die spätere Nofretete, nach Theben schickte, da befand sich in ihrem Brautzug eine wundertätige Ischtar-Statue, die den von furchtbaren Zahnschmerzen und eiternden Abszessen geplagten Amenophis III., Taduchepas Bräutigam, heilen sollte. Diese Mission war weniger erfolgreich als die der Chons-Statue: Amenophis III. starb kurze Zeit nach dem Eintreffen des Götterbildes.

Ob Bentreschs Schwester Maa-Neferu-Re dem Pharao Kinder schenkte, ist nicht bekannt, aber wir wissen, daß Ramses es nicht bei dieser einen Hethiterprinzessin beließ. Denn ein Stelentext berichtet: »Der Fürst von Chatti ließ sehr viele Beute bringen aus Chatti, sehr viele Beute aus dem Kaschkäerland, sehr viele Beute aus Arzawa, so viel, daß man es nicht aufschreiben konnte. Ferner kamen viele Rinder-, Schaf- und Kleinviehherden, sie kamen mit seiner zweiten Tochter, die sich Ramses nach Ägypten bringen ließ.« Von ihr hören wir nie mehr, von Maa-Neferu-Re hingegen berichtet der Papyrus Gurob, sie habe noch in Ramses' 61. Regierungsjahr gelebt.

Und schließlich verliebte sich Ramses auch noch in seine eigene Tochter Bent-Anta (»Tochter der Anat«). Er heiratete sie und machte sie zur Königin. Auch von ihr sind keine Kinder bekannt. Zwei weitere seiner Töchter, an denen Usermaat-Re Gefallen fand, fristeten das bescheidene Dasein von Nebenfrauen, und die von ihnen geborenen Kinder verschwanden im Harem.

Die Kinderkataloge Ramses' II.

Staunend verfolgen wir heute in den verschiedenen Tempeln des Landes die immer länger werdende Prozession der Königskinder Ramses' II.: In Abu Simbel stehen an der Ostwand des ersten Innenraumes links und rechts vom Eingang 8 Prinzen und 9 Prinzessinnen. Diese Zahl stammt etwa aus dem 5. Regierungsjahr und hat eine Parallele im Tempel von Ed-Derr. Im Tempel von Luxor finden wir insgesamt drei Prinzenprozessionen, eine an der Westwand mit 18 Prinzen, eine erst neuerdings unter der Abu-el-Haggag-Moschee im Luxor-Tempel entdeckte mit ebenfalls 18 Prinzen, und eine an der Westwand des Hofes von Ramses II. mit 25 Prinzen. 23 Söhne zählen die Darstellungen im Ramesseum, 33 Namen werden zwischen dem ersten und zweiten Hof des Sethos-Tempels von Abydos erwähnt.

Im Innenhof des Tempels von Wadi es-Sebua in Unternubien sieht man ein ganzes Internat von Prinzen und Prinzessinnen. Wie viele es wirklich waren, darüber streiten sich die Gelehrten. Breasted spricht von »nahezu 200«, Jean-François Champollion und Richard Lepsius meinten, es seien mehr als 100 Söhne und 60 Töchter gewesen, Pierre Montet zählte 162 Namen, der ägyptische Archäologe Farouk Gomaä kommt auf weniger als 100. Die genaue Zahl ist ziemlich unerheblich. Fest steht, daß kein Pharao der Geschichte so viele Söhne und Töchter zeugte wie Ramses II. und kein Pharao der Geschichte auf seinen Nachwuchs so stolz war wie er.

Ramses ist der einzige Pharao, der seine Kinder in Katalogen aufgezeichnet hat. Warum? War er ein exhibitionistisch veranlagter Potenzprotz, der seine Manneskraft mit Zahlen unter Beweis stellen wollte? Oder mußte Ramses Listen seiner Sprößlinge anlegen, weil er sonst die Übersicht verloren hätte?

An beiden Vermutungen wird etwas Wahres sein. Gewiß wollte Ramses, der Größte, der Stärkste, der Tapferste, der Göttlichste, auch der Kinderreichste sein. Zweifellos war er ein unbekümmerter Frauenheld und Draufgänger. Selbstverständlich brauchte er bei 162 Kindern einen Katalog, um wenigstens ihre Namen zu kennen. Und daß dies nicht ohne Komplikationen abging, zeigen Fehler, die sich Steinmetzen in den Tempeln von Luxor und Karnak leisteten, wo sie den neunten mit dem zehnten Prinzen vertauschten, den fünfzehnten ganz vergaßen und dem fünften einen falschen Namen gaben.

Von einiger Bedeutung sind ohnehin nur die ersten 13 Söhne des großen Ramses; 12 von ihnen überlebte der König, der dreizehnte, ein Sohn der Isis-nefert, wurde schließlich Thronfolger. Isis-nefert war auch die Mutter von Ramses' Lieblingssohn Chaemwese, der von ihm zum Nachfolger ausersehen war, obwohl er in der Geburtenfolge erst an vierter Stelle stand. Doch Chaemwese, der im ersten Regierungsjahr Ramses' II. geboren wurde, starb im Alter von etwa 55 Jahren, zu einer Zeit, in der sich sein Vater so recht in der Blüte seiner Jahre fühlte.

Und das sind die Namen der ersten 13 Söhne Ramses' II.:

1. Amunherchopschef
2. Ramesse
3. Reherunemef
4. Chaemwese
5. Montuherchopschef
6. Nebencharu
7. Meriamun
8. Amunemja
9. Sethos
10. Setepenre
11. Meriere
12. Horherunemef
13. Merenptah

Die interessantesten Namen in dieser Aufzählung sind der des Prinzen Chaemwese und der des Thronfolgers Merenptah. Farouk Gomaá, der sich mit Chaemwese ausführlich beschäftigt hat, meint: »Im Gegensatz zu anderen Prinzen besitzen wir gerade von ihm eine Menge von Denkmälern ... Seine Kenntnis der alten Schriften muß das Erstaunen seiner Zeitgenossen hervorgerufen haben, und seine Restaurierungstätigkeit im Gebiet der alten Königsfriedhöfe um Memphis läßt ihn tatsächlich gewissermaßen als den ersten Archäologen der Weltgeschichte erscheinen. Er blieb deshalb dem Volk als Weiser, ja Zauberer im Gedächtnis, der in märchenhafter Gestalt noch als Held einer spätägyptischen, uns in demotischen Handschriften römischer Zeit überlieferten Erzählung auftritt.«[89]

Die Wiederentdeckung des Chaemwese

Chaemwese taucht zusammen mit 11 Brüdern bereits in den Darstellungen der Kadesch-Schlacht an der südlichen Außenwand des Karnak-Tempels auf. Hierbei handelt es sich um eine idealisierte Szene; denn 1286 v. Chr., im 5. Jahr seiner Regierung, war Ramses II. zwar sicher schon zwölffacher Vater, aber Chaemwese, der vierte Sohn, war erst 5 Jahre alt, die nachfolgenden jünger, also gewiß nicht kampferprobt. Idealisiert ist auch die Prinzenprozession an der westlichen Außenseite des ersten Hofes im Luxor-Tempel, wo 14 Prinzen ihrem Vater Ramses Kriegsgefangene vorführen, ebenso die Kampfszene um die syrische Festung Dapur an der Ostwand des Ramesseums, wo 8 Prinzen ihrem Vater zur Seite gehen, und schließlich die Gefangenenvorführung von

[89] Farouk Gomaà: *Chaemwese, Sohn Ramses' II. und Hoherpriester von Memphis,* Wiesbaden 1973.

Bet el-Wali, bei der die 4 ältesten Söhne des Pharaos zu sehen sind.

Chaemwese, zunächst auf dem vierten Rang der Thronfolge, konnte sich Hoffnungen auf die Königswürde machen, als der dritte Sohn Reherunemef, der erstgeborene Sohn Amunherchopschef und der zweite Sohn Ramesse gestorben waren. Das war etwa im Jahre 52 der Regierung Ramses' II. Weil es über das Jahr 55 hinaus aber keine Zeugnisse von Chaemwese gibt, müssen wir annehmen, daß er um dieses Jahr herum starb; er kann also höchstens drei Jahre als designierter Pharao gegolten haben. Dies erklärt wohl auch, warum Chaemwese nur ein einziges Mal als Kronprinz bezeichnet wird, nämlich auf einer Osiris-Statue, die er dem Tempel in Abydos weihte.

Wie seine älteren Brüder Amunherchopschef, Ramesse und Reherunemef genoß Chaemwese als Vorbereitung auf die Thronfolge eine militärische Ausbildung. Als er 16 war, erkannte sein Vater jedoch, daß die Chancen seines Lieblingssohnes auf den Thron gering waren; denn seine drei älteren Brüder lebten noch. Zu dieser Zeit starb Huy, der Hohepriester von Memphis, und da Chaemwese seit frühester Jugend Interesse am Kultdienst im Tempel und an den Weisheitslehren gezeigt hatte, machte der Vater ihn zum Nachfolger als Hoherpriester von Memphis und zum »Größten der Leiter der Künste«.

Farouk Gomaà schreibt: »Den Titel eines ›Größten der Leiter der Künste‹ führten die Oberpriester des Ptah, zunächst zwei an der Zahl, bereits im Alten Reich. Denn der Schöpfergeist Ptah galt schon früh als zuständig für das ›Erschaffen‹ von Statuen; er wurde zum Schützer der Kunsthandwerker und bekanntlich von den Griechen ihrem Hephaistos gleichgesetzt. Damit unterstanden dem Hohenpriester von Memphis die Werkstätten der Residenz, das ›Goldhaus‹ bzw. die ›beiden Goldhäuser‹-, die für die Kunst des ganzen Landes maßgeblich waren und in denen die Statuen der Götter und Könige aus wertvollem Material hergestellt wurden. Auch im Neuen Reich hatte der memphitische Hohepriester noch diese Aufgabe. Dadurch hatte Chaemwese die Möglichkeit, so viele Werke der Kunst herstellen zu lassen, durch die er bekannter wurde als irgendein anderer ägyptischer Königssohn.«

Chaemwese errichtete im Auftrag seines Vaters eines der faszinierendsten Bauwerke Ägyptens: das einst unter dem Ptah-Tempel von Memphis gelegene Grablabyrinth der heiligen Apis-Stiere. Der griechische Geograph Strabon, der 25 v. Chr. Ägypten bereiste, nannte die 340 Meter lange unterirdische Totenstadt »Serapeion«, also Grab des Serapis. Die Griechen hatten diesen Gott in Verbindung gebracht mit Osiris-Apis. Strabon kannte die Kultstätte noch aus eigener Anschauung, und zwar lag sie »in einer sehr sandigen Gegend«, in der sich angeblich auch Sphingen, »teilweise bis zum Kopf verschüttet«, befanden.

Bis zum Jahre 1851 galt das Serapeum als verschollen. Als der französische Ausgräber Auguste Mariette in Sakkara Köpfe von Sphingen aus dem Wüstensand ragen sah, erinnerte er sich an die Beschreibung Strabons. Mariette war nicht zimperlich in seinen Mitteln; er zeigte sich als »fortschrittlicher« Altertumsforscher, grub einen engen Schacht und legte eine Ladung Sprengstoff. Dann flogen Tonnen von Felsgestein und Sand in die Luft. Als sich die Staubwolken verzogen hatten, stieg Mariette in den durch die Explosion entstandenen Schuttkrater hinab, und was er dort sah, ließ ihn erstarren: Vor ihm lag eine menschliche Mumie. Ihr Gesicht war mit einer Goldmaske bedeckt, auf der Brust leuchteten Edelsteine. Es dauerte eine ganze Weile, bis Mariette sich von diesem Schreck erholt hatte. Fachleute lasen die Aufschriften der Grabbeigaben. Allesamt trugen einen Namen: Chaemwese.

Ramses' Lieblingssohn hatte sein Grab offenbar in dem bedeutendsten Bauwerk anlegen lassen, das während seiner

Amtszeit als »Größter der Leiter der Künste« errichtet wurde. Schon in ramessidischer Zeit hatten Grabräuber die einzeln gelegenen Totengrüfte der heiligen, mumifizierten und mit allen irdischen Schätzen bestatteten Apis-Stiere heimgesucht. Deshalb bauten Ramses und Chaemwese in der Totenstadt von Memphis eine unterirdische Grabgalerie, zu der sogar eine Sphingenallee führte. Im Gemeinschaftsgrab waren die Apis-Mumien besser zu bewachen.

Die Bauten über dem Labyrinth sind heute alle abgetragen, ihre Fundamente vom Wüstensand zugedeckt. Die von Chaemwese angelegte Apis-Galerie bestand im wesentlichen aus einem 8 Meter hohen, 3 Meter breiten Mittelgang, von dem aus fünfzehn Grabkammern für die heiligen Stiere in den Fels geschlagen waren. Dort bestatteten Priester bis ins 7. Jahrhundert die Tiermumien in hölzernen Sarkophagen.

In vierjähriger Arbeit legte Auguste Mariette diese heute vom Einsturz bedrohte Sarggalerie frei. Chaemweses gesicherte Grabanlage hatte sich nicht bewährt, alle Gräber waren geplündert. Mariette entdeckte freilich noch eine weitere, größere Apis-Begräbnisstätte, die der Pharao Psammetich I. (664–610 v. Chr.) angelegt hatte. Vierundzwanzig Granitsarkophage in den Ausmaßen 4 mal 3,3 mal 2,3 Meter, jeder aus einem einzigen Stück gehauen, waren von Plünderern ausgeraubt worden. Doch Mariette fand informative Inschriften aus dem Leben des Chaemwese und Wandmalereien, auf denen Ramses und sein Lieblingssohn beim Totenopfer vor den Apis-Stieren dargestellt sind.

Chaemwese, der größte Festveranstalter der Geschichte

Weil seinem Vater Ramses ein unerwartet langes Leben beschieden war, wurde Chaemwese zum größten Festveranstalter der ägyptischen Geschichte. Seit dem Neuen Reich war es, wie schon erwähnt, üblich, daß der Pharao nach 30 Regierungsjahren ein Dreißigjahresfest, das sogenannte Sed-Fest (Heb-Sed) feierte. Es wurde dann in dreijährigem Turnus wiederholt. Ramses' II. Vorgänger auf dem Horus-Thron brachten es in der Mehrzahl zu keinem einzigen Heb-Sed, weil sie keine 30 Jahre auf dem Thron saßen. Deshalb sahen sich einige Könige wie Amenophis IV. veranlaßt, das Jubiläumsfest vorzuverlegen. Amenophis III. ist mit drei regulären Sed-Festen in seinem 30., 34. und 37. Regierungsjahr eine rühmliche Ausnahme. Ramses II. aber brachte es auf dreizehn Jubiläen. Farouk Gomaà hat alle Jubiläumsinschriften zusammengestellt:

Inschrift in Silsile	»Jahr 30, 1. Heb-Sed Ramses' II. Verkünden des Heb-Sed im ganzen Land durch den Prinzen Chaemwese.«
Felsinschrift auf Biga	»Jahr 30, 1. Heb-Sed. Jahr 34, 2. Heb-Sed. Jahr 37, 3. Heb-Sed Ramses' II. Auftrag an den Prinzen Chaemwese zu verkünden die Sed-Feste im ganzen Land.«
Zwei Stelen in Silsile	»Jahr 30, 1. Heb-Sed. Jahr 34, 2. Heb-Sed. Jahr 37, 3. Heb-Sed. Jahr 40, 4. Heb-Sed. Ramses' II. Befehl Seiner Majestät und Auftrag an den Prinzen Chaemwese, zu verkünden die Sed-Feste im ganzen Land, durch Ober- und Unterägypten hindurch.«
Stele in Silsile	Gleicher Text wie der vorangegangene, aber statt Chaemwese wird der Wesir Huy genannt.

Felsinschrift auf Sehel	»Jahr 33, 2. Heb-Sed Ramses' II.«
Inschrift in El-Kab	»Jahr 42. Der Prinz Chaemwese kam, um zu verkünden das 5. Heb-Sed im ganzen Land.«
Felsinschrift bei Assuan	Ähnliche Inschrift, ebenfalls aus dem Jahre 42.
Inschrift in Silsile	»Jahr 42, 1. Tag des 1. Peret Ramses' II. Befehl Seiner Majestät, Auftrag an den Wesir Huy, zu verkünden das 5. Heb-Sed Ramses' II. im ganzen Land.«
Inschrift in Silsile	»Jahr 45, 1. Tag des 1. Peret Ramses' II. Befehl Seiner Majestät an den Wesir Huy, zu verkünden das 6. Heb-Sed im ganzen Land, durch die Gaue Ober- und Unterägypten.«
Skarabäus in Berlin	»8. Heb-Sed Ramses' II.« (o. Dat.)
Inschrift am Tempel von Armant	»Jahr 51, 1. Tag des 1. Peret (Ramses' II. Befehl Seiner Majestät, übertragen dem … zu verkünden das B. Heb Sed …)«
Skarabäus in Kairo	»9. Heb-Sed Ramses' II.« (o. Dat.)
Inschrift in Armant	»Jahr 54, 1. Tag des 1. Peret Ramses' II. Befehl Seiner Majestät, übertragen dem königlichen Schreiber und Majordomus des Ramesseums Ywp, zu verkünden das 9. Heb-Sed Ramses' II. (im ganzen Land).«
Inschrift in Armant	»Jahr 57, 17. Tag des 1. Peret Ramses' II. Befehl Seiner Majestät, übertragen dem Wesir Neferenpet, zu verkünden das 10. Heb-Sed Ramses' II. im ganzen Land.«

Inschrift in Armant	»Jahr 60, 17. Tag des 1. Peret Ramses' II.« gleicher Text wie oben für das 11. Heb Sed
Inschrift in Armant	»Jahr 63, 1. Peret (Ramses' II., Befehl Seiner Majestät, übertragen dem ... zu verkünden das 12. Heb-Sed ...)«
Inschrift in Armant	»Jahr 63 (vermutlich auch Jahr 66) 1. Peret ... (13. Heb-Sed).«

So ein Sed-Fest dauerte über zwei Monate, es mußte – da die alten Ägypter ja nicht nach dem Kalender lebten – jedesmal bis zu den Grenzen des Reiches am Gebel es-Silsile von neuem verkündet werden, so daß für den Organisator Chaemwese gewaltige Entfernungen zurückzulegen waren. Manchmal reiste der Festlader Ramses' II. ein ganzes Jahr durch das Land, und so erklären sich auch Zeitverschiebungen bei den Festverkündungen, wie zwischen dem 4. und 5. Jubiläum, zwischen dem scheinbar nur zwei Jahre liegen statt drei.

Zur Verkündung des 5. und 6. Festes durch den Wesir Huy meint Farouk Gomaà, der Wesir habe die Festankündigung erst übernommen, als er wußte, daß Chaemwese nicht mehr nach Oberägypten kommen würde. Die 5. Ankündigung war offensichtlich ausgeblieben, so daß Huy bei der Verkündung des 6. Jubiläums die für das 5. nachholen ließ. Der Archäologe sagt: »Chaemwese lebte damals noch, aber die Verkündung der Sed-Feste im Land war einem anderen übertragen worden – vielleicht, weil er, einer so weiten Reise gesundheitlich nicht mehr gewachsen war.«

Sein Vater hingegen fühlte sich noch in den besten Jahren. Alle drei Jahre, wenn er sein Regierungsjubiläum feierte, mußte der Pharao vor den Priestern in Memphis oder Theben einen Tanz aufführen. Er hatte dabei seine Fitness zu beweisen, er sollte zeigen, daß er auch körperlich noch in der Lage war, das Staatsschiff zu lenken.

Zum ersten Mal tanzte Ramses mit 53 Jahren. Wir sehen die Szene im großen Säulensaal von Karnak dargestellt. Als er 65 war, wunderten sich die Priester, wie hoch Ramses noch die Beine zu werfen vermochte. Als er die 80 erreicht hatte, wunderte sich niemand mehr. Die Priester flüsterten nur: »Seht her, ein Gott tanzt!«

IX

Größenwahn in Stein

Wie schön sind die Bauwerke, die du errichtet hast,
möge dein Herz mit ihnen zufrieden sein.
Ich habe veranlaßt, daß dein Haus
ewig stehen möge wie der Himmel, ewiglich.
Gott Amun zu seinem Sohn Ramses II.
im Tempel von Medinet Habu

Wir sollten wohl mehr seinen Eifer bewundern als seinen Geschmack. Aber wir können mit Sicherheit sagen, daß Ramses am Neuen mehr Gefallen fand als am Alten und daß er vielleicht mehr als jeder andere ägyptische König mit der Weisheit seiner Jugend voll zufrieden war.
Keith C. Seele, Archäologe

Als am 17. November 1869 der Suezkanal eröffnet wurde, da feierte die Welt das Ereignis als die sensationellste Leistung jenes Jahrhunderts, als Wunder der Technologie. Der stolze Khedive Ismael Pascha baute aus diesem Anlaß in Kairo ein pompöses Theater, der berühmte Giuseppe Verdi komponierte eigens eine Oper, und die geschäftstüchtigen Briten kauften sieben Sechzehntel des Aktienkapitals der Kanalgesellschaft. Zehn Jahre hatten hundertausend Arbeiter mit den größten zur Verfügung stehenden Baumaschinen der Zeit den 161 Kilometer langen Kanal zwischen Port Said und Suez durch die Wüste getrieben. Die Linienführung war neu – nicht aber die Idee.

Schon 3250 Jahre zuvor hatte Ramses II. damit begonnen, einen Seeweg vom Mittelmeer zum Roten Meer auszubauen. Hunderttausende von Arbeitern wühlten damals mit bloßen Händen einen 100 Kilometer langen Graben durch das Wadi Tumilat. Mit keinem anderen Hilfsmittel als geflochtenen Körben türmten sie den Aushub an den Rändern der Kanalzone auf; doch ein einziger Sandsturm verwehte oft die Arbeit von Monaten. Ramses zog immer mehr Arbeiter von den Großbaustellen in Nubien und im Delta ab, er warb neue Fremdarbeiter an; das Kanalprojekt nahm allmählich Gestalt an. Von einem östlichen Mündungsarm des Nils führte die künstliche Fahrrinne in östlicher Richtung, erreichte die Vorratsstadt Pithom und mündete 20 Kilometer östlich der Stadt in den Timsah-See. Da stellte Ramses überraschend die Arbeiten ein.

Historiker wissen bis heute keine eindeutige Antwort auf die Frage, warum der große Ramses dieses Bauprojekt nicht zu Ende führte, warum er den Durchstich vom Timsah-See zu den Bitterseen, die bereits damals mit dem Roten Meer verbunden waren, nicht ausführte. Dafür gibt es drei mögliche Gründe:

1. Die Bauarbeiten kosteten Hunderttausende von Menschen das Leben. Ramses mußte um die Fortführung seiner Monumentalbauten im ganzen Reich bangen. Herodot berichtet, der Pharao Necho, der 650 Jahre später den Durchstich vom Timsah-See zu den Bitterseen in Angriff nahm, habe dabei 120000 Arbeiter verloren.
2. Ramses ließ, als der Kanal den Timsah-See erreicht hatte, Niveaumessungen durchführen, die fälschlich einen unüberwindbaren Höhenunterschied zwischen Mittelmeer und Rotem Meer aufzeigten. Ramses mußte befürchten, daß – je nach dem Meßergebnis – das Rote Meer in das Mittelmeer oder das Mittelmeer in das Rote Meer »ab-

fließen« würde. Noch im Jahre 1799 unserer Zeitrechnung verhinderten ebensolche falsche Niveaumessungen den von Napoleon geplanten Bau des Suezkanals.

3. Ramses erkannte die strategischen Nachteile seines Projekts. Ein Wasserweg vom Nil zum Roten Meer öffnete das Land von Osten her. Strategische Bedenken waren auch der Grund, warum König Necho um 600 v. Chr. seinen geplanten Durchstich nicht ausführte. Ein Orakel hatte die Warnung ausgesprochen, der Kanal werde den Feinden Ägyptens einen Weg ins Land bereiten. Es war dann schließlich auch ein Ausländer, der Perserkönig Darius I., dem hundert Jahre nach Necho der Kanaldurchstich gelang – aber nicht zum Vorteil Ägyptens: Die ersten 24 Schiffe, die den Kanal befuhren, waren persische Triremen, die ägyptische Schätze außer Landes brachten. »Ich, Persiens Großkönig«, verkündete Darius voll Stolz, »habe Ägypten genommen.«

Was immer der Grund gewesen sein mag, der Kanalbau blieb das einzige Mammutprojekt, das Ramses nicht vollendete. Seine übrigen Bauvorhaben führte er konsequent durch, und die Objekte wurden größer, wuchtiger, monumentaler als alles bisher Dagewesene. Seine Tempel wuchsen zu Städten, seine Statuen zu Türmen: Größenwahn in Stein, ein Ludwig XIV. am Nil. Bereits Bestehendes, das seinen Gefallen fand, nahm er für sich in Anspruch, usurpierte es, ließ seinen Namen in Skulpturen, Kunstwerke und Paläste meißeln, die er gar nicht geschaffen hatte, und gab sich den Anschein des Schöpfers. Dabei übersah er manches, das zum Kuriosum wurde: etwa, daß an den Mähnensphingen von Tanis (Ägyptisches Museum, Kairo) neben seinem nachträglich hinzugefügten Namen auch der des rechtmäßigen Auftraggebers Amenemhet stehenblieb; oder die Architrave der Thutmosis-Kapelle in der Nordwestecke des Luxor-Tempels: Ramses

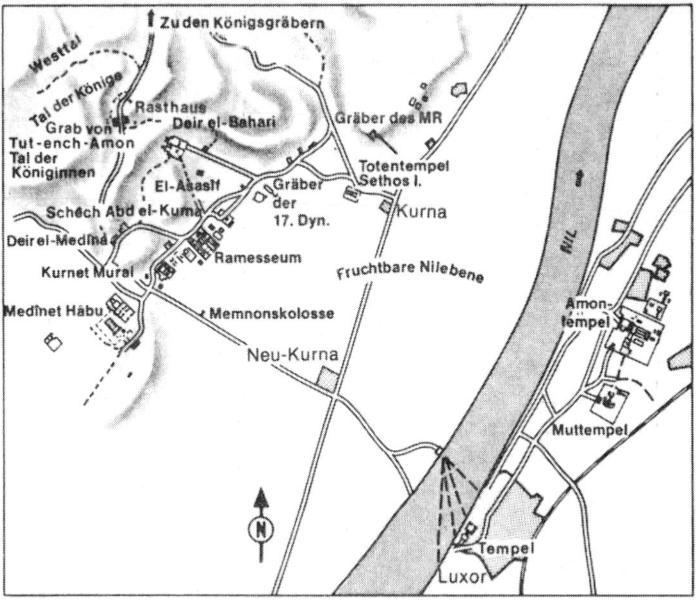

Übersichtskarte von Theben-West.

ließ sie einfach »wenden«, um seinen Namen einmeißeln zu können, so daß heute zwei Pharaonen den Ruhm beanspruchen, dieses Bauwerk errichtet zu haben – Ramses an der (sichtbaren) Vorderseite, und Thutmosis auf der (jetzt zum Himmel gewandten) Oberseite der steinernen Querbalken.

Mit Vorliebe vollendete Ramses halbfertige oder verfallene Bauprojekte seiner Vorgänger, um ihnen dann seinen eigenen Stempel aufzudrücken.

Günther Roeder schreibt: »Zur Ausschmückung der neuen Residenz im Delta, die von den Hebräern in der Lebensgeschichte von Moses mit dem Namen ›Ramses‹ bezeichnet wird, sind Tempel im Delta und in Oberägypten geplündert worden, und die Namensschilder Ramses' II. wurden rücksichtslos über denen von älteren Königen eingemeißelt. Das

Verfahren der Baumeister und Künstler unter Ramses II. grenzt oft an Geschmacklosigkeit und erscheint uns als zerstörende Barbarei, nicht als aufbauendes Schaffen.«[90]

Dieser Vorwurf trifft die beiden Chefkonstrukteure, die dem König zur Seite standen: den »Chef der Arbeiten« May und Merenptah, der sich als Städteplaner und -Baumeister in Ramses City, Memphis, Heliopolis und Theben hervortat. Die beiden hatten gewiß kein leichtes Amt, und zwar nicht nur wegen der technischen Probleme, die ihnen die ramessidischen Monumentalbauten stellten. Ramses war ein schwer zufriedenzustellender Auftraggeber, da er vom Bauwesen, für das er unter seinem Vater Sethos I. von frühester Jugend verantwortlich zeichnete, eine Menge verstand.

Heute fällt es schwer, an irgendeinem Denkmal zwischen Abu Simbel und dem Nildelta die Namenskartuschen Ramses' II. zu übersehen. Aber obwohl oder gerade weil er mehr Steine bewegte als jeder ägyptische König vor oder nach ihm, ließ User-maat-Re keine eigene Konzeption, keinen charakteristischen Baustil erkennen. Seine Monumente in Karnak, Theben-West oder Abu Simbel unterscheiden sich ebensosehr voneinander, wie Ramses II. sich von seinen Vorgängern unterschied. Ja, mehr noch, die ramessidischen Bauten finden bei Kunsthistorikern nicht ungeteilten Beifall: »Der gewaltige Felsentempel in Abu Simbel in Nubien ist majestätisch imposant«, meint der Amerikaner John A. Wilson, doch er schränkt ein, »aber bezeichnenderweise nur eine riesige Fassade mit sehr wenig Nutzfläche dahinter.« Und über die von Ramses fertiggestellte mächtige Hypostylhalle von Karnak meint der Wissenschaftler: »Sie vermittelt mit ihrem schweigenden Wald erhaben in die Höhe strebender Säulen einen der stärksten emotionalen Eindrücke, die man in Ägyp-

---

[90] Günther Roeder: *Orakel und Naturverehrung im Alten Ägypten*, Kulte, Zürich 1960.

Die wichtigsten Bauten Ramses' II.[91]

Tanis	Palastanlage, Obelisken, Kolosse; Großer Tempel des Seth; Horus-Tempel; Tempel der Anat
Kantir	Palastanlage
Pithom	Ramses-Kanal
Memphis	Ptah-Tempel, Kolosse
Hermopolis Magna	Amun-Tempel, Pylone, Kolosse
Abydos	Osiris-Tempel; Totentempel
Theben	Amun-Mut-Chons-Tempel: 1. Pylon, Großer Hof, Obelisken, Kolosse; Amun-Tempel Karnak, Großer Säulensaal
Theben-West	Grab Nr. 7, Tal der Könige; Ramesseum; Grab der Nofretari
Bet el-Wali	Felsentempel
Gerf Hussein	Felsentempel
Wadi es-Sebua	Felsentempel des Amun und Re-Harachte
Ed-Derr	Tempel des Ramses im Haus des Re
Abu Simbel	Großer Felsentempel für Amun-Re und Re-Harachte; Hathor-Tempel der Nofretari
Akscha	Akscha-Tempel
Amara-West	Amara-Tempel

ten erleben kann; aber die Bautechnik war hastig und unzuverlässig und die Steinschneidearbeit schlampig und primitiv.«

Obwohl uns von beinahe allen ägyptischen Denkmälern der Name Ramses' II. entgegenspringt, müssen wir uns darüber im klaren sein, daß nur ein geringer Teil seines versteinerten Größenwahns erhalten geblieben ist. Ausradiert ist die aus dem Boden gestampfte Hauptstadt Per-Ramses, nur spärliche Ruinen weisen auf die Lage von Memphis hin, wo Ramses seine Jubiläumsfeste zu feiern pflegte; der Ramses-Tempel von Abydos ist kaum noch im Grundriß erkennbar, und vom Ramesseum, seinem Totentempel, sind mehr schriftliche Überlieferungen erhalten als Architektur.

91 Von Norden (Nildelta) nach Süden (Nubien).

Der Totentempel des Gottkönigs

Als Kambyses, König der Perser und Meder, auf seinem Ägypten-Feldzug im Jahre 525 v. Chr. nach Theben kam, da konnte er alles ertragen, was sich seinem Auge an Gigantischem, Monströsem und Übermenschlichem bot, nur eines nicht: den Anblick eines lächelnden menschlichen Kolosses im Ramesseum, über tausend Tonnen schwer, 17 Meter hoch, 7 Meter breit von Schulter zu Schulter, der Zeigefinger einen Meter lang, 1,40 Meter die Breite des Fußes – eine Monumentalskulptur Ramses' II. Der Perserkönig ließ den Koloß von seinen Soldaten umstürzen und in wochenlanger Arbeit in Stücke schlagen. Fragmente liegen noch heute im Totentempel Ramses' II. herum.

Der griechische Geschichtsschreiber Diodorus, der im 1. Jahrhundert v. Chr. eine vierzigbändige Gesamtgeschichte der Völker des Altertums verfaßte, beschreibt das Ramesseum nach Angaben eines Gewährsmannes erstaunlich präzise. Die Abmessungen der verschieden aufgeführten Bauteile stimmen genau, Diodorus irrt nur in der Annahme, daß der Totentempel des Osymandias – so der griechische Name für Ramses – auch sein Grab beherbergte. Das ist falsch: Ramses wurde in Grab Nr. 7 im Tal der Könige bestattet. Im übrigen ersehen wir aus der Beschreibung des Griechen, daß das Ramesseum um die Zeitwende durchaus noch keine Ruine war, sondern ein bestaunenswerter, mit Reliefs und Standbildern ausgestatteter Tempel, damals schon über tausend Jahre alt.

Der erste Hof:
Man betrat das Ramesseum durch einen 66 Meter breiten, 22 Meter hohen Pylon und gelangte in einen Säulenhof von 130 Metern im Quadrat. Osiris-Pfeiler, wie wir sie aus dem Felsentempel von Abu Simbel kennen, waren diesen Säulen vorgelagert. Diodorus wußte mit diesen Darstellungen nichts

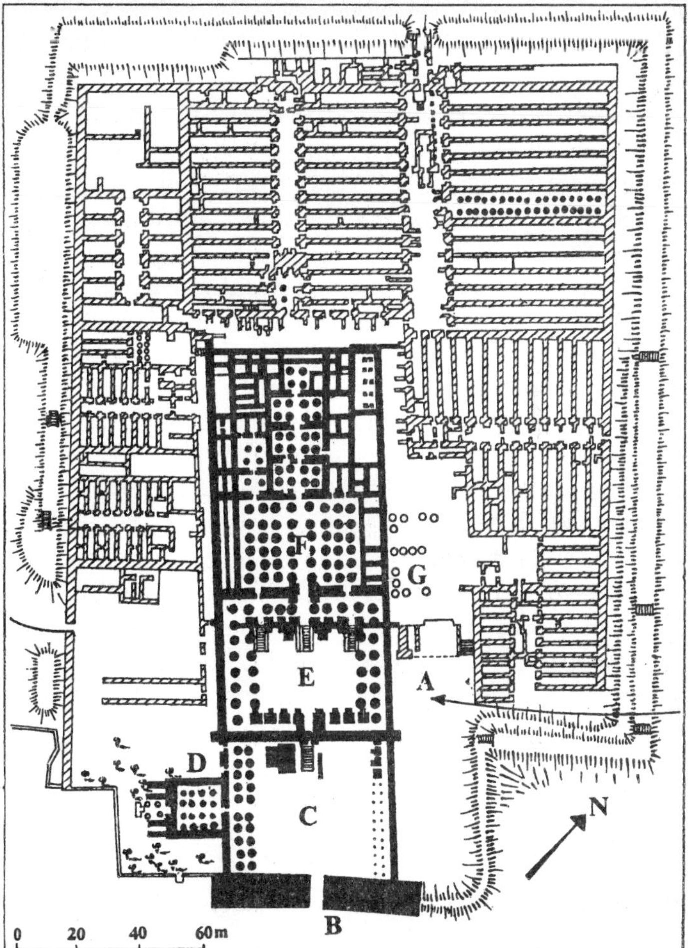

Das Ramesseum, der Totentempel Ramses' II: Der eigentliche Tempel, den man heute durch den Zugang (A) erreicht, wird eingerahmt von Palast- und Magazinbauten. An den Pylon (B) und den sich daran anschließenden Vorhof (C) ist ein Thronsaal angegliedert. Aus dem zweiten Hof (E) sind noch einige Osiris-Pfeiler erhalten; beinahe komplett ist die Säulenbestückung des großen Säulensaales (F). An seiner Außenmauer wurden Reste eines weiteren Totentempels von Sethos I, gefunden (G).

Rechtes anzufangen. Er meinte – und das klingt zweifellos etwas komisch: »Anstatt der Säulen sind als Stützen Tiergestalten von 16 Ellen (8 Meter] daruntergesetzt, sie sind aus einem einzigen Stein und in ihrer Gestalt auf altertümliche Weise gearbeitet.« Vier dieser Pfeiler sind bis heute erhalten. Der Säulenhof war überdeckt. Die einzelnen Deckensteine maßen 4 Meter im Quadrat. Sie trugen auf dunkelblauem Grund gelbe Sterne.

Monumentale Statuen säumten den Zugang zum zweiten Säulenhof. Die größte von ihnen war über 20 Meter hoch und stellte den großen Ramses dar; zwei 10 Meter hohe Statuen zu seinen Füßen hielt Diodorus für eine Tochter und die Mutter des Pharaos. Diese Vermutung ist sicher falsch; denn Ramses ließ sich nur mit seinen Frauen darstellen. »Die Arbeit«, sagt Diodorus, »ist nicht nur wegen ihrer Größe beachtenswert, der riesige Steinblock zeigt nirgends eine Ader oder irgendeinen Fleck.«

Priester erklärten Diodorus die Hieroglypheninschrift, die am Sockel eingemeißelt war: »Ich bin Ramses, der König der Könige. Wenn jemand wissen will, wie groß ich bin und wo ich liege, dann soll er versuchen, eines meiner Werke zu übertreffen.«

Der zweite Hof:
Der zweite Hof war über und über mit Wandreliefs verziert, Darstellungen der Feldzüge des großen Ramses. Fasziniert berichtet Diodorus, der Pharao habe vor Kadesch zusammen mit einem Löwen gegen die Hethiter gekämpft, und seine Soldaten hätten den Kriegsgefangenen die Hände und Geschlechtsteile abgehackt. Dies sollte angeblich symbolisieren, daß sie unmännlich und in der Gefahr ohne tatkräftige Hände gewesen seien.

Der grausame Kriegsbrauch, den Ramses III. in seinem Tempel in Medinet Habu exakt kopiert hat und dessen Darstellung dort heute noch zu sehen ist, hat jedoch eine andere Ursache: Die Soldaten des Pharaos brachten die Hände der von ihnen im Kampf getöteten Feinde mit nach Hause. Sie waren eine Art Tapferkeitsnachweis, der vom König honoriert wurde. Um in den Genuß der Soldzulage zu kommen, schreckten skrupellose Söldner nicht davor zurück, unschuldigen Frauen die Hände abzuhacken und sie als Feindtrophäe mit nach Hause zu bringen. Es lag daher nahe, daß fortan nur noch der Penis als Tapferkeitsnachweis akzeptiert wurde.

Hier, im zweiten Hof des Ramesseums, war auch der Text des Friedensvertrages mit den Hethitern in die Wände geschlagen. Und in diesem Hof finden wir zudem eine der vielen Darstellungen der ersten 11 Söhne von Ramses II. Der Bau war nicht überdacht.

Der Säulensaal und das Tempelinnere

Der daran anschließende Säulensaal trug eine Decke. Ähnlich dem großen Säulensaal von Karnak hatte er ein hohes Mittelschiff und zwei niedrigere Seitenschiffe. Zu Diodorus' Zeiten war hier »eine Menge hölzerner männlicher Figuren« aufgestellt. Von den ursprünglich 48 Papyrussäulen mit geöffneten Kapitellen sind heute noch 32 erhalten.

Hinter dem Säulensaal liegen drei Vorzimmer, die zum Allerheiligsten führen. Im ersten ist eine Wanddarstellung der Prozession mit drei heiligen Barken erhalten. Ramses steht unter dem heiligen Perseabaum von Heliopolis. Atum, Seschat[92] und Thot ritzen den Namen des Königs in die Blätter des Baumes. Die Decke zieren astronomische Darstellungen mit den verschiedenen Mondphasen und den Zirkumpolarsternen.

---

92 Göttin der Schreibkunst, »die dem Bücherhaus vorsteht«.

Im zweiten Vorraum befand sich einst die Bibliothek. Über dem Eingang stand geschrieben: »Heilstätte der Seele«. Alle Götter Ägyptens prangten an den Wänden. Vier von den einst acht Säulen dieses Raumes stehen noch. Die anschließenden Räume sind jedoch alle nicht mehr erhalten.

Dieser Teil des Tempels war im ersten vorchristlichen Jahrhundert noch nicht zerstört; denn Diodorus schildert die Räumlichkeiten in einem bewundernswerten Zustand. Er schreibt:

»An die Mauer der Bibliothek schließt sich ein prunkvoller Saal mit zwanzig Ruhebetten. Er enthält Bilder des Zeus, der Hera[93] und des Königs. In ihm liegt wahrscheinlich auch der Körper des Königs begraben. Rings um diesen Saal befinden sich zahlreiche Räume mit prächtigen Bildern aller lebenden Tiere, die in Ägypten verehrt werden. Ein Aufgang führt in das obere Stockwerk des Tempels, wo einst an einer Decke ein goldener Kreis zu sehen war. Auf dem Kreis waren die Tage des Jahres angegeben, der Auf- und Untergang der Gestirne und die Deutungen der Himmelserscheinungen von ägyptischen Sterndeutern. Dieser Zodiak ist, nach Aussagen der Ägypter, von Kambyses und den Persern geraubt worden, damals, als er Ägypten erobert hat.«

Mit seinen Abmessungen von 260 mal 170 Meter zählte der Totentempel Ramses' II. zu den größten Bauwerken des Landes. Er war keineswegs nur dem Totengedenken des Pharaos geweiht. Wie Diodorus in seiner Beschreibung andeutet, unterhielt das Ramesseum eine Priesterschule und eine Bibliothek und diente gleichzeitig dem Amun-Kult. Es war also ein geistiges und religiöses Zentrum.

Die besterhaltenen Bauteile des Ramesseums liegen außerhalb der eigentlichen Tempelanlage. Es sind die Magazine, Vorrats- und Bedienstetenhäuser, die, weil sie aus Nil-

93 Gemeint sind Amun und Mut.

schlammziegeln gebaut waren, bei antiken und neuzeitlichen Steinbrechern kein Interesse gefunden haben.

Falls man ramessidische Bauwerke überhaupt typisieren kann, so ist das Ramesseum für Ramses untypisch; es ist ein Tempel im traditionellen Stil, wie ihn auch Thutmosis III. oder Amenophis III. gebaut haben könnte.

Ganz im Gegensatz zum Ramesseum stehen die Tempel von Abu Simbel und Karnak.

Karnak, der größte Tempel der Welt

Karnak, die Tempelstadt von Theben, stellte den Baulöwen Ramses vor ein schwieriges Problem: Wie konnte er einer Tempelanlage, die von seinen Vorgängern Thutmosis I., Hatschepsut, Thutmosis III. Amenophis III., Ramses I. und Sethos I. zur größten der Welt ausgebaut worden war, seinen ganz persönlichen Akzent aufsetzen? Wie konnte Ramses die monumentalen Bauten seiner Vorgänger in den Schatten stellen? Die Antwort war einfach: Er mußte noch monumentaler bauen. Und er tat es.

Der große Säulensaal, den User-maat-Re zwischen dem zweiten Pylon seines Großvaters Ramses' I. und dem dritten Pylon Amenophis' III. in den Himmel wachsen ließ, gilt seit der Antike als Weltwunder, unfaßbar in den Proportionen – 134 Sandsteinsäulen in sechzehn Reihen, 21 Meter hoch die größten, 10 Meter im Umfang, 3,57 Meter im Durchmesser, 3,34 Meter hoch die Kapitelle. Noch unter seinem Vater Sethos begonnen, wurden an der nördlichen Außenwand dessen Siege über die Libyer verherrlicht, an der südlichen Außenwand hingegen triumphiert Ramses II. über die Hethiter. Im Südschiff des großen Säulensaales lobpreisen Ramses zahllose Reliefdarstellungen, und wo immer der Betrachter in diesem Säulenwald die Augen zum Himmel richtet, leuchten ihm die Namenskartuschen Ramses' II entgegen: »User-maat-Re-Setepen-Re«.

Der Eindruck, den die Tempel von Karnak heute vermitteln, täuscht. Ramses baute den großen Säulensaal keineswegs in die Mitte der Tempelstadt, so daß dieser sich harmonisch in das Gesamtbild einfügte. Geltungssüchtig wie er war, setzte er seinen Monumentalbau vor die gesamte Anlage. Der dann wiederum dem ramessidischen Säulenhof vorgebaute erste Pylon und der daran anschließende große Hof stammen allesamt aus späterer Zeit, der erste Pylon aus der Ptolemäerzeit, der Vorhof aus der 22. Dynastie (945–745 v. Chr.).

Ganz ähnlich verfuhr Ramses bei seinen Tempelanbauten in Luxor. Hier freilich ist auch heute noch sein Vorhaben augenfälliger als in Karnak: Richtungsabweichend von der Tempelanlage Amenophis' III. setzte Ramses II. vor den Säulengang, der zum großen Säulensaal führt, einen eigenen Säulenhof und stellte der 260 Meter langen Gesamtanlage einen alles überragenden Pylon voran, der auf seiner Schauseite ramessidische Ruhmestaten im Kampf gegen die Hethiter demonstrierte: Der einstige Amenophis-Tempel war zum Ramses-Tempel umfunktioniert worden.

Sechs 14 Meter hohe Statuen Ramses' II. und zwei mit meterhohen Namenskartuschen versehene Obelisken ließen keinen Zweifel aufkommen, wer sich als Bauherr dieses zu Ehren von Amun, Mut und Chons errichteten Tempels gerierte. Von den sechs Kolossalskulpturen befinden sich zwei Sitzstatuen und ein Standbild noch an Ort und Stelle. Von den beiden Obelisken aus Rosengranit steht nur noch einer; der zweite wurde 1831 von Mohammed Ali den Franzosen zum Geschenk gemacht und in Paris auf der Place de la Concorde aufgestellt. Er ist einer von vier ägyptischen Obelisken, die heute in Frankreich stehen. Sieben finden wir in Rom, je zwei in Florenz und Istanbul, je einen in London,

Washington und New York. Ramses liebte diese Art »Bratspießchen« – so die griechische Übersetzung der Bezeichnung jener viereckigen Steinpfeiler. Vierzehn solcher Kultsymbole des Sonnengottes standen allein in der Hauptstadt Ramses City.

Das Sonnenwunder von Abu Simbel

Sieben neue Tempel errichtete Ramses in Nubien. Die Felsentempel von Abu Simbel sind zweifellos am imposantesten, noch heute erkennbar als geplantes Schauobjekt: Unsterblichkeit, Göttlichkeit, Macht, Reichtum, Überheblichkeit demonstrierend. Der große Tempel ist Amun-Re, Re-Harachte, Ptah und Gott Ramses geweiht, doch wir finden eigentlich nur ein Kultobjekt: Ramses, Ramses, Ramses. Ramses, der aufgehenden Sonne entgegenblickend, sitzend, nackt, 20 Meter hoch, viermal aus dem Fels geschnitten, mit dem Nemestuch auf dem Kopf und der uräusgeschmückten Doppelkrone, von einem Ohr zum anderen 4,17 Meter messend, der Mund 110 Zentimeter breit; die Kolosse sollten den Nubiern, die auf dem Weg nach Ägypten waren, Ehrfurcht einflößen.

Vergleicht man die Köpfe der Kolosse mit der Mumie Ramses' II., so ist die Ähnlichkeit offensichtlich: die typische Adlernase, die hervortretenden Backenknochen, der große Mund und das markante Kinn. Dieser Realismus muß dem Künstler äußerste Präzision abverlangt haben, er mußte eine kleinere Vorlage exakt transponieren und hatte kaum die Möglichkeit, die Proportionen aus der Entfernung zu überprüfen – es sei denn von einem schwankenden Boot aus; denn der Nil reichte beinahe bis an die Tempelfassade. Der Oberbildhauer, dem dieses Kunststück gelang, hieß vermutlich Pyay. Wir lesen seinen Namen im Innern des Tempels, unter dem Relief der Kadesch-Schlacht.

Die vier Monumentalfiguren des Ramses am großen Tempel von Abu Simbel haben eine doppelte Funktion. Zum einen symbolisieren sie die vier göttlichen Attribute des Pharaos: Keka-Tawy, Re-en-Hekau, Meri-Amun und Meri-Atum. Göttlich ist die große Sanftheit, das gütige Lächeln der Kolosse. Zum anderen sind die vier aus dem Fels geschlagenen Sitzplastiken notwendige Stützpfeiler, natürliche Verstrebungen, um dem Schub der 31 Meter hohen geböschten Tempelfassade standzuhalten.

Die Fassade, die sich uns heute in hellem Ocker, der Farbe des Wüstensandes, präsentiert, bot in ramessidischer Zeit ein Bild theatralischer Farbigkeit. Die Ramses-Kolosse waren grell bemalt, goldbesetzt funkelten die Doppelkrone und der Uräusschmuck auf dem Kopf, tellergroß blinkten die Pupillen aus eingelegtem blauem Glasfluß.

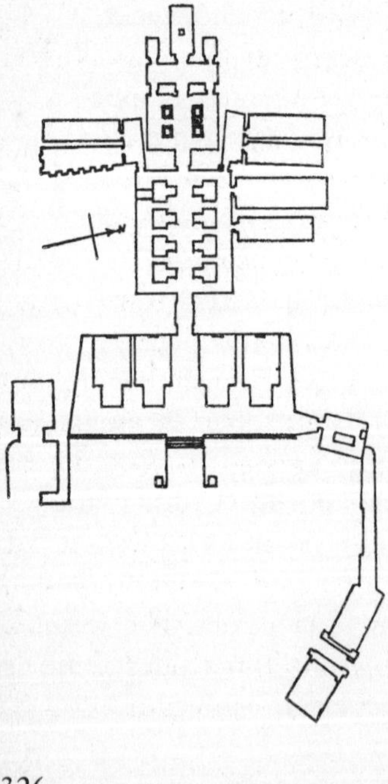

Grundriß des Felsentempels von Abu Simbel.

Der ganze Tempel wurde nicht gebaut, er wurde modelliert. Hier wurde nicht ein Stein auf den anderen gesetzt – das ganze Bauwerk besteht aus einem einzigen Stück Felsengestein: 33 Meter hoch, 38 Meter breit, 55 Meter tief. Die Architekten des Tempels hielten sich nicht an das Rechteck als technisch einfachste Form des Grundrisses, sie wählten einen fächerartigen Grundriß. Dies geschah ganz bewußt und ist keinesfalls auf Vermessungsschwierigkeiten zurückzuführen; denn andererseits leisteten sich die Tempelbauer von Abu Simbel einige architektonische Bravourstückchen, die uns noch heute ihre technische Versiertheit im Umgang mit hartem Fels vor Augen führen: Ohne statischen Nutzen meißelten sie Stützpfeiler und Architrave aus dem Gestein, um den Eindruck eines »Bauwerks« vorzutäuschen. Sie ließen zugunsten des perspektivischen Eindrucks Boden und Decke zum Allerheiligsten hin leicht ansteigen bzw. abfallen, wodurch der Tempel noch länger wirkt.

Wer den Tempel durch das verhältnismäßig kleine Tor betritt, über dem Inschriften von der Grundsteinlegung berichten, steht in der großen Halle vor acht Osiris-Pfeilern: nämlich achtmal Ramses als Osiris, 10 Meter hoch, mit Krummstab und Wedel, den Attributen des Totengottes. Der daran anschließende Pfeilersaal ist zugleich der Zugang zu acht Kammern, in denen einst Schätze und Vorräte aufbewahrt wurden. Eine schmale Tür führt in das Allerheiligste, wo an der Rückwand die vier Göttergestalten sitzen, denen dieser Tempel geweiht war: Ptah, kopflos, Amun-Re mit hoher Federkrone, Ramses mit zerschundenem Gesicht und Re-Harachte mit abgeschlagener Physiognomie.

In diesem Sanktuarium wiederholt sich noch heute zwischen dem 10. Januar und 30. März und zwischen dem 10. September und 30. November das Sonnenwunder von Abu Simbel. Und wer je das Glück hatte, es zu sehen, für den ist es immer noch ein Wunder: Um 5.58 Uhr morgens fallen die

Strahlen der nubischen Sonne durch das Eingangsportal, die Große Halle, den Zugang zum Pfeilersaal und die schmale Öffnung der Cella hindurch auf die Götterstatuen von Amun-Re und Ramses und tauchen sie in ein übernatürlich grelles Licht. Um 6.03 Uhr prangt Ramses allein, als Gott bestrahlt, um 6.08 Uhr wird Re-Harachte ins Licht gerückt, dann, gegen 6.20 Uhr, verschwindet das gleißende Spotlight, immer kleiner werdend, auf den Knien von Ramses und Re-Harachte. Es war eine vermessungstechnische Meisterleistung, dieses Naturschauspiel zu konstruieren; ein Wunder aber ist es, daß dabei die Götterfigur des Ptah[94] nie von einem Sonnenstrahl getroffen wird – er, der Gott der Schatten, bleibt für immer und ewig im Schatten.

Ein ähnliches Naturschauspiel gibt es im *kleinen* Tempel von Abu Simbel nicht. Dieses der Himmelsgöttin Hathor und der vergöttlichten Nofretari geweihte Heiligtum steht ohnehin im Hintergrund des großen Tempels. Es mag erstaunen, daß dieser Tempel überhaupt errichtet wurde, denn der große Ramses schätzte keine Vergleiche. Nofretari war jedoch seine Lieblingsfrau, und ihr wesentlich kleinerer, kaum 10 Meter breiter, bescheidener ausgeschmückter Tempel sollte einem Vergleich mit dem Ramses-Tempel ohnehin nicht standhalten. Einzigartig ist auch hier die Vorderfront: Die Frau eines Königs auf einer Tempelfassade kommt in der ägyptischen Baukunst kein zweites Mal vor.

Der seltsame Signore Belzoni

Die Felsentempel von Abu Simbel haben eine aufregende Geschichte hinter sich. Es ist unbekannt, wann sie der Ver-

94 Ptah ist in der Verbindung mit dem memphitischen Erd- und Totengott Sokaris selbst zum Totengott geworden.

gessenheit anheimfielen – jedenfalls galten sie bis zu Beginn des 19. Jahrhunderts als verschollen. Der Grund dafür ist zunächst natürlich in der geographischen Lage von Abu Simbel zu suchen, aber dann auch in der Tatsache, daß die Sanddünen am Hochufer des Nils die Tempel schon in antiker Zeit verschüttet hatten.

Dem Schweizer Forscher Johann Ludwig Burckhardt, der, wie eingangs beschrieben, 1813 die Felsentempel von Abu Simbel wiederentdeckte, war es nicht vergönnt, das Innere eines der beiden Heiligtümer zu betreten, zehn Meter hohe Sanddünen hatten die Zugänge verweht. Burckhardt mußte diesen Triumph einem anderen überlassen: dem Italiener Giovanni Belzoni.

Dieser Signore Belzoni ist eine der auffallendsten Erscheinungen in der Geschichte der Archäologie. 1,98 Meter groß, 100 Kilo schwer, dabei wohlproportioniert und geckenhaft gekleidet, hätte man ihn für alles mögliche, aber wohl kaum für einen Ausgräber halten können. Tatsächlich hatte Belzoni ein halbes Dutzend anderer Berufe ausgeübt, bevor er sich der Altertumsforschung verschrieb. Der Sohn eines Barbiers in Padua war bereits als Zirkusartist, Schauspieler, Kraftmensch, Opernsänger, Ingenieur und Spediteur aufgetreten, und als er 1815 zum ersten Mal nach Ägypten kam, da wollte er eigentlich keine Entdeckungen machen, sondern Geschäfte. Er hatte ein Schöpfrad konstruiert, das – seiner Meinung nach – viermal so viel Wasser schöpfen konnte wie alle bis dahin bekannten Pumpen. Der Statthalter Mohammed Ali, dem der Tausendsassa das Patent seiner Erfindung anbot, lehnte dankend ab, und so stand Giovanni, das verkannte Genie, wieder einmal mittellos da.

Auf der Suche nach einem einträglichen Job begegnete Belzoni dem britischen Generalkonsul Henry Salt. Der meinte, ein so kräftiger Mann müsse doch in der Lage sein, einen archäologischen Fund von Luxor nilabwärts nach Alexandria zu schaffen; es handle sich um den Kopf einer Statue aus schwarz-rot-gemasertem Granit. In Alexandria solle das Stück auf ein größeres Schiff umgeladen und nach London verschifft werden. Mister Salt hatte zwar erwähnt, daß der Kopf nicht gerade klein sei, aber als der Gewichtheber Belzoni den Koloß zu Gesicht bekam, erschrak er doch sehr. Das Fragment der Statue Ramses' II. wog gut und gern sieben Tonnen. Hinzu kam: Es gab weder Wege noch Straßen, die angeworbenen Hilfsarbeiter streikten, die vorhandenen Transportmittel waren unzureichend, der Konsul knauserte mit dem Geld. Aber Belzoni schaffte es, er brachte den Koloß per Schiff bis Alexandria, lud ihn um auf ein seetüchtiges Fahrzeug, und am 15. Dezember 1816 kam das Kuriosum vielumjubelt in London an. Das Unternehmen kostete ganze 450 englische Pfund.

Die Kunde von »übermenschlichen« Fähigkeiten machte Belzoni mit einem Schlag berühmt. Und als Burckhardt, zwei Jahre nach der Entdeckung von Abu Simbel, nach Kairo zurückkehrte, da wandte er sich an Belzoni und meinte, er sei der einzige, dem es gelingen könnte, die im Sand versunkenen Felsentempel freizulegen.

Das ließ sich der Kraftmensch aus Padua nicht zweimal sagen. Er heuerte ein Schiff an samt zwei englischen Kapitänen und sechs Mann Besatzung, nahm einen Dolmetscher an Bord und seine Frau Sarah, dann fuhr er los, nilaufwärts, ein lockendes Ziel vor Augen: Abu Simbel.

Für die Strecke Kairo-Abu Simbel, die der Linienjet der Egypt Air heute in knapp zwei Stunden zurücklegt, brauchte Belzoni 1815 noch drei Monate. Das Unternehmen war nicht nur strapaziös, es war lebensgefährlich. Der Italiener und seine Begleiter waren schwer bewaffnet, wenn sie vor Anker gehen mußten, um Proviant zu kaufen. Des Nachts hielten sie abwechselnd Wache. Je weiter sie nach Süden kamen, desto seltener begegneten sie einem Schiff, am Nilufer sahen sie kaum noch Menschen. Die Mannschaft murrte, wurde unruhig, die Männer forderten eine Gefahrenzulage; Belzoni zahlte Bakschisch.

Als die Abenteurer vor Abu Simbel landeten, kamen ihnen zwei Scheichs mit ihrem Gefolge entgegen. Der eine, Scheich Dawud, stellte den anderen als seinen jüngeren Bruder Kalil vor und ließ keinen Zweifel aufkommen, daß sie die Herren des Landstrichs seien. Belzoni erkaufte sich ihre Freundschaft und die Grabungsgenehmigung mit Geschenken: einem Gewehr, Pulver und Kugeln, Tabak, Seife und einem Schal. Die Scheichs versprachen, dreißig Arbeiter bereitzustellen. Doch schon am Abend des ersten Grabungstages war Belzoni klar, daß er mit dreißig Mann den Zugang zum großen Felsentempel wohl nie würde freilegen können. Schließlich stellten die Scheichs achtzig Arbeiter zur Verfügung. »Aber«, notierte Giovanni Belzoni in sein Tagebuch, »am Abend des dritten Tages bestand ebensowenig Aussicht, den Eingang jemals zu sehen, wie am ersten.«

Dinner im Schatten der Ramses-Tempels

Ein Problem besonderer Art war für Belzoni und seine Begleiter das Essen. Die Scheichs rechneten es sich zur Ehre, die Fremden als Gäste zu bewirten. Auf einer Sandbank im Fluß standen Binsenhütten, in denen die Wüstensöhne lebten, schliefen und aßen – in der Hauptsache Hammelfleisch. Zur Essenszeit hockten sie sämtlich in der Hütte auf dem Boden, und wenn dann die große Schüssel in die Mitte gestellt wurde, warteten alle, bis Scheich Dawud hineingegriffen und sich das schönste und größte Stück geangelt hatte; erst dann langten die anderen zu. Bis die Europäer sich versahen, waren nur noch Reste in der irdenen Schüssel.

Am ersten Tag hatten Belzoni und seine Leute allerdings gar keinen Appetit; der Anblick der schmutzigen Finger ihrer Gastgeber hatte jeden Anflug von Hunger vertrieben. Am zweiten Tag beschlossen die Europäer, sich alle auf eine Seite zu setzen, weil so die Chance größer schien, noch unbegrapschtes Fleisch zu erhaschen. Weit gefehlt! Die schmuddeligen Wüstensöhne verstanden es auch bei dieser Sitzordnung, die besten Stücke zu ergattern. Scheich Dawud bemerkte das, schmunzelte und tat am nächsten Tag folgendes: Noch ehe seine Gefolgsleute zulangen durften, suchte Dawud die schönsten Fleischstücke raus, quetschte mit starker Hand die Knochen heraus und legte das, was von dem Fleisch übriggeblieben war, liebevoll auf den linken Ärmel seines Gewandes. Den hielt er lächelnd seinen Gästen hin. Belzoni und seine Begleiter konnten nicht anders – sie mußten zugreifen.

Am nächsten Morgen waren die Schilfhütten am Nilufer verlassen, die Scheichs samt Gefolge verschwunden; ein Arbeiter hatte wissen lassen, daß der Fastenmonat Ramadan begonnen habe, die Arbeiten müßten eingestellt werden. Da beschlossen Belzoni und seine Leute, selbst weiterzugraben. Sie waren vierzehn Mann. Schon nach einem Tag wurde ihnen klar, daß die Eingeborenen zwar gestöhnt hatten wie Schwerstarbeiter, daß ihre effektive Leistung jedoch nur ein Fünftel der eines Europäers betrug. Deshalb waren sie guter Dinge, den Zugang zum Felsentempel doch noch freizulegen.

Die beiden Scheichs hatten einen Mann zurückgelassen; er hieß Musmar und behauptete von sich, daß er der tapferste von allen sei. Belzoni hatte gleich vermutet, daß der Schurke nichts weiter als ein Spion war – und ein Feigling dazu. Eines Morgens kam Musmar wild gestikulierend gelaufen und deutete auf den Fluß, wo sich ein Boot mit bis an die Zähne bewaffneten Männern näherte. Musmar meinte, er müsse das Steilufer erklimmen, um das Boot besser beobachten zu können – dann ward er nie mehr gesehen.

Die Männer, die aus dem Boot stiegen, gaben sich als die Scheichs von Ibrim zu erkennen, als Vater und Sohn, und als Herren dieses Landstrichs. Belzonis zaghafter Einwand, daß sich auch Dawud und Kalil bereits als Landesherren ausgegeben hätten, wischte der Ältere mit einer strengen Handbewegung fort: das seien ihre Todfeinde. Sie wüßten im übrigen ganz genau, daß diese Todfeinde von Ausgräbern Gewehre, Pulver, Munition und Tabak erhalten hätten.

Belzoni war ratlos. »Wir besaßen nichts mehr«, schreibt er, »was wir diesen Leuten hätten geben können.« In seiner Verzweiflung, so kurz vor Erreichung des Ziels aus Abu Simbel vertrieben zu werden, übergab Belzoni den Männern einen Brief des Statthalters Mohammed Ali, den er bei sich trug. Der Brief war zwar an Belzoni gerichtet, nicht an die Scheichs, aber er verfehlte seine Wirkung nicht. Die des Lesens unkundigen Wüstensöhne betrachteten das Schriftstück, von dem der Dolmetscher bekundete, daß es die Unterschrift des Sultans trage, nickten verständnisvoll – und verschwanden. Belzoni konnte weitergraben.

Nach einer Woche Arbeit in Staub, Sand und heißem Wüstenwind stießen die Männer auf ein zerbrochenes Säulengesims, einen Tag später auf einen Fries. Darunter mußte, das stand nun außer Zweifel, ein Durchschlupf in das Tempelinnere sein. Bis zum Abend war ein Loch freigeschaufelt, durch das Belzoni sich bereits hätte hindurchzwängen können; doch der sonst so mutige Riese hatte Angst. Er vermutete Giftgase im Tempelinnern und verschob den Einstieg auf den nächsten Morgen.

In den frühen Morgenstunden des 1. August 1817 krochen Giovanni Belzoni und seine Frau Sarah durch die niedrige Öffnung und wateten im Schein gespenstisch flackernder Kerzen durch den Sand in das Tempelinnere. Das Bewußtsein, ein Heiligtum zu betreten, das 2000 Jahre kein menschliches Auge mehr geschaut hatte, rief selbst bei einem Kraftmenschen wie Belzoni Schauer von Ehrfurcht hervor und das Bewußtsein der eigenen Winzigkeit. Die Hoffnung, Schätze von Gold und Edelstein zu entdecken, wurde zwar enttäuscht; doch Belzoni spürte beim Anblick der geheimnisvollen Statuen, der buntbemalten Reliefszenen und der labyrinthartig angelegten Räume, daß er das eigenartigste Bauwerk des wohl eigenwilligsten ägyptischen Pharaos freigelegt hatte.

Johann Ludwig Burckhardt, der ursprüngliche Entdecker von Abu Simbel, starb wenige Tage, nachdem er in Kairo von der erfolgreichen Freilegung des Felsentempels gehört hatte, im dreiunddreißigsten Lebensjahr, an einer Fischvergiftung. Es war der 15. Oktober 1817 – genau der Tag, an dem Giovanni Belzoni, der inzwischen nach Luxor in das Tal der Könige zurückgekehrt war, das Grab Sethos' I. entdeckte.

Die Felsentempel von Abu Simbel waren beinahe 150 Jahre lang das fernab gelegene Ziel von Kulturreisenden aus aller Welt. Als 1959 bei Assuan die Bauarbeiten an dem großen Hochdamm Sadd el-Ali begannen, da hatten die Planer an Energiegewinnung und Vergrößerung der Anbaufläche gedacht, aber kaum an die 350 Kilometer nilaufwärts liegenden Felsenheiligtümer von Abu Simbel, die in wenigen Jahren der Überflutung preisgegeben sein würden. Die Sonderorganisation der Vereinten Nationen für Erziehung, Wissenschaft und Kultur, UNESCO, setzte in höchster Eile zwei Kommissionen ein, die klären sollten, ob und wie die antiken Kulturgüter im Überschwemmungsgebiet des Staudammes gerettet werden konnten.

Das unheimliche Innenleben der Felsentempel

Die ersten Untersuchungsergebnisse aus Abu Simbel waren nicht gerade ermutigend. Der nubische Sandstein, aus dem die beiden Tempel herausgehauen sind, war von uneinheitlichem Aufbau: Lagen von grobkörnigem, bindemittelarmem Sandstein wechselten mit Lagen von extrem hartem, feinkörnigem Gestein ab. Der bindemittelarme Sandstein wies regelrechte Höhlengänge auf, die vom Wasser ausgespült waren.

Kommissionsmitglied Prof. Dr. Hans Joachim Martini, Präsident der Bundesanstalt für Bodenforschung, berichtete: »Wesentlich mehr Kummer verursachten die Klüfte, die in verschiedenen Richtungen den Fels an seiner Oberfläche durchziehen. Während sich bei näherer Untersuchung zeigte, daß die sogenannten tektonischen Klüfte schon wenige Meter innerhalb des Berges geschlossen waren, mußte den sekundären talhangparallelen Spalten besonderes Augenmerk gewidmet werden. Dieses Kluftsystem ist eindeutig erst nach Ausbildung des Niltales entstanden, es ist als Ausgleich innerer, in dem Gestein herrschender Spannungen aufzufassen. Die Frage des Alters dieser Klüfte ließ sich schnell klären. Die alten Ägypter mußten sie beim Bau ihrer Tempel schon vorgefunden haben, denn einem der Ramses-Kolosse an der Fassade des Großen Tempels durchsetzt eine solche Kluft den Arm, und dieser Arm ist mit gebrannten Ziegeln aus Nilschlamm unterbaut und abgestützt. Die Ziegel tragen eine Kartusche des Nachfolgers von Ramses II., Merenptah.«[95]

Die Felsentempel von Abu Simbel standen also unter starken inneren Spannungen, sie führten ein unheimliches Innenleben. Professor Martini maß einen talseitigen Schub von 35–50 Kilogramm pro Quadratzentimeter, und später, bei den Rettungsarbeiten, schreckten die Arbeiter des öfteren auf, wenn sich unter lautem Donner ein neuer Spalt öffnete. Hinzu kam, daß ausgerechnet das Fundamentgestein stark

---

95 H. J. Martini: *Geologische Probleme bei der Rettung der Felsentempel von Abu Simbel*, Göttingen 1970.

mitgenommen war, obwohl beide Tempel ja nicht aus Steinen gemauert, sondern im Stück aus dem Fels geschlagen waren. Die Geologen erklärten dies mit einem 2,4 Meter hohen Kapillarsaum, der vom Grundwasserspiegel gespeist wurde. Grundwasser war in haarfeinen Gängen am Gestein hochgestiegen und hatte dabei bestimmte chemische Stoffe aufgelöst, die bei Verdunstung Kristalle bildeten. Diese Kristalle übten konstanten Wachstumsdruck auf das Gestein aus und brachten es stellenweise zum Bersten. All dies war nicht gerade die ideale Voraussetzung für irgendwelche Rettungsmaßnahmen.

Die Zeit drängte. Die aufgestauten Wasser des Nildammes stiegen immer höher. War Abu Simbel überhaupt noch zu retten? Firmen und Techniker aus aller Welt arbeiteten in Erwartung eines Millionen-Auftrages verwegene Pläne aus.

Aus Frankreich kam der Vorschlag der Architekten A. Coyne und J. Bellier, einen 80 Meter hohen Runddamm um die Tempel von Abu Simbel zu errichten. Dieser Damm wäre nicht einmal der größte bis dahin errichtete gewesen, und das Projekt hätte kaum technische Schwierigkeiten bereitet, doch hatte es zwei wesentliche Nachteile: Die Wüstentempel von Abu Simbel hätten sich dem Besucher aus der Kanaldeckelperspektive präsentiert, kein Sonnenstrahl mehr hätte das Allerheiligste des großen Tempels erreicht. Sickerwasser in gewaltigen Mengen hätte unter großem technischem Aufwand abgepumpt werden müssen und einen jährlichen Unterhaltsaufwand von 1,6 Millionen DM erfordert. Geologen äußerten sogar die Überzeugung, daß der hohe Wasserdruck außerhalb des Ringdammes den Kapillardruck im Felsgestein der Tempel hätte so ansteigen lassen, daß die Ramses-Kolosse innerhalb weniger Jahrzehnte zerstört gewesen wären.

Amerikaner hatten den phantastischen Plan, die Tempel in einem Stück aus dem Mutterfelsen herauszuschneiden, sie mit einem Stahlkorsett zu umgeben und mit Hilfe hydraulischer Pressen und des steigenden Nilwassers 68 Meter höher zu hieven.

Italienische Ingenieure unter Professor Gazzola lieferten ähnliche Pläne. Sie sahen vor, die Bergkuppe über den Tempeln stückweise abzutragen, das Tempelfundament abzusägen und die Tempel dann als Ganzes zu heben.

Die schwerste bis dahin in einem Stück gehobene Masse wog 10000 Tonnen. Der große Tempel von Abu Simbel wurde auf 250000 Tonnen geschätzt. Dreißig hydraulische Hebegeräte sollten das Projekt verwirklichen.

Die Briten hatten schließlich die skurrilste Idee: Professor William Macquitty schlug vor, die Tempel von Abu Simbel den Fluten des Nils zu überlassen, doch zuvor über die gesamte Anlage eine im Fundament eingelassene glasklare Folie zu spannen. Gleichzeitig mit dem Ansteigen der Nilfluten sollte die künstliche Blase mit klarem Wasser gefüllt werden. In einem Unterwasser-Glasgang sollten Besucher die Tempel unter der Leitungswasserglocke besichtigen können – Ramses im Aquarium.

Die Welt rettet Abu Simbel ... aber wie!

Keines dieser Projekte kam zur Ausführung. Alle Planungen schienen zu verwegen, Archäologen wetterten über die Pietätlosigkeit und das Kulturbanausentum der Technokraten, und im übrigen war der Preis, den diese Operation kosten sollte, unerschwinglich hoch. Ägypten hatte nun, nach dem wirtschaftspolitischen Statussymbol des Assuan-Dammes, auch ein kulturelles Statussymbol: Abu Simbel.

In der Tat: 3200 Jahre nach dem Ableben Ramses' II. wurde der Lieblingstempel des großen Pharaos zu einem Politikum ersten Ranges. Nationales Prestige, technischer Geltungsdrang und wissenschaftlicher Besitzanspruch machten Abu Simbel zum Pulverfaß. Nachdem die ägyptische Regierung am 1. Oktober 1959 den an der Rettung von Abu Simbel beteiligten Ländern eine Entlohnung in archäologischen Kostbarkeiten in Aussicht gestellt hatte, kam ein weiterer Anreiz hinzu, der die organisatorische Seite des Mammutprojektes allerdings nicht gerade vereinfachte.

Die UNESCO rief die Welt auf, die Rettung der nubischen Tempel zu finanzieren. Die veranschlagten Rettungskosten schwankten zwischen 30 und 300 Millionen DM. Ägypten selbst war nicht in der Lage, solche Beträge aufzubringen. Die UNESCO forderte daher im Sommer 1961 ihre Mitgliedstaaten auf, eine nach dem Schlüssel ihrer Jahresbeiträge ermittelte Summe lockerzumachen. Die Vereinigten Staaten von Amerika, sonst Kulturträger Nummer eins in allen Winkeln der Erde, zierten sich, das von ihnen geforderte Drittel zu zahlen, weil es sowjetische Ingenieure waren, die 250 Kilometer nilabwärts von Abu Simbel den großen Staudamm errichteten. Die Sowjetunion ließ verlauten, sie baue einen Damm, um für Millionen Menschen aus Steinen Brot zu machen, während der Westen sein Geld verschwende, um Relikte größenwahnsinniger Pharaonen zu versetzen.

Ein Jahr nach dem Hilfsappell waren nicht einmal zehn Prozent der notwendigen Summe zusammengekommen. Außer Holland und Jugoslawien hatte noch keine Nation ihre volle Quote bezahlt. Die meisten Länder versuchten, ausländische Devisenguthaben zu verrechnen. Kuba zahlte seine reguläre Quote von 900 (!) Dollar, stiftete aber Zucker im Wert von 16000 Dollar.

Inzwischen zeigten sich die Franzosen indigniert, weil ihre Pläne verworfen worden waren, die Italiener schmollten, weil bei den Planungsarbeiten schwedischen Ingenieuren der Vorzug gegeben wurde, die ägyptische Regierung wurde nervös, weil das auf ihr Geheiß angestaute Nilwasser ständig an-

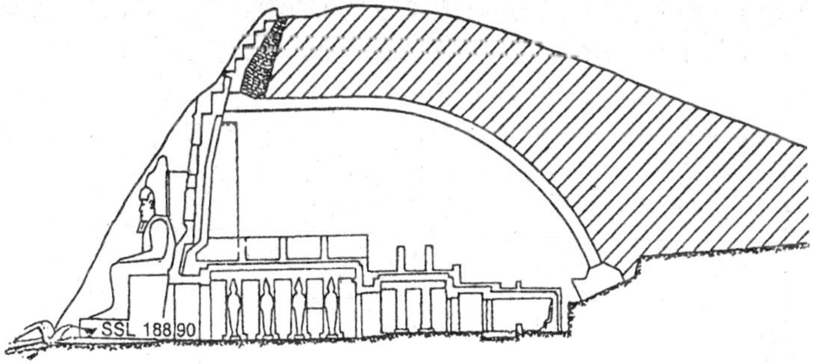

Schnitt durch den großen Tempel von Abu Simbel nach seiner Versetzung. Damit der ursprünglich aus dem gewachsenen Fels geschnittene Tempel nach dem Umzug nicht von Gesteinsmassen erdrückt wurde, mußten die Techniker ihn in eine Glocke aus Stahlbeton einbauen, die dann mit Gesteinsmassen zugedeckt wurde.

stieg, während die UNESCO zur Untätigkeit verurteilt schien. Diese war verschnupft, weil die ägyptische Regierung die wichtigsten Finanziers des Unternehmens, die Amerikaner, durch Enteignungen und Schauprozesse vor den Kopf stieß. Die Ägyptologen beschwerten sich über die Techniker, die in Abu Simbel nach wie vor kein archäologisches, sondern ein technisches Objekt sahen, und alle zusammen waren ungehalten über die Honoratioren vom Rettungskomitee der UNESCO, die zum Tagesspesensatz von 200 Dollar die Arbeiten behinderten.

Komitees gab es genug: ein Ehrenkomitee mit Staatsoberhäuptern und hohen Funktionären, ein Aktionskomitee, das die Arbeiten zu organisieren hatte, und ein Konsultativkomitee, das mit Einzelfragen der Durchführung befaßt war. In diesem Konsultativkomitee saßen Ägyptologen aus Frankreich, Großbritannien, den Vereinigten Staaten und der Sowjetunion, außerdem der Direktor der römischen Akademie der schönen Künste, ein deutscher Prähistoriker, ein Schweizer Vertreter der Internationalen Museumsorganisation, zwei Vertreter der UNESCO und vier Vertreter Ägyptens. Diese honorigen Herren hatten die vorliegenden Pläne und Hilfsangebote zu sichten, zu entscheiden und zu koordinieren. So ein Rettungsplan nahm den Weg vom Einreicher an die UNESCO in Paris, von der UNESCO zur ägyptischen Regierung und von der Regierung zum Komitee, das zu entscheiden hatte. Inzwischen stieg das Wasser weiter, und es blieb nichts anderes übrig, als, bis alle Pläne die Instanzen durchlaufen hatten, zunächst einen 360 Meter langen und 25 Meter hohen Schutzdamm um die Baustelle zu legen – alles in allem ein Wunder, daß Abu Simbel heute nicht unter Wasser steht!

Im August 1964 fiel die Entscheidung: Gebilligt wurde ein schwedischer Entwurf. Er sah vor, die Berge über den Tempeln bis zum Tempeldach abzutragen. Fassaden und Tempelinneres in Blöcke von 10 bis 30 Tonnen Gewicht zu zersägen und Berge samt Tempel auf dem Hochplateau wieder zusammenzusetzen. Ein internationales Konsortium unter Führung der Essener Hochtief AG mobilisierte 4000 Arbeiter und Techniker aus Ägypten, Deutschland, Italien, Frankreich und Schweden. Mitten in der Wüste zwischen Assuan und Wadi Halfa wurde eine Barackenstadt aus dem Boden gestampft, ein Flugplatz angelegt und ein Flußhafen. Maschinenhallen wuchsen aus dem gelben Sand, eine Wasseraufbereitungsanlage, ein Kraftwerk, ein Krankenhaus, Kaufläden und Kneipen und was ein paar tausend Männer sonst noch brauchen, wenn sie irgendwo in der Wüste 300 Kilometer fern der Zivilisation einem gutbezahlten Job nachgehen.

Der Nil steigt schneller als erwartet

Hinter dem Schutzdamm stieg das Wasser unaufhaltsam, schneller als erwartet. Ingenieure und Techniker begannen mit Säge- und Transportversuchen. Die einzelnen Sandsteinblöcke mußten das Herausschneiden, den Transport und den Wiederaufbau möglichst schadlos überstehen. Der Wunsch der Archäologen war den Ingenieuren Befehl: Sie bohrten 17 000 Löcher in den Fels und preßten unter hohem Druck Kunstharz in den brüchigen Fels. Der Kunststoff drang in die Gesteinsporen ein und festigte die Blöcke von innen heraus. 32,5 Tonnen Kunstharz füllten die Bohrlöcher, 33 Tonnen Klammern und Bewehrungseisen waren nötig, um Gesteinsblöcke, die schon vorher Sprünge und Risse aufwiesen, zusammenzuhalten. Nur 155 von 1 041 Tempelblöcken waren in so gutem Zustand, daß sie keiner technischen Hilfskonstruktion bedurften. Am 21. Mai 1965 wurde der erste Tempelblock – er trug die Bezeichnung GA 1A01 – abtransportiert.

Die größte Gefahr für eine Beschädigung der Blöcke bestand während des Transports. Die Dreißig-Tonnen-Quader zu verpacken, wäre nicht nur zeitraubend gewesen, das Ein- und Auspacken hätte auch ein weiteres Risiko bedeutet. Also bohrten die Techniker jeden Block, der aus dem Berg geschnitten wurde, an der Oberseite an, setzten einen Stahlanker ein und gossen das Bohrloch mit härtenden Chemikalien aus. An diesem Stahlanker wurden die Blöcke schließlich auf Tieflader gehoben und über eine eigens angelegte Piste auf das Hochplateau des Nilufers transportiert, wo ein Schild »Storage Area« die kulturelle Bedeutung des Unternehmens in technisch unterkühlter Gelassenheit beinahe vergessen ließ.

Auf diesem Lagerplatz, 68 Meter über dem ursprünglichen Standplatz der Tempel, wurde jeder Block einer chemotechnischen Behandlung unterzogen, die garantieren sollte, daß die Tempel von Abu Simbel auch im Jahre 3000 n. Chr. noch im selben Zustand bewundert werden können. Wo nötig, wurden Gesteinsblöcke verstärkt und restauriert; alle Außenflächen der Blöcke erhielten einen unsichtbaren Polyesteranstrich, der das Eindringen von Sickerwasser und

Luftfeuchtigkeit sowie das Abblättern der Oberfläche verhindert. Auf die Deckensteine wurde eine weitere chemische Feuchtigkeitssperre aufgetragen. Ein ganzer Berg mit zwei Tempeln in seinem Innern wurde chemisch konserviert.

Die Arbeiten nahmen an Hektik, die Situation an Dramatik zu. Im November 1964 leckte der Wasserspiegel des Staudammes bereits an der Krone des Schutzdammes, der Techniker und Tempelreste noch im Trockenen hielt. Zusätzliche Schichten wurden gefahren, die Archäologen bekamen Bedenken, forderten mehr Sorgfalt, lebten in ständiger Angst um ihre Heiligtümer. Baudirektor Carl Theodor Mäckel aus Hamburg gab eine eindeutige Antwort: »Wir können auch ohne jedes Risiko arbeiten«, sagte er, »dann aber dauert es zwei Jahre länger.« Und das Wasser stieg und stieg.

Abu Simbel war nicht die einzige kulturhistorische Stätte, die der 500 Kilometer lange Stausee mit seinen 170 Milliarden Kubikmetern Wasser zu verschlingen drohte. 23 Objekte waren von Archäologen und Prähistorikern des Abbaus oder einer Versetzung – auch unter hohem Aufwand – für würdig befunden worden. Einige mußten von vornherein aus technischen Gründen aufgegeben werden, so die Festung Buhen nahe der ägyptischsudanesischen Grenze, deren aus Nilschlammziegeln aufgetürmtes Mauerwerk den Rettern unter den Händen zerfallen wäre. Von den Tempeln von Gebel es-Schams, Abuhuda und Gerf Hussein wurden nur kunsthistorisch bedeutsame Teilstücke geborgen, die kleinen Tempel von Ellesija, Taffa, Dendur und Debod wurden anderen Ländern als Stiftung des ägyptischen Staates zum Abbau freigegeben. Das Ellesija-Tempelchen finden wir heute in Turin, das von Taffa in Leiden, das Dendur-Heiligtum ist in New York, und der Ptolemäer-Tempel von Debod hat seinen Standort in Madrid. Versetzt wurden die Heiligtümer von Ed-Dakka, Ed-Derr, Amada, Wadi es-Sebua, Kertassi, Bet el-Wall und Kalabscha.

Der gewaltige Kalabscha-Tempel stammt aus den Tagen des römischen Kaisers Augustus und ist nach dem Vorbild eines an gleicher Stelle stehenden Tempels aus der Zeit um 1400 v. Chr. errichtet worden. Die Rettung dieses Tempels war ein deutsches Projekt, für das die Bundesregierung 7 Millionen DM aufbrachte, in technischer Hinsicht jedoch ganz anders geartet als das von Abu Simbel. Die Felsentempel waren Bauwerke aus einem Stück, Kalabscha dagegen setzte sich aus etwa 20 000 Blöcken zusammen, von denen keiner mehr als eine Tonne wog. Es war möglich, sie einzeln abzubauen, auf Schiffe zu verladen und landeinwärts in Sichtweite des neuen Assuan-Dammes wieder zusammenzusetzen. 106 Blöcke mit farbigen Reliefs, die bei der Versetzung des Tempels im Fundament entdeckt worden waren, überließ die ägyptische Regierung 1973 dem Ägyptischen Museum in West-Berlin.

Ganz anders verlief die Bergung des Tempels von Amada, für die die französische Regierung verantwortlich zeichnete. Die kunsthistorische Bedeutung dieses Tempels lag vor allem in der reichen Innenausstattung. Die Darstellungen waren jedoch nicht in Stein gemeißelt, sondern in großflächige Mörtelschichten geritzt. Die Abtragung Stein für Stein hätte diese kostbare Mörtelschicht irreparabel zerstört; also verwirklichten die Techniker eine andere Idee: Sie gossen unter die Fundamente des 50 Meter langen Gebäudes eine Stahlbetonplatte, legten eine gigantische Erdrampe an und zogen den Tempel auf Stahlrollen 2,5 Kilometer zu seinem neuen Standort hoch.

Im Vergleich dazu war die Bergung der Tempel von Abu Simbel ein Mammutunternehmen, ein überdimensionales Puzzlespiel. Noch 1965 wurden die Rettungsarbeiten abgeschlossen: 1 041 Tempelblöcke, 1 112 Steinblöcke aus dem Felsbereich neben den Tempeln und von den Zugängen sowie 6 598 grobe Blöcke aus Deck- und Bausteinen lagerten sicher vor den steigenden Wassern des Staudammes auf der »Storage Area«. Seit Ende August 1965 schwappten gewaltige Wassermassen über den Schutzdamm, langsam füllten sich die gähnenden Felsenöffnungen mit den grünbraunen Fluten des Nils.

68 Meter weiter oben und 180 Meter landeinwärts gingen die Arbeiten weiter, Tag und Nacht. Anders als in Kalabscha konnten die numerierten Gesteinsblöcke nicht einfach aufeinandergesetzt werden; die Last des künstlich aufgesetzten Berges hätte die Felsentempel zermalmt. Deshalb hatten die Techniker eine andere Möglichkeit ersonnen: Sie konstruierten zwei riesige Kuppeln aus Stahlbeton, jede mit einem Durchmesser von 60 Metern. Diese Halbdome mußten einem Deckendruck von 12 Metern Fels und einem Seitendruck von 35 Metern Gestein standhalten, außerdem wurden an ihnen die Deckenblöcke der Tempel aufgehängt. Millimetergenau paßten die Ingenieure die Seitenwände mit den prachtvollen Darstellungen Ramses' II. Block für Block ein.

Ende 1967 war der Nofretari-Tempel fertig; ein halbes Jahr später war auch die Betonkuppel des großen Ramses-Tempels unter den Gesteinsblöcken verschwunden, übereinandergetürmt wuchsen sie zu einem gewaltigen Gebirge. Im darauffolgenden Winter wehten die ersten Sandstürme über der Nubischen Wüste die letzten Fugen der Sägeschnitte zu. Die Geometer hatten perfekte Arbeit geleistet. Im Februar 1969 wiederholte sich am neuen Ort das Sonnenwunder von Abu Simbel: Die ersten Strahlen der Sonne beleuchteten 55 Meter tief im großen Tempel von Abu Simbel die Götterfiguren im Allerheiligsten – Amun-Re, Re-Harachte und den vergöttlichten Ramses.

X

Der Pharao der Knechtschaft

Die Ägypter aber quälten sie mit Arbeitslast
und verbitterten ihnen das Leben bei harter Fron
mit Lehm-, Ziegel- und allerlei Feldarbeit ...
2. Buch Mose 1, 13-14

Speise und Trank sind vorhanden,
und es bleibt nichts zu wünschen.
Ich verbessere euer Leben,
damit ihr mit Freude für mich arbeitet,
und mich stärken euere Hoffnungen auf Erfolg.
Ramses II.

Die Israeliten ertrugen ihr Unglück mit großer Geduld,
und da sie wußten, mit welcher Strenge Ramses
Auflehnungen ahndete, waren sie klug genug,
sich zu seinen Lebzeiten jeglichen Protestes zu enthalten.
Pierre Montet, Archäologe

Die Bauwut Ramses' II. verschlang ungeheure Mittel. Tausende von Facharbeitern und Hilfskräften waren an den verschiedenen Großbaustellen des Landes im Einsatz. Ramses bestritt die immensen Staatsausgaben aus Naturalsteuern, die sein Beamtenapparat mit peinlicher Akribie eintrieb, aus Tributen, welche die Fremdländer zu festgesetzten Terminen abzuliefern hatten, und aus den unerschöpflichen Gold- und Silbervorkommen des Reiches, deren Ertrag das be-

Rekonstruktion eines Pylons mit vier Kolossalstatuen aus Per-Ramses.

liebteste Tauschobjekt beim Handel mit Kolonialgütern war. Kein Zweifel, den Ägyptern ging es gut, es gab keine Arbeitslosen – im Gegenteil, aus aller Herren Ländern strömten Arbeiter herbei, um von dem Bauboom zu profitieren.

»Hört meine Worte«, sagt Ramses II. auf einer Stele, die er bei einer Besichtigung der Steinbrüche des Roten Berges nahe Heliopolis im Jahre 8 aufstellen ließ, »hier ist euer Besitz. Die Realität beweist, daß ich die Wahrheit spreche. Ich bin es, Ramses, der die Generationen fortleben läßt … Große Vorbereitungen sind getroffen worden, damit ihr leben und eure Aufgabe erfüllen könnt … Es gibt Kornspeicher, damit ihr nicht einen einzigen Tag ohne Nahrung bleiben müßt. Und ihr werdet monatlich bezahlt …«

Mit Stolz verweist Ramses darauf, daß es in den Geschäften alles zu kaufen gebe: Gebäck, Fleisch und Kuchen, Sandalen, Gewänder sowie Duftstoffe, mit denen die Leute alle zehn Tage den Kopf einreiben sollten. Ramses legte Wert darauf, daß sein Volk ordentlich gekleidet war und jeder jeden Tag Schuhe tragen konnte. Das Wort »Not« sollte aus dem ägyptischen Sprachschatz gestrichen werden. »Ich habe befohlen«, sagt Ramses, »daß ihr gespeist werdet auch in den Hungerjahren; die Bevölkerung der Marschen ist angewiesen, euch mit Fischen und Geflügel zu versorgen. Schiffe segeln nilaufwärts für euch und kommen mit Gerste, Weizen, Stärkemehl, Salz und Bohnen zurück. Solange ihr lebt, werdet ihr gern für mich arbeiten.«

Es war weniger ein politischer als ein ökonomischer Schachzug, als Ramses seine »Vorsteher der Arbeiten« beauftragte, die im Lande Gosen, südlich der Hauptstadt Ramses, nomadisierenden hebräischen Schafhirten als Bauarbeiter zwangszurekrutieren. Sie genossen seit Jahrhunderten den Schutz ägyptischer Rechtsstaatlichkeit – ohne jedoch Steuern und Tribute zu zahlen, denn sie waren ja besitzlos. Die Herden ernährten gerade ihre vielköpfigen Großfamilien. Ramses, der mit Vorliebe Ausländer auf seinen Großbaustellen arbeiten ließ – sie bekamen weniger Lohn und mußten mehr arbeiten als die Ägypter –, sah in den Hebräern billige Arbeitskräfte für die Verwirklichung seiner exzentrischen Baupläne.

Diese Viehhirten tauchen unter dem Namen Chabiru in verschiedenen Überlieferungen auf: Babylonische Texte von der Zeit Hammurabis bis zum 11. Jahrhundert v. Chr. bezeichnen sie als Söldner, hethitische Urkunden führen sie als Volk des Chatti-Reiches auf, in Amarna-Briefen werden sie »Beduinen aus der östlichen Wüste« genannt. Die bedeutendste Überlieferung aber schufen sie selbst in den Geschichtsbüchern des Alten Testaments.

In diesen Büchern, die zu verschiedenen Zeiten von verschiedenen Autoren unter verschiedenen Aspekten aufgezeichnet worden sind, mischt sich jedoch Historisches mit

Erfundenem, und Bibelwissenschaftler und Archäologen stehen noch heute in ständigem Kampf mit denjenigen unter ihnen, für die der Bibeltext sakrosankt ist. Doch das Alte Testament ist keine Dokumentensammlung; historische Fakten treten hinter dem eigentlichen Sinn, der Verkündigung der Heilslehre, zurück. Die Kraftprobe zwischen dem Gott Jahwe und dem übermächtigen Pharao zum Beispiel wird so eindringlich dargestellt, daß der Chronist im Übereifer ganz vergaß, den Namen des Pharaos zu nennen, unter dem sich das alles abgespielt hat.

Die Einleitung zu der großen Kontroverse zwischen Ägypten und den Kindern Israels liest sich im 2. Buch Mose so: »Ein neuer König, der von Joseph nichts mehr wußte, trat über Ägypten die Herrschaft an. Er sprach zu seinem Volk: ›Fürwahr, das Volk der Israelsöhne ist bereits größer und stärker als wir. Wohlan, wir müssen uns klug ihm gegenüber verhalten, damit es nicht noch zahlreicher wird und im Kriegsfalle sich unseren Feinden anschließt, gegen uns kämpft und sich des Landes bemächtigt.‹ – Man setzte also Fronvögte über die Israeliten ein, die sie mit ihren Frondienstlasten bedrücken sollten, sie mußten Vorratsstädte für den Pharao bauen, nämlich Pithom und Ramses« (1, 8-11).

Diese vier Verse aus dem 2. Buch Mose sind die wichtigste Quelle für die Geschichtsforschung. Demnach begann die Knechtschaft der Israeliten mit dem Bau der Vorratsstädte Pithom und Ramses. Das biblische Pithom ist das ägyptische Per-Atum (»Wohnsitz des Atum«) im östlichen Nildelta, und Ramses ist bekanntlich die von Ramses II. erbaute neue Reichshauptstadt. Beide Städte, in unmittelbarer Nähe des von den Söhnen Israels besiedelten Landes Gosen gelegen, wurden – wie archäologische Funde beweisen – zu Beginn der 19. Dynastie errichtet. Möglicherweise wurde der Grundstein für die später nach Ramses II. benannte

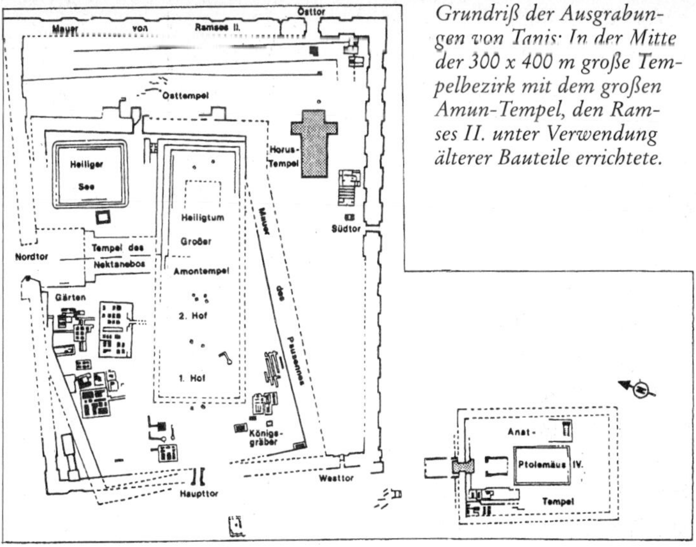

Grundriß der Ausgrabungen von Tanis: In der Mitte der 300 x 400 m große Tempelbezirk mit dem großen Amun-Tempel, den Ramses II. unter Verwendung älterer Bauteile errichtete.

Hauptstadt schon von Sethos I. gelegt, aber mit Sicherheit nicht früher. Somit kämen zwei Könige als Auftraggeber der Fronarbeit in Frage: Sethos I. oder Ramses II. Diese Vermutung wird durch den Hinweis auf einen vorangegangenen Dynastienwechsel in der ägyptischen Geschichte (»Ein neuer König, der von Joseph nichts mehr wußte«) bestätigt. Zweifelhaft wird mit diesem Hinweis allerdings die Annahme der Historiker, daß die Josephssage zur Zeit Ramses' II. spielt.

Pithom, ein Schutthügel im Wadi Tumilat

Pithom (griechisch Heroonpolis) war die größte Stadt im Siedlungsgebiet der Hebräer, im Wadi Tumilat. Sie konnte auf dem von Ramses gebauten Kanal, der bei Heliopolis in nordöstlicher Richtung vom Nil abzweigte, mit großen

Handelsschiffen erreicht werden. Pithom war eine Hafenstadt mitten in der Wüste. Ptolemäus II., der über tausend Jahre später den Kanal hat ausbessern lassen, überließ im Jahre 279 v. Chr. – verbrieft in dem Text der Pithom-Stele – dem Atum-Tempel von Pithom alle Zolleinkünfte aus den Durchfahrtsrechten. Der Schutthügel im Wadi Tumilat, der heute Tell er-Retaba heißt, ist alles, was von der einst blühenden Stadt Pithom übriggeblieben ist.

Die Söhne Israels, die seit Jahrhunderten ein freies, geruhsames Hirtendasein führten, waren die schwere körperliche Arbeit nicht gewöhnt, die auf einmal von ihnen verlangt wurde. »Die Ägypter quälten sie mit Arbeitslast und verbitterten ihnen das Leben bei harter Fron mit Lehm-, Ziegel- und allerlei Feldarbeit und mit allen Diensten, die sie unter ihnen im Frondienst verrichten mußten« (2. Mose 1, 13-14).

Als Ziegeleiarbeiter standen die Hebräer unter der Aufsicht eigener Leute, die wiederum jeweils einem ägyptischen »Vorsteher der Arbeiten« Rechenschaft schuldig waren über die Tagesproduktionen. Wurde das Soll unterschritten, so bekamen sie Stockschläge; kein Wunder, daß sie ihre eigenen Leute ebenfalls mit Stöcken antrieben.

Ziegel aus Nilschlamm zu formen war keine Schwerarbeit, aber es war Dreckarbeit, galt als niedere Tätigkeit und war dementsprechend unbeliebt – erst recht bei den Israeliten, die viel lieber ihre Schafe gehütet hätten. Im Grab des thebanischen Wesirs Rechmire sehen wir zehn Ziegelarbeiter, die von zwei Aufsehern beaufsichtigt werden. Auffallend an der Darstellung ist, daß die beiden Aufseher dunkelhäutig sind, während acht von den Arbeitern helle Hautfarbe aufweisen, also nicht Ägypter sind. Einer der Aufseher spricht: »Der Stock ist in meiner Hand, seid nicht faul!«

Daß diese Fronarbeit der Israeliten tatsächlich unter Ramses II. geleistet wurde, beweisen luftgetrocknete Nilschlammziegel aus dem östlichen Delta, die die Namensringe User-maat-Res tragen. Im Gegensatz zu den Ausländern, die als lebende Tributzahlungen nach Ägypten kamen und die daher keine andere Wahl hatten als das Sklavendasein, murrten die Israeliten über ihr Schicksal, und es kam unter den hebräischen Ziegelarbeitern zu sozialen Spannungen und Protesten.

Ramses, der Widerstand in seinem Reich nicht gewöhnt war, reagierte gereizt. Im 2. Buch Mose wird die Lage geschildert: »Der Pharao befahl an jenem Tag den über das Volk gesetzten Antreibern und Aufsehern: ›Ihr sollt den Häcksel zur Ziegelherstellung dem Volk nicht mehr zur Verfügung stellen wie bisher. Sie sollen selbst gehen und sich das Stroh sammeln. Dieselbe Anzahl von Ziegeln, die sie bisher verfertigten, sollt ihr ihnen auch wieder auferlegen. Sie sind nur faul, und darum schreien sie also: ‚Wir wollen fort und unserem Gott ein Opferfest feiern.' Den Leuten muß die Arbeit erschwert werden, man muß darauf achten, damit sie sich nicht kümmern um verlogenes Geschwätz.‹

Die über das Volk gesetzten Antreiber und Aufseher gingen hinaus und sprachen zum Volk: ›Also befiehlt der Pharao: Ich liefere euch keinen Häcksel mehr. Gehet ihr selbst und holt euch Stroh, wo immer ihr es findet; denn es wird euch von den pflichtmäßigen Leistungen nichts nachgelassen.‹

Da zerstreute sich das ganze Volk über das Ägypterland hin, um Halme für den Häcksel zu sammeln. Die Antreiber drängten und sagten: ›Ihr müßt tagtäglich eure pflichtgemäße Arbeit leisten wie bisher, als das Stroh da war.‹ Die israelitischen Aufseher aber, auf welche die Antreiber des Pharaos die Schuld warfen, wurden geschlagen. Man sagte: ›Warum habt ihr gestern und heute nicht euer Maß in der Ablieferung von Ziegeln erfüllt?‹ Da kamen die Aufseher der Israeliten und klagten laut beim Pharao: ›Warum handelst du so an deinen Knechten? Stroh wird deinen Knechten nicht

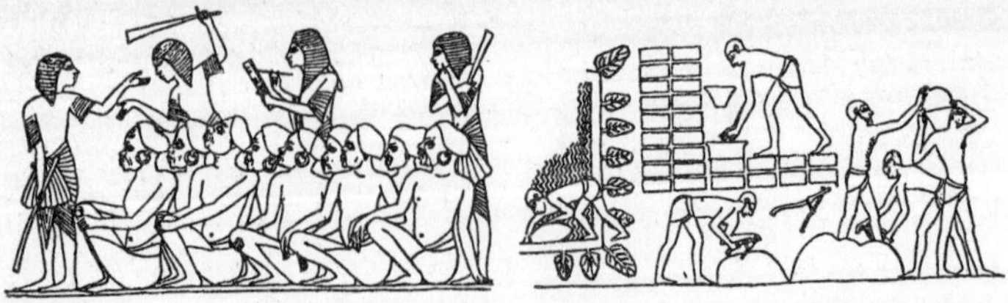

Ägyptische Zwangsarbeiter: Links werden Schwarzafrikaner aus dem Sudan von ägyptischen Aufsehern notiert und verprügelt. Rechts Asiaten bei der Herstellung von Nilschlammziegeln.

geliefert; Ziegel aber müssen wir abliefern. Jetzt werden deine Knechte noch geschlagen, du versündigst dich an deinem Volke.‹

Er erwiderte: ›Faulenzer seid ihr, faul; darum sagt ihr ja nur: ‚Wir wollen hingehen und dem Herrn ein Opferfest halten.' Jetzt aber geht und schafft! Stroh wird euch nicht geliefert; aber das Soll an Ziegeln müßt ihr abliefern‹« (5, 6-18).

Die zwei Gesichter Ramses' II.

Das Alte Testament schildert uns hier einen Pharao ganz anders als die ägyptische Überlieferung. Ramses ist herrisch, ausbeuterisch, grausam. Das ist nicht der vergöttlichte, allmächtige, großmütige, Glück und Freude spendende König, sondern ein reizbarer, rachsüchtiger, gemeiner, störrischer Machthaber, ein rücksichtsloser Menschenschinder. Ramses war nicht in allen Lebenslagen der Übermensch, den uns viele Tempel- und Stelentexte hundertfach vor Augen führen, er war gewiß viel schwächlicher, viel hilfloser, viel kleinlicher. Alle diese Texte waren ja vom König zensiert, geschönt, idealisiert. Ramses, der sich selbst für einen Gott hielt, gab sich unmenschlich. Die Ruhmestaten Ramses' II. sind zwar vielfach überliefert, sie sind nach dem Stand der Altertumswissenschaft historisch, aber auf welche Weise Ramses diese Taten vollbrachte, das wird nirgendwo berichtet. Wir können nur ahnen, welche Leistungen Ramses seinem Volk abverlangte, um sich in dem von ihm begehrten Ruhm sonnen zu können. Das Alte Testament zeigt das andere Gesicht des großen Pharaos, und diese Schilderung ist keine offiziöse Hofberichterstattung, sondern ein Stimmungsbericht aus dem Volk.

Die Frage, ob es wirklich Ramses II. war, unter dem die Stämme Israels die Knechtschaft antreten mußten, hat inzwischen die Grabungswissenschaft beantwortet: Kein Fund, der in den in der Bibel genannten Städten Pithom und Ramses ausgegraben wurde, trägt eine vorramessidische Datierung oder Namensbezeichnung. Eine anachronistische Schilderung, wie wir sie in der Josephssage erkannt haben, scheidet hier also aus. »Wir wissen jetzt«, sagt der Archäologe G. E. Wright, »daß sich die Israeliten, sofern der Erwähnung von den Vorratsstädten im 2. Buch Mose überhaupt ein geschichtlicher Wert zukommt, wenigstens während der ersten Zeit der Regierung Ramses' II. in Ägypten aufgehalten haben müssen.« Und James Henry Breasted meint: »Es besteht kaum ein Zweifel an der Richtigkeit der hebräischen Überlieferung, welche die Bedrückung eines ihrer Ahnenstämme dem Erbauer von Pithom und Ramses zuschrieb.«

In dieser schweren Zeit erstand den Söhnen Israels eine überragende Erscheinung, ein Mann, der bereit und fähig war, dem Pharao Ramses II. die Stirn zu bieten: Moses.

Moses, Befreier seines Volkes, Gesetzgeber und Religionsstifter, ist eine überragende Figur der Geschichte – und doch haben Generationen von Archäologen vergeblich nach Spuren dieses bedeutenden Mannes gesucht. Alles, was wir über Moses wissen, stammt aus den Büchern des Alten Testaments, deren historische Glaubwürdigkeit oft genug fragwürdig ist, und selbst Bibelwissenschaftler haben ernsthaft die Frage gestellt, ob Moses nicht doch etwa nur eine Schöpfung der Sage sei oder eine Symbolfigur für Leistungen mehrerer Männer. Denn mit seiner Person steht nahe zu alles in Verbindung, was Israel als für seine Existenz grundlegend betrachtet.

Wer war dieser Moses wirklich?

Der Midrasch Rabba[96], der jüdisch-hellenistische Religionsphilosoph Philon (13 v. Chr. bis 45/50 n. Chr.), der jüdische Geschichtsschreiber Flavius Josephus (37–100 n. Chr.), der Koran und das ihm selbst zugeschriebene 2. Buch Mose stellen Moses als ägyptischen Prinzen dar. Philon und Josephus sehen in ihm sogar den Thronerben. Andererseits war Moses nach der biblischen Genealogie ein Urenkel von Levi, und Levi war ein Enkel Isaaks, des Stammvaters der Israeliten. Moses muß zu Beginn der Regierung Ramses' II. zur Welt gekommen sein.

Die israelitischen Schafhirten im östlichen Nildelta vermehrten sich zu dieser Zeit zusehends. Ramses ließ deshalb die beiden Hebammen der Wüstensöhne, Schiphra und Pua, rufen und erklärte ihnen, daß es nicht zu ihrem Schaden sein würde, wenn sie bei der Ausübung ihrer Geburtshilfe etwas nachlässiger verführen. Er, Ramses, würde nicht ungern hören, wenn bei den Israeliten viele Totgeburten vorkämen, vor allem bei Jungen – Mädchen könnten in gleicher Zahl zur Welt kommen wie bisher. Ramses dachte wohl an hellhäutigen Nachwuchs für seinen Harem.

Das Ansinnen des Pharaos erwies sich als Fehlschlag. Die beiden Hebammen, von Ramses zur Rechenschaft gezogen, erklärten, die kräftigen Israelitenfrauen würden mehr und mehr auf ihre Dienste verzichten, sie hätten daher kaum noch Gelegenheit, dem Wunsch des Ägypterkönigs nachzukommen. Ramses gab daraufhin den Befehl: »Werft jeden Knaben, der den Hebräern geboren wird, in den Nil, alle Töchter aber laßt am Leben!« (2. Mose 1, 22).

---

96 Midrasch: hebräisch »Auslegung«; Buch, das Bibeltexte erklärt.

Möglicherweise ist diese spektakuläre Menschenvernichtungsaktion, für die es keine historischen Zeugnisse gibt, eine Erfindung, um die Aussetzung des Mosesknaben im Nil zu begründen; denn im Grunde ist die Geschichte unlogisch: Wenn Ramses die Israeliten nicht auswandern ließ, weil er billige Arbeitskräfte brauchte, und wenn er sich über die rapide Vermehrung der Israeliten beklagte, dann hätte er doch alle neugeborenen Mädchen umbringen lassen müssen.

Der Knabe wurde von seiner israelitischen Mutter heimlich zur Welt gebracht und drei Monate großgezogen. »Länger«, heißt es im Exodus, »konnte sie ihn aber nicht verbergen. Sie nahm deshalb ein Kästchen aus Papyrusbinsen und überzog es mit Asphalt und Pech, dann legte sie das Kind hinein und setzte es im Schilf am Ufer des Nils aus« (2, 3). Die Mutter des Moses hatte bereits ein Mädchen geboren; dieses Mädchen nahm sie mit zu der Aussetzung, es sollte beobachten, was passierte.

Nun waren die israelitischen Frauen offenbar nicht nur stark, sondern auch schlau; denn es ergab sich so rein zufällig: »Da kam des Pharaos Tochter daher, um im Nil zu baden. Ihre Dienerinnen gingen am Ufer des Nils auf und ab. Sie sah das Kästchen im Schilf und ließ es durch eine Dienerin holen. Sie öffnete es, sah das Kind, und siehe da, der Knabe weinte. Da ward sie von Mitleid gerührt und sprach: ›Dies ist eines von den Kindern der Hebräer.‹

Seine Schwester aber sprach zur Tochter des Pharaos: ›Soll ich hingehen und dir eine Amme von den Hebräerinnen kommen lassen, die dir das Kind stillen kann?‹.

Die Tochter des Pharaos antwortete: ›Ja, gehe!‹ Das Mädchen ging und holte die Mutter des Kindes.

Da sprach die Tochter des Pharaos: ›Nimm dieses Kind und stille es mir. Ich will es dir lohnen!‹ Die Frau nahm das

Kind und stillte es. Der Knabe wurde groß, und sie brachte ihn zur Tochter des Pharaos. Diese nahm ihn an Sohnes Statt und nannte ihn ›Moses‹. Sie sprach dabei: ›Ich habe ihn ja aus dem Wasser gezogen‹« (2, 5-10).

Diese Stelle ist eine der »weichsten« und umstrittensten des ganzen Alten Testaments, eine Passage, die Ägyptologen und Bibelwissenschaftler zu permanenter Diskussion herausfordert.

Vermutlich ist die ganze Geschichte konstruiert, um den trotz seiner niedrigen Abkunft erfolgten sozialen Aufstieg des Moses als gottgewollt zu motivieren. Eine Prinzessin, die zum Baden an das Ufer des Nils kam, können sich Ägyptologen schwer vorstellen: Seit der 18. Dynastie bauten die Pharaonen in ihren Palastanlagen Schwimmbecken und sogar Lustseen, in denen sie sich ergehen konnten. Es war undenkbar, daß ein Mitglied der königlichen Familie an einem jedermann zugänglichen Flußufer badete.

Die Erzählung von dem in einem Schilfrohrkästchen ausgesetzten Knaben ging denn auch schon über tausend Jahre vor Moses von Mund zu Mund. Sie spielte in Mesopotamien, und die historische Persönlichkeit, um die es sich handelte, hieß Sargon. Sargon war der Gründer der ersten semitischen Dynastie in Mesopotamien, er unterwarf um 2350, von Kisch ausgehend, Südbabylonien, drang bis Syrien, Kleinasien und bis zum Zagros-Gebirge vor und machte Akkad zu seiner Hauptstadt. In Keilschrifttexten schildert König Sargon seine Herkunft so:

»Sargon, der mächtige König, der König von Akkad bin ich. Meine Mutter war eine Tempeldirne, meinen Vater kannte ich nicht, während der Bruder meines Vaters das Gebirge bewohnte. In meiner Stadt Azupirani, am Ufer des Euphrat, empfing mich meine Mutter, im Verborgenen gebar sie mich. Sie setzte mich in ein Kästchen aus Rohr, verschloß mit Erdpech meine Tür und setzte mich in den Fluß, welcher mich nicht ertränkte. Der Fluß trug mich und brachte mich zu Akki, dem Wasserschöpfer. Akki, der Wasserschöpfer, nahm mich in der Güte seines Herzens heraus, als seinen eigenen Sohn zog er mich auf.‹

Moses: ein ägyptischer Name

Daß wir es bei der Aussetzung des Moses mit einer Legende zu tun haben, wird durch den biblischen Hinweis erklärt, die Prinzessin habe den Knaben »Moses« genannt und dabei gesagt, sie habe ihn ja aus dem Wasser gezogen. Dahinter verbirgt sich eine volksetymologische Namenserklärung, ein Wortspiel, das dem frommen Israeliten den in der Tat fremdländischen Namen Moses, der von den Hebräern *Moscheh* ausgesprochen wurde, erklären soll. Im Hebräischen gibt es ein Wort, das lautlich dem Namen des Religionsstifters ähnelt, es heißt *maschah* und bedeutet »herausziehen«. Moscheh war demnach »der aus dem Wasser Gezogene« – eine Deutung, mit der sich der gemeine Mann zufriedengab.

In Wirklichkeit ist Moses (griechisch Mosis) einer der häufigsten ägyptischen Namen. *Mose* bedeutet soviel wie »geboren von ...« oder »Kind des ...«. Ein Amenmose, Thutmose oder Ramose war also ein Kind des Amun, des Thut oder des Re. Der Name Ramses hat die Bedeutung: »Kind des Re«. Das Findelkind wurde von der Prinzessin demnach einfach »Kind« gerufen.

Zahlreiche Fakten, die für eine Legendenbildung sprechen, haben Forscher in der Vermutung bestärkt, »daß die Deutung des an Moses geknüpften Aussetzungsmythos zum Schluß nötige, er sei *ein Ägypter* gewesen, den das Bedürfnis eines Volkes zum Juden machen wollte« – Worte eines Juden, wenn auch keines Archäologen oder Bibelwissenschaftlers, sondern des Psychoanalytikers Sigmund Freud.

Freud, der unter dem Titel *Der Mann Moses und die monotheistische Religion* eine Arbeit über das Problem der Herkunft Moses' verfaßt hat, sagt zwar, seine Annahme beruhe nur auf psychologischen Wahrscheinlichkeiten und entbehre eines objektiven Beweises; doch im Zusammenhang mit Ramses II. erscheint sie von besonderem Interesse. Freuds Theorie gibt möglicherweise eine Erklärung dafür, warum Moses von der ägyptischen Überlieferung totgeschwiegen wurde. Sigmund Freud schreibt: »Was einen vornehmen Ägypter – vielleicht Prinz, Priester, hoher Beamter – bewegen sollte, sich an die Spitze eines Haufens von eingewanderten, kulturell rückständigen Fremdlingen zu stellen und mit ihnen das Land zu verlassen, das ist nicht leicht zu erraten. Die bekannte Verachtung des Ägypters für ein ihm fremdes Volkstum macht einen solchen Vorgang besonders unwahrscheinlich. Ja, ich möchte glauben, gerade darum haben selbst Historiker, die den Namen als ägyptisch erkannten und dem Mann alle Weisheit Ägyptens zuschrieben, die naheliegende Möglichkeit nicht aufnehmen wollen, daß Moses ein Ägypter war.«

Die Hypothese Freuds ist in der Tat verblüffend; denn so fremdartig, wie man meinen möchte, war den Ägyptern der von Moses eingeführte Glaube an *einen* Gott gar nicht. Zwar beherrschten während der 19. Dynastie die Götter Seth, Re-Harachte-Amun, Ptah und Osiris das ägyptische Pantheon, aber es waren erst ein paar Jahrzehnte vergangen, seit ein fanatisch-idealistischer jugendlicher Pharao eine Glaubensrevolution initiierte, der das Volk fassungslos gegenüberstand.

Amenophis IV. (ägyptisch Amun-hotep) nannte sich in Anlehnung an den einzigen von ihm tolerierten Gott Aton Echnaton. Diese monotheistische Religion, der Glaube an den Energiespender Sonne, war kurzlebig. Die nachfolgenden Pharaonen, Tutench-Amun, Eje und Haremhab, beseitigten alle Spuren der sogenannten Amarna-Zeit, aber die Idee konnten sie nicht auslöschen: sie lebte weiter.

Auch die Beschneidung, die Moses von den Israeliten verlangte, war zuerst in Ägypten üblich. Grabdarstellungen, Mumienbefunde und Herodot[97] bestätigen den ägyptischen Ursprung dieses Rituals, das Semiten, Babyloniern und Sumerern unbekannt war. Freud fragte: Welchen Sinn konnte es haben, daß Moses den Israeliten eine beschwerliche Sitte aufdrängte, die sie gewissermaßen selbst zu Ägyptern machte und ihre Erinnerung an dieses Land wachhalten mußte, während sein Streben doch nur auf das Gegenteil gerichtet sein konnte? Wenn Moses den Juden nicht nur eine neue Religion, sondern auch das Gebot der Beschneidung gab, so sei er kein Jude, sondern ein Ägypter gewesen.

Zweifellos haben die Israeliten viel von den Ägyptern gelernt. In Jahrhunderten gemeinsamer Geschichte haben die Nachfahren Isaaks und Jakobs das fremde Kultur- und Geistesgut »kritisch gesichtet und dem eigenen Glauben und Leben angeglichen und einverleibt«[98]. Schon Moses wurde »in aller Weisheit der Ägypter unterrichtet«[99], und die weitere Geschichte des Volkes Israel ist untrennbar von den Beziehungen zu Ägypten bestimmt. Es scheint, als hätte Moses zwei feindliche Brüder über Jahrhunderte, ja sogar über Jahrtausende schicksalhaft aneinandergekettet.

Wie aber kam es überhaupt zum Bruch zwischen Moses und dem Pharao?

Eusebius von Caesarea (263–339 n. Chr.), in dessen Gesamtwerk wir umfangreiche Zitate aus heute verlorenen Schriften finden, berichtet, daß Moses das Opfer einer Hofintrige wurde und umgebracht werden sollte.[100] Moses tötete den Angreifer. Dem Midrasch Rabba zufolge erschlug

---

97 Siehe Seite 190.

98 Otto *Kaiser: Israel und Ägypten,* Hildesheim 1963

99 Apostelgeschichte 7, 22.

100 Eusebius IX, 27.

Moses einen ägyptischen Aufseher, der eine Hebräerin verführt hatte. Im 2. Buch Mose beobachtete er einen Ägypter, der einen hebräischen Ziegelarbeiter erschlug, worauf er, Moses, jenen Mörder tötete.

Was auch immer der Grund gewesen sein mag: Aus Angst vor der Rache des großen Ramses floh Moses in die Wüste. Diese in allen Quellen einhellig bestätigte Flucht läßt indessen Zweifel aufkommen, ob Moses tatsächlich am Hofe des Königs aufgezogen worden war und Familienanschluß besaß. Denn als Pharao war Ramses das Gesetz; es lag an ihm, einen Mord zu einer rechtmäßigen Handlung umzufunktionieren. Im übrigen stand zu einer Zeit, in der harmlose Gesetzesbrecher mit Abhacken der Hände, Abschneiden der Nase und Abtrennen der Ohren bestraft wurden, ein »gewöhnliches« Menschenleben in nicht sehr hohem Kurs.

Moses' Flucht vor dem Pharao ist zweifellos ein Hinweis auf die rücksichtslose Willkür und Grausamkeit, mit der der alte Pharao regierte. Ramses II. war ein einsamer alter Tyrann geworden, entrückt von seinem Volk, ein Unsterblicher, dem ein perfekt eingespielter Beamtenapparat das Regieren abnahm, ein genußsüchtiger Greis, dessen einziges Interesse der Vorbereitung seiner Jubiläumsfeste galt, die er alle drei Jahre mit großem Pomp ausrichtete.

Doch so – und *nur* so – erfuhren die Ägypter, daß der Unsterbliche noch lebte. Ramses war im Begriff, die zweitlängste Regierungszeit der ägyptischen Geschichte zu vollenden: 67 Jahre[101]. 67 Jahre – so lange regierten nicht einmal Ramses III., Ramses IV., Ramses V., Ramses VI., Ramses VII. und Ramses VIII. *zusammen.* Ramses II. war zur Legende geworden. Seine Residenz in der Stadt Ramses verließ er nur

---

101 Am längsten regierte König Phiops II. (Pepi II.) 2255–2160 v. Chr. Er bestieg als Sechsjähriger den Thron und wurde über 100 Jahre alt.

noch zum Festefeiern in Memphis; im übrigen spielte sich sein Leben die letzten zwei Jahrzehnte lang zwischen Anbetung der eigenen Göttlichkeit und Tändeleien mit Haupt- und Nebenfrauen ab.

Der sechsundsiebzigjährige Ramses wird noch einmal Vater

Ein Ostrakon[102] vermeldet »am Tag 23. des 3. Herbstmonats im Jahre 53 der Regierung des Königs« die Geburt eines königlichen Sohnes. Ramses war 76 Jahre alt. Zwei Jahre später starb der Lieblingssohn Chaemwese; er war 55, für damalige Verhältnisse auch schon ziemlich alt. Prinz Merenptah rückte zum Thronfolger auf, selbst schon ein alter Mann, der es sich wohl nie hätte träumen lassen, daß er, als Dreizehnter der Erbfolge, je Kronprinz werden würde. Doch alle seine älteren Brüder waren gestorben.

Die schöne Nofretari, Ramses' Lieblingsfrau, war seit über drei Jahrzehnten tot; über den Verbleib von Königin Isis-nefert wissen wir nichts, wahrscheinlich lebte auch sie nicht mehr, von den zwei Hethiterprinzessinnen lebte Maa-Nefeu-Re bis in Ramses' hohes Alter, und von den drei Töchtern, die Ramses geehelicht hatte, war sicherlich die eine oder andere noch am Leben.

Nur er, der Vergöttlichte, er schien unsterblich. Mit 80 Jahren feierte er sein zehntes Heb-Sed, mit 83 das elfte, mit 86 das zwölfte. Man kann verstehen, daß die Ägypter glaubten, daß dieser »Ramses, Geliebt von Amun«, dessen Tempel jede Stadt zierten, dessen Monumentalstatuen im ganzen Land Ehrfurcht einflößten, dessen Ruhmestaten schon die Kinder in der Schule besangen, dessen Tapferkeit und Ent-

---

102 Louvre 2261.

schlossenheit ausländische Potentaten vor jedem Angriff zurückschrecken ließ – daß dieser Pharao tatsächlich das ewige Leben gepachtet habe.

Ramses muß selbst daran geglaubt haben. Wie anders wäre es sonst zu erklären, daß er, der mehr Zeit hatte als jeder andere Pharao, sich eine seinen göttlichen Ansprüchen gerecht werdende Ruhestätte für das Jenseits zu bauen, der den Totenkult pflegte wie kein zweiter, daß gerade *er* auf ein pompös ausgestattetes Grab verzichtete und die Bauarbeiten an seinem Grab im Tal der Könige einstellte?

Ramses II. war in seinen letzten Lebensjahren eine mystische Erscheinung geworden, für altägyptische Verhältnisse ein Riese, beinahe zwei Meter groß[103], dürr, geierköpfig, strohblond, unrasiert, mit lockeren Zähnen, senil – ein Don Quichotte, als Gott verkleidet. Seit mehr als zwei Jahrzehnten hatte er kaum noch Einfluß auf das öffentliche Leben genommen, und doppelt so lange war es her, daß er zum letzten Mal vor einer seiner Armeen gestanden hatte. Aber irgendwie war Ramses noch immer präsent, als Fama, sein Name schwebte über allem; er war Gott, Staatsmann und Heerführer – auch wenn man ihn nie mehr zu Gesicht bekam. Ramses, der nicht sterben konnte, lebte von seinem Ruhm.

Das Glück, das ihn in jungen Jahren begleitet hatte bei allem, was er unternahm, es verließ ihn auch im Alter nicht. Ein feindlicher Angriff der Libyer oder Assyrer, ein Stammesaufstand im eigenen Land – und Ramses hätte ein unrühmliches Ende gefunden. Aber dazu kam es nicht. Libyer und Assyrer, sogar die versklavten Israeliten, wagten nicht, diesem Mann die Stirn zu bieten. Sie zogen es vor, auf sein Ableben zu warten.

---

103 Die geschrumpfte Ramses-Mumie mißt 1,733 Meter.

Ein Unsterblicher segnet das Zeitliche

Mit 89 Jahren ließ Ramses sein letztes Heb-Sed proklamieren. Ob er dieses Regierungsjubiläum, das dreizehnte, noch öffentlich in Memphis beging oder zurückgezogen in seinem Palast aus Lapislazuli in Ramses City, ist nicht überliefert. Der französische Archäologe Gaston Maspero fand 1886 in Koptos eine Steintafel, auf der ein Grundbuchauszug festgehalten ist. Sie ist das vorletzte Zeugnis aus der Regierungszeit Ramses' II. und beginnt: »Königliches Jahr 66 unter dem König, dem Herrn der beiden Länder, User-maat-Re-Setepen-Re, dem Sohn des Re und Herrn der Erscheinung, Ramses, Geliebt von Amun, möge er leben wie Re.«

Ein Papyrus, den der britische Archäologe Flinders Petrie in Gurob entdeckte, enthält das allerletzte Lebenszeichen Ramses' II. Fragment L dieses Papyrus Gurob, bei dem es sich um eine Steuerliste handelt, trägt die Datierung: »Königliches Jahr 67, 1. Achet-Monat, Tag 18«. Nur wenige Zeilen darunter lesen wir: »Königliches Jahr 1, 2. Achet-Monat, Tag 19«. Das Unfaßbare, das Unglaubliche, das Unerwartete war geschehen: Ramses II. war gestorben, er hatte einem neuen Pharao Platz gemacht; die Zeitrechnung begann wieder von vorn.

Als französische Anthropologen und Archäologen 1977 die Mumie Ramses II. untersuchten machten sie eine unglaubliche Entdeckung: Im Gebiß der Mumie fanden sie Spuren von Nikotin – das nur von Tabak herrühren konnte. Hatte Ramses noch auf dem Sterbebett geraucht oder Tabak gekaut? Oder hatte er Tabakwasser als Medizin getrunken wie die Indianer? Eigentlich entbehrt jede dieser Fragen ihrer Grundlage, denn die Tabakpflanze wurde nach Ansicht der Historiker erst im 16. Jahrhundert n. Chr. aus Amerika in die Alte Welt importiert.

Mit der sensationellen Entdeckung der Franzosen erhält jedoch eine Theorie neue Nahrung, die den Alten Ägyptern Verbindungen mit Mittelamerika nachsagt.

Kein Stelentext erzählt die Umstände des Todes, kein Dokument hält das Datum fest. Doch aus dem Papyrus Gurob ist zu entnehmen, daß Ramses II. nach dem 18. Tag des 1. Achet-Monats und vor dem 19. Tag des 2. Achet-Monats gestorben sein muß. Der Baseler Ägyptologie-Professor Erik Hornung kommt in umfangreichen Untersuchungen zu dem »wahrscheinlichen« Ergebnis, daß Ramses II. am 12. Juli 1224 vor unserer Zeitrechnung starb.

Ramses' II. Tod im 67. Jahr seiner Regierung wird nur in einem einzigen historischen Dokument bestätigt, und auch dies ist nur Zufall: Ramses IV. ließ im 4. Jahr seiner Regierung (1150 v. Chr.) auf einer Stele in Abydos fromme Wünsche an die Götter einmeißeln. Er tönte: »O größer ... sind die Wohltaten, die ich für eure Domäne getan habe, um auszustatten eure göttlichen Opfer und um zu suchen jedes vortreffliche und nützliche Ding, damit sie im Hof eures Tempels euch tagtäglich dargebracht wurden, während dieser vier Jahre, wie jene, die User-maat-Re-Setepen-Re, der große Gott, euch während seiner 67 Jahre darbrachte. Und deshalb möget ihr mir langes Leben und eine lange Regierungszeit schenken wie ihm ...« Die Bitten blieben unerhört: Der vierte Ramses regierte nur 7 Jahre.

Der Tod Ramses' II. wirkte lähmend auf das Land – seit zwei Generationen hatte in Ägypten kein Thronwechsel mehr stattgefunden. Merenptah hatte über 10 Jahre Zeit gehabt, sich auf die Thronbesteigung vorzubereiten, er war darüber alt geworden. Doch der Schock und die Hilflosigkeit, die der Tod Ramses' im eigenen Land auslöste, wurde andernorts zu einer Initialzündung. Die Libyer, die Ramses vor über einem halben Jahrhundert vernichtend geschlagen hatte, fühlten sich wieder stark, und aus der östlichen Wüste kam ein achtzigjähriger Greis zurück, der aus Angst vor Ramses II. geflüchtet war: Moses.

Ramses' Nachfolger standen schwere Zeiten bevor.

XI

Das undankbare Erbe

Laßt Waffen bringen für alle, die hier vor uns stehen.
Mit diesen Waffen und dem Mut meines Vaters Amun
werden wir die rebellischen Länder erniedrigen,
die die Stärke Ägyptens unterschätzen.
Ramses III.

Alle versuchten, mit unterschiedlichem Erfolg,
seinen Glanz nachzuahmen. Ihnen allen,
die 150 Jahre hindurch einander auf dem Thron folgten,
hat er seinen Stempel aufgedrückt, und es war unmöglich,
König zu sein, ohne daß man zugleich »Ramses« war.
James Henry Breasted, Archäologe

Sie hatten Spitzbärte, Adlernasen, tätowierte Arme und an der linken Schläfe eine große Locke, sie kamen aus der Wüste und fielen wie Heuschreckenschwärme in Ägypten ein. Es waren Libyer aus dem Kyrenaika-Gebiet; ihnen auf den Fersen folgten Achäer, Tyrsener, Lykier, Sarden und Sizilier.

Seit Jahrzehnten hatten die Fremdvölker neidvoll auf das Wunderland am Nil geblickt, aber der Ruf der Tapferkeit und Allmacht des legendären Pharaos hatte alle Angriffsgelüste im Keim erstickt. Die Todesmeldung Ramses' II. war für die Feinde Ägyptens ein Signal zum Aufbruch.

Das Land brauchte einen starken Pharao, eine Kämpfernatur.

Merenptah war 55 Jahre, als er die Regierung antrat. Ein Lied zu seiner Thronbesteigung überhäuft ihn mit Vorschußlorbeeren:

> »Freue dich, du ganzes Land, die schöne Zeit ist gekommen. Ein Herr wurde in alle Länder gesetzt, und Zeugen sind zu seinem Sitze gekommen, er, der König, der Millionen von Jahren regiert, mit großem Königtum wie Horus, ›Ba-en-Re, Geliebt von Amun‹, der Ägypten mit Festen erdrückt, der Sohn des Re, ›Merenptah, der über die Wahrheit Zufriedene‹.
> O alle Gerechten, kommt und schaut: Die Wahrheit hat die Lüge geschlagen, die Sünder sind auf ihr Antlitz gefallen, alle Gierigen sind zurückgesetzt.
> Das Wasser steht und versiegt nicht, und der Nil trägt hohe Flut. Die Tage sind lang, und die Nächte haben Stunden, und die Monde kommen richtig. Die Götter sind zufrieden und froh, und man lebt in Lachen und Staunen.«

Dieser Hymnus war eher ein Akt der moralischen Aufrüstung als realitätsbezogen; denn Merenptah hatte nichts zu lachen. Um das ständige Einsickern libyscher Horden an der Westgrenze des Reiches zu unterbinden, zog der König Truppen aus den Garnisonsstädten im Delta ab und verlegte sie nach Westen. Das dadurch entstehende militärische Vakuum wurde zum innenpolitischen Explosionsherd. Der Zündfunke entstand in Theben, wo die Amun-Priester, denen die Bevorzugung der orientalischen Gottheiten und einheimischen Totengötter seit hundert Jahren ein Dorn im Auge war, eine neue Chance für die Wiederbelebung der Theokratie sahen. »Mit Merenptah«, sagt der Ägyptologe Jürgen von Beckerath, »beginnt eine dunkle Periode der ägyptischen Geschichte, die etwa zwei Jahrzehnte umfaßt und deren restlose Aufklärung bisher trotz zahlreicher Versuche noch nicht gelungen ist und vielleicht mit dem vorliegenden dürftigen Material auch gar nicht möglich sein wird.«[104]

Das wenige, das wir wissen, reicht jedoch aus, um mit großer Wahrscheinlichkeit auf einen ersten offenen Krieg zwischen Ramses City und Theben in dieser Zeit zu schließen.

Moses kommt zurück

Die Bibel berichtet, daß während dieser innenpolitischen Unruhen in Ramses City ein Mann auftauchte und zu Merenptah vorgelassen zu werden wünschte. Es handelte sich um jenen Moses, der vor Ramses II. in die Wüste geflohen war. In Midian, östlich vom Golf von Akaba, hatte er jahrelang ein Nomadendasein geführt, er hatte Zippora, die Tochter des Priesters Jethro, geheiratet, einen Sohn Gersom gezeugt und war inzwischen 80 Jahre alt.

Ein Schlüsselerlebnis nach der befreienden Nachricht vom Tode Ramses' II. wurde zum Wendepunkt im Leben des vom Prinzen zum Viehhirten abgestiegenen Moses und gleichzeitig zum Angelpunkt der Geschichte des Volkes Israel: Beim Hüten seiner Herde am Berg Horeb erblickte Moses »ein großartiges Schauspiel«, einen lodernden Dornbusch, der in Flammen stand, aber nicht verbrannte. Er glaubte eine Stimme zu hören: »Moses, Moses!« und antwortete: »Hier bin ich!« Und die geheimnisvolle Stimme sagte: »Tritt nicht näher hier heran! Ziehe deine Schuhe von den Füßen; denn der Ort, auf dem du stehst, ist heiliger Boden« (2. Mose 3, 3-5).

---

104 Jürgen v. Beckerath: *Tanis und Theben*, München 1948.

In dem Feuer offenbarte sich Moses »der Gott Abrahams, der Gott Isaaks und der Gott Jakobs«. Feuer symbolisiert im Alten Testament häufig eine Gotteserscheinung. Naturwissenschaftler halten heute die Bibelschilderung eines brennenden, aber nicht verbrennenden Dornbusches für durchaus glaubhaft und ganz natürlich erklärbar. Die einfachste Erklärung ist die: In Israel und auf dem Sinai gedeiht noch heute ein Mistelgewächs (Loranthus accaciae), das sich an Akazienbüschen emporrankt. Mit seinen feuerroten Blüten verleiht es dem Busch ein Aussehen, als ob er brenne. Andererseits können sich das vor allem auf Korsika vorkommende Maquis-Buschwerk und der gelegentlich auch in deutschen Bergwäldern anzutreffende Diptam-Strauch aus der Familie der Rautengewächse bei Sonnenhitze selbst entzünden. Beide bilden aus winzigen Öldrüsen Gase, wobei es zu explosionsartigen Verpuffungen kommt, ohne daß der Busch selbst verbrennt.

Bei Moses rief diese Erscheinung eine Art Sendungsbewußtsein hervor. Der Gott, der sich selbst »Ich bin, der ich bin« nannte, hatte ihn beauftragt, das Volk Israel, das im Nildelta noch immer ein Sklavendasein führte, in das Land der Kanaaniter, der Hethiter, der Amoriter, Pheresiter, Heviter und Jebusiter zu führen, »in ein Land, darin Milch und Honig fließen« (2. Mose 3, 17).

Als Moses nach Ramses City kam, begleitete ihn sein Bruder Aaron. Dieser war 83 Jahre alt und Unteraufseher über seine Landsleute. Die ägyptischen Beamten kannten Aaron, von Moses und seinem Vorleben wußten sie nichts mehr. Auch Merenptah kannte ihn nicht. Die beiden Greise Moses und Aaron erschienen bei einer der morgendlichen Audienzen des Pharaos und baten unter dem Vorwand, in der Wüste ein religiöses Fest feiern zu wollen, um Entlassung der Israeliten aus dem Frondienst. Merenptah lehnte ab.

Da versuchten Moses und Aaron, dem Pharao mit Zauberei Angst einzuflößen – ein beinahe rührend anmutendes Unterfangen; denn Zauberei und Magie waren in Ägypten zu Hause. Die Priester wirkten als Weise und Magier zugleich, Zaubertricks, von denen manche bis heute unheimlich und geheimnisumwittert sind, gehörten zu ihrem Handwerk. Deshalb konnte es Merenptah auch nur ein müdes Lächeln entlocken, als Aaron während einer Audienz seinen Stab zu Boden warf – und dieser sich in eine Schlange verwandelte. Der Pharao ließ seine Priester und Magier rufen, und »vermöge ihrer Geheimkünste vollbrachten sie, die Wahrsagepriester Ägyptens, dasselbe« (2. Buch Mose 7, 11).

Schlangenbeschwörer waren im alten Ägypten etwas Alltägliches. Der Trick, eine Schlange in einen »Stab« zu verwandeln und umgekehrt, beruht auf der naturwissenschaftlichen Beobachtung, daß die ägyptische Kobra unter bestimmten Voraussetzungen in den Zustand vollkommener Starrheit versetzt werden kann. Ein Skarabäus aus der Stadt Ramses zeigt einen Schlangenbeschwörer, der drei Götterpersönlichkeiten seine Kunststücke vorführt.

Moses, besessen von dem göttlichen Auftrag, sein Volk in das Gelobte Land zu führen, mußte also zu drastischeren Mitteln greifen. Er erreichte bei seinem Gott, daß Ägypten von zehn Plagen heimgesucht wurde. Das Nilwasser färbte sich rot, Frösche kamen über das Land, Stechmücken überfielen die Menschen, Schmeißfliegen bedeckten die Erde; dann wurden die Ägypter von der Beulenpest befallen, schließlich bekamen Mensch und Tier Geschwüre; Hagelschlag folgte den Heuschreckenschwärmen, und eine dreitägige Finsternis senkte sich herab; aber erst der Tod aller Erstgeborenen überzeugte den Pharao.

Der Bibelchronist versucht in seiner Schilderung, die Allmacht des Gottes Jahwe zu demonstrieren; doch vom historischen wie vom naturwissenschaftlichen Standpunkt betrachtet, sind diese Plagen nicht ohne Probleme. Das Nilwasser, das zu »Blut« wurde zum Beispiel, die erste Plage, zeigt dies ganz deutlich.

Die rote Verfärbung von Wasser ist ein typisches Motiv der ägyptischen Mythologie. Rot ist die Farbe des Gottes Seth, und eine rote Wassertrübung kündigt stets Unheilvolles an. In einem Papyrus schreibt der Magier Setu, der wohl im Neuen Reich gelebt hat, an seine Mutter: »Wenn ich besiegt bin, so wird das Wasser, wenn du am Essen und Trinken bist, vor dir zu Blut, und der Himmel wird vor dir blutfarben werden.« Im Bericht der Bibel hob Moses seinen Stab, schlug das Nilwasser vor den Augen des Pharaos, und es verwandelte sich zu Blut. Aber »die Wahrsagepriester in Ägypten taten mit ihren Geheimkünsten ebenso« (2. Mose 7, 22).

Die ägyptischen Plagen waren keine Wunder

Der Archäologe Flinders Petrie sieht die ägyptischen Plagen keineswegs als Wunder an, er charakterisiert sie vielmehr als Naturerscheinungen, die zum Teil auch heute noch auftreten. So sprachen die Ägypter bis zum Bau des großen Assuan-Dammes vom »roten Nil«, wenn der Fluß im Juli, zur Zeit der Überschwemmung, Schlamm und Sinkstoffe vom Oberlauf mit sich führte und das Wasser eine rotbraune Färbung annahm.

Nach dem Absinken der Fluten bleiben noch heute Abertausende von Kröten auf dem nassen Schwemmland zurück, sie entwickeln sich in manchen Jahren zu einer echten Plage. Sobald sie aber in der Hitze verendet sind, werden sie stinkende Beute von Stechmücken und Schmeißfliegen, und damit sind bereits die zweite, dritte und vierte Plage erklärt. Daß die Priester, wie es in der Bibel heißt, dabei mit ihren Geheimkünsten weniger erfolgreich waren als Moses, ist verständlich, denn auch Moses nutzte nur einen natürlichen Ablauf für seine Zwecke. Merenptah war denn auch von diesen »herbeigezauberten« Plagen nicht so beeindruckt, daß er dem Drängen des Moses nachgegeben hätte.

Dies konnten auch die folgenden Plagen nicht bewirken: Die Rinderpest war in einem Land, das mit Kühen und Rindern einen regelrechten Kult betrieb, selten. Man hätte es wohl irgendwo vermerkt, wenn tatsächlich landesweit eine solche Epidemie ausgebrochen wäre. Derartige Seuchen dezimierten dann den Viehbestand so stark, daß ganze Rinderherden aus Libyen oder Syrien eingeführt werden mußten. Unter Thutmosis III. fand ein solcher Großimport statt, aus der Zeit Merenptahs dagegen ist kein derartiger Kuhhandel überliefert.

Auch die »Geschwüre«, von denen angeblich sogar die Priester befallen wurden, fanden keinen historischen Niederschlag. Verheerende Seuchen, die ganz Ägypten heimsuchten und unter der Bevölkerung furchtbar wüteten, wurden meist in Urkunden erwähnt; da aber nicht ein einziger Hinweis auf eine Epidemie unter Merenptah zu finden ist, dürfte es sich nur um eine lokale Seuche gehandelt haben.

Pierre Montet, der Ausgräber der Hauptstadt Ramses City, erinnert sich, die siebente ägyptische Plage selbst erlebt zu haben: Am 15. Mai 1945 fielen nach einer erdrückenden Hitze im Nildelta fünf Minuten lang Hagelkörner von Nußgröße zu Boden. Wie in der Bibel vernichteten sie die Ernte, verletzten Menschen und Tiere.

Auch die achte Plage der Bibel war nicht so außergewöhnlich, daß sie Merenptah eine Ausreisegenehmigung abgerungen hätte. »Heuschreckenschwärme fielen über ganz Ägypten her; sie ließen sich in allen Gebieten in großer Menge nieder. Solche Heuschreckenschwärme hatte es in früherer Zeit nicht gegeben, und in späterer Zeit wird es sie auch nicht geben.« So berichtet die Bibel (2. Mose 10, 14). Am 8. November 1955 konnte man in der New York Timer jedoch ganz ähnliches lesen: »Heuschreckenschwärme suchen die Stadt Kairo heim!«

Schließlich sprach der Herr zu Moses: »Strecke deine Hand zum Himmel empor, es kommt dann eine solche Finsternis über Ägypten, die man tasten kann.« Moses streckte seine Hand gen Himmel empor, und es herrschte drei Tage tiefste Finsternis im ganzen Ägypterland (2. Mose 10, 21-22).

Wer in Kairo je den Chamsin erlebt hat, jenen trockenheißen aus Süden oder Südosten wehenden Wüstenwind, der vor allem in den fünfzig Tagen nach der Tagundnachtgleiche auftritt, der wird an diese biblische Plage erinnert. Kilometerhoch getriebener Wüstenstaub verfinstert die Sonne und taucht alles in beklemmende Dunkelheit, die oft sogar länger als drei Tage anhält.

»Folglich«, meint Pierre Montet, »können die ägyptischen Plagen als Zusammenfassung von Unannehmlichkeiten und Schicksalsschlägen aufgefaßt werden, die ohne jede übernatürliche Einwirkung die Bewohner des östlichen Deltas heimgesucht haben.«

Immerhin – die zehnte Plage, der Tod aller erstgeborenen Söhne, vermochte den Pharao umzustimmen. Nähere Umstände über dieses Sterben kennen wir nicht, doch wir dürfen der Bibel entnehmen, daß es sich nicht um eine erhöhte Säuglingssterblichkeit handelt, die im Altertum ohnehin hoch genug war. Es heißt nämlich, die älteren Söhne seien gestorben. Es wäre denkbar, daß sie der als sechste Plage geschilderten Seuche zum Opfer fielen. Näheres weiß man nicht.

Merenptah ließ daraufhin Moses und Aaron rufen: »Auf, zieht fort aus meinem Volk, sowohl ihr selbst als auch die Kinder Israels. Geht und dient dem Herrn nach eurer Art« (2. Mose 12, 31). Damit waren die Söhne Israels frei.

Der Exodus: eine sorgsam vorbereitete Massenflucht

Die Archäologen und Bibelwissenschaftler halten es allerdings für viel wahrscheinlicher, daß der Chronist der Bibel die zehn Plagen erfunden hat, um seinem Volk gegenüber die plötzliche Ausreisegenehmigung zu begründen, und daß die Israeliten in Wirklichkeit aus Ägypten geflohen sind – gerade in dem Augenblick, als Merenptah mit seinen Truppen nach Osten zog, den anstürmenden Libyern entgegen. Nur so ist auch erklärbar, warum der Pharao später die Israeliten wieder verfolgt. »Die Kinder Israels brachen von Ramses auf in Richtung Sukkoth, ungefähr 600 000 Mann zu Fuß, Weiber und Kinder nicht gerechnet. Auch viel Mischvolk zog mit ihnen, dazu Kleinvieh und Großvieh, eine riesengroße Herde« (2. Mose 12, 37-38).

»Die Unmöglichkeit dieser Zahl«, sagt der katholische Theologe und Bibelwissenschaftler Paul Heinisch aus Nimwegen, »ist allgemein anerkannt.« (Heinisch hält übrigens das 2. Jahr der Regierung Merenptahs für das Jahr des Exodus, nach unserer Zeitrechnung also das Jahr 1223 v. Chr.) Die Zahl von 600 000 Israeliten und Mischvolk kommt vermutlich durch einen Übersetzungsfehler zustande. Sir Flinders Petrie weist darauf hin, daß das hebräische Wort *elaf* zwei Bedeutungen hat, nämlich »tausend« *und* »Gruppe« oder auch »Familie«. Statt mit 600 *Tausend* hätten wir es demnach mit 600 *Familien* zu tun. Petrie, der pro Familie nicht mehr als neun Mitglieder rechnet, kommt auf rund 5 000 Menschen, die sich auf den Marsch in die Wüste machten.

Diese Annahme ist viel wahrscheinlicher, denn 600 000 Menschen hätten unmöglich in der Wüste überleben können. Vergleichszahlen können die Unglaubwürdigkeit der biblischen Berechnungen erhärten. Nach John A. Wilson hatte Ägypten im Neuen Reich 1,6 Millionen Einwohner. Und in ganz Syrien und Palästina lebten damals – ebenfalls nach Wilson – nur 36 000 Menschen. Den Beweis dafür, daß die Zahl von 5 000 Israeliten weit realistischer ist, liefert das Alte Testament indirekt sogar selbst. Angeblich wollte Ramses II. ja die »Hebammen der hebräischen Weiber‹ bestechen, »die eine«, die Schiphra heißt, und »die andere«, die Pua genannt wird (2. Mose 1, 15). Dieser Formulierung ist zu entnehmen, daß die Weiber der Söhne Israels in Ägypten nur zwei Hebammen hatten. Sie waren für 600 Familien genug, für 600 000 Hebräer aber sicherlich viel zu wenig.

Vor dem Aufbruch ließ Moses die Gebeine Josephs exhumieren, getreu dem Eid, den Joseph den Israeliten einst abgenommen hatte: »Sucht Gott euch einstens gnädig heim, dann nehmt meine Gebeine von hier mit euch!«

Der Exodus war kein geordneter »Auszug aus Ägypten«, er war eine Flucht. Wider Erwarten nahmen die Israeliten nicht den direkten, bekannten Weg, die Philisterstraße in Richtung Kanaan. Sie war befestigt, mit Wachttürmen und Raststätten versehen. Ägyptische Beamte kontrollierten an den Grenzstationen jede Ein- und Ausreise, also mußten die Söhne Israels illegal die Grenze überschreiten. Moses wählte daher den Weg von Ramses City in Richtung Süden, nach Sukkoth, weiter nach Etham, Pi-Hachiroth, Migdol und Baal-Zephon – und irgendwo auf diesem Wüstenmarsch erfolgte die wundersame Durchquerung des Roten Meeres.

Die Israeliten sind nie durch das Rote Meer *marschiert.* Darüber sind sich Archäologen wie Exegeten einig. Diese Sage beruht wieder einmal auf einem Übersetzungsfehler. In den hebräischen Textstellen der Bücher Judith, Weisheit und 1. Makkabäer, wo diese Durchquerung zum ersten Mal erwähnt wird, ist von einem Jam-Suf die Rede, was nicht mit »Rotes Meer« übersetzt werden kann, sondern als »Schilfmeer« gelesen werden muß. Schilf kommt aber nur in dem

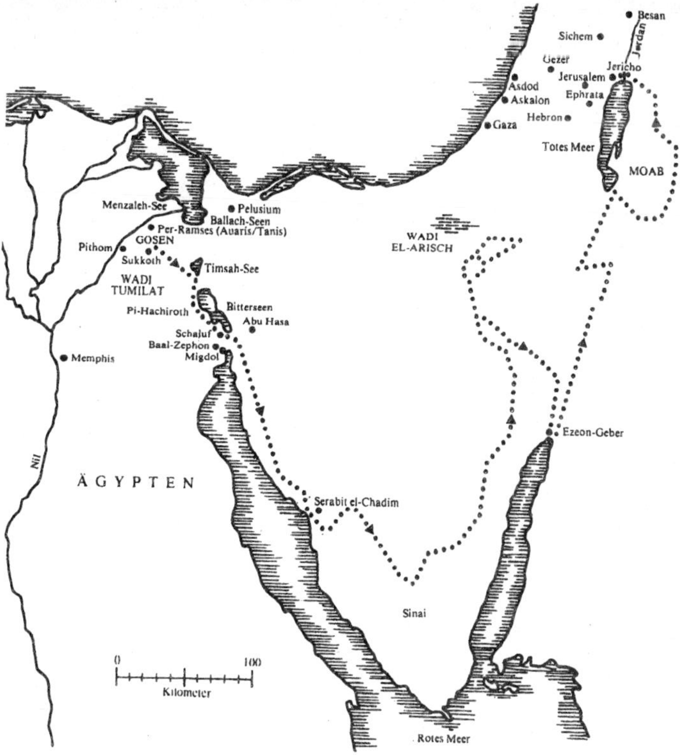

Der Zug der Kinder Israels unter Moses.

Seengebiet zwischen dem Golf von Suez und dem Mittelmeer vor, das heute der Suezkanal durchschneidet. Bis zum Bau des Kanals im Jahre 1859 war dies eine versteppte, von Seen unterbrochene Landenge, von denen der nördlichste der Menzaleh-See war, an den sich nach Süden die Ballach-Seen, der Timsah-See und die miteinander verbundenen Bitterseen anschlossen. In ramessidischer Zeit standen die Bitterseen mit dem Roten Meer durch natürliche Zuläufe in Verbindung, so daß sich dort Ebbe und Flut bemerkbar machten.

Paul Heinisch führt drei Theorien an, wo dieser »Zug durch das Rote Meer« stattgefunden haben könnte, und gibt einer den Vorzug.

1. Zwischen dem Timsah-See und dem Großen Bittersee. Dagegen spricht, daß dieses Gebiet in ramessidischer Zeit festes Land war. Eine Überflutung erscheint unwahrscheinlich.
2. Die Engstelle zwischen den beiden Bitterseen. Die Seen waren durch einen natürlichen Wasserlauf miteinander verbunden. Bei Ebbe hätten die Israeliten das andere Ufer vielleicht tatsächlich trockenen Fußes erreichen können.
3. Südlich der Bitterseen. Paul Heinisch hält diese Hypothese aus folgenden Gründen für die wahrscheinlichste: Die Israeliten flohen von Ramses nach Sukkoth in südlicher Richtung und behielten die Richtung bei bis Etham, das an einer Stelle lag, wo die Ägyptische in die Arabische Wüste überging.

Die geheime Furt

Hier befand sich, wie archäologische Zeugnisse beweisen, eine Barre, eine seeische Schlamm- und Sandbank, die der Ebbe-und-Flut-Zyklus des Roten Meeres aufgetürmt hatte. Moses mußte wohl bei seinem jahrelangen Wüstenaufenthalt Kenntnis von dieser geheimen Furt erhalten haben.

Ägyptische Karawanen überquerten den natürlichen Wasserweg zwischen Rotem Meer und dem Kleinen Bittersee auf dieser Barre, wenn sie zu den Bergwerken auf dem Sinai zogen. In der Nähe der Furt muß Migdol gelegen haben. Die biblischen Propheten erwähnen zwar ein Migdol an der Nordostgrenze Ägyptens, in der Gegend von Pelusium, aber

Migdol heißt »Wachtturm«, »Kastell«, und derartige Grenzbefestigungen gab es in ramessidischer Zeit unzählige.

Südlich der Barre von Schaluf gruben französische Archäologen ein antikes Bauwerk aus, das Tempel und Grenzbefestigung in einem war und – laut Inschriften – schon zur Zeit Ramses' II. existierte. Dieses Fort war wahrscheinlich das biblische Migdol. Die Ausgräber stießen sogar auf Spuren einer befestigten Straße, die geradewegs in das Wasser führten und sich auf dem gegenüberliegenden Ufer fortsetzten. Diese Furt liegt etwa 40 Kilometer von Etham entfernt, eine Strecke, die von Flüchtlingen in einem Tagesmarsch zurückzulegen war. »Sage den Kindern Israels«, spricht Jahwe zu Moses, »sie sollen umkehren und sich vor Pi-Hachiroth zwischen Migdol und dem Meer vor Baal-Zephon lagern« (2. Mose 14, 2). Migdol liegt von der Furt 7,8 Kilometer entfernt. Es war genug Platz da für 5 000 Leute, um »zwischen Migdol und dem Meer« Rast zu machen.

Die Lokalisierung von Pi-Hachiroth und Baal-Zephon bereitet den Archäologen noch immer Schwierigkeiten. Der bei Abu Hasa gefundene kleine Hathor-Tempel wird von Grabungswissenschaftlern Pi-Hathor (Haus der Hathor) genannt, das ist eine wenig befriedigende Alliteration an den biblischen Namen Pi-Hachiroth. Einleuchtender erscheint die Erklärung von Baal-Zephon. Mit Baal-Zephon könnte eine der beiden Stelen gemeint sein, die Ramses II. am Ufer der Furt errichtet hatte. Sie zeigten ihn, Ramses, den Pharao der Knechtschaft, vor Seth opfernd; es gab zwei Stelen: eine weiter nördlich, eine andere weiter südlich. Über die Gleichsetzung von Seth und Baal haben wir schon gesprochen. »Baal-Zephon« heißt übersetzt nichts anderes als »der nördliche Baal«.

Als der Kommandant von Etham bemerkte, daß der Treck der Israeliten im Begriff war, sich über die Furt abzusetzen, da schickte er Eilboten nach Ramses City. Die Stadt lag für einen Eilboten nur eine Tagesreise entfernt, 120 Kilometer. Das heißt, schon einen Tag später konnte eine entsprechende militärische Gegenaktion stattfinden.

»Dem König von Ägypten ward berichtet, daß das Volk entflohen sei. Da änderte sich die Stimmung des Pharaos und seiner Diener diesem Volke gegenüber« (2. Mose 14-15).

Wir wissen nicht, ob Merenptah überhaupt in Ramses weilte, und auch nicht, ob er persönlich die Verfolgung der Israeliten aufnahm. Wenn es im 2. Buch Mose heißt, der Pharao ließ anspannen und preschte mit 600 auserlesenen Streitwagen den Flüchtenden hinterher, so steht »Pharao« für »die Ägypter«. Es ist zumindest unwahrscheinlich, daß Merenptah bei der gespannten Lage, die im Augenblick herrschte, ein so relativ unwichtiges Kommandounternehmen selbst leitete. Gewiß haben ihm die libyschen Horden im Westen des Deltas weit mehr Kopfzerbrechen bereitet als das fliehende Hirtenvolk.

Die Israeliten hatten bei Pi-Hachiroth, nördlich von Baal-Zephon, ihr Lager aufgeschlagen. Nach drei eiligen Tagesmärschen mußten vor allem die Viehherden rasten; wäre es nach den Leuten gegangen, sie wären sicher aus Angst vor Verfolgung weitermarschiert. So kam es zu einer Panik unter den Israeliten, als Kundschafter meldeten, die Ägypter hätten die Verfolgung aufgenommen. Die Flüchtenden schrien vor Angst, sie wußten, daß sie die Todesstrafe zu erwarten hatten; einige machten Moses bittere Vorwürfe und meinten, die sogenannte Knechtschaft sei gar nicht so schlimm gewesen.

Als die Nacht hereinbrach, schlug die verfolgende ägyptische Streitwagentruppe, in der Gewißheit, die mit ihren Viehherden viel langsameren Israeliten dicht vor sich zu haben, ein Nachtlager auf. Am nächsten Morgen sollten die Flüchtenden eingekreist und zurück in das Land Gosen getrieben werden.

Wie die Israeliten das Meer durchquerten

In dieser Nacht griff wieder einmal der Gott Jahwe in das Geschehen ein: »Moses streckte seine Hand über das Meer. Der Herr trieb mit einem starken Ostwind das Meer hinweg. Das Meer machte er trocken, und die Wasser wurden gespalten« (2. Mose 14, 21).

Was geschah in dieser Nacht wirklich?

Ein Gewittersturm legte in der Dunkelheit die Furt durch den Meeresarm frei, und Moses gebot seinen Leuten, mit ihren Tieren das Wasser zu durchqueren. In ihrer Todesangst gehorchten die Israeliten, und das für sie Unfaßbare geschah: Sie erreichten das jenseitige Ufer trockenen Fußes. Natürlich war das für sie ein Wunder, sie hatten »das Meer« durchquert.

In der Morgendämmerung erkannten Merenptahs Soldaten, daß die Israeliten ihnen entkommen waren, und sie nahmen sofort die Verfolgung auf. Doch ihre Ausrüstung mit Pferden und Streitwagen erwies sich in dieser Situation als Handikap. Vor Blitzen und Donnergrollen scheuten die Pferde, bäumten sich auf, Wagen stießen zusammen und zerbrachen. Die Furt war noch offen. Unbedacht preschten die ägyptischen Streitwagen hinein.

»Da streckte Moses abermals seine Hand über dem Meer aus, das Wasser flutete im Morgengrauen an seinen alten Platz zurück, während die Ägypter ausrückten; es trieb der Herr die Ägypter mitten ins Meer hinein: Die Wasser fluteten zurück und bedeckten die Streitwagen samt den Mannschaften der gesamten Heeresmacht des Pharaos, die hinter ihnen hergezogen waren. Nicht einer von ihnen blieb mehr übrig« (2. Mose 14, 27-28).

Paul Heinisch erklärt diese Schriftstelle so: »Der Wind hörte auf zu wehen. Die Flut setzte ein, die am Nordende des Busens von Suez sehr schnell steigt und um so reißender ist, je tiefer vorher der Wasserstand war. Das Wasser flutete zurück, und an der Stelle, welche vorher die Israeliten passiert hatten, schlug der von Norden und Süden kommende Wogenschwall zusammen.[105]

Bei der Schilderung dieser Szene ist vom Pharao selbst nicht die Rede, ein Grund mehr, anzunehmen, daß Merenptah bei dem Kommandounternehmen nicht dabei war, also auch nicht mit ertrank. Die Mumie Merenptahs im Ägyptischen Museum in Kairo sieht auch keineswegs wie eine Wasserleiche aus. Salzspuren auf der Haut, die von amerikanischen Röntgenologen festgestellt wurden, dürften wohl Reste von Natron sein, das zur Dehydrierung verwendet wurde, das heißt, um der Leiche Feuchtigkeit zu entziehen. Auch an anderen Pharaonenmumien wurden Salzspuren festgestellt. Aber die Schilderung, wonach der gesamte Streitwagentrupp des Pharaos von der Flut überrascht wurde, und »die Israeliten sahen, wie die Ägypter tot am Ufer des Meeres lagen«, erscheint durchaus realistisch. Als Moses und die Kinder Israels bemerkten, daß sie gerettet waren, da stimmten sie das Meerlied an, einen Hymnus auf ihren Gott Jahwe, ähnlich jenen Lobgesängen, mit denen der göttliche Ramses sich huldigen ließ:

Lobsingen will ich Jahwe;
denn er ist hocherhaben!
Das Roß samt seinem Lenker
stürzte er ins Meer.
Meine Stärke und mein Lied ist Jahwe,
der ward mir zum Heile!
Er ist mein Gott, ich preise ihn,
meines Vaters Gott, ich rühme ihn!
Jahwe ist ein Kriegsheld,
Jahwe ist sein Name.

105 Paul Heinisch: *Das Buch Exodus,* Bonn 1934.

Die Wagen des Pharaos und sein Heer
stürzte er ins Meer.
Die Blüte seiner Helden
wurde versenkt ins Schilfmeer.

Fluten bedeckten sie,
sie fuhren in die Tiefen wie ein Stein.
Deine Rechte, Jahwe,
herrlich an Kraft,
deine Rechte, Jahwe,
zerschmettert den Feind.

Wer ist dir gleich
unter den Göttern, Jahwe!
Wer ist dir gleich,
herrlich in Heiligkeit,
furchtbar durch Ruhmestaten,
Wunder wirkend!
Jahwe ist König auf immer und ewig!
(2. Mose 15, 1-6, 11, 18)

Dieses Triumphlied am Schilfmeer wurde – wie auch viele Psalmen – in späterer Zeit erweitert. Paul Heinisch verlegt die Entstehung dieses zweiten Teils in die Zeit nach der Niederwerfung der Kanaaniter durch Barak oder in die Zeit Salomos, der die Kanaaniter in Dienstbarkeit zwang, nachdem David die von den Philistern drohende Gefahr beseitigt hatte. Ein in diesem Teil aufgeführtes »Heiligtum« dürfte der Tempel Salomos (965–926) sein, der über dreihundert Jahre nach dem Durchzug durch das Schilfmeer errichtet wurde.

»Wer ist dir gleich unter den Göttern, Jahwe?« Diese Frage mutet beinahe absurd an, wo doch Jahwe keine anderen Götter neben sich duldete, sie ist aber offensichtlich auf die Vergangenheit des Volkes Israel zurückzuführen, das ja aus

Ägypten kam, wo es viele Götter gab. Und der Lobgesang: »Deine Rechte, Jahwe, herrlich an Kraft, deine Rechte, Jahwe, zerschmettert den Feind!« – könnte er nicht aus dem Kadesch-Gedicht stammen?

Der Sohn des großen Ramses besiegt die Libyer

Der Verlust der Wagentruppe traf König Merenptah in dieser Zeit, wo es tagtäglich zu Krieg kommen konnte, hart. Er war weit schwerer zu verkraften als der Verlust von ein paar tausend unwilligen Fremdarbeitern. Davon gab es noch genügend im Land. Seit Ramses II. tot war, hatte die Baukonjunktur merklich nachgelassen. Von einem Totentempel im westlichen Theben abgesehen, nahm Merenptah kein einziges Großprojekt in Angriff. Anders als sein Vater Ramses hielt er seine Ruhmestaten nur in bescheidenem Umfang für die Nachwelt fest, und die zahlreichen Geschichtslöcher sind ein Phänomen, das die meisten seiner Nachfolger mit ihm teilen.

Sicher ist: Im Jahre 5 seiner Regierung – Merenptah war ein Mann von 60 Jahren – kam es irgendwo im Nildelta zu einer großen Schlacht, bei der Merenptah gegen Libyen und die Seevölker um den Fortbestand des ramessidischen Weltreiches kämpfte. Das Glück stand auf seiten der Ägypter. Der Libyerfürst Muroaju und seine Heerführer erkannten in der Schlacht die eigenen Leute nicht und gingen aufeinander los. Nach sechsstündigem Gemetzel hatten die Feinde 7000 Tote zu beklagen, ebensogroß war die Zahl der Gefangenen. Nach verlorenem Kampf versuchte Muroaju, in sein Heerlager zu fliehen, um alle Schätze, die er mitführte, zu retten. Doch er kam nicht einmal dazu, sich seine obligate Schmuckfeder auf den Kopf zu stecken; die Ägypter jagten hinter ihm her. Muroaju entkam, aber seine Frauen, die im Lager warteten, wurden die Beute von Merenptahs Soldaten.

Die Niederlage der Libyer und ihrer Bundesgenossen hatte ihre Ursache weniger in einer geschickten Taktik oder übermäßiger Tapferkeit der Ägypter, sie lag vielmehr darin begründet, daß die Libyer nach einem langen Anmarsch erschöpft waren und die verschiedenen Truppenteile bisher nie unter gemeinsamem Kommando gekämpft hatten. Jedenfalls war Merenptahs Sieg – wie auch immer er zustande gekommen sein mag – ein Triumph im rechten Moment; denn die politische Entwicklung im eigenen Land war explosiv. So aber gelang es Ramses' Nachfolger noch einmal, den Riß zwischen Tanis und Theben zu kitten und einen »heiligen« Bürgerkrieg zu verhindern.

Eingedenk der großzügigen Informationspolitik seines Vaters Ramses verewigte Merenptah seinen Sieg über die Libyer und die übrigen Völker auf einer monumentalen Steinplatte, die er aus einem Tempel Amenophis' III. hatte entfernen und für seine Zwecke umarbeiten lassen. Diese Stele wurde 1896 von Flinders Petrie im Totentempel des Merenptah gefunden. Bruchstücke eines gleichen Denksteines aus dem Tempel von Karnak lassen den Schluß, zu, daß es sich bei dem Text um eine vom König hochgeschätzte Dichtung gehandelt haben muß, die an verschiedenen Orten publik gemacht wurde.

Der deutsche Archäologe Wilhelm Spiegelberg, der das Lied auf Merenptah als erster übersetzte, stieß dabei auf die älteste Erwähnung des Volkes Israel, das hier einem Beduinenstamm gleichgesetzt wird. Israel – eine zweite Erwähnung dieses Namens in einem ägyptischen Text gibt es nicht – wird unter palästinensischen Ortsnamen aufgeführt; es besteht also kaum ein Zweifel, daß die Israeliten zu dieser Zeit in Palästina lebten. Die monumentale Israel-Stele wird heute in einem dunklen Winkel des Ägyptischen Museums in Kairo aufbewahrt, wo sie kaum zu erkennen ist. Ihre Inschrift lautet:

Das Lied auf die Siege des Merenptah

»Man erzählt in allen Ländern von seinen Siegen; allen Ländern macht man es kund und läßt sie seine starken Taten wissen …
Das Land der Tehenu[106] ward in seiner Lebenszeit zerbrochen und Schrecken für immer in das Herz der Maschwasche gesetzt. Er schlug die Libyer zurück, die Ägypten betraten, jetzt ist großer Schrecken vor Ägypten in ihren Herzen; ihr Vormarsch ist gestoppt, und ihre Füße halten nicht mehr stand, sie fliehen. Fortgeworfen haben die Schützen ihre Bogen, ihre Läufer sind erschöpft vom Marschieren; sie haben ihre Wasserschläuche losgebunden und weggeworfen; ihre Proviantsäcke liegen zerrissen da.
Der elende Große, der geschlagene libysche Feind, ist im Schutz der Nacht geflohen, ganz allein, ohne die Feder auf seinem Haupt, seine Füße versagten.
Seine Frauen wurden vor seinen Augen entführt, sein persönlicher Proviant wurde geraubt; er hatte kein Wasser mehr im Schlauch, mit dem er sich am Leben erhalten konnte.
Das Gesicht seiner Brüder blickte grimmig, um ihn zu töten; von seinen Heerführern kämpfte einer gegen den andern; ihre Zelte wurden verbrannt und zu Asche gemacht; alles, was er noch hatte, war eine Mahlzeit für die Soldaten …
Große Freude herrscht in Ägypten, Jauchzen kommt aus den Städten des Landes. Man redet über die Siege, die König Merenptah über die Tehenu davongetragen hat. Wie liebt man ihn, den siegreichen Herrscher! Wie preist man ihn bei den Göttern! Wie glücklich ist er! Man kann jetzt

106 Libyscher Stamm.

wieder herumsitzen und schwatzen, frei geht man wieder auf dem Wege, und die Leute haben keine Furcht. Die Festungen werden sich selbst überlassen; die Brunnen liegen offen, den Boten zugänglich; die Zinnen der Umwallung liegen ruhig, und erst die Sonne wird ihre Wächter aufwecken. Die Matoi[107] liegen und schlafen, und die Niau und Tekten[108] sind auf den Feldern, auf denen sie sein wollen. Das Vieh des Feldes ist auf der Weide ohne Hirten und setzt über das Wasser des Flusses. Man ruft und schreit nicht in der Nacht: ›Halt, halt!‹ in der Sprache der Fremden. Singend geht und kommt man, und es gibt kein Schreien trauernder Leute mehr. Die Dörfer sind wieder aufs neue besiedelt, und wer sein Korn gebaut hat, wird es auch essen.

Re hat sich Ägypten wieder zugewendet; er ist geboren mit der Bestimmung, sein Beschützer zu sein, er, der König Merenptah.

Die Fürsten liegen ausgestreckt und sagen: ›Heil und Frieden‹, und kein einziger erhebt noch seinen Kopf unter den neun Bogen. Libyen ist verwüstet, Chatti in Frieden; Kanaan ist geplündert mit allem Übel; Askalon ist erobert und Gezer erbeutet; Jenoam ist zu nichts gemacht; Israel ist verdorben und hat keinen Samen; Charu[109] ist zur Witwe geworden für Ägypten – alle Länder insgesamt sind in Frieden, und wer immer umherzog, der ist gebändigt vom König von Ober- und Unterägypten ›Ba-en-Re, dem von Amun Geliebten‹, dem Sohne des Re, ›Merenptah, dem über die Wahrheit Zufriedenen‹, dem es gegeben ist zu leben wie Re.«

---

107 Nubischer Stamm, der als Polizeitruppe aktiv war.

108 Läufer und Späher.

109 Palästina.

Der Hinweis in diesem Text, daß Israel verdorben sei und keinen Samen mehr habe, deutet auf einen Sieg Merenptahs über die Söhne Israels hin; allerdings findet ein Asienfeldzug des Ramses-Nachfolgers nirgends Erwähnung. Er wäre auch, zumindest aus biblischer Sicht, ein Anachronismus; denn die unter Merenptah geflohenen Israeliten irrten bekanntlich 40 Jahre durch die Wüste, bevor sie das gelobte Land Kanaan erreichten, Merenptah aber regierte nur 20 Jahre. Also müßte Ba-en-Re die Israeliten irgendwann nach dem Durchzug durch das Schilfmeer in der Wüste aufgespürt und vernichtet haben. Daß im 2. Buch Mose eine solche Niederlage, die als persönliche Niederlage des Gottes Jahwe gewertet werden müßte, verschwiegen wird, wäre verständlich – doch welcher Stamm erreichte dann vier Jahrzehnte später Kanaan?

Rätsel um Merenptahs Tod

Es blieb vieles im dunkeln, seit Ramses II. von der politischen Bühne abgetreten war. Die Regierungsdauer Merenptahs ist nirgends dokumentiert, sie muß aufgrund historischer Ereignisse berechnet werden. Der Baseler Ägyptologe Erik Hornung sieht Merenptah »wahrscheinlich« von 1224 bis 1204 an der Regierung.

Die Bilanz seines Lebens nimmt sich bescheiden aus. Noch immer strahlte die Glorie der Herrschaft des großen Ramses über Ägypten; Ramses war ein Herrscher, Merenptah ein Thronverwalter. Sehen wir von seinem Sieg über die Libyer ab, dessen Zustandekommen, wie wir gehört haben, fragwürdig ist, so hat er kaum Nennenswertes geleistet. Sein Totentempel in Theben ist architektonisches Stückwerk, kosten- und zeitsparend aus Teilen anderer Bauten zusammengesetzt. Nur sein Grab spiegelt in Ausdehnung und Ausstattung ramessidischen Glanz. Als Merenptah fünfundsiebzigjährig starb, war er ein dicker alter Mann ohne Backenzähne, er litt, nach Aussage amerikanischer Mumienröntgenologen, an Arthritis und Arteriosklerose in den Oberschenkeln. Seine Schädeldecke wies auf der rechten Seite ein Loch auf; doch dürfte diese Verletzung von Grabräubern stammen – ebenso das Loch, das im Bauch der Mumie klafft.

Rätselhaft ist für Archäologen und Historiker, warum Merenptah kastriert wurde. Es ist jedenfalls nicht das Werk von Grabschändern; denn die Stelle, an der der Hodensack abgetrennt ist, wurde mit Harz verklebt. Folglich muß Merenptah kurz vor seinem Tod oder bei der Mumifizierung einer Kastration unterzogen worden sein. Eine logische Erklärung dafür ist schwer zu finden, eine Hypothese ist die: Merenptah litt an Hodenkrebs und starb bei der Operation.

Nach Pierre Montet, dem Ramessiden-Experten, war Merenptah mit einer Ramses-Tochter, also mit einer seiner Schwestern, verheiratet. Sie hieß – wie seine Mutter – Isis-nefert und gebar einen Sohn Sethos-Merenptah und eine Tochter Tausret. Allerdings gab es da auch noch einen Sohn Amenmesse, und dieser Amenmesse wurde sein Nachfolger.

Der Wirrwarr um die Thronfolge Merenptahs wurde ausgelöst, als der amerikanische Geschäftsmann Theodore Monroe Davis 1905 nach sechsjährigen Grabarbeiten in Ägypten die Gruft des Pharaos Siptah entdeckte. Bis dahin hingen die Archäologen der von dem Deutschen Richard Lepsius erarbeiteten Theorie an, wonach auf Merenptah die Könige Amenmesse, Siptah und Sethos II. gefolgt seien. Der Franzose Gaston Maspero hatte noch einen weiteren König entdeckt, Ramses Siptah, und eine Königin Tausret. Diese Thronfolge wurde durch die Entdeckung des amerikanischen Amateur-Archäologen Davis widerlegt; im Grab des Königs Siptah fand er nämlich Beigaben, die die Namensringe Sethos' II. trugen. Damit war bewiesen, daß Sethos II. vor Siptah regiert haben mußte.

Lepsius wiederum, der Entdecker des Grabes der Tausret, hatte den dort zusammen mit der Königin dargestellten Mann für Siptah gehalten. Der deutsche Archäologe glaubte nämlich, die demolierten Namenskartuschen in diesem Grab seien von »Siptah« in »Sethos« umgewandelt worden. Spätere Untersuchungen bewiesen aber das Gegenteil: Siptah hatte seinen Namen über den Sethos' II. setzen lassen. Im Grab des Siptah wird der Name der Tausret nie erwähnt, dagegen gibt es zahlreiche Funde, die den Namen Sethos' II. und Tausrets gemeinsam tragen; die beiden waren verheiratet.

Hauptproblem der Nachfolger Ramses' II. war die ständig schwelende innenpolitische Krise aufgrund der Rivalität zwischen Theben und der Hauptstadt Ramses. Merenptah, der die bürgerkriegsähnlichen Zustände vorübergehend beseitigen konnte, hatte in Amenmesse einen – vermutlich illegitimen – Nachfolger, der sich schon vom Namen her von den Herrschern der 19. Dynastie absetzte und als »Kind des Amun« von der thebanischen Priesterschaft eingesetzt war oder unter ihrem Einfluß stand. Während seiner dreijährigen Regierungszeit scheint sich nichts Wesentliches abgespielt zu haben; keine Chronik, keine Stele kündet von irgendeinem nennenswerten Ereignis. Amenmesses Grab ist unscheinbar und nennt nicht viel mehr als seinen Namen. Diesen Namen finden wir auch an Bauwerken Sethos' I. und Ramses' II. im Westlichen Theben. Der illegitime Pharao versuchte so, seine Thronfolge zu legitimieren. Diese Absicht wird eindeutig im Sethos-Tempel von El-Kurna, wo Amenmesse Reliefdarstellungen überarbeiten ließ, die ihn nun selbst darstellen, wie er die vergöttlichten Sethos I. und Ramses II. anbetet.

Amenmesse, der »wie Horus in der Verborgenheit und unter Nachstellungen aufgewachsen und dann siegreich hervorgetreten ist«, war ein Sohn der Tachat, einer Dame von nicht königlichem Geblüt, und er ehelichte auch eine gewöhnliche Sterbliche: Sie hieß Bekturel. Da dieser unbedeutende Pharao Amenmesse nur in Theben Spuren hinterließ, haben Archäologen die Vermutung geäußert, »daß sein Machtbereich nie über Oberägypten hinausging«[110].

Spekulationen, Amenmesse sei eigentlich ein thebanischer Oberpriester des Amun gewesen und habe sich selbst zum König oder Gegenkönig gemacht, haben sich als haltlos erwiesen. Zahlreiche Denkmäler dokumentieren nämlich unter Ramses II., Merenptah, Amenmesse und Sethos II. einen Hohenpriester des Amun namens Roi. Dieser Roi war eine graue Eminenz von unerhörter Machtfülle. Vermutlich war er es, der Amenmesse auf den Thron drängte.

Amenmesses Tod kam unerwartet, möglicherweise sogar gewaltsam, so daß der Weg frei war für Merenptahs legitimen Thronerben Sethos II. Dieser demonstrierte zwar schon vom Namen her ramessidische Tradition – doch das war bereits alles. Auch er war nicht der starke Mann, den Ägypten so dringend gebraucht hätte. Bezeichnend ist das einzige erhaltene Dokument aus seiner sechsjährigen Regierungszeit: Es ist kein politisches Dokument, sondern ein Gerichtsreport über ein Verfahren gegen den Arbeiter Paneb, der beim Bau des Sethos-Grabes Steine gestohlen und – als er von einem Freund gestellt wurde – versucht hatte, diesen umzubringen.

Dieses Grab Sethos' II. scheint heute das einzig Bemerkenswerte an diesem König zu sein. Seine Ausstattung zählt zu den schöneren im Tal der Könige. Die Mumie weist nur wenig Ähnlichkeit mit seinem Vater Merenptah und seinem Großvater Ramses II. auf. Dieser Sethos hatte ein plattes Gesicht, und seine obere Zahnreihe war hervorstehend. Grabräuber haben seiner Leiche übel mitgespielt. Arme und Kopf wurden abgerissen, der Kopf sogar aufgeschlagen – offensichtlich, weil man darin Gold und Edelsteine vermutete.

---

110 Jürgen v. Beckerath: *Tanis und Theben*, München 1948.

Sethos' II. Frau Tausret stand nach dem frühen Tod ihres Mannes ähnlich wie 150 Jahre zuvor Nofretete vor der Alternative, den von ihr favorisierten »großen Vorsteher des Siegels des ganzen Landes« Bai zu heiraten und damit zum Pharao zu machen oder den minderjährigen Siptah auf den Thron zu setzen und praktisch selbst die Regierungsgeschäfte zu führen. Bai war Ausländer. Ein Ausländer als Pharao? Dagegen hätte sich das Volk empört. Tausret entschied sich für Siptah, und damit saß anderthalb Jahrhunderte nach Tutench-Amun wieder ein Kind auf dem Königsthron.

Tausret hoffte, mit Siptah leichtes Spiel zu haben; der zwölf- oder vierzehnjährige Junge hatte in früher Kindheit unter Kinderlähmung gelitten und war durch einen Klumpfuß gehbehindert. Es gibt Archäologen, die behaupten, Siptah sei eine Jugendsünde der Tausret gewesen, sie sei seine Mutter, Sethos II. aber nicht der Vater. Andere glauben, Sethos II. sei zwar der Vater, aber Tausret nicht die Mutter; wieder andere vertreten die Ansicht, weder sei Sethos II. der Vater noch sei Tausret Siptahs Mutter, er sei überhaupt nicht königlichen Geblüts, Röntgenaufnahmen seiner Mumie zeigten nicht die geringste Ähnlichkeit mit einem seiner Vorfahren.

Der Pharao, der offensichtlich aus der Wüste kam, erwies sich jedoch nicht als der Schwächling, den seine bedauernswerte körperliche Konstitution erwarten ließ. Zwar führte Königin Tausret die Regierungsgeschäfte, als Siptah im Oktober 1194 v. Chr. zum König gekrönt wurde, aber es dauerte nicht lange, und der kindliche Krüppel entpuppte sich als intelligentes Energiebündel. Er war noch keine 15 Jahre alt, als er allen Beamten der Provinz Nubien großzügige Geschenke sandte, worauf diese – versteht sich – wieder Zutrauen zu der Regierung in Ramses City faßten. Siptah schickte einen neuen Vizekönig nach Nubien: Er hieß Sethos, und dieser Name war ein Programm. Nun saßen die aufständischen Thebaner zwischen zwei kooperierenden Königen, und Siptah schlug die thebanische Rebellion nieder. Roi, der Hohepriester des Amun, dürfte diese Aktion nicht überlebt haben – jedenfalls hören wir nie wieder etwas von ihm.

Aber Siptahs Tage waren gezählt. Der junge Pharao starb, noch nicht einmal zwanzigjährig, ohne daß Königin Tausret die Regierungsgeschäfte je ganz aus der Hand gegeben hatte. Da ein Nachfolger fehlte, blieb ihr nichts anderes übrig, als allein weiterzuregieren. Allerdings wußte sie den »großen Vorsteher« Bai an ihrer Seite. Seine persönliche Beziehung zu Tausret läßt sich nur vermuten, seine offizielle Funktion als einer, »den der König in die Amtsstellung seines Vaters eingesetzt hat«, ist ebenfalls unklar; immerhin wurde für ihn, den Ausländer, im Tal der Könige ein Grab angelegt.

Kein Zweifel, Ägypten stand an einem Wendepunkt seiner Geschichte. Eine Weltmacht war im Begriff, Provinz zu werden, eine Dynastie, die den größten und mächtigsten Pharao der Geschichte hervorgebracht hatte, lag in Agonie. Königin Tausret starb nach zwei Jahren Alleinherrschaft um das Jahr 1186; zum ersten Mal seit Jahrhunderten war der Horus-Thron verwaist. Pharao, »das hohe Haus« in der Deltahauptstadt Ramses, stand leer, Ägypten war ohne Führung.

Trotzdem brach der straff organisierte Beamtenstaat nicht gleich zusammen. 38 Jahre nach Ramses' II. Tod hatte das Staatsschiff noch so viel Fahrt, daß es den Kurs hielt, wenigstens einige Monate lang. Aber die Lage war ernst. Der Papyrus Harris schildert sie so: »Das Land Ägypten wurde umgestürzt von außen her, und jedermann wurde seines Rechtes beraubt. Es gab kein Oberhaupt viele Jahre hindurch ...

und es war das Land Ägypten voller Häuptlinge und Stadtfürsten. Jeder erschlug seinen Nächsten, Vornehme wie Geringe. Und es kamen andere Zeiten danach mit leeren Jahren, da machte sich ein Palästinenser unter ihnen zum Fürsten, er machte sich das ganze Land tributpflichtig und plünderte zusammen mit seinen Genossen allen Besitz. Sie machten die Götter gleich wie Menschen, und in den Tempeln wurden keine Opfer mehr dargebracht.«

Es war eine Zeit der Anarchie, die, wie neuere Forschungsergebnisse zeigen, jedoch nicht »viele Jahre hindurch« dauerte, sondern nur einige Monate. Übertreibungen (»Millionen von Jahren«, die ein Pharao leben möge!) waren ja durchaus üblich. Wer der Palästinenser ist, der vorübergehend den Pharaonenthron usurpiert hat, entzieht sich bis heute unserer Kenntnis. Vielleicht war es Bai, der Lebensgefährte der Königin Tausret; an anderer Stelle trägt der Usurpator den Namen Irsu. Jürgen von Beckerath meint, es könnte ein ägyptischer Offizier oder auch ein Beamter palästinensischer Herkunft gewesen sein: »Leider haben wir nie etwas von diesem König gefunden, und wir können ihn auch nicht mit einem der uns bekannten Könige identifizieren. Sethos II. kommt als Sohn des Merenptah hierfür nicht in Frage, ebensowenig Amenmesse wegen seiner meines Erachtens erwiesenen thebanischen Herkunft. Eine Identifizierung mit Siptah, an die ich selbst zunächst gedacht habe, scheitert an der Tatsache, daß dieser König in Biban el-Moluk bei Theben bestattet wurde, während der asiatische Usurpator, der doch zweifellos in Tanis regiert hat, von Sethnacht in seiner unterägyptischen Residenz gestürzt worden sein muß.«

Dieser Sethnacht tauchte auf wie ein Deus ex machina, als Retter in höchster Not. Denn die Welt war in Bewegung geraten, Völkerhorden drangen von Ost und West nach Ägypten ein, der Hunger trieb sie an die legendären Fleischtöpfe

Ägyptens: Asiaten von Osten, Libyer und Seevölker von Westen.

In dieser verzweifelten Situation fühlte Sethnacht sich berufen, die Geschicke Ober- und Unterägyptens zu lenken. Er brachte dazu genausowenig Legitimation mit wie der herrschende asiatische Usurpator, außer der vielleicht, daß er Ägypter war. Sethnacht – sein Name bedeutet »Seth ist stark« – knüpfte an die Tradition der frühen 19. Dynastie an. Damals, kurz vor der Wende zum 13. Jahrhundert, war schon einmal ein gewöhnlicher Sterblicher aufgetreten, ein Offizier, der spätere Ramses I., der zum Pharao von eigenen Gnaden avancierte. Er war ein alter Mann, genau wie Sethnacht, doch er hatte einen erwachsenen Sohn, mit dem er die Regierungsgeschäfte teilte; Sethnacht handelte nicht anders. Parallelen bei Beginn der 19. und der 20. Dynastie sind nicht zu übersehen: Ramses I. und Sethnacht gelten als Begründer einer neuen Dynastie, beide starben nach zweijähriger Regierung, beide hinterließen Söhne, die das angeschlagene Staatsschiff in günstigere Strömungen manövrierten.

Ramses III., die exakte Kopie Ramses' II.

Sethnacht war mit einer gewissen Teje verheiratet. Aus dieser Ehe stammte ein Sohn, dessen Geburtsnamen wir nicht kennen. Als sein Vater gestorben war, bestieg jener Sohn, bereits ein Mann in den besten Jahren, den Thron und nannte sich Ramses. Dieser dritte Ramses hatte nur ein Vorbild: Ramses II.

Tatsächlich war Ramses III. eine exakte Kopie Ramses' II.: von gleichem Charakter, gleicher Prunk- und Prahlsucht, gleicher Kaltschnäuzigkeit, gleichem Draufgängertum. Wie Ramses II. liebte er blitzende Waffen, schnelle Pferde und schlanke Frauen, er benannte seine achtzehn Söhne wie die Ramses' II., sogar er selbst gab sich Namen wie sein großes Idol:

Tapferer Stier, Groß an Königswürde,
Stark und tapfer wie sein Vater Month,
Reich an Jahren wie Ptah; der Herrscher,
der Ägypten beschützt und die Fremden züchtigt.
User-maat-Re, Geliebt von Amun,
der Sohn-des Re Ramesse Hekaon.

Ramses III. hatte den großen Ramses nicht mehr gekannt, aber man erzählte noch immer von seinen Ruhmestaten, und überall im Reich kündeten steingewordene Lobeshymnen von seinen übermenschlichen Leistungen. Und so könnte man zu der Ansicht neigen, Ramses III. habe nur deshalb so große Schlachten geschlagen, weil er berühmt wie Ramses II. werden wollte. Doch die Kriege waren politische Notwendigkeit; als Ramses III. seine Regierung antrat, war nämlich bereits das ganze westliche Nildelta von Libyern besetzt. Ramses III. hatte alle Hände voll zu tun, sich der ständigen Invasionsversuche zu erwehren. Im 5. Jahr seiner Regierung schlug er die Libyer zurück; kaum war dieser Sieg auf seinen Prachtbauten verewigt, da drängten aus entgegengesetzter Richtung Seevölker heran: Philister, Teukrer, Sizilier, Danuna und Weschesch. Sie hatten Anatolien, Kilikien, Zypern und Syrien überrannt und dem letzten großen Verbündeten Ägyptens, dem Hethiterreich, den Todesstoß versetzt. Seit Merenptah im 4. Jahr seiner Regierung auf ein Hilfeersuchen aus Chattuscha – dort herrschte eine große Hungersnot – eine Ladung Getreide gen Norden gesandt hatte, waren alle diplomatischen Kontakte abgebrochen. Ein Schwert mit der Kartusche König Merenptahs, das in Ugarit gefunden wurde, verleitet Archäologen zu der Annahme, ägyptische Trup-

Relief im Tempel Ramses' III. in Medinet Habu: Seeschlacht zwischen den Ägyptern (links) und den Seevölkern.

pen seien den von den Seevölkern bedrängten Hethitern zu Hilfe gekommen – wie es der zwischen Ramses II. und Chattusil abgeschlossene Beistandspakt vorschrieb.

Auf ihrem Marsch nach Ägypten hatten die Seevölker kurze Zeit in Amurru haltgemacht. Dort hatten sie den letzten König, Sausgamuwa, gestürzt, bevor sie sich zum Angriff gegen Ramses III. formierten. Vielleicht wußten die Heerführer der Seevölker nicht, daß ein starker Pharao das Interregnum der schwachen Pharaonen der 19. Dynastie abgelöst hatte, oder waren sie sich ihres Sieges so sicher?

In zwei Offensiven rückten sie gegen Ägypten vor: Mit schmalen, steilbügigen Booten, jedes mit einem Rammsporn ausgerüstet, kamen sie vom Meer her das Nildelta herauf; aber Ramses III. schlug sie vernichtend. Dann zog er den Landtruppen entgegen, die, mit Ochsenkarren, Weibern und Kindern, eher das traurige Bild einer ungeordneten Völkerwanderung boten als den abschreckenden Eindruck eines wohlformierten Heeresverbandes. Ramses III. hatte keine Mühe, auch dieses Ansturms Herr zu werden. Stolz wie sein großes Vorbild tönte er: »Ich siedelte sie an befestigten Orten an, in meinem Namen geknechtet, ihre Kriegsabteilungen zählten nach Hunderttausenden«, und großmütig fügte er hinzu: »Ich wies ihnen für jedes Jahr Anteile an Kleidung und Vorräten aus den Schatz- und Kornkammern zu.« Das war im Jahre 8.

Wenig später drängten von Westen abermals libysche Heere in das Delta. Bei einem verwegenen Kommandounternehmen im 11. Jahr stieß der libysche Prinz Mescher mit seinen Soldaten bis nach Memphis vor, doch er bezahlte diesen Wagemut mit dem Leben. Ramses III. stellte sich ihm mit einer Elitetruppe in den Weg, er selbst nahm sich den tollkühnen Prinzen vor, brachte ihm eine Verwundung bei und ließ ihn samt seiner Truppe gefangennehmen. Während eines pompösen Spektakels wurde Mescher mit dem Schwert hingerichtet. Frauen und Kinder der Libyer steckte Ramses in die Tempellatifundien, wo sie Frondienste zu leisten hatten und nicht mehr in ihrer Muttersprache reden durften. Der Pharao frohlockte: »Ich vernichtete sie, ich metzelte sie nieder ... ich zwang sie hinter die ägyptischen Grenzen zurück, die Restlichen brachte ich als Beute heim und ließ sie die Sporen fühlen, ich sammelte sie wie erlegte Vögel vor den Hufen meiner Pferde auf, sie alle, ihre Frauen und Kinder zu Tausenden und ihr Vieh zu Millionen. Ihre Anführer steckte ich in meine Armee, und ich zeichnete sie als Sklaven mit meinem Namen ...«

Sind das nicht Worte Ramses' II.?

Der erkaufte Friede

Es ist verständlich, daß Ramses III., in Trab gehalten von der Übermacht verzweifelter Fremdvölker, die der Hunger ins Land trieb, kaum Zeit fand zur Regelung innenpolitischer Probleme. Ramses III., der nicht weniger schlau war als der große Ramses, versuchte, den Mißständen mit materieller Großzügigkeit zu begegnen. Die Priesterkaste im oberägyptischen Theben, wo es noch immer gärte, wurde mit neuen

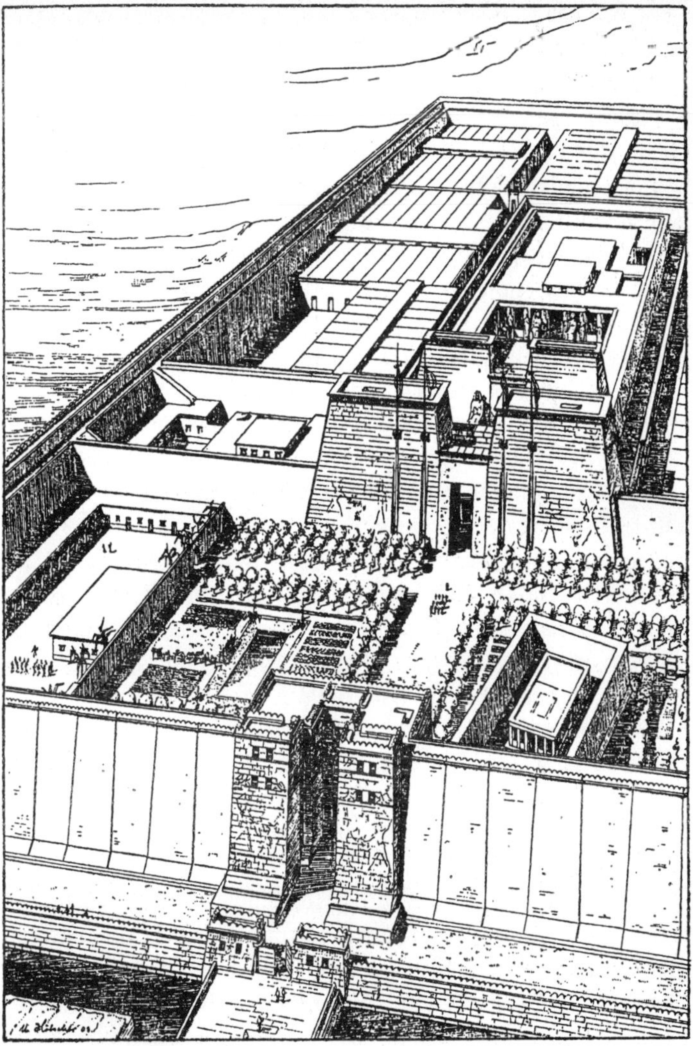

Rekonstruktionszeichnung der Tempel- und Palastanlage Ramses' III. in Medinet Habu. Die Tortürme im Vordergrund und der große Pylon in der Bildmitte sind fast völlig erhalten.

Stiftungen besänftigt. Ihr Gott Amun erhielt – und hierin unterschied Ramses III. sich von seinem großen Vorbild – wieder eine bedeutendere Rolle zugewiesen.

Zumindest am Beginn seiner Regierung residierte Ramses III. in der Hauptstadt Ramses City, doch er baute im westlichen Theben, nahe dem Malkata-Palast Amenophis' III., einen neuen Palast – Residenz, Festung und Tempel in einem. Dieser Gebäudekomplex, Amun geweiht, war gleichzeitig der Totentempel Ramses' III., ein Abklatsch des Ramesseums, das Ramses II. ein paar hundert Meter entfernt errichtet hatte. Die gewaltige Anlage trägt heute den Namen Medinet Habu (»Stadt des Habu«), nach einer christlichen Siedlung, die im 5. Jahrhundert um den Komplex gebaut wurde.

Ramses III. bezog in sein Bauprojekt einen 300 Jahre zuvor von der Pharaonin Hatschepsut begonnenen und unter Thutmosis III. vollendeten kleinen Tempel ein, der von Echnatons Bilderstürmern arg in Mitleidenschaft gezogen, unter Haremhab und Sethos I. jedoch wieder restauriert worden war. Seinen Totentempel betritt man durch einen großen, mit Darstellungen übersäten Pylon und zwei Vorhöfe, die zu einem großen Säulensaal führen.

Der südlich anschließende Palast hat Festungscharakter, ähnlich den syrischen Festungen, die der dritte Ramses auf seinen Kriegszügen zerstört hatte. Thronsaal und Harem, ja sogar Bad und Toilette kamen bei den Ausgrabungen 1895 zum Vorschein.

Um das Herz der Amun-Priester froh zu stimmen, tat Ramses III. noch ein übriges: Er baute vor den Eingang zum großen Tempel von Karnak einen 52 Meter langen Tempel, den er Amun, seiner Frau Mut und deren Sohn Chons weihte. Damit »seinen Vater preisend, den verehrungswürdigen Gott Amun Re, ihn, der vor jeder anderen Gottheit existierte, ihn, der sich selbst erzeugte« (Papyrus Harris), konnte sich Ramses III. im widerspenstigen Theben Freunde schaffen. Ein Landgut, in der Nähe der Hauptstadt Ramses gelegen, der Domäne des Gottes Seth, stellte Ramses III. in symbolischer Geste dem Amun-Tempel in Theben zur Verfügung, und der thebanische Hohepriester des Amun wurde wie zur Zeit der 18. Dynastie »Vorsteher aller Priester beider Länder« – die thebanische Theokratie feierte wieder Triumphe.

Im Bestreben, sich nach allen Seiten lieb Kind zu machen, pflegte der dritte Ramses den Kult der Lieblingsgötter seines großen Vorbildes mit derselben Sorgfalt. In Ramses baute er dem Seth einen neuen Tempel und nannte ihn »Haus des Seth des Ramses, Geliebt von Amun, Leben, Heil, Gesundheit«. In Memphis, wo seit dem Interregnum der Ramses-Nachfolger Tempel und Kultstätten verfielen, betätigte Ramses III. sich als Restaurator: »Ich baute seine Tempel auf, die verfallen waren. Ich setzte seine Götterstatuen in ihren ehrwürdigen Figuren aus Gold und Silber und allen Edelsteinen in den Werkstätten der Goldschmiede instand.«

Vor dem großen Ptah-Tempel in Memphis ließ Ramses III. ein Heiligtum errichten, aus rotem Granit, mit Kalkstein verkleidet, das der Pharao im Papyrus Harris so beschreibt: »Seine Türpfosten trugen einen Sturz aus Stein von der Insel Elephantine. Die Türflügel waren aus Erz in einer Mischung von sechs Teilen. Gewaltige Beschläge waren aus Gold, eingelegt mit Edelsteinen, die Riegel aus schwarzem Erz, überzogen mit Gold; sie trugen Figuren aus syrischem Ketem-Gold. Seine Statuen waren lebensecht, trefflich gemacht in der Arbeit. Die Pylone aus Stein erreichten den Himmel.« Im Innern des Ptah-Tempels selbst restaurierte Ramses III. das Götterbild und stiftete einen neuen Götterschrein. Außerdem erneuerte er die Tempelstiftung und sicherte die jährliche Lieferung von 20 000 Scheffel Getreide zu, »die den Himmel erreichten«, und er stellte Weideland zur Verfügung samt Rindern und Geflügel.

Schiffe der Kriegsmarine brachten Waren aus Palästina und dem Weihrauchland Punt, und an den Festen des Ptah sorgte Ramses III. für zusätzliche Lieferungen von Brot, Bier, Rindern, Geflügel, Weihrauch, Früchten, Gemüse, Most, Wein, Öl, Honig, Myrrhe und Kleiderstoffen. Ramses III. in seinem Stiftungstext: »Ich brachte dir viele Abgaben an Myrrhen, um dein Gotteshaus zu umgeben mit dem Duft des Landes Punt für deine ehrwürdigen Nasenlöcher am Morgen. Ich pflanzte dir Bäume von Weihrauch und Myrrhen, um deine Stirn an jedem Morgen zu erfreuen.«

Der Staat steht vor dem Bankrott

Ramses' III. Stärke war scheinbar sein Bestreben, sich nach allen Seiten abzusichern; in Wirklichkeit war das natürlich ein Beweis für seine Schwäche. Eine Urkunde, datiert auf den Todestag des Pharaos im 32. Jahr seiner Regierung, ist einzigartig in der gesamten ägyptischen Geschichte. Sie gibt Rechenschaft über all seine Taten und seine Stiftungen in Theben, Memphis, Heliopolis und für die übrigen Götter in Ober- und Unterägypten, aber auch über die Wohltaten, die seine Untertanen von ihm empfangen hatten.

Die Großzügigkeit, mit der Ramses III. sich die Beliebtheit eines Ramses II. und den inneren Frieden, der unter seiner Regierung geherrscht hatte, erkaufen wollte, mußte zwangsläufig zum Staatsbankrott führen. Amun, Re und Ptah erwiesen sich als gefräßige Monster, die den größten Teil der Steuereinnahmen verschlangen: eine Million Säcke Getreide im Jahr und Waren im Wert von 370 Kilogramm Silber. 169 Städte, 500 Landgüter, 50 Schiffswerften, 88 Schiffe und eine halbe Million Stück Vieh waren im Besitz der verschiedenen Tempel des Landes. 108 000 Angestellte und Arbeiter mit ihren Familien standen in Lohnabhängigkeit von den Tempelstiftungen.

Die größte Wirtschaftsmacht im Land war der Amun-Tempel in Theben. Er allein verfügte über 400 000 Stück Vieh und 971 Hirten. Von den 40 000 Rindern, die Ramses III. bei seinem Sieg über die Libyer im Jahre 11 erbeutet hatte, kassierten die Amun-Priester beinahe 30 000. Die Naturalsteuern in Form von Getreide gingen zu 62 Prozent an Amun, zu 15 Prozent an Re, zu 8 Prozent an Ptah, die restlichen 15 Prozent teilten die übrigen Götter unter sich auf. Vom Silberzins kassierte der Amun-Tempel von Theben 86 Prozent, der Re-Tempel von Heliopolis 11 Prozent und der Ptah-Tempel von Memphis 3 Prozent. Die Amun-Priester hatten die Verfügungsgewalt über die nubischen Goldminen. Theben, wo der Hohepriester des Amun inzwischen auch Oberbefehlshaber der thebanischen Truppen war, wurde zur eigentlichen Macht im Staat, der das Königtum auf Gedeih und Verderb ausgeliefert war.

Ramses' III. Nachfolger, die Ramsesse Nummer vier bis elf, haben nicht ein nennenswertes Bauprojekt ausgeführt: sie waren pleite. Anstieg der Arbeitslosigkeit war die Folge, und das wiederum verursachte soziale Unruhen. Der »ewige Friede«, den der große Ramses aufgrund seiner Devise »Brot und Spiele« genießen konnte, war vorbei, es kam zum Kampf.

Arbeiter und Angestellte, die bisher mit Staatsprojekten beauftragt waren und dafür in Naturalien entlohnt wurden, hatten auf einmal kein Einkommen mehr. Wer noch Arbeit hatte, mußte jede Woche sehen, wie und wo er seinen verdienten Lohn erhielt. Die Beamten – sie erkannten das drohende Fiasko als erste – hatten das eigene Schäfchen schon ins trockene gebracht. Soldaten ohne Sold zogen plündernd durchs Land. Arbeiter hungerten mit ihren Familien. »Wir leiden großen Mangel«, schrieb ein Arbeiter im Jahre 1156 an die zuständige Behörde[111], »alle unsere Vorräte aus dem Schatzhaus, aus der Scheune und den Vorratshäusern sind erschöpft. Aber es ist Schwerarbeit, Steine und Schutt zu schleppen. Statt unserer Monatsration von 6 Maß Getreide gibt es nur Schutt. Mein Herr möge Mittel finden, uns zu erhalten, sonst sterben wir den Hungertod. So können wir nicht leben, keiner gibt uns irgend etwas.«

Der erste Streik der Geschichte

Die Hilferufe häuften sich, nur die wenigsten wurden erhört. Im Jahre 29 der Regierung Ramses' III. kam es unter den Nekropolenarbeitern von Der el-Medine, die am Grab des Pharaos arbeiteten, zum ersten Streik der Weltgeschichte. Die Arbeiter verließen ihr Dorf am Zugang zum Tal der Könige, ließen sich an der Rückseite des Tempels von Thutmosis III. zu einem Sitzstreik nieder und schickten eine Abordnung zur Verwaltungsbehörde, wo sie der für das Ramses-Grab zuständige Schreiber empfing. Sie klagten, der Monat habe noch achtzehn Tage, aber alle Vorräte seien aufgebraucht. Der Schreiber mußte zugeben, daß seit Wochen kein Nachschub mehr gekommen war; wie sollte er sie also entlohnen? Als die Nacht hereinbrach, löste sich die Demonstration am Thutmosis-Tempel auf.

Am nächsten Morgen besetzten die hungrigen Arbeiter den Totentempel Ramses' II., das Ramesseum. Wenn schon der Pharao pleite war, dann sollten ihnen wenigstens die reichen Tempelpriester etwas geben. Mit Gewalt verschafften sie sich Zutritt zum Tempelinneren; zwei Torwächter, der Schreiber Pentawer und zwei zu Hilfe gerufene Polizeioberste versuchten, die Demonstranten zu beschwichtigen. Doch

---

111 Ostrakon Berlin 10 633.

die schrien: »Der Hunger hat uns hierhergetrieben und der Durst. Wir haben nichts anzuziehen, uns fehlt es an Öl, Fleisch und Gemüse. Schreibt dem Pharao, unserem guten Herrn, und meldet es dem Wesir, unserem Vorgesetzten. Tut etwas, damit wir überleben können!«

Inzwischen war Polizeioberst Monthmose nach Theben geeilt und hatte dem Bürgermeister von dem Vorfall berichtet. Der, um den Frieden im Westen seiner Stadt besorgt, bestürmte die Priester des Ramses-Tempels, den hungrigen Leuten irgend etwas zum Essen zu geben. Sehr großzügig zeigten sich die Herren Priester nicht: Was waren schon 55 Brote für ein ganzes Dorf? Aber immerhin – in den Tempeln, das hatten die Arbeiter erkannt, war etwas zu holen.

Tags darauf zogen die »Diener an der Stätte der Wahrheit« samt Frauen und Kindern zum Sethos-Tempel, wo jeder Arbeiter fünfeinhalb Sack Getreide[112] bekam. Das reichte gerade für einen Monat, dann begann die Betteltour aufs neue. Ein Arbeiter, der die Arbeit und das Grab Ramses' III. verfluchte, wurde mit Prügeln bestraft, andere stahlen und plünderten.

»Es wurde an der Stätte des Pharaos etwas Furchtbares begangen«, meldet ein Papyrustext, doch er verschweigt die eigentliche Tat; es widersprach dem Ägypter, Böses aus seiner Umwelt aufzuzeichnen. Möglicherweise war es ein Mord, gewiß nicht der erste, der aus Hunger begangen wurde, vielleicht wird damit aber auch »nur« eine Grabplünderung angedeutet. Es war ein offenes Geheimnis, daß die thebanischen Grabarbeiter in den von ihnen geschaffenen Labyrinthen unter der Erde bisweilen »vom rechten Weg« abkamen und sich in das benachbarte Grab eines Noblen »verirrten«. Dort nahmen sie dann mit, was nicht niet- und nagelfest war, und besserten durch den Verkauf der Grabbeigaben ihr bescheidenes Haushaltsbudget auf.

---

112 Etwa 1 Zentner.

Wir wissen nicht, ob und wie sich die Versorgungslage der Grabarbeiter in Theben entspannt hat. Drei Monate nach dem ersten Streik ließen sich die Arbeiter vor dem Merenptah-Tempel nieder und skandierten: »Wir haben Hunger, wir haben Hunger, wir haben Hunger …«

Ist es verwunderlich, daß in dieser Zeit der Armut, Not und Unsicherheit, der Zeit des materiellen und moralischen Verfalls, die Kriminalität anstieg wie nie zuvor? Ramses III. wußte genau, warum er Medinet Habu als Tempelfestung erbaute. Ein Papyrus aus jener Zeit berichtet sogar von einer »Armee des Tempels Ramses' III.«. Denn wenn auch der Staat unter dem dritten Ramses vor dem Bankrott stand – der Pharao selbst blieb ein reicher Mann.

Ramses III. als Märchenheld

Herodot erzählt eine Räubergeschichte von einem König Rhampsinitos, dessen Leben und Schicksal dem Ramses' III. sehr ähnlich ist, zum Beispiel, was die Anhäufung von Privatvermögen oder die politische Gleichgültigkeit und Kriminalität der Bevölkerung betrifft. Der gräzisierte Name Rhampsinitos bedeutet soviel wie »Ramses, Sohn der Neith«[113].

Wie Herodot berichtet[114], war dieser Rhampsinitos ein schwerreicher Geizhals, der sich, in Sorge um seine Reichtümer, eine Schatzkammer bauen ließ. Der Baumeister aber präparierte einen Stein so geschickt, daß er mühelos aus der Mauer genommen werden konnte. Nicht für sich tat er das, nein, für seine beiden Söhne. Ihnen vertraute er auf dem Sterbebett dies Geheimnis an.

---

113 Urgöttin, Gottesmutter, die Re gebar.

114 Herodot: *Historien,* Bd. 11, 121.

Der Vater war kaum unter der Erde, da sahen die beiden Früchtchen doch gleich mal nach dem losen Stein, und weil alles so einfach war, ließen sie auf der Stelle ein paar von den Kostbarkeiten mitgehen – nicht ohne den Stein wieder einzusetzen. Der König tobte, er konnte sich einfach nicht vorstellen, wie seine Schätze durch die versiegelten Türen verschwinden konnten. So legte er im Tresorraum Schlingen aus. In der darauffolgenden Nacht kamen die beiden Brüder wieder. Der erste geriet in eine Schlinge, und sosehr sich beide auch bemühten, der Ärmste war nicht zu befreien. Schweren Herzens meinte der Räuber mit dem Kopf in der Schlinge, sein Bruder solle ihm denselben abschlagen und mit nach Hause nehmen; denn wenn er erkannt würde, hätte auch der Bruder nichts mehr von dem Diebesgut. Der tat, wie ihm geheißen.

König Rhampsinitos fand den kopflosen Leichnam, ließ ihn an der Stadtmauer aufhängen und befahl seinen Soldaten, gut aufzupassen, wer beim Anblick dieses makaberen Schaustükkes zu weinen und zu klagen beginne. Aus Angst, seine Mutter könnte ihren kopflosen Sohn erkennen, simulierte der verbliebene Bruder vor der Mauer einen Verkehrsunfall; jedenfalls floß aus den Schläuchen eines beladenen Esels plötzlich der Wein in Strömen. Der plätschernde Rebensaft ließ die Soldaten ihren Auftrag vergessen, sie kamen mit Feldflaschen und Kochgeschirren gerannt, und es wurde ein vergnügter Tag. Am Abend schlief die ganze Wachmannschaft tief und fest, und der Bruder konnte den Leichnam mühelos von der Mauer holen.

Man kann sich denken, daß der König vor Wut schnaubte, als er von der List des Räubers erfuhr. Er glaubte indessen, noch ein bißchen schlauer zu sein. Er schickte – und Herodot fügt entsetzt hinzu, er könne es gar nicht glauben – sein eigen Fleisch und Blut, sein blutjunges Töchterlein, in ein Bordell. Das Prinzeßchen sollte dort einem jeden Kunden vor dem Vergnügen die Frage stellen, was das Klügste und das Gottloseste gewesen sei, das er im Leben getan hätte. Der, welcher von dem Diebstahl der Leiche berichtete, den solle sie am Arm festhalten und laut schreien, bis jemand zu Hilfe komme.

Nun hatte der Bruder aber von dem seltsamen Vorhaben des Königs erfahren. Warte, dachte er, so schlau wie du bin ich schon lange. Er schnitt den Arm seines kopflosen Bruders ab und nahm ihn unter dem Gewand dorthin mit, wo die Prinzessin aus Vaterliebe Dienst tat. Es kam, wie es kommen mußte: Auf die Frage des Königstöchterleins sagte der verschlagene Räuber, das Gottloseste sei gewesen, daß er seinem Bruder in der Schatzkammer des Königs den Kopf abgeschlagen habe, das Klügste aber war, daß er die Wächter betrunken gemacht habe, um den Leichnam seines Bruders zu rauben. Da packte die Prinzessin die Hand, die schon die ganze Zeit an ihr herumgefummelt hatte, doch der schlaue Bursche hatte ihr in der Dunkelheit den Arm seines toten Bruders hingehalten und entfloh.

Der König war von der Klugheit und Kühnheit des jungen Mannes überwältigt. Und wie es sich in einem richtigen Märchen gehört, bot er ihm Straffreiheit an und sein Töchterlein zur Frau. Soweit Herodots Erzählung.

Wie jedes Märchen enthält auch dieses einen wahren Kern, der mit allerlei Abenteuerlichem und Makaberem verbrämt ist. Rhampsinitos wird als ein mit materiellen Gütern gesegneter König in einem Staat des sozialen Zerfalls geschildert, als letzter »reicher« Pharao, der aus Angst vor sozialen Unruhen sich in einer Tempelpalastfestung verschanzte. Dies war kein anderer als Ramses III.

150 Jahre nach seinem Tod: Ramses' II. erste Niederlage

Doch die Ironie der Geschichte sorgte dafür, daß eben dieser Pharao von Mörderhand starb; die Mörder kamen nicht über die Mauern des Palastes, sie lebten im Palast. Ramses III., ein Gefangener des Königsamtes, war nur Schachfigur eines Familienclans, dessen Mitglieder alle geistlichen Ämter im Reich innehatten; der Pharao war einsam und ungeliebt. Von der Autorität, die Ramses II. ausstrahlte, konnte keine Rede sein. Ramses III. war der erste einer Reihe von Pharaonendarstellern, die von nun an Ägypten vorstanden. Sie alle waren Marionetten an den Fäden der mächtigen Geistlichkeit. Aus dem Nacheiferer des großen Ramses, aus dem schlachtenerprobten Helden war ein ängstlicher Schattenkönig geworden.

Kurz nach seinem dreißigjährigen Regierungsjubiläum fiel er einem Attentat zum Opfer. Teje, eine ehrgeizige Nebenfrau des Königs, wollte unbedingt ihren Sohn Pentawer auf dem Königsthron sehen und hatte die beiden Palastbeamten Meriere und Chaemwese als Mörder gedungen. Ramses III. kam ums Leben, mit ihm der legitime Thronfolger. Doch der Staatsstreich schlug fehl, Teje hatte offensichtlich die Armee nicht hinter sich. Es kam zur Anklage. Teje, ihr Sohn Pentawer, die Mörder Meriere und Chaemwese, zehn Hofbeamte und sechs Haremsfrauen wurden zum Tode verurteilt. Sie sollten vor ihrem eigenen Grab Selbstmord begehen. Die Urteile wurden jedoch nicht sofort vollstreckt. Zwei Richter und ein Offizier der Leibgarde nutzten die Gelegenheit zu einem schändlichen Schäferstündchen mit den todgeweihten Haremsdamen. Die Übeltäter wurden denunziert, man suspendierte sie vom Dienst und schnitt ihnen Ohren und Nase ab.

Was war aus diesem Land geworden! Wo noch vor Jahrzehnten Reichtum, Wohlstand, Ordnung und Glück geherrscht hatten, machte sich das Chaos breit. Wo war der Mann, der dieses berstende Weltreich noch einmal retten konnte?

Die acht nachfolgenden Pharaonen nannten sich alle Ramses. In Erinnerung an das große Vorbild heischten sie nach

Größe und Macht. Sie alle zusammen regierten nicht viel länger, als Ramses II. allein regiert hatte. Es gab Tage im Leben Ramses' II., an denen er mehr für Ägypten getan hatte, als diese acht Ramessiden zusammen es je vermocht hätten. Sie schlugen keine Schlacht und bauten keinen Tempel; ihr einziges historisches Verdienst ist äußerst zweifelhaft: Nach dem Tod seines Vorgängers versuchte ein jeder, historische Dokumente zu fälschen, um die Rechtmäßigkeit seiner Thronfolge zu demonstrieren.

Nach dem Tod des dritten, fünften und siebten Ramses gab es Erbfolgestreitigkeiten. Ramses V., Ramses VIII. und Ramses X. regierten nur kurz – letzterer bloß ein paar Monate. All das trug zum Machtverfall des Pharaonentums und zum Aufstieg der thebanischen Priesterfürsten bei. Ramses XI., der letzte, der verzweifelt versuchte, das Reich der Ramessiden zu retten, wurde bei einem Putsch der Armee beseitigt, an deren Spitze General Herihor stand. Dieser Oberbefehlshaber vereinigte in seiner Person auch das Amt des Wesirs von Oberägypten und des Hohenpriesters des Amun. Er proklamierte 1070 v. Chr. in Theben den »Gottesstaat des Amun«, während in der nördlichen Hauptstadt, die nun Tanis genannt wurde, ein Mann namens Smendes den Thron bestieg und sich als Pharao feiern ließ. Das einst goldstrotzende Per-Ramses, der »Wohnsitz des Ramses«, war jedoch bereits eine Ruinenstadt, das Grab des großen Ramses ausgeraubt. Wie zu Beginn seiner Geschichte war das Nilland in Ober- und Unterägypten geteilt, und es sollte auch nie mehr zusammenfinden. Amun hatte Seth besiegt. Hundertfünfzig Jahre nach seinem Tod hatte Ramses der Große seine erste Niederlage erlitten.

Anhang

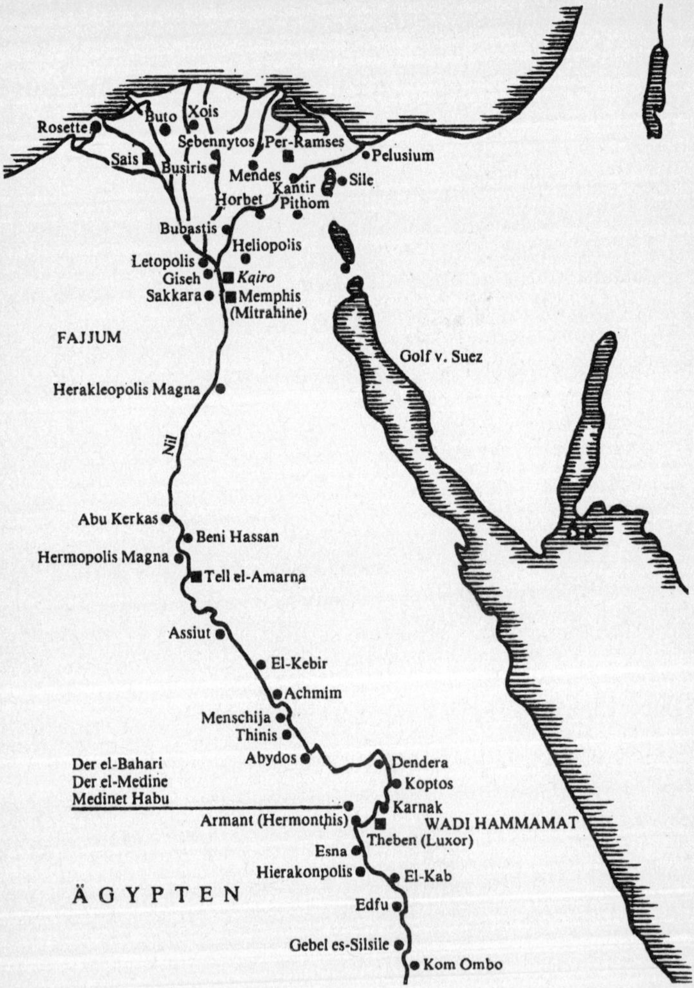

Rosette
Buto
Xois
Sebennytos
Per-Ramses
Sais
Busiris
Mendes
Pelusium
Kantir
Sile
Horbet
Pithom
Bubastis
Heliopolis
Letopolis
Giseh
Kairo
Sakkara
Memphis
(Mitrahine)
FAJJUM
Golf v. Suez
Herakleopolis Magna
Nil
Abu Kerkas
Beni Hassan
Hermopolis Magna
Tell el-Amarna
Assiut
El-Kebir
Achmim
Menschija
Thinis
Abydos
Dendera
Der el-Bahari
Der el-Medine
Medinet Habu
Koptos
Karnak
Armant (Hermonthis)
WADI HAMMAMAT
Theben (Luxor)
Esna
Hierakonpolis
El-Kab
ÄGYPTEN
Edfu
Gebel es-Silsile
Kom Ombo

Gebel es-Silsile
Kom Ombo
Elephantine
Assuan
1. Katarakt
Sehel
Philae
Biga
ÄGYPTEN
Debod
Kertassi
Taffa
Bet el-Wali
Kalabscha
Dendur
Gerf Hussein
Ed-Dakka
Kuban
Wadi es-Sebua
Aniba
El-Amada
Ed-Derr
Ellesija
Abu Simbel
Abuhuda
Faras
Gebel es-Schams
Akscha
Buhen
Wadi Halfa
2. Katarakt
Amara
Soleb
Sesebi
3. Katarakt
Gebel Barkal
4. Katarakt
5. Katarakt
Napata
Meroe
SUDAN
zeitweise Hauptstadt Ägyptens
0
200
Kilometer

Vergleichende Chronologie des Neuen Reiches

Dynastien		*Ägypten*	*Hethiter-Reich*	*Israel*	*Mesopotamien*
18. Dynastie 1552–1306	1552–1527	Ahmose	Althethitisches Reich Chattusil I. (1550) Mursilis I. (1530)	Israeliten siedeln im Land Gosen Joseph in Ägypten	König Samsuditana 1561–1530
	1527–1506	Amenophis I.			Kassitenzeit
	1506–1494	Thutmosis I.			1530–1155
	1494–1490	Thutmosis II			Agum II. 1530
	1490–1468	Hatschepsut			
	1490–1436	Thutmosis III.			Ulamburiasch 1450
	1438–1412	Amenophis II.			Karaindasch 1420
	1412–1402	Thutmosis IV.			
	1402–1364	Amenophis III.	Schuppiluliuma I.		Kurigalzu I. 1380
	1364–1347	Amenophis IV.	1370–1332		Burnaburiasch II. 1350
	1351–1348	Semenchkare			
	1347–1338	Tut-ench-Amun			Kurigalzu II.
	1338–1334	Eje			1336–1314
	1334–1306	Haremhab	Mursilis II.		Nazimaruttasch
			1330–1292		1313 –1288
19. Dynastie 1306–1186	1306–1304 1304–1290	Ramses I. Sethos I.			Mittelassyrisches Reich 1380–1078
	1290–1224	RAMSES II.	Muwatallis 1291–1280 Kadesch-Schlacht 1286 Chattusil III. 1273–1248 Schuppiluliuma II. um 1220 Untergang des Reiches	Geburt des Moses (2. Mose 2,1-10); Knechtschaft beim Bau von Pithom und Ramses (2. Mose 1)	Adad-nerari I. 1297–1266 Salmanassar I. 1265–1235 Tukultininurta I. 1235–1198

Dynastien		*Ägypten*	*Hethiter-Reich*	*Israel*	*Mesopotamien*
	1224–1204	Merenptah		Moses und Aaron vor dem Pharao (2. Mose 5 ff.) Die zehn Plagen Flucht aus Ägypten Erste Erwähnung des Namens ISRAEL	
	1204–1200				
	1200–1194	Sethos II.			
	1194–1188	Siptah			
	1194–1186	Tausret			
20. Dynastie	1186–1184	Sethnacht			
	1184–1153	Ramses III.			
	1153–1146	Ramses IV.			
	1146–1142	Ramses V.			
	1142–1135	Ramses VI.			
	1135–1129	Ramses VII.			
	1129–1127	Ramses VIII.			Nebukadnezar von Babylon 1128–1105 Tiglatpilesar 1116–1078
	1127–1109	Ramses IX.		Befreiungskampf der Nordstämme gegen Kanaanäer (Deboraschlacht, Ri., 4,5 1125; Befreiungskampf der mittelpalästinensischen Stämme gegen die Philister; Saul 1050	
	1109–1099	Ramses X.			
	1099–1070	Ramses XI.			

Zeittafel Ramses' II.

Geboren um 1314, Krönungsname: Menpehti-Re Ramesse, Thronname: User-maat-Re-Setepen-Re			
Jahr	Lebens-alter	Regierungs-jahr	
1290	24	1	Alleinregierung; Opet-Fest in Theben; Geburt des Chaemwese; Wechsel zur versenkten Relieftechnik
1289	25	2	Assuan-Stele zur Erinnerung an Inspektionsreise nach Nubien; südliche Stele am Naht el-Kelb
1288	26	3	Hofhaltung in Memphis; Kuban-Stele meldet Aktivitäten in Nubien; Luxor: Pylon-Ostwand
1287	27	4	Nahr el-Kelb, Mittlere Stele: erste Aktivitäten in Asien; Abfall Amurrus von Chatti
1286	28	5	Marsch die Küste entlang nach Libanon; Schlacht bei Kadesch gegen Hethiter; Kadesch-Inschriften
1285	29	6	Amurru fällt wieder an Chatti; 1285–1279 Urchiteschup Hethiter-könig
1284	30	7	Stelenfragment von Aniba erwähnt Regierungsjahr
1283	31	8	neue Kampfhandlungen gegen die Hethiter; Heliopolis-Stele (Steinbrüche der Roten Berge): Bau von Vorratshäusern
1282	32	9	Papyrus Sallier III: »Kadesch-Gedicht«; Der el-Medine: Hathor-Stele; Papyrus Kairo 86637 »Kairo-Kalender«
1281	33	10	Ende der Kämpfe mit den Hethitern
1280	34	11	
1279	35	12	
1278	36	13	Chattusil III. wird Hethiterkönig, Spannungen mit Ägypten; Serapeum: Apis-Stele

Jahr	Lebensalter	Regierungsjahr	
1277	37	14	Stele des Paser in Abydos erwähnt Regierungsjahr
1276	38	15	Papyrus Kairo 65739 erwähnt Regierungsjahr
1275	39	16	Sohn Chaemwese Sem-Priester; Erwähnung des Jahres auf der Apis-Stele (Serapeum)
1274	40	17	Grafitto aus dem Grab 311 in Der el-Bahari: Hoherpriester des Amun Nb-ntrw
1273	41	18	Thronbesteigung Kadaschman-Enlils; Besan-Stele; Inschriften im Grab des Mes (Sakkara)
1272	42	19	Ostrakon 31 Der el-Medine erwähnt Regierungsjahr
1271	43	20	Kleiner Tempel von Abu Simbel; Chefren-Fragment Giseh
1270	44	21	21. Tag des 1. Peret: Friedensvertrag mit den Hethitern; Baubeginn am Großen Tempel von Abu Simbel
1269	45	22	
1268	46	23	Bentresch-Stele Louvre (nachdatiert!): Apis-Stele (Serapeum)
1267	47	24	
1266	48	25	Lieblingssohn Chaemwese wird 25jährig Hoherpriester von Memphis
1265	49	26	Begräbnis eines Apis-Stieres im Serapeum (Sakkara); Ostrakon 250 Der el-Medine
1264	50	27	Tinteninschrift auf einem Statuenfragment in Medinet Habu (auch Haremhab zugeschrieben)
1263	51	28	
1262	52	29	Tod Nofretaris, Mutter des 1., 3., 11. und 16. Sohnes, zwischen 1264 und 1260
1261	53	30	1. Regierungsjubiläum (Heb-Sed), Verkündigung durch Sohn Chaemwese, Inschriften auf Biga und Gebel es-Silsile

Jahr	Lebens-alter	Regierungs-jahr	
1260	54	31	im 4. Regierungsjahrzehnt stirbt Kronprinz Amunherchopschef
1259	55	32	Ramses beschließt seine Vergöttlichung
1258	56	33	2. Heb-Sed, Felsinschrift auf der Kataraktinsel Sehel; Papyrus Anastasi V, 24, 7-8
1257	57	34	Heirat mit einer Tochter Chattusils, Hochzeitsstelen in Abu Simbel (2), Amara-West, Elephantine, Karnak
1256	58	35	Fertigstellung der Felsentempel von Abu Simbel; »Dekret des Ptah« in Abu Simbel
1255	59	36	Biga-Inschrift: Hinweis auf 3. Heb-Sed
1254	60	37	Jubiläumsstele Gebel es-Silsile
1253	61	38	Stele des Vizekönigs von Kusch in Abu Simbel
1252	62	39	Weinkrug-Aufschrift Nr. 321 im Ramesseum
1251	63	40	Sehel-Inschrift: Chaemwese verkündet das 4. Heb-Sed; Amunherchopschef tot, Prinz Ramesse lebt noch
1250	64	41	
1249	65	42	5. Heb-Sed: Inschriften in Gebel es-Silsile, El-Kab, Assuan Cataract-Hotel Park; Abydos-Stele des Wennofer
1248	66	43	um diese Zeit: Tod Chattusils III.; Nachfolger wird Tudhalija IV.
1247	67	44	Gebel es-Silsile: Stele des Wesirs Huy mit Ankündigung des 6. Heb-Sed
1246	68	45	6. Heb-Sed; Graffito 1401, Tal der Könige
1245	69	46	Papyrus Berlin 3047 zählt eine Reihe hoher Beamter auf
1244	70	47	
1243	71	48	7. Heb-Sed; Weinkrug-Aufschrift und Ostrakon 294 aus Der el-Medine
1242	72	49	Krug-Aufschrift Der el-Medine erwähnt Regierungsjahr

Jahr	Lebens- alter	Regierungs- jahr	
1241	73	50	Graffito aus Busiris erwähnt Regierungsjahr
1240	74	51	8. Heb-Sed: Inschrift im Tempel von Armant; Assiut-Stele
1239	75	52	Papyrus Leiden 1350 erwähnt ein wichtiges Mond-Datum und den Prinzen Chaemwese, der demzufolge noch lebt
1238	76	53	Ramses wird noch einmal Vater (Ostrakon Louvre 2261)
1237	77	54	9. Heb-Sed, Verkündigung am Tempel-Pylon von Armant
1236	78	55	Tod Chaemweses, Merenptah wird Kronprinz
1235	79	56	Papyrus Sallier IV; Weinkrug-Aufschrift von Aniba
1234	80	57	10. Heb-Sed, Verkündigung am Tempel-Pylon von Armant
1233	81	58	Krug-Aufschrift 300 aus dem Ramesseum erwähnt Regierungsjahr
1232	82	59	Ostrakon Kairo 25619 erwähnt Regierungsjahr
1231	83	60	11. Heb-Sed, Pylon von Armant
1230	84	61	Papyrus Gurob; Assiut-Stele
1229	85	62	Britisches Museum Stele 163, Stele eines Schreibers mit Familie
1228	86	63	12. Heb-Sed, Inschrift am Pylon von Armant; Ostrakon 285 Der el-Medine
1227	87	64	Ostrakon 621 Der el-Medine erwähnt Regierungsjahr
1226	88	65	Votivtafel von Sesebi
1225	89	66	vermutlich 13. und letztes Regierungsjubiläum, Fragment am Tempel von Armant; Koptos-Stele
1224	90	67	Papyrus Gurob nennt das »Jahr 67, 1. Achet-Monat, Tag 18« und das »Jahr 1, 2. Achet-Monat, Tag 19« ; Ramses II. stirbt vermutlich am 12. Juli; Abydos-Stele Ramses' IV. nennt 67 Regierungsjahre Ramses' II.

Die Familienverhältnisse Ramses' II.

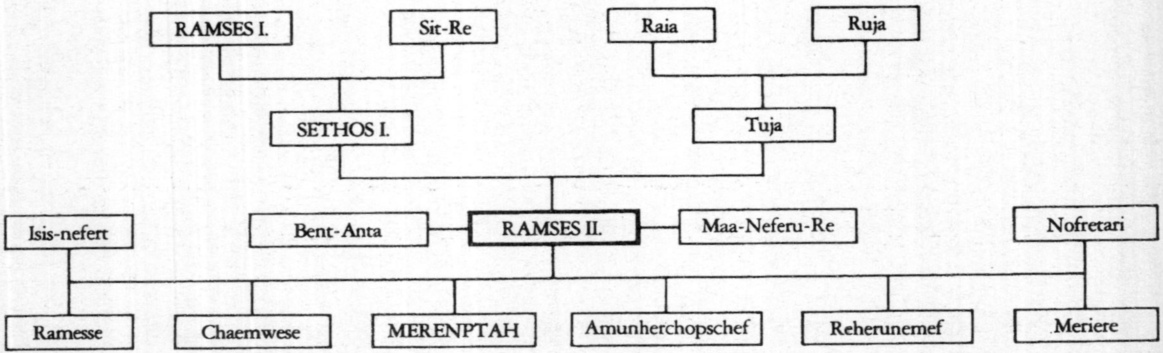

Quellennachweis

Kapitel I: Ein Gott wird entdeckt

Breasted, James Henry: *Geschichte Ägyptens,* Zürich 1954.
Burckhardt, Johann Ludwig: *Reisen in Nubien,* Weimar 1820.
Helck, Wolfgang: *Die Beziehungen Ägyptens zu Vorderasien im 3. und 2. Jahrtausend v. Chr.,* Wiesbaden 1962.
–, *Untersuchungen zu Manetho und den ägyptischen Königslisten,* Berlin 1956.
Hornung, Erik: *Zur Chronologie und Geschichte des Neuen Reiches,* Wiesbaden 1964.
Ramses le Grand, Galéries Nationales du Grand Palais (Ausstellungskatalog), Paris 1976.
Redford, Donald B.: »The Earliest Years of Ramesses II«, in *Journal of Egyptian Archaeology,* Nr. 57, 1971.
Schmidt, John D.: *Ramesses II, a Chronological Structure for His Reign,* Baltimore 1973.
Seele, Keith C.: *The Coregency of Ramses II with Seti I and the Date of the Great Hypostyle Hall at Karnak,* Chicago 1940.
Vandenberg, Philipp: *Nofretete, eine archäologische Biographie,* Bergisch Gladbach 1991.
–, *Nofretete, Echnaton und ihre Zeit,* Bergisch Gladbach 1998.
Winlock, Herbert E.: *The Temple of Ramesses I at Abydos,* The Metropolitan Museum of Art, Papers No. 5, New York 1937.

Kapitel II: Der Abschied vom Vater

Dondelinger, Edmund: *Der Jenseitsweg der Nofretari,* Graz 1973.
Ebers, Georg: *Richard Lepsius, ein Lebensbild,* Osnabrück 1969.
Helck, Wolfgang: *Die Ritualszenen auf der Umfassungsmauer Ramses' II. in Karnak,* Ägyptologische Abhandlungen, Bd. 18, Wiesbaden 1968.
Harris, James E., und Weeks, Kent R.: *X-Raying the Pharaos,* New York 1972.
Montet, Pierre: *Das Leben der Pharaonen,* Frankfurt am Main 1970.
Roeder, Günther: *Kulte, Orakel und Naturverehrung im Alten Ägypten,* Zürich 1960.
Schmidt, John D.: *Ramesses II, a Chronological Structure for His Reign,* Baltimore 1973.
Seele, Keith C., sowie Ricke, Herbert und Hughes, George R.: *The Beit el-Wali Temple of Ramesses II,* Chicago 1967.

Kapitel III: Kadesch – Die Schlacht gegen die Hethiter

Beckerath, Jürgen von: *Tanis und Theben,* München 1948.
Bittel, Kurt: *Die Hethiter,* München 1976.
Bonnet, Hans: *Die Waffen der Völker de Alten Orients*, Leipzig 1926.
Breasted, James Henry: *The Battle of Kadesh. A Study in the Earliest Known Military Strategy,* Chicago 1903.
Erman, Adolf: *Die Literatur der Ägypter,* Leipzig 1923.
Gardiner, Alan Henderson: *The Kadesh. Inscriptions of Ramesses II,* Oxford 1960.
Götze, Albrecht: *Hethiter, Churriter und Assyrer,* Oslo 1936.
–, »Die Annalen des Mursilis«, in *Mitteilungen der Vorderasiatisch-Ägyptiscben Gesellschaft,* 38, Leipzig 1933.
Helck, Wolfgang: *Die Beziehungen Ägyptens zu Vorderasien im 3. und 2. Jahrtausend v. Chr.,* Wiesbaden 1962.
Klengel, Evelyn und Horst: *Die Hethiter,* Wien 1970.
Riemschneider, Margarete: *Die Welt der Hethiter,* Stuttgart 1954.
Roeder, Günther: *Urkunden zur Religion des Alten Ägypten,* Jena 1915.
Sturm, Josef: *Der Hethiterkrieg Ramses' II.,* Wien 1939.
Weidner, Ernst F.: *Politische Dokumente aus Kleinasien,* Leipzig 1923.
Wolf, Walther: *Die Bewaffnung des altägyptischen Heeres,* Leipzig 1926.

Kapitel IV: Die verschollene Hauptstadt

Badawi, Ahmad: *Memphis als zweite Landeshauptstadt,* Göttingen 1938.
Helck, Wolfgang: *Materialien zur Wirtschaftsgeschichte des Neuen Reiches,* Mainz 1960.
Herodot: *Historien,* Bd. II, München 1961.
Montet, Pierre: *Das alte Ägypten und die Bibel,* Zürich 1960.
Roeder, Günther: *Urkunden zur Religion des Alten Ägypten,* Jena 1915.

Kapitel V: An den goldenen Fleischtöpfen Ägyptens

Erman, Adolf: *Die Literatur der Ägypter,* Leipzig 1923.
Gardiner, Alan Henderson: *Ramesside, Administrative Document,* London 1948.
Heinisch, Paul: *Das Buch Exodus,* Bonn 1934.

Helck, Wolfgang: »Feiertage und Arbeitstage in der Ramessidenzeit«, in *Journal of the Economic and Social History of the Orient*, Bd. 7, Leiden 1964.
–, *Materialien zur Wirtschaftsgeschichte des Neuen Reiches*, Mainz 1960.
Herodot: *Historien*, Bd. II, München 1961.
Maspero, Gaston: *L'Egypte au Temps de Ramses II*, Paris 1965.
Redford, Donald B.: *A Study of the Biblical Story of Joseph*, Leiden 1970.
Roeder, Günther: *Volksglaube im Pharaonenreich*, Stuttgart 1952.
Seele, Keith C.: *The Coregency of Ramses II with Seti I and the Date of the Great Hypostyle Hall at Karnak*, Chicago 1940.

Kapitel VI: Gottkönig unter Göttern

Beckerath, Jürgen von: *Tanis und Theben*, München 1948.
Brunner-Traut, Emma: »Der Tanz im Alten Ägypten«, in *Ägyptologische Forschungen*, Heft 6, Glückstadt 1938.
–, *Die Alten Ägypter*, Stuttgart 1976.
Erman, Adolf: *Die Religion der Ägypter*, Berlin-Leipzig 1934.
Habachi, Labib: *Features of the Deification of Ramesses II*, Abhandlungen des Deutschen Archäologischen Instituts Kairo, Bd. 5, Glückstadt 1969.
Herodot: *Historien*, Bd. II, München 1961.
Kees, Hermann: *Das Priestertum im Ägyptiscben Staat*, Leiden–Köln 1953.
Otto, Eberhard: *Osiris und Amun*, München 1966.
Roeder, Günther: *Die ägyptische Götterwelt*, Zürich 1959.
–, *Kulte, Orakel und Naturverehrung im Alten Ägypten*, Zürich 1960.
–, *Urkunden zur Religion des Alten Ägypten*, Jena 1915.
–, *Volksglaube im Pharaonenreich*, Stuttgart 1952.
Stadelmann, Rainer: *Syrisch-palästinensische Gottheiten in Ägypten*, Leiden 1957.
Velde, H. te: »Seth, God of Confusion«, in *Probleme der Ägyptologie*, hrsg. v. W. Helck, Leiden 1967.

Kapitel VII: Zwei Feinde schließen Frieden

Beckerath, Jürgen von: *Tanis und Theben*, München 1948.
Edel, Elmar: *Die Abfassungszeit des Briefes KBo I 10 (Hattusil – Kadasman–Ellil) und seine Bedeutung für die Chronologie Ramses' II*, Bonn o. J.

Gardiner, Alan Henderson: *The Kadesh Inscriptions of Ramesses II*, Oxford 1960.
Riemschneider, Margarete: *Die Welt der Hethiter*, Stuttgart 1954.
Roeder, Günther: *Urkunden zur Religion des Alten Ägypten*, Jena 1915.
Sturm, Josef: *Der Hethiterkrieg Ramses' II.*, Wien 1939.
Vandenberg, Philipp: *Nofretete, eine archäologische Biographie*, Bergisch Gladbach 1991.
Winckler Hugo: *Nach Boghazköi*, Leipzig 1913.

Kapitel VIII: Ramses und die Frauen

Breasted, James Henry: *Ancient Records of Egypt*, Bd. 3, Chicago 1906.
Brunner-Traut, Emma: »Der Tanz im Alten Ägypten«, in *Ägyptologische Forschungen*, Heft 6, Glückstadt 1938.
Erman, Adolf: *Die Literatur der Ägypter*, Leipzig 1923.
Gomaà, Farouk: *Chaemwese, Sohn Ramses' II. und Hoherpriester von Memphis*, Ägyptologische Abhandlungen, hrsg. v. W. Helck, Bd. 27, Wiesbaden 1973.
Montet, Pierre: *So lebten die Ägypter*, Stuttgart 1960.
Reiser, Elfriede: *Der königliche Harem im Alten Ägypten und seine Verwaltung*, Diss. Wien 1972.
Roeder, Günther: *Urkunden zur Religion des Alten Ägypten*, Jena 1915.
Schott, Siegfried: *Liebeslieder der Pharaonenzeit*, Zürich 1959.

Kapitel IX: Größenwahn in Stein

MacQuitty, William: *Abu Simbel*, New York 1965.
Martini, Hans Joachim: *Geologische Probleme bei der Rettung der Felsentempel von Abu Simbel*, Göttingen 1970.
Ramses le Grand, Galéries Nationales du Grand Palais (Katalog), Paris 1976.
Roeder, Günther: *Kulte, Orakel und Naturverehrung im Alten Ägypten*, Zürich 1960.
Vandersleyen, Claude (Hrsg.): *Das Alte Ägypten*, Propyläen Kunstgeschichte, Bd. 15, Berlin 1975.

Kapitel X: Der Pharao der Knechtschaft

Cornfeld, Gaalyahu: *Von Adam bis Daniel*, Würzburg 1962.
Fohrer, Georg: Überlieferung und Geschichte des Exodus, Berlin 1964.

Freud, Sigmund: *Der Mann Moses und die monotheistische Religion,* Frankfurt am Main 1975.
Hornung, Erik: *Untersuchungen zur Chronologie und Geschichte des Neuen Reiches,* Wiesbaden 1965.
Kaiser, Otto: *Israel und Ägypten,* Hildesheim 1963.
Keller, Werner: *Und die Bibel hat doch recht,* Düsseldorf 1955.
Montet, Pierre: *Das alte Ägypten und die Bibel,* Zürich 1960.
Noerdlinger, Henry S.: *Moses und Ägypten,* Los Angeles 1957.
Schmid, Herbert: *Moses. Überlieferung und Geschichte,* Berlin 1968.
Wilson, John A.: »Ägypten«, in *Propyläen Weltgeschichte,* Bd. 1/2, Frankfurt am Main 1976.

Kapitel XI: Das undankbare Erbe

Beckerath, Jürgen von: *Tanis und Theben,* München 1948.
Brunner-Traut, Emma: *Die Alten Ägypter,* Stuttgart 1976.
Edgerton, William F.: *Historical Records of Ramesses III,* Chicago 1936.
Harris, James E., und Weeks, Kent R.: *X-Raying the Pharaos,* New York 1972.
Heinisch, Paul: *Das Buch Exodus,* Bonn 1934.
Herodot: *Historien,* Bd. II, München 1961.
Keller, Werner: *Und die Bibel hat doch recht,* Düsseldorf 1955.
Montet, Pierre: *Das Leben der Pharaonen,* Frankfurt am Main 1970.
Roeder, Günther: *Mythen und Legenden um ägyptische Gottheiten und Pharaonen,* Zürich 1960.
–, *Urkunden zur Religion des Alten Ägypten,* Jena 1915.
Schmidt, Werner: *Exodus,* Biblischer Kommentar. Altes Testament, hrsg. v. M. Noth u.a., Neukirchen 1962.
Wilson, John A.: »Ägypten«, in *Propyläen Weltgeschichte,* Bd.1/2, Frankfurt am Main 1976.

Personen- und Sachregister

Abkürzungen: B = Beamter; G = Gottheit; Kg(n) = König(in); Off = Offizier; Ph = Pharao; Pr = Priester; Schr = Schreiber; W = Wesir. – Die *kursiv* gesetzten Ziffern verweisen auf entsprechende Abbildungen im Text.

Das größte Abenteuer der Archäologie

Im November 1922 stieß der Engländer Howard Carter auf den Eingang zum Grab des Tut-ench-Amun, eines Pharaos, der vor über 3000 Jahren gelebt hatte und in Vergessenheit geraten war. Der vergessene Pharao wurde zum Inbegriff der ägyptischen Geschichte, seine über hundert Kilogramm schwere goldene Totenmaske zum wohl bekanntesten Kunstwerk der Welt. Über Tut-ench-Amun wurden seither viele Bücher geschrieben, doch der Mann, der ihn entdeckt hatte, blieb im Hintergrund: Howard Carter war besessen von der Idee, diesen Pharao zu finden.
Der vergessene Pharao ist ein Hintergrundbericht, eine fast unglaubliche Geschichte, die Vandenberg in den verstaubten Archiven in Kairo und Oxford ausgegraben und bei den letzten Augenzeugen recherchiert hat.

ISBN 3-404-61482-8

BASTEI LÜBBE